지금은 휴거의 세대 ★ 팔복으로 휴거를 준비하자!

팔복으로 들림을 준비하라

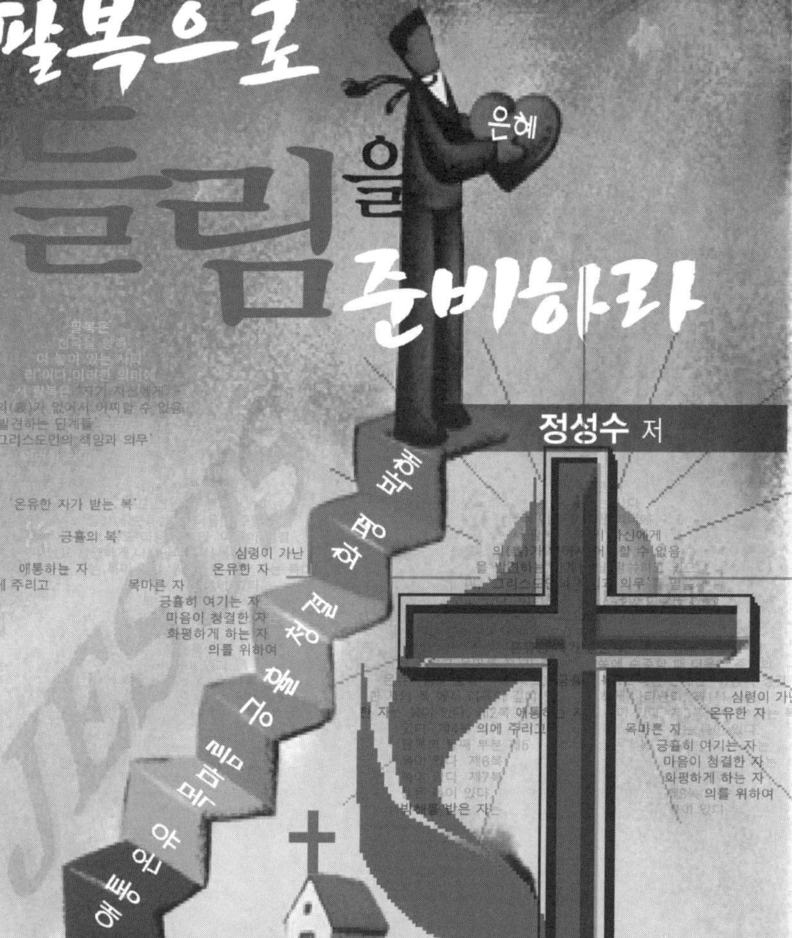

정성수 저

마지막 시대에 누가 들림을 받는가?

성도들의 인내가 여기 있나니

그들은 하나님의 계명과 예수에 대한 믿음을 지키는 자니라(계 14:12)

아이네오

행복으로 들림을 준비하라

지은이 정 성 수
펴낸이 나 상 만
만든이 권 은 주

발행처 도서출판 아이네오
주 소 서울시 관악구 국회단지 15길 3(1층 1호)
전 화 02) 3471-4526
등 록 2008. 11. 24. 제2020-000031호

1판 1쇄 만든 날 2021. 7. 25.
1판 1쇄 펴낸 날 2021. 8. 10.

값 15,000원

00230
9 791185 637365
ISBN 979-11-85637-36-5

예수 그리스도의 관심과 명령
그 실천을 위하여

하나님을 사랑하고 예수를 저의 구원자와 주(主)로 믿는 필자(筆者)는 여러 가지 미혹의 영이 강하게 역사하는 이 시대에 우리 믿음의 형제들이 사도들로부터 전해들은 믿음을 강화하고, 곧 재림하실 우리의 구주 예수 그리스도를 공중에서 영접할 준비를 하게 하기 위해서 이 글을 씁니다.

제가 이 글을 마칠 즈음에, 제가 쓴 글로 인해서 저의 신앙이 확실히 성장하여 주님이 저의 모든 것이 되었고, 예수 그리스도의 십자가 구속의 은혜가 매우 강력하게 저의 심령에 믿어져서 구원의 확신을 갖게 되었으며, 그로 인해서 저의 남은 생애를 온전히 주님의 종으로서 살아야겠다는 각오를 새롭게 하게 되었습니다.

또한 재림하실 주님을 사랑하므로 조금도 두려움 없이 주님이 어서 오시기를 기다리는 신앙이 되었다는 것을 고백합니다.

저는 이 글이 믿음의 형제들을 주님께 온전히 순종할 믿음으로 인도할 것을 의심하지 않습니다.

주님께서 이 글을 통해서 당신의 일을 하실 것이라 믿기 때문입니다.

성도들에게 복음이 전해지는 것은 그들로 하여금 그들을 구속하신 주님께 순종하게 하는 것에 그 목적이 있습니다.

왜냐하면 생명이 되시는 하나님 곁을 떠나는 것, 곧 불순종은 사망에 이르고, 하나님께 순종하는 것은 하나님의 생명에 참여하는 것이 되기 때문입니다.

예수님께서 이 땅에 오신 목적은 죄 가운데서 죽을 수밖에 없는 당신의 백성들을 부르시고, 은혜를 주셔서 하나님의 백성으로 거듭나게 하려는 것입니다.

예수님께서 말씀하신 '팔복'(八福)은 예수님께서 이 땅에 오신 목적의 선언적인 의미를 담고 있습니다.

따라서 팔복은 하나님께서 부르신 자들을 당신의 친 백성으로 빚어 가시는 과정 중에 나타나는 성도들의 믿음의 완성 단계를 설명하고 있는 것입니다.

성도들은 믿음과 신앙의 깊이가 더해 갈수록 이 팔복이야말로 천국의 비밀을 가장 심오하게 나타내고 있다는 것을 알게 될 것입니다.

그래서일까요?

필자는 팔복의 마지막 복에 이르게 되면 우리 안에서 아들의 형상이 빛나게 될 것이라는 것을 영혼 깊이 인식하게 된다고 믿어 의심치 않습니다.

이에 '마태'도 예수님의 가르침 중에 이 팔복을 맨 앞에 기록하였습니다.

필자가 팔복에 대하여 연구하고자 여러 방면으로 그에 대한 책들을 찾아보았으나, 이 팔복에 대한 연구가 다른 성경연구에 비해서 심히 빈약하게 다루어졌다는 것을 알게 되었습니다.

이에 필자는 팔복에 대한 필자의 견해가 앞으로 많은 믿음의 형제들이 팔복을 연구함에 있어서 하나의 밑거름이 되고, 예수님께서 우리들에게 베푸시고자 하는 은혜의 보고를 풍성하게 하여, 이에 대한 연구가 더욱더 깊이 있게 다루어지는 데 초석(礎石)이 되기를 바랍니다.

사도들이 예수님의 계시로 받은 믿음은 성도가 창세전부터 하나님의 아들들로 예정을 입어서 하나님의 부름을 받았다는 것입니다.
필자는 이 팔복이 하나님께서 당신의 아들들을 만세 전부터 예정하셔서 당신의 독생자 예수 그리스도의 형상으로 빚어 가시는 과정 중에 나타나는 하나님의 입에서 나온 진리의 말씀임을 믿습니다.
그 진리의 오묘함과 그 풍성함은 성도들의 생애가 다 마칠 때까지도 예수님께서 말씀하신 그 완전함에는 다다를 수 없다고 봅니다.

필자는 팔복에 대해서 묵상할 때마다 필자에게 주신 주님의 은혜를 성도들에게 드러내야 한다는 생각을 하였습니다.
다른 형제들 역시 주님께 받아서 마음속에 간직하고 있는 이 은혜를 서로에게 나타내어서 우리들의 신앙이 서로에게 도움을 주기를 바라는 마음입니다.

또한 필자가 이 글을 쓰기 시작하면서 주님의 은혜를 구하는 가운데 주님의 은혜와 동행이 있었음을 고백하는 바입니다.
필자도 알지 못했었던 진리에 대해서 알아가고, 또한 예수님께서 말씀하신 은혜 곧 "영생은 곧 유일하신 참 하나님과 그가 보내신 자 예수 그리스도를 아는 것이니이다"(요 17:3)라는 말씀이 실제적으로 필자에게 응해서 필자가 하나님을 아는 지식에까지 이르게 되었다는 것입니다.
필자가 세상을 향한 지극한 사랑의 하나님을 알게 되었고, 그 하나님을 큰 기쁨으로 즐거워하게 되었으니, 이 이상 더 무엇을 바라겠습니까?

필자는 이 글을 신학적인 체계를 가지고 학계에 제출하는 것이 아니라 그저 필자가 받은 은혜를 진술하는 것이니, 글이 비록 거칠고, 두서가 없고, 논리적인 면이 떨어질지라도 독자들이 넓은 아량을 가지고 이 글을 읽어 주시기를 바라는 마음입니다.

오직 필자가 바라는 것은 이 글을 통해서 제게 주신 그 은혜를 이 글을 읽는 모두에게도 주셔서, 진실로 믿음의 사람들의 아버지가 되시는 하나님을 알게 되기를 바라는 마음입니다.

필자는 거룩하신 하나님을 아는 기쁨만큼 더 큰 기쁨은 없다고 봅니다.

성경에 "베뢰아에 있는 사람들은 데살로니가에 있는 사람들보다 더 너그러워서 간절한 마음으로 말씀을 받고 이것이 그러한가 하여 날마다 성경을 상고했다"(행 17:11)고 기록하고 있습니다. 하물며 필자가 출판한 이 책이야말로 더욱더 사도들이 증거한 진리와 일치하는지를 점검 받아야 한다고 생각합니다.

필자는 오래 전에 '칼빈'의 '기독교강요'를 읽고 성경에 대해서 새로운 시각을 갖게 되었습니다. 그런데 이러한 저의 지식도 주님의 은혜가 아니면 그저 머리에만 머물고 그쳤을 것입니다.

칼빈은 그 시대에 주님이 쓰신 주님의 참된 종이었다는 인식이 저의 신앙이 성장해 갈수록 더해간 것을 고백합니다.

지금 출판하는 이 책도 필자의 신앙 지식을 바탕으로 한 글이므로 먼저는 읽는 독자들의 성경 지식에서 옳고 그름을 판단 받을 것이고, 후에는 성령의 교통으로 심령에서 증거 받을 줄로 믿습니다.

마른 쭉정이 같은 이 죄인에게 주님의 은혜가 임해서 당신만이 아시는 아버지를 알게 하셨으니, 필자는 주님의 은혜를 영원히 잊지 않을 것입니다.

또한 예수님께서 저를 위해 대속하신 대가가 너무 크고 놀라워서 복음에 빚진 자로서 다시는 죄에 빠지지 않을 것과 사도들의 가르침을 따라 온전함에 이르는 것이 그분의 은혜에 보답하는 길이라 생각합니다.

이에 필자는 고백합니다.

주님의 임재 앞에 필자는 단지 저의 전 존재가 죄 덩어리임을 알고 오로지 주님의 대속의 십자가만을 붙잡습니다. 이는 이스라엘 백성이 범죄한 후에 성전으로 도망가서 단 뿔을 붙잡는 믿음이라고 할 수 있을 것입니다.

주님의 은혜와 진리의 말씀으로 다시 태어나야만 하는 존재!

주님의 십자가와 함께 멸해지고, 주님의 부활과 함께 연합되어야만 존재할 수 있는 존재가 자신을 자랑할 만한 것이 무엇이 있겠습니까?

오직 주님만 바라보고 의지하며 주님이 내 안에서 온전하게 되기를 바랄 뿐입니다.

복음은 하나님의 비밀한 은혜이므로 이 글이 비록 주님께서 기뻐하시고 주님의 손에 이끌려 기록되어졌을지라도 주의 성령께서 이 글을 읽는 독자들에게 그 은혜를 전달하지 아니하면 이 글이 많은 사람들에게 읽혀질지라도 그것은 헛된 것이 될 것이고, 오히려 그 일이 저에게 독이 된다는 것을 의심치 않습니다.

필자는 단지 죄인이고, 육으로 태어나서 죄 가운데서 자랐고, 그 가운데서 부름을 받아 주님의 은혜 가운데서 죄 사함의 비밀과 하나님과의 화목과 천국의 소망을 갖게 하셨기에 모든 영광을 주님께 돌립니다.

필자는 아무것도 아님을 고백하며, 앞으로도 영원히 주님의 손에 이끌리어 그 영광의 광채를 바라보기를 바라는 마음뿐입니다.

필자가 아는 이 믿음의 지식은 경건한 우리의 성도들이 익히 경험한 것으로서 예수 그리스도를 주로 고백하고 따르고 있는 성도는 이미 알고 있는 지식이라고 믿습니다. 다만 필자는 필자에게 주시는 은사를 통하여 이 믿음을 글로써 표현했을 뿐이라고 생각합니다.

혹여 이 글이 하나님의 은혜의 통로가 되어서 독자들이 주님의 구속의 은혜를 확실히 알고 주님의 사람으로, 주님의 종으로서의 관계가 새롭게 되어 주님과의 동행이 이루어지게 되었다면 이 책은 그 즉시로 쓰레기통에 던져 버리십시오.

이런 사람은 제가 쓴 글보다도 훨씬 더 믿음의 비밀에 대해서 잘 알 것이기 때문입니다.

사람의 어떠한 글도 성령의 사람의 실제에는 미치지 못하기 때문에 이 글로 인해서 주님께 대한 순종이 이루어지면 이 글은 그 소임을 다하는 것입니다.

이 글이 주님께서 대속하신 십자가의 비밀한 은혜를 아는 데 조금이나마 도움이 되었으면 하는 바람입니다.

십자가에 나타난 하나님의 측량할 수 없는 사랑과 주님의 은혜를 영원히 찬양하면서 주님을 사랑하는 모든 형제들에게 하나님의 비밀한 축복이 임하시기를 기원합니다.

함평 나비 들녘에서
정 성 수 드림

팔복(八福) 예찬(禮讚)

팔복은
예수님께서 이 땅에 오신
목적의 선언적인 의미를 담고 있다.

팔복은
하나님께서 부르신 자들을
당신의 친 백성으로 빚어 가시는
과정 중에 나타나는
성도들의 믿음의 완성 단계를 설명하고 있다.

팔복은
천국의 비밀을 가장 심오하게 나타내고 있다.
왜냐하면
팔복은 하나님께서
당신의 아들들을 만세 전부터 예정하셔서
당신의 독생자 예수 그리스도의
형상으로 빚어 가시는
과정 중에 나타나는
하나님의 입에서 나온 진리의 말씀이기 때문이다.

스펄전은 팔복을
'천국을 향하여 놓여 있는 사다리'로 비유했다.
이러한 의미에서
팔복의 처음 네 가지 복은
'자기 자신에게 의(義)가 없어서
어찌할 수 없음을 발견하는 단계들'을
말씀하고 있으며,
다음 네 가지 복은
처음 네 가지 복의 기초 위에서
'그리스도인의 책임과 의무'를 말씀해 주고 있다.

이러한 의미에서
심령이 가난한 자로부터 시작한 복은
그 다음 단계로 올라 설 때마다
그 아래 계단의 열매가
그의 심령에서 더 깊고 풍성하게 열매 맺는다.
즉 '온유한 자가 받는 복'도
그 위의 단계인 '의에 주리고 목마른 자'가
주님의 말씀에 순종할 때
더욱더 주님의 온유하심을 닮아 가게 되고,
'긍휼의 복'도 다음 단계인
'마음이 청결한 자의 복'에서
더욱더 깊이 있고 선명하게 나타난다.

이에 저자는
이 책에서 반복적인 형태로 팔복을 표현한다.

팔복으로 들림을 준비하라

마태복음 5장 1절부터 12절까지 말씀에 나타나 있는 '8가지 복'을 흔히 '팔복'(八福)이라고 말합니다.

여기서는 "복이 있나니"가 아홉 번 나오지만, 11-12절은 10절의 설명이므로 실질적으로 8회가 된다고 볼 수 있습니다.

'복이 있나니'로 번역된 헬라어는 형용사 '마카리오스'(makarios)로서 '하나님께 축복되어 있다', '복되다'의 뜻입니다.

10절까지는 감탄문으로 쓰여 있는 것으로 보아 예수님께서는 "아! 행복스러운지고!" 혹은 "아! 얼마나 축복인가!"라고 감탄의 음성을 높이고 계시는 것을 알 수 있습니다.

그것은 시간의 경과나 상황의 변화에 따라 소멸되는, 뜻 없는 이 세상의 복을 말하고 있는 것이 아니기 때문입니다.

슬픔이나 고통에 의해서도 소멸되는 일이 없으며, 이 세상의 그 무엇으로도 바꿀 수 없는 하나님의 축복이기 때문입니다.

'복이 있나니'는 하나님의 객관적인 축복에 의해 뒷받침되고 있습니다.

이것을 각각의 경우에 해당시키고 있는 것이 '이유, 근거'를 보여주는 '것임이요'입니다.

팔복의 처음 네 가지 복은 '자기 자신에게 의(義)가 없어서 어찌할 수 없음을 발견하는 단계들'을 말씀하고 있으며, 다음 네 가지 복은 처음 네 가지 복의 기초 위에서 '그리스도인의 책임과 의무'를 말씀해 주고 있습니다.

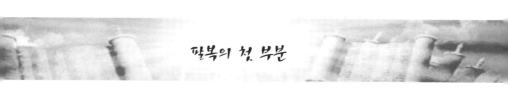

팔복의 첫 부분

예수님께서 말씀하신 복 받을 삶의 자세는 천국 시민의 생활을 통해서 얻게 되는 복인 동시에 곧 그리스도인들의 특성입니다.

첫 부분은 사람이 자신에게 의가 없어서 어찌할 수 없음을 발견하는 단계로 자신이 구원받는 단계를 말합니다.

제1복 | 심령이 가난한 자는 복이 있다.

'심령'(心靈)이란 영혼의 근본적인 부분입니다.

그리하여 심령이 가난한 자들의 영적 경건이 모자라서 가난하다는 뜻이 아니라, 그들의 심령에 관련하여 가난하다는 뜻입니다.

이는 자신의 영적 비참과 결핍을 인식하는 것입니다.

그들은 하나님의 도우심이 없이는 아무 선한 일을 행할 수 없습니다.

스스로 하나님께서 요구하시는 바를 행할 능력이 없다는 사실을 마음속으로 인정하는 자들입니다.

그래서 자신에게는 아무것도 기대하지 아니하며, 오직 하나님께만 모든 것을 기대하는 자들입니다.

제2복 | 애통하는 자는 복이 있다.

'애통(哀痛)하는 자'란 주로 '신령한 애통, 자아의 죄책감과 부족, 영적 파탄을 깨닫고 의에 주리고 목말라 하는 자'를 말합니다.

중생(重生)한 사람들은 '모든 경건하지 않은 일과 또 경건하지 않은 죄인들이 주를 거슬러 한 모든 완악한 말'(유 15)을 인하여 울 정도로 하나님을 사랑하는 법을 배우게 됩니다.

이 애통은 자기중심의 애통이 아닙니다.

하나님 중심의 애통입니다.

애통하는 자들은 자기 자신의 죄와 결점들에 대해서만 애통하지 않습니다.

세상에 만연된 악과 수많은 고난과 비참의 원인들에 대해서 슬퍼하며 고통을 나누는 자들입니다.

'다윗'은 '하나님께서 구하는 제사는 상한 심령이며, 하나님께서는 상하고 통회하는 마음을 멸시하지 않으실 것'(시 51:17)이라고 하였습니다.

제3복 | 온유한 자는 복이 있다.

온유는 하나님께 순종할 마음의 자세입니다.

'온유(溫柔)'란 '부드럽고 순종하는 겸손한 태도'를 말합니다.

온유한 자는 악의를 품지 않습니다.

자기가 입은 해를 두고두고 생각하는 대신에 주 안에서 위로를 찾고 자기의 길을 전폭적으로 그에게 의탁합니다.

온유는 하나님의 은총만이 그의 모든 것이 되므로 '더 낫고 영구한 소유가 있는 줄로 알아'(히 10:34) 자기의 소유를 빼앗기는 것도 기쁘게 당합니다.

온유한 사람은 사랑하시고 돌보시는 하나님의 손에 모든 것을 맡깁니다.

제4복 | 의에 주리고 목마른 자는 복이 있다.

이들은 악에 대한 하나님의 최후의 승리와 그의 나라가 완전히 서는 것을 사모하여 의롭고 바른 일을 행하기를 갈망하는 자입니다.

이 의(義)는 하나님이 거저 주시는 의입니다.

주님은 하나님께 순종하기를 열망하는 자들을 주리고, 목마름으로 표현하셨습니다.

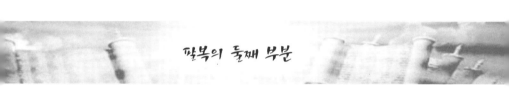

팔복의 둘째 부분

그리스도인들이 신자가 된 후에 더욱 힘써야 할 책임과 의무입니다.

둘째 부분에는 천국 시민의 적극적인 생활을 통해서 얻게 되는 그리스도인들의 특성이 나타납니다.

제5복 | 긍휼히 여기는 자는 복이 있다.

'긍휼'(矜恤)은 '비참한 처지에 있는 사람들에 대한 사랑'입니다.

죄인에 대한 '용서의 정신'입니다.

긍휼은 친절한 마음과 친절한 행위를 다 포함합니다.

긍휼히 여기는 자들은 스스로 자기는 하나님의 긍휼을 입을 자격이 없으며 하나님의 은혜가 아니면 그들이 단순히 죄인일 뿐 아니라, 정죄 받을 죄인이 될 것임을 알고 있는 자들입니다.

따라서 그들은 다른 사람을 대할 때 하나님께서 그들에게 보여주신 긍휼함을 그들의 태도를 통해서도 나타내기 위해서 노력합니다.

제6복 | 마음이 청결한 자는 복이 있다.

신실하고 정직한 사람, 위선이나 외식함이 없는 성실한 사람입니다.

마음 청결은 마음이 악하게 갈려 있지 아니하고 하나님과 세상을 동시에 섬기려 하지 아니하는 한 마음, 곧 단순한 마음을 가진 자입니다.

마음이 청결케 되려면 주님의 산상수훈의 가르침을 받아들여야 합니다.

제7복 | 화평하게 하는 자들은 복이 있다.

그리스도인들은 하나님과 화평한 자들입니다.

따라서 복음으로 하나님에게로 돌아오게 하여 화목하게 해야 합니다.

불화한 자들 사이에 화목을 가져다주기 위해서 그들에게 주어진 모든 기회를 선도함으로써 그들이 참으로 하나님의 자녀들이라는 사실을 보여주는 사람들이어야 합니다.

제8복 | 의를 위하여 박해를 받은 자는 복이 있다.

'의'(義)는 그리스도 안에 있는 하나님의 의로서, '의를 추구하다가 박해를 받는다'는 것은 결국 '그리스도를 위해서 박해받는 것'을 말합니다.

악인의 성품은 항상 맞부딪칩니다.

그러한 이유로 세상은 하나님의 자녀들을 미워합니다.

이렇게 **박해**받는 일은 다른 원인이 아니라, 무슨 일이 닥친다고 할지라도 계속 진리와 공의와 순결에 대한 하나님의 표준을 고수하고, 인간이 하나님의 대용물로 세운 우상들에게 무릎을 꿇거나 비 진리와 타협하기를 거부한 일로 인하여 당하는 고통인 것입니다.

이처럼 예수님께서 말씀하신 '여덟 가지 복'은 축복인 동시에 천국 시민의 특성입니다.

이는 인간의 편에서 할 수 있는 것이라기보다는 주님의 편에 초점을 두고 주님 앞에 선 우리의 태도와 자세에서 정의할 수 있습니다.

팔복은 이 세상적인 복이 아닙니다.
팔복은 영적인 복으로서 천국 시민의 특성을 말하는 것이며, 하나님을 위하여 사는 삶 그 자체입니다.
하나님을 영화롭게 해 드릴 수 있는 당신의 아들들에게 나타날 수 있는 복입니다.

그리스도인은 이런 의미에서의 축복된 삶을 살아가야 합니다.

주님은 당신의 능력으로 당신의 입에서 나온 아버지의 말씀으로 그의 택하신 자들을 당신의 온전한 형상으로 빛나게 하실 것입니다.
주님은 이것을 염두 하시고 그의 제자들에게 팔복을 말씀하셨습니다.

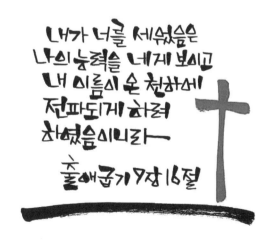

내가 너를 세웠음은
나의 능력을 네게 보이고
내 이름이 온 천하에
전파되게 하려
하셨음이니라
출애굽기 9장 16절

차례
Contents

❖ 제7복 | 화평하게 하는 자는 복이 있다 | 285

- 화평하게 하는 자는 하나님께 의롭다 함을 받아 하나님 앞에 사는 자들입니다.
- 의는 전가되고 않고 죄도 죄만 전가되지 않습니다.
- 화평하게 하는 자는 예수 그리스도를 구주로 믿을 뿐만 아니라 주님의 행위를 본받는 자들입니다.
- 복음으로 화평하게 하는 자들은 하나님의 사랑을 증거하는 자들입니다.
- 화평하게 하는 일은 평강의 왕이신 주님이 직접 하시는 일입니다.
- 화평하게 하는 자는 주님이 그들 안에서 일하시도록 늘 기도에 힘쓰는 가운데 다음의 몇 가지를 갖추어야 합니다.
- 화목하게 하는 자는 성령의 열매가 마음에 맺어져야 합니다.
- 하나님께 순종하는 자들에게 주시는 성령은 그들의 인격에서 성령의 열매를 맺게 하십니다.
- 화평하게 하는 자의 예로서 구약의 선지자 이사야
- 화평하게 하는 자는 주님이 지신 십자가에 나타난 하나님의 화평을 가지고 세상을 향하여 나아가는 자들입니다.
- 화평하게 하는 자는 복이 있나니 그들이 하나님의 아들이라 일컬음을 받을 것임이요
- 쉬어가는 코너

❖ 제8복 | 의를 위하여 박해를 받은 자는 복이 있다 | 407

- 의를 위하여 박해를 받은 자는 어떤 자들입니까?
- 의를 위하여 박해를 받은 자들은 하나님의 교회를 사모하는 열심 때문에 박해를 받습니다.
- 의를 위하여 박해를 받은 자들은 믿는다는 자들로부터 박해를 받습니다.
- 의를 위하여 박해를 받은 자들은 하나님의 사람 사랑하심을 알기 때문에 박해를 받습니다.
- 주님께서는 겸손하셨기에 교만한 자들로부터 박해를 받으셨습니다.
- 의를 위하여 박해를 받은 자는 복이 있나니 천국이 그들의 것임이라
- 쉬어가는 코너

| 제1복 |

심령이 가난한 자는 복이 있다

심령이 가난한 자는 복이 있나니 천국이 그들의 것임이요
(마태복음 5:3)

- 심령의 가난이란 무엇을 의미합니까?

- 주님은 당신의 백성들이 당신을 바라봄으로
  자신들의 심령의 가난을 알게 하십니다.

- 하나님께서는 죄인들을 자신에게로 돌이키시기 위해서
  미리 그들의 심령을 겸손하게 하십니다.

- 하나님은 교만한 자리에 있는 자들을 구원하시기 위해서
  개인 개인들, 집단, 나라들을 겸손하게 하시기 위해서 일하십니다.

- 심령이 가난한 자가 세상눈에 보이지 않는 천국을 소유합니다.

- 쉬어가는 코너

제1복

"심령이 가난한 자는 복이 있나니 천국이 그들의 것임이요"

우리들은 세상의 '가난'에 대해서 익히 잘 알고 있습니다.

주님께서 말씀하신 대로 가난한 자는 어느 시대에나 있었고, 앞으로도 영원히 그러할 것입니다.

그런데 주님께서는 세상에서는 결코 언급하지 않고, 알지도 못하는 '심령의 가난'을 말씀하고 계십니다.

그렇다면 심령의 가난이라는 것이 도대체 무슨 의미일까요?

심령의 가난이란 무엇을 의미합니까?

필자가 팔복을 묵상함에 있어서 이 단어만큼 어렵게 느껴진 것이 없었다는 것을 고백합니다.

하나님께서는 세상 만물들을 통해서 어느 정도 하나님을 인식할 수 있는 눈과 마음을 우리들의 영혼에 심어놓으셨습니다.

> "하늘이 하나님의 영광을 선포하고 궁창이 그의 손으로 하신 일을 나타내는 도다"(시 19:1)

'바울'은 복음을 전할 때 그들의 마음에 이미 그러한 것이 새겨졌다는 전제 하에서 다음과 같이 말하고 있습니다.

> "이는 사람으로 혹 하나님을 더듬어 찾아 발견하게 하려 하심이로되 그는 우리 각 사람에게서 멀리 계시지 아니하도다"(행 17:27)

사람은 하나님의 형상으로 창조함을 받았고, 하나님의 말씀은 진리의 성령의 말씀이기 때문에 우리들의 영혼이 죄로 인해서 어두워지지 않았다면 그 말씀을 들을 때 바로 알아들을 수 있게 되어 있습니다.

모든 사람들은 죄인의 후손으로 태어나서 진리를 거역하는 본질적 속성을 가졌습니다. 그로 말미암아 성령의 영의 말씀에 대해서 인식하지 못하고 오직 진리의 빛으로 조명을 받아야만 그 말씀의 인식이 가능한 것입니다.

인자하시고 자상하신 하나님께서는 유아기에 있는 이스라엘 백성들에게 눈에 보이는 동물의 제사를 통해서 영적인 대속을 알게 하셨고, 또한 '아버지, 인애, 덕, 형제우애, 사랑'이라는 단어도 완전하신 하나님에게서만 그 뜻의 궁극적인 의미를 갖습니다.

비록 타락했어도 하나님의 형상을 입은 사람에게 그 언어를 사용하게 하시고 그 의미를 인식할 수 있도록 하신 것은 그러한 언어들을 통해서 영이신 하나님을 인식할 수 있게 하기 위함입니다.

우리는 세상에서 쓰이는 언어들을 통해서 영적인 것을 이해하려는 태도를 용납해야만 합니다.
물론 제가 지금 쓰고 있는 글을 세상 사람들은 이해할 수 없고 오직 진리의 말씀으로 거듭난 자들만이, 그리고 성령의 조명이 있을 때에만 가능하다는 것이 전제되어야 합니다.

우리는 '가진 것 없고 헐벗고 굶주리고, 거처할 곳이 누추하거나 없는 상태를 '가난하다'고 합니다. 또한 가난한 자들은 남에게 베풀어 줄 수 있는 여력이 없기 때문에 도움을 받아야만 할 처지에 있습니다.

가난은 상대적입니다.

자신이 가난하다고 느끼는 것은, 그는 자기보다 항상 더 낮다고 생각되는 자를 자신에게 대비시키기 때문입니다.

심령의 가난도 이러한 대비를 통해서 쉽게 이해될 수 있습니다.

주님께서 "심령이 가난한 자가 복이 있다"(마 5:3)고 하셨으니, 우리는 먼저 주님과 죄인들의 심령의 대비를 통해서 심령의 가난이 무엇인지를 살펴봐야 합니다.

하나님은 영이신데, 주님은 육신을 입고 아버지의 이름으로 이 땅에 오신 하나님의 독생자이십니다. 주님은 자신이 부르셔서 자기에게 진리의 말씀을 듣고자 앉아 있는 제자들의 심령을 보시고 그들의 심령이 가난하다고 하십니다. 세상에서도 자신이 가지고 누리는 모든 것들보다 더 가지지 못한 자들을 생각할 때 그들을 자신보다 더 가난하다고 느낄 것은 자명합니다.

주님께서 자기 앞에 있는 제자들의 심령을 보시고 가난하다고 하셨으니, 그렇다면 주님의 심령은 얼마나 부한지를 먼저 생각해봐야 합니다.

저는 성경 66권이 진리의 말씀이라고 믿고 받아들이는 자들이 이 글의 독자라고 생각하기 때문에 성경에서 증거하는 바를 진리의 말씀으로 인정하고 인용할 것입니다.

사람마다 생각이 다르고 판단이 다르고, 특히나 옳은 것을 그르다 하고, 또 그른 것을 옳다고 왜곡하는 세대에서는 진리를 가늠하는 척도가 있어야 되는데, 그 척도는 바로 '성경'(聖經)입니다.

사람의 판단이나 이성이 진리 판단의 기준이 되어서는 절대로 안 됩니다.

사람은 가치 판단의 절대 기준이 될 수 없다는 것은 모든 사람들이 인정할 것이므로 우리 개혁교리는 그 척도가 절대 오류가 없는 성경에 있다고 보는 것입니다.

'요한 사도'는 '주님'을 가리켜 '태초부터 계신 말씀'이시라고 증거합니다.

"태초에 말씀이 계시니라"(요 1:1)

'모세'는 하나님이 태초에 천지를 창조하셨는데 무에서 유의 창조의 근거가 말씀이라고 합니다.

"빛이 있으라 하시니 빛이 있었고"(창 1:3)

그러므로 '사도 요한'은 태초에 '이것이 있으라, 저것이 있으라' 말씀하신 그 하나님이 바로 '육신을 입고 이 땅에 오신 주님'이시라고 증거하였고, 또한 '사도 바울'은 주님께서 말씀으로 창조하신 모든 것을 가리켜 '만물이 주께로부터 나오고 주께로 다시 돌아간다'고 증거했습니다(롬 11:36).

창조된 모든 존재들이 육신을 입고 이 땅에 오신 하나님의 아들로부터 존재했고, 그 모든 것을 주인 되신 주님이 거두시면 다시 그 주님께로 돌아간다는 것입니다.

사도는 사람도 주님으로 말미암아 창조함을 입었다고 증거합니다(고전 8:6).

사람에게서 발견되는 모든 것들, 즉 '의, 덕, 인애, 우정, 용기, 사랑'과 같은 하나님의 형상에서 나타날 수 있는 모든 것들이 주님께서 그 코에 생기를 불어넣어 생령이 되게 하심으로 존재하게 된 것입니다.

우리는 이러한 것들로 하여금 사람을 사람답게 누리게 하시는 하나님께서 그 풍성함을 얼마나 넉넉히 가지고 계시겠는가를 생각해야 하는 것입니다. 그런데 사람은 우리 조상 아담의 범죄로 말미암아 하나님의 형상에게서만 발견될 수 있는 그러한 풍성한 것들을 잃어버리고, 지금은 그 흔적만 가지고 있다 해도 과언이 아닙니다.

사도는 성도가 부르심을 입어서 거듭나는 존재로 신앙의 인격체가 형성되어가는 과정에서, 우리들이 잃어버렸던 것들이 오직 하나님의 진리의 말씀과 성령의 새롭게 하심으로 회복되어 감을 증거하고 있습니다.

이는 하나님의 재창조의 능력입니다.

"너희 믿음에 덕을, 덕에 지식을, 지식에 절제를, 절제에 인내를, 인내에 경건을, 경건에 형제 우애를, 형제 우애에 사랑을 더하라"(벧후 1:5-7)

아버지의 이름으로 오셔서 아버지를 증거하신 분!
당신의 전 인격을 통해서 온전하신 아버지의 인애와 사랑을 나타내고 계시는 하나님의 독생자!
"이는 하나님의 영광의 광채시요 그 본체의 형상이시라"(히 1:3)

바로 이분!
당신이 창조하신 사람과 당신의 땅에 오셔서 타락함으로 당신을 알지 못하는 그들을 부르시고, 그들에게 무한한 은혜를 베푸시고자 진리를 선포하고 계시는 이분이 제자들을 바라보시고, 그들의 심령이 가난하다고 말씀하시고, 아버지의 사랑으로 충만하신 독생자께서 아버지의 사랑을 알지 못하는 그들에게 그들의 심령이 가난하다고 증거하고 계시는 것입니다.

예수님께서 오신 목적은 죄로 말미암아 하나님의 형상을 잃어버리고, 저주와 사망 가운데 있는 자들의 죄를 대속하고, 깨끗하게 하셔서 아버지를 알게 하려 함입니다. 뿐만 아니라 그 본래의 형상을 회복시키고 당신의 영광의 광채의 형상으로까지 그들을 끌어올리셔서 하나님의 영광의 광채와 그 부요하심을 알게 하시려는 것입니다.
하나님의 영광의 광채이시고 존재하는 모든 것들에게 생명을 공급하시는 생명 자체이신 그분 앞에, 죄로 인해서 저주와 사망 가운데서 하나님의 형상으로서의 빛나는 광채가 거의 없는 자들, 곧 그들의 심령이 죄에 팔려서 악한 자에게 속박되어 본질적으로 하나님의 진노의 대상으로 바뀌어져 버린 자들이 은혜와 진리가 충만하신 분 앞에 나와 있습니다.

죄로 인해서 영적인 생명이 조금도 없는 자들이 지금 아버지의 사랑과 생명으로 풍성하신 분 앞에 불려 나와서 그분을 바라보고 있는 것입니다.

여기에서 그들의 심령이 환히 드러나고 있습니다.

어두움이 빛에 노출되므로 우리의 누더기 같은 영적 상태가 주님 앞에 밝히 드러나 있는 곳, 여기에서부터 심령의 가난은 발견되기 시작합니다.

> "아버지께서 자기 속에 생명이 있음 같이 아들에게도 생명을 주어 그 속에 있게 하셨고"(요 5:26)

> "아버지께서는 모든 충만으로 예수 안에 거하게 하시고"(골 1:19)

> "누구든지 목마르거든 내게로 와서 마시라"(요 7:37)

육에 속한 사람은 도저히 알지 못하는 성령의 가르침!

> "누구든지 나를 믿는 자는…내가 너희 안에 거하고…내가 너희에게 이른 말은 영이요 생명이라"

베풀기보다는 탐욕을, 덕보다는 자기 이익을, 인내보다는 분노를, 절제보다는 방임을, 사랑보다는 저주의 본성만을 가진 자들의 심령, 그 심령은 주님의 풍성한 생명에 비하면 '심히 가난하다'는 말 외에는 달리 표현할 방법이 없을 것입니다.

우리는 여기서 세상을 창조하신 주님의 생명의 충만함과 또 주님 안에 있는 인내와 덕과 사랑을 제자들의 그것과 비교해 봄으로써 주님이 말씀하신 심령의 가난이 무엇인지를 인식해야 합니다.
그러므로 앞에서 언급했듯이 물질의 가난이 상대적인 것처럼, 심령의 가난도 주님의 제자들이 주님의 풍성한 생명을 바라봄으로써 알게 된다는 것입니다.

오직 아버지의 생명으로 충만하신 주님을 바라봄으로써 자신들의 빈궁한 처지를 알아차릴 수 있는 곳, 거기에 주님이 말씀하시는 심령의 가난이 있습니다.
하나님께서는 당신의 백성들을 부르셔서 그리스도를 바라보게 하심으로써 자기들의 죄인 됨과 심령의 피폐(疲斃)됨을 알게 하십니다.

그렇게 하심으로써 아버지의 생명으로 충만하신 주님을 영접하고 가까이 하지 않을 수 없게 하시는 것입니다.

진리의 말씀이신 주님의 말씀에 귀 기울이지 아니하고, 자신들의 심령이 가난하고 본질상 마귀에게 속해 있었다는 것을 어찌 알 수 있겠습니까?

그러므로 주님이 말씀하시는 심령의 가난은 바로 주님께 은혜를 받아서 자신들의 죄인 됨을 알게 된 자들이라고 할 수 있습니다.

"주여! 나를 떠나소서! 나는 죄인이로소이다!"(눅 5:8)

말씀이신 주님 앞에 자신들의 죄인 된 존재가 드러난 자들, 의의 왕이신 분 앞에 자신들의 불의가 드러나서 쥐구멍이라도 있으면 숨고 싶은 자들, 그들이 곧 주님이 말씀하시는 심령이 가난한 자들입니다.

"여호와의 율법은 완전하여 영혼을 소성시키며 여호와의 증거는 확실하여 우 둔한 자를 지혜롭게 하며 여호와의 교훈은 정직하여 마음을 기쁘게 하고 여 호와의 계명은 순결하여 눈을 밝게 하시도다"(시 19:7-8)

그리스도를 가까이 하지 아니하고, 즉 주님은 진리의 말씀이기 때문에 진리의 말씀을 받지 아니하고 어찌 자신들의 심령의 참 모습을 볼 수 있겠 습니까? 제자들은 주님의 입에서 나오는 진리의 말씀을 들음으로써 자신들 의 죄 됨, 곧 심령의 가난을 비로소 알게 된 것입니다.

이 글을 쓰면서 심령의 가난을 증거하기 위해서 눈의 장애를 가진 분들 을 언급하게 됨을 죄송스럽게 생각합니다.
이는 사람들의 영적 궁핍함을 알게 하기 위함이니 이해해 주시기를 바라는 마음입니다.

이 세상에는 물질의 궁핍함에 찌든 사람들보다도 더 가난한 사람들이 있 으니, 그들은 바로 이 세상 빛을 전혀 볼 수 없는 시각장애우일 것입니다.

가장 가난한 자들이라도 하나님께서 창조하신 모든 좋은 것들을 볼 수 있는 눈을 갖고 있으면 그것들을 바라보지 못하는 사람들보다는 훨씬 부자입니다. 그러므로 시력을 잃어버려서 세상 빛을 보지 못하는 사람이 아무리 많은 재물을 가지고 있을지라도, 그는 물질이 전혀 없으나 이 세상 빛을 보는 자들보다도 더 가난하다고 보는 것입니다.

영적 가난이 무엇입니까?
바로 자신들의 죄인 됨을 알지 못하는 자들이 아니겠습니까?
사람들이 자신의 죄인 됨과 영적 가난을 아는 것은 복음을 듣고 빛이신 주님을 바라볼 때입니다.

그러므로 주님은 요한계시록에서 다음과 같이 말씀하고 계십니다.
"네가 말하기를 나는 부자라 부요하여 부족한 것이 없다 하나 네 곤고한 것과 가련한 것과 가난한 것과 눈 먼 것과 벌거벗은 것을 알지 못하는도다 내가 너를 권하노니 내게서 불로 연단한 금을 사서 부요하게 하고 흰 옷을 사서 입어 벌거벗은 수치를 보이지 않게 하고 안약을 사서 눈에 발라 보게 하라"(계 3:17-18)

가난이 육신의 추위와 벌거벗음을 가릴 수 없게 하는 것처럼, 의의 왕이시고 참 빛이 되시는 주님을 바라봄으로 자신들의 죄의 수치를 가려줄 옷이 자신들에게 없음을 아는 사람들!
진리의 말씀을 들음으로 자신들의 영적 수치를 아는 사람들!

누군가 그 부끄러움을 가려줘야만 하는 것을 아는 사람들이 주님이 말씀하시는 심령이 가난한 자들입니다.
그들은 주님을 만나기 전에는 자신들이 죄 덩어리이고, 하나님 앞에서 큰 죄인인 것을 알지도 못했으며, 진리의 말씀을 들음으로 자신들의 죄의 수치가 하나님 앞에서 낱낱이 드러난 사람들입니다.

하나님은 이러한 죄인들에게 그 부끄러움을 가려줄 옷을 값없이 사라고 말씀하고 계십니다.

"여호와께서 말씀하시되 오라 우리가 서로 변론하자 너희의 죄가 주홍 같을 지라도 눈과 같이 희어질 것이요 진홍 같이 붉을지라도 양털 같이 희게 되리라"(사 1:18)

죄의 누더기 옷을 걸치고 있으면서 그 옷이 더럽고 추하다는 것도 모르는 사람들, 죄에 더러워진 그들의 옷은 다른 것으로는 씻길 수 없고, 오직 주님의 보배롭고, 의로운 피로써만이 가능합니다.

이는 영적인 것이므로 세상은 결코 알 수 없는 것입니다.

"율법을 따라 거의 모든 물건이 피로써 정결하게 되나니 피 흘림이 없은즉 사함이 없느니라"(히 9:22)

물질이 가난한 자가 그 가난에서 벗어나기 위하여 애쓰며 물질을 추구하는 것이 당연하듯이, 주님을 만남으로써 자신들의 심령의 가난을 발견한 자들이 주님의 은혜를 사모함으로 주님을 따르는 것은 자연스러운 것입니다.

그러므로 택함 받은 하나님의 백성들은 이 세상 모든 것을 잃어버려도 결코 주님 따르는 것을 포기할 수 없습니다.

자신들의 벌거벗은 수치는 주님만이 가려주실 수 있다는 것을 알고, 영적인 만나를 맛보았으므로 이 세상 것으로 도저히 배부름을 얻을 수 없는 사람들!

심령의 가난이 무엇인지를 알기에 생명 되시는 주님만이 그들의 모든 것이 된다는 것을 아는 사람들! 이들이 바로 주님이 말씀하시는 심령이 가난한 자들입니다.

이들은 주님을 따르므로 죄의 가림을 받을 뿐만 아니라 주님 안에 있는 생명을 맛봄으로 점차 영적인 배부름을 얻게 됩니다.

따라서 하나님은 우리로 하여금 주님을 억지로 따르게 하시는 것이 아니라, 자발적인 기쁨으로 따르게 하시는 것입니다.

하나님께서 모세를 통해서 당신의 백성들에게 율법과 계명과 규례를 주
시고, "그것들을 지키고 그 말씀에서 떠나지 말라"고 하신 것은 다 이를 위
함이니, 그들이 그 말씀을 가까이 하고 묵상하면 할수록 자신들의 심령의
가난을 발견하고 오실 메시야를 대망할 것이기 때문입니다.

주님은 말씀이기 때문에 '주님을 바라본다'는 것은 '오직 말씀을 가까이
하고 말씀을 바라보는 것'입니다.

'모세'가 이 땅에서의 사명을 다하고 그들을 떠나기에 앞서 신명기에서 그
들에게 '여호와의 율법과 규례와 계명을 지킬 것'을 간곡히 당부한 것은 그
들이 그 말씀들을 떠나지만 않으면 그 말씀은 그들의 심령의 가난을 알게
하셔서 하나님의 은혜를 갈망하게 하실 것이 분명하기 때문입니다.

'시편 기자'는 '복 있는 사람은 여호와의 율법을 주야로 늘 묵상하는 자'
(시 1:1-2)라고 선포하였습니다. 말씀을 묵상하는 자들이 그 말씀을 자기들
의 경건으로 지킬 것이기 때문에 복 있는 자가 아니라, 그 말씀을 묵상하므
로 자신들의 심령의 가난을 알게 될 것이므로 복이 있는 것입니다.

주님은 구약의 백성들에게나 신약의 백성들에게 당신을 간절히 찾고 갈
망하는 자들에게 가까이 하시고, 은혜를 베푸십니다.

우리는 예수님 당시에 주님께서 부르신 제자들은 한결같이 경건하게 그
율법을 떠나지 않았던 자들이었다는 것을 기억해야 합니다.

그들은 자기들의 경건과 능력으로는 지킬 수 없는 율법의 무게 때문에
오실 메시야를 기다렸고, 주님께서 성령의 능력으로 그들을 부르시자 자신
들의 심령의 가난을 발견하고 이를 증거했던 것입니다.

"말씀이 육신이 되어 우리 가운데 거하시매 우리가 그의 영광을 보니 아버지의 독생자의 영광이요 은혜와 진리가 충만하더라··율법은 모세로 말미암아 주어진 것이요 은혜와 진리는 예수 그리스도로 말미암아 온 것이라"(요 1:14-17)

저는 '찰스 스펄전'(Charles Haddon Spurgeon)이 "구제물이 가난한 자들에게 필요하여 공급되듯이 하나님의 은혜도 심령이 가난한 자들에게 임한다."고 한 말이 참으로 주님의 은혜를 받은 자만이 할 수 있는 말이고, 그의 이러한 표현이 심령의 가난을 가장 적절하게 나타냈다고 생각합니다.

저는 오직 심령이 가난한 자들에게 주님의 은혜가 흘러들어갈 수 있다는 것을 상기하고, 하나님의 모든 말씀을 늘 주야로 묵상하며 가까이 해야 된다는 것을 말하고자 합니다.

말씀의 묵상은 구약의 그들이나 신약시대의 우리에게나 똑같이 우리 자신들의 심령의 가난을 발견하게 하는 것입니다.

은혜를 받아본 자들이 아는 대로 심령이 가난한 자들에게 하나님의 자비가 흘러들어가고, 하나님의 은혜를 거절하지 아니하고 받아들이는 곳, 거기에서 자신들의 죄인 됨을 보게 되고, 거기에 구원의 시작이 있고, 잃어버린 하나님의 형상의 회복이 있지 않겠습니까?

하나님께서는 이 일을 위해서 두 가지 일을 행하십니다.
첫째는, 그들 백성의 심령을 겸손하게 하시고,
둘째는, 겸손하게 된 그들을 부르시고, 그들로 하여금 창조주 되신 주님만을 바라보게 하셔서 자신들의 심령의 가난을 발견하게 하십니다.

하나님께서는 죄인들을 자신에게로 돌이키시기 위해서 먼저 그들의 심령을 겸손하게 하십니다.

육에 속한 사람은 자신이 죄인인 것도 알지 못합니다.

성도가 거듭나서 그 믿음과 신앙 인격이 자라감에 따라 이 사실을 더욱더 분명히 인식하게 된다는 것은 모든 성도들이 친히 경험하는 바입니다.

자신이 하나님 앞에 죄인임을 아는 것은 하나님의 특별한 은총입니다.

죄는 하나님을 인정하지 않는 자들에게는 그 근본적 의미에 대해서 모르거나 왜곡되어 있습니다.

사람이 하나님을 그의 창조주로 인정하지 않게 되면, 그는 자신 안에 심겨져 있던 의에 대한 인식이 심히 왜곡되어 있는 것입니다.

하나님의 형상으로서 사람의 독보적인 특성은 그들 안에 심겨져 있는 양심과 의에 대한 바른 개념입니다.

그런데 사람이 하나님께서 자기들의 주인 됨을 부인하고 있다면 그 심령이 심히 왜곡되어 있는 것입니다. 이는 의의 기초가 주인과 종의 관계에서부터 출발하고 있기 때문이며, 의와 공의가 하나님의 보좌의 기초이기 때문입니다.

우리들은 본래부터 '종은 주인에게 종속되어 있다'는 사실을 올바르게 판단하고 있습니다. 그들이 창세기를 인정하지 않는 이유는, 만약에 그것을 인정하게 되면 그들 안에 심겨진 의에 대한 지식 때문에 하나님을 주인으로 인정하지 않을 수 없기 때문입니다. 타락한 죄의 속성으로 말미암아 자기들의 양심을 거스르면서 그 사실을 인정하지 않고 있는 것입니다.

그런데 중요한 것은 사람이 타락해서 그 영혼이 심히 어두워지면 옳고 그름에 대한 판단이 흐려지게 됩니다. 심지어는 '바울'이 로마서에서 언급한 대로 '옳은 것을 그르다 하고, 그른 것을 옳다'고 왜곡하면서 그러한 행위를 자기들만 행할 뿐 아니라 그렇게 행하는 자들을 옳다고 판단할 정도로 그들의 양심이 왜곡되어 있는 것입니다.

우리 조상이 처음 범죄했을 때 하나님께 그 죄의 원인을 떠넘기고 자기가 옳다고 항변한 이후로, 모든 사람은 그러한 왜곡 속에서 자기들이 하는 온갖 범죄들도 자기 기준으로 판단하고 변명하고 또 책임을 전가하면서 자신이 옳다는 자리에 우뚝 서 있습니다. 그러므로 하나님의 특별한 간섭 없이는 스스로 그 자리에서 피하거나 물러나려고도 하지 않는 것입니다.

그들은 "네가 하나님과 같이 되리라"는 사탄에게 속한 거짓 왕좌의 한 모퉁이를 굳게 지지하면서, 자신이 하는 모든 행위를 정당화 합니다.

하나님을 인정하지 않는 것!

이는 자신의 전 인격 속에서 하나님을 몰아내고 그 자리에 자신을 올려놓고 자신이 하나님 노릇을 하고 있는 것입니다.

그러므로 창조주 하나님을 인정하지 않고 있다면 죄가 무엇인지도 모르고 하나님 앞에서 자신이 죄인임을 인정하지도 않기 때문에 '죄'(罪)라는 개념 자체를 왜곡할 수밖에 없습니다.

우리가 아는 대로 '죄'라는 것은 순종해야 될 하나님의 말씀에서 조금이라도 빗나가는 것, 곧 온전한 순종이 아닌 것은 하나님을 거스르는 것이고, 그것이 바로 죄입니다.

하나님을 떠나 있는 인생은 전 인격적으로 하나님을 대적합니다.

선민 이스라엘 사람들도 특별 은총이 아니면 하나같이 다 이러한 자리에 있다는 것이 성경의 증거입니다.

> "깨닫는 마음과 보는 눈과 듣는 귀는 오늘 여호와께서 너희에게 주지 아니하셨느니라"(신 29:4)

> "너희는 그 가운데서 행하여 이 세상 풍조를 따르고 공중의 권세 잡은 자를 따랐으니 곧 지금 불순종의 아들들 가운데서 역사하는 영이라"(엡 2:2)

이처럼 불의한 자들이 지금 산에 올라 앉아 계시는 이스라엘의 하나님 곧 의의 왕이요, 진리이신 분 앞에 나와 있는 것입니다.

이러한 부름은 하나님의 특별한 은총입니다.

그렇다면 이렇게 부름을 받아 왔으니 그들의 발걸음은 스스로 하나님과 의를 찾아 온 것일까요? 그렇지 않습니다.

성령의 증거는 확실하며, 변할 수 없습니다.

성령께서는 '바울'의 입을 통해서 시편에 기록된 말씀을 확인하셨습니다.

"…하나님을 찾는 자도 없고 다 치우쳐 함께 무익하게 되고"(롬 3:11-12)

사도 바울의 증거대로 성도들의 신앙의 첫 출발점은 택함을 입은 자들의 부르심입니다.

"또 미리 정하신 그들을 또한 부르시고 부르신 그들을 또한 의롭다 하시고 의롭다 하신 그들을 또한 영화롭게 하셨느니라"(롬 8:30)

친히 역사를 주관하시고 모든 인생의 발걸음을 섭리하시는 하나님을 찬양하시기 바랍니다.

심령의 가난이 겸손이라고 생각될 수도 있지만, 그렇지 않습니다.

겸손(謙遜)이 심령의 가난으로 이어질 수 있는 직접적인 계기이지만 심령의 가난과 겸손은 구분되어야 합니다.

이 부분은 점차 높은 단계의 복에 이르면 더욱더 선명하게 밝혀지겠지만, 심령의 가난은 오직 주님께서 은혜의 빛을 비추어서 우리들의 죄악 된 상태를 볼 수 있을 때 주님이 말씀하시는 심령의 가난이 무엇인지를 알게 되기 때문입니다.

겸손은 주님의 말씀의 빛을 받을 준비가 되는 단계라고 볼 수 있기 때문에 겸손과 심령의 가난은 구분된다고 보는 것입니다.

겸손의 반대는 교만(驕慢)이라고 할 것입니다.

진정으로 겸손하신 분은 주님 한 분이십니다.

하나님을 주인으로 인정하고 그분이 당신 안에서 일하시도록 당신을 비우시는 것, 거기에 진정한 겸손이 있는 것입니다.

사람이 하나님과 바른 관계를 형성하고 있다면 그는 하나님의 형상을 입은 사람 앞에서도 진정으로 겸손한 마음을 품게 될 것입니다.

주님은 "너희가 돌이켜 어린 아이들과 같이 되지 아니하면 결단코 천국에 들어가지 못하리라"(마 18:3)고 말씀하셨습니다.

죄인이 주님의 대속의 은혜로 구속되었음을 믿는다면 그는 겸손의 증거로 주님께 복종의 동행을 나타내야 마땅한 것입니다.

우리는 일생에 걸쳐 겸손을 몸에 익혀야 되는데 겸손의 또 한 가지 특징은 죄인이 주님의 은혜와 진리의 성령으로 거듭나서 하나님을 진정으로 섬기는 자들에게 나타나는 덕목입니다.

'야곱'이 주님의 은혜로 '에서' 앞에서 그의 겸손을 나타낸 것은 그가 주님을 만나서 은혜를 받았기에 나타날 수 있었던 덕목이었던 것입니다.

겸손하지 않은 마음은 교만한 마음이 그 안에 은밀하게 숨어 있는 것이니, 죄를 범한 모든 사람은 이 교만이라는 병에 걸리지 않는 사람이 없으므로 아담의 후손은 진정한 겸손과는 거리가 먼 것입니다.

죄를 범하는 자마다 죄의 종이라고 주님이 증거하고 계심으로 모든 사람이 죄를 범하여 이 교만의 아비에게 종노릇을 하였으니 진정으로 겸손한 사람을 어디서 찾을 수 있겠습니까?

'칼빈'의 다음 말은 인간의 뿌리 깊은 교만의 병을 지적하고 있다고 봅니다.

> "천민은 귀족에게, 가난한 자는 부한 자에게, 못 배운 사람은 배운 사람에게 자리를 양보한다. 그러나 한편에서 그들보다 자기들이 더 낫다고 생각하지 않는 사람은 거의 없다."

저는 심령의 가난은 여호와의 이름으로 항상 계시는 주님을 바라봄으로 주님의 은혜의 빛이 비칠 때 발견될 수 있다는 것을 말하기 위해서 겸손에 대해서 필요 이상으로 말을 많이 한 것 같습니다.

하나님을 떠나서 죄에 빠지게 된 인생이 그 처한 곳에서 자기 왕국, 곧 자기가 하나님이 되는 왕국을 건설하고 거기에 안주하게 되는 때에, 그는 더 이상 하나님과의 관계 속에서 살지 않습니다.

그는 그 자리에서 자신이 하나님인 것처럼 사람을 정죄하고 판단하고 헤아리지만 주님은 불의가 의를 대신하고 있는 그 자리에는 진리가 없으므로 진리의 말씀이 그들을 심판하게 된다고 선포하십니다.

> "비판을 받지 아니하려거든 비판하지 말라 너희가 비판하는 그 비판으로 너희가 비판을 받을 것이요 너희가 헤아리는 그 헤아림으로 너희가 헤아림을 받을 것이니라 어찌하여 형제의 눈 속에 있는 티는 보고 네 눈 속에 있는 들보는 깨닫지 못하느냐 보라 네 눈 속에 들보가 있는데 어찌하여 형제에게 말하기를 나로 네 눈 속에 있는 티를 빼게 하라 하겠느냐 외식하는 자여 먼저 네 눈 속에서 들보를 빼어라 그 후에야 밝히 보고 형제의 눈 속에서 티를 빼리라"(마 7:1-5)

죄 가운데 있는 자들은 의의 옷 대신 외식의 옷을 입고 하나님 노릇을 하고 있는 것입니다. 세상 이치에서도 동서고금을 막론하고 왕위에 오른 자가 특별한 이유 없이 겸손해서 스스로 그 왕좌에서 물러나는 일은 거의 없습니다.

죄인들은 하나님의 특별한 간섭이나 징계가 없이는 자기가 건설한 불의한 왕국의 그 자리에서 스스로 떠나려고 하지 않는 것입니다.

이는 성도들의 신앙 발자취인 이스라엘의 역사에서 너무도 잘 나타나 있습니다. 그들은 하나님의 작은 징계에는 꿈적도 아니하고 더욱더 완강히 저항하다가 더 큰 징계 앞에 이르러서야 겨우 하나님께 돌이키곤 했습니다.

> "모든 백성 곧 에브라임과 사마리아 주민이 알 것이어늘 그들이 교만하고 완악한 마음으로 말하기를 벽돌이 무너졌으나 우리는 다듬은 돌로 쌓고 뽕나무들이 찍혔으나 우리는 백향목으로 그것을 대신하리라 하는도다 그러므로 여호와께서 르신의 대적들을 일으켜 그를 치게 하시며 그의 원수들을 격동시키시리니 앞에는 아람 사람이요 뒤에는 블레셋 사람이라 그들이 모두 입을 벌려 이스라엘을 삼키리라 그럴지라도 여호와의 진노가 돌아서지 아니하며 그의 손이 여전히 펴져 있으리라 그리하여도 그 백성이 자기들을 치시는

이에게로 돌아오지 아니하며 만군의 여호와를 찾지 아니하도다"(사 9:9-13)

또한 다른 성경에서 하나님은 어떤 성에는 비를 내리고 다른 성들은 비를 내리지 아니하므로 그들이 하나님의 징계를 똑똑히 볼 수 있게 하셨음에도 불구하고 그들은 하나님께 돌이키지 않았다고 탄식하셨습니다.

"두 세 성읍 사람이 어떤 성읍으로 비틀거리며 물을 마시러 가서 만족하게 마시지 못하였으나 너희가 내게로 돌아오지 아니하였느니라 여호와의 말씀이니라"(암 4:8)

우리는 바벨론을 통해서 교만의 극치를 볼 수 있습니다.

성경은 하나님께서 이스라엘을 징계하는 몽둥이로 쓰시기 위해서 그를 높이고 한없이 넓은 대륙과 부족한 것이 없이 안정을 주자, 그가 즉시 교만해져서 다음과 같이 말했다고 기록하고 있습니다.

"네가 네 마음에 이르기를 내가 하늘에 올라 하나님의 뭇 별 위에 내 자리를 높이리라 내가 북극 집회의 산 위에 앉으리라 가장 높은 구름에 올라가 지극히 높은 이와 같아지리라 하는도다"(사 14:13-14)

우리는 윗글에서 사탄이 "네가 하나님과 같이 되리라"고 미혹한 그 미혹의 목적이 무엇인지를 인식할 수 있습니다. 우리 조상 아담이 하나님과 같이 되고자 하는 욕심의 결과로 교만이 그의 심령에 자리 잡았고, 그의 모든 후손이 그 가운데서 잉태하고 출생하였으며, 그와 같이 모든 사람이 범죄하였으니, 개인차는 있겠지만 바벨론 왕과 같은 교만이 없는 사람은 없는 것입니다.

이는 우리 모두에게 다 해당되고 경험하는 바라고 생각합니다.

이는 성도가 크건 작건 징계를 받아서 겸손해지기 전에는 알 수 없었던 일이지만 은혜를 받아서 하나님을 점차 알아가는 과정에서 모든 성도는 징계가 참으로 하나님의 사랑에서 나온 것임을 알고, 하나님을 더욱더 사랑하고, 친 아버지처럼 더욱더 친근히 하는 것입니다.

"징계가 당시에는 즐거워 보이지 않고 슬퍼 보이나 후에…"(히 12:11)

그렇다면 하나님은 어떻게 개개인의 심령을 겸손하게 하실까요?

가장 먼저 떠오르는 인물은 '야곱과 다윗'입니다.

'야곱'의 다음과 같은 고백은 그의 신앙의 행로가 얼마나 험악하였는지를 단적으로 보여 줍니다.

> "야곱이 바로에게 아뢰되 내 나그네 길의 세월이 백삼십 년이니이다 내 나이
> 가 얼마 못 되니 우리 조상의 나그네 길의 연조에 미치지 못하나 험악한 세
> 월을 보내었나이다 하고"(창 47:9)

야곱은 이 고백에서 자기 조상들의 신앙행로를 '나그네 길'이라고 표현하고 있습니다. 야곱은 하나님의 축복을 장자의 명분을 통해서 받으려고 그 형과 아버지를 속였지만 그 대가는 혹독했습니다. 그가 부모 집을 떠나서 외삼촌 라반에게 의지해서 20여 년을 살면서 감당하기 어려운 시련을 통과해야 했는데, 그는 그러한 어려움 속에서 더욱더 자기의 조상의 하나님을 의지하고 그분의 은총을 갈망하는 신앙의 행로를 걸을 수 있었던 것입니다.

야곱은 아버지 집을 떠남으로써 족장의 일원으로서의 신앙생활에서 벗어나 홀로 서는 신앙생활을 시작하게 되었다고 말할 수 있습니다.

벧엘에서 여호와 하나님께 손수 제단을 쌓음으로써 자기 조상 아브라함의 하나님을 자신의 하나님으로 친근하게 대하게 되었고, 이로 인해서 그의 신앙 인격이 성숙되는 계기를 갖게 된 것입니다.

하나님께서는 그로 하여금 당신만을 바라보고 의지하게 하시기 위해서 여러 가지로 그의 환경을 어렵게 하시고 곤고하게 하셨습니다. 야곱은 '라헬'을 얻기 위해서 외삼촌인 '라반'에게 속아 14년을 봉사해야 했고, 나머지 6년도 품삯을 열 번이나 번복함으로써 그의 수고가 헛되게 하였습니다.

이러한 상황에서 그가 의지할 수 있는 것은 자기 조상들의 하나님뿐이었고, 결국 그는 하나님의 위로와 축복으로 많은 소유를 얻을 수 있게 되었습니다.

야곱이 전적으로 하나님만 굳게 의지할 수 있게 된 계기는 우리가 잘 아는 대로 자기 형 에서를 만나야 되는 상황에서 '천사와 씨름한 사건'입니다.

야곱은 온 힘을 다해서 그 천사의 도움을 의지했고, 그는 결국 축복을 받아낼 수 있었는데, 그 축복은 세상의 방법으로 에서의 두려움에서 벗어나는 것이 아니라 그의 심령을 심히 겸손하게 함으로써 형 에서와 화목을 이루는 것이었습니다.

> "자기는 그들 앞에서 나아가되 몸을 일곱 번 땅에 굽히며 그의 형 에서에게 가까이 가니"(창 33:3)

우리는 주님을 영접하고 우리가 주님을 사랑하면 할수록 더욱더 심령 깊은 곳에 주님을 모시게 될 터인데 그러면 그럴수록 하나님의 사람 사랑하심을 깊이 있게 알게 되고, 그 안에서 역사하는 하나님의 은혜가 자기의 원수라도 그에게서 빛나고 있는 하나님의 형상 때문에 그를 공경하지 않을 수 없으며, 그 앞에서 얼마든지 겸손해질 수 있음을 발견하게 됩니다.

야곱처럼 주님을 가까이 하여 붙잡고 놓지 않았던 성도들이 과연 얼마나 되겠습니까?

그는 자신의 생명을 위협하는 에서로부터 구원을 받기 위해서, 자신에게 은혜를 주시려고 나타나신 이스라엘의 하나님을 그의 온 심령을 다해서 붙잡았고, 놓지 않았던 것입니다.

주님은 '에서'라는 환난을 통해서 그의 심령을 겸손하게 하셨고, 겸손하게 된 그가 주님의 은혜를 갈망할 때 그의 심령에 역사하여 주님의 사람 사랑하심의 인애와 덕과 사랑을 알게 하셨습니다.

이로 인해 야곱은 그의 원수 앞에 겸손으로써 그의 형에 대한 자신의 사랑을 나타내어 하나님을 영화롭게 할 수 있었던 것입니다.

주님은 다음과 같은 야곱의 기도에 주님의 방법으로 그를 구원하셨으니, 이 구원이야말로 참으로 하나님으로부터 나온 것이 아니고 무엇이겠습니까?

자기를 치러오는 원수를 겸손과 사랑으로써 친구로 바꾸어버린 이 일은 온 인류의 하나님 곧, 온 인류의 아버지만이 나타내실 수 있는 것입니다.

주님은 에서라는 환난을 통해서 야곱으로 겸손하게 하셔서 주님을 의지하게 하시고, 그로 하여금 위를 바라보게 하심으로 주님의 인애와 사람 사랑하심을 알게 하셨으며, 그로 인해 하나님은 야곱으로 하여금 그 형 에서를 거룩한 사랑으로 사랑할 수 있게 하신 것입니다.

> 성경에서 증거하는 하나님은 참으로 온 인류의 하나님이시오 아버지가 되시니, 이 하나님을 진심으로 찬양할지어다! 아멘.

> "내가 주께 간구하오니 내 형의 손에서, 에서의 손에서 나를 건져내시옵소서 내가 그를 두려워함은 그가 와서 나와 내 처자들을 칠까 겁이 나기 때문이니이다"(창 32:11)

이러한 '야곱'이야말로 주님이 말씀하시는 "심령이 가난한 자는 복이 있나니"의 대표적인 인물이라고 할 수 있습니다.

주님은 야곱에게 복 주시기 위해서 그러한 모든 것을 계획하시고, 그를 벧엘로 인도해 가신 것입니다. 이러한 의미에서 야곱에게 있어 최대의 축복은 그가 물질을 많이 얻은 것에 있지 않습니다. 이러한 하나님을 만나서 그 형 에서를 사랑하게 된 것에 있다 할 것입니다.

주님은 당신의 택한 백성들을 이런 길로 인도하셔서 당신의 사람 사랑하심을 알게 하셔서 그들로 하여금 그의 인애의 덕에 동참하게 하십니다.

성경은 우리 조상 '아담'이 하나님의 축복 하에 있을 때 범죄해서 에덴에서 쫓겨나고, '가인'이 당신의 작은 아들 '아벨'을 죽이는 참혹한 현실 앞에서 그들은 비로소 하나님을 찾았다고 기록하고 있습니다.

사울을 통해서 거의 10년 가까이 겸손의 연단을 받던 '다윗'도 하나님이 그를 왕으로 높여주고 모든 주변국들을 그에게 굴복시켜 안정을 주자 어느새 그 마음에 교만이 들어가서 곧 죄를 범하게 됩니다.

충실한 부하의 아내를 빼앗아 간음을 행하고 '우리아'를 간교하게 살해하는 만행을 저질렀으니, 우리는 '시편 기자'의 다음과 같은 고백을 우리 신앙생활의 전 과정을 통해서 실제적으로 체험하고 있지 않습니까?

"고난당한 것이 내게 유익이라 이로 말미암아 내가 주의 율례들을 배우게 되었나이다"(시 119:71)

하나님의 사람으로 인 쳐진 성경의 인물들은 하나 같이 고난과 인내의 신앙 터널을 통과하지 않은 인물이 거의 없습니다.

이는 모든 사람이 범죄한 아담의 후손으로 태어났을 뿐만 아니라 아담과 같은 범죄를 누구나 다 범했다는 성령의 증거는 확실하여, 하나님은 '교만이라는 병은 고난이라는 약을 써야만 효과가 있다'는 것을 너무나 잘 아시기 때문입니다.

사무엘의 어머니 '한나'도 '브닌나'라는 괴로움의 막대기를 통해서 겸손해졌고, 그로 인해 하나님께 간구함으로 사무엘을 얻었으며, 그 얻은 아들을 하나님께 드림으로 후에 세 아들과 딸 둘을 축복으로 받았음을 볼 때 하나님은 징계의 매로써 그의 자녀들을 겸손하게 만드시고, 그들이 위를 바라봄으로 죄인들에 대한 하나님의 인애를 알게 하심으로 진리의 축복을 받게 하시려는 뜻이 아니고 무엇이겠습니까?

하나님을 의지하고 바라본다는 것은 말씀이신 그분의 음성에 귀를 기울이는 것입니다.

한나는 브닌나의 격동의 말을 통해서 죽을 것처럼 괴로웠지만, 하나님은 그 격동이 없었다면 그의 심령이 겸손히 하나님의 은혜를 갈급해 하지 않는다는 것을 너무도 잘 알고 계셨던 것입니다.

> "주께서 그 사랑하시는 자를 징계하시고 그가 받아들이시는 아들마다 채찍질 하심이라 하였으니 너희가 참음은 징계를 받기 위함이라 하나님이 아들과 같이 너희를 대우하시나니 어찌 아버지가 징계하지 않는 아들이 있으리요 징계는 다 받는 것이거늘 너희에게 없으면 사생자요 친아들이 아니니라"(히 12:6-8)

주님은 요한복음을 통해서 "영생은 곧 유일하신 참 하나님과 그가 보내신 자 예수 그리스도를 아는 것이니이다"(17:3)라고 말씀하셨습니다.

우리는 욥의 고난과 인내를 통해서 이 진리를 실제적으로 배울 수 있습니다. 세상의 판단이나 이치로나 신앙인의 관점으로 봤을지라도 욥은 하나님으로부터 특별히 징계를 받아야 할 패역이나 범죄가 없었습니다.

그러나 그의 창조주께서는 욥으로 하여금 인생이 상상할 수 없을 만큼의 큰 징계를 통하여 그를 겸손하게 만드시고, 결국에는 그의 입에서 다음과 같은 고백이 나올 수 있게 하신 것입니다.

> "내가 주께 대하여 귀로 듣기만 하였사오나 이제는 눈으로 주를 뵈옵나이다"
> (욥 42:5)

우리 인생의 최대의 목적은 하나님의 영광의 빛을 아는 것에 있습니다.

그런데 인생의 목적이 육으로 나서 육으로 사는 것으로 변질되고, 이에 집착하여 하나님을 대적하고 있으니, 하나님의 부르심과 징계 없이 어떻게 겸손하게 되며, 육의 사람에서 하나님의 사람으로 거듭날 수 있겠습니까?

인생으로 고통 받게 하시는 것이 하나님의 본심이 아닙니다.

하나님은 자비하시고 인애하심으로 그의 성도들을 징계하시는 분이십니다.

하나님께서는 민족과 국가 전체를 겸손하게 하시기 위해서 여러 가지로 징계하십니다.

우리가 잘 아는 대로 선민 이스라엘 민족을 살펴보십시오.

애굽에서 그들에게 바로의 핍박이 없었다면 그들은 결코 자기들의 조상들이 섬겼던 하나님을 기억하고 하나님께 울부짖지 아니하였을 것입니다. 하나님은 '바로'를 통해서 세상에 안주하고 있는 자기 백성을 징계하셨고, 광야에서 연단된 '모세'를 보내서 그 자리를 떠나게 하셨습니다.

우리는 주님께서 그들을 약속의 땅으로 인도해 가셨을 때 빠른 길을 버리고 일부러 광야의 험준한 길로 인도하신 것은 그들로 하여금 오직 위에 계신 주님만을 바라보게 하시기 위함이었다는 것을 잘 알고 있습니다.

하나님의 크신 능력과 그 영광의 광채를 보고도 그들이 빠르고 쉽게 금송아지를 만들어 거기에 절하는 것을 보면, 우리들의 마음이 얼마나 육체의 소욕에 단단히 매여 거기에 쉽게 끌려가는가를 가히 짐작할 수 있습니다.

하나님이 그들의 눈에 즐거운 것은 아무것도 없는 광야로 인도하시고, 친히 그들에게 만나를 먹여주신 것은 이유가 없는 것이 아니었던 것입니다.

이스라엘 백성들의 광야 노정에서 우리가 배울 수 있는 것은 성도가 한 시라도 말씀이신 주님을 바라보지 아니하면 육체의 소욕에 금세 잠식당하고 만다는 것입니다.

이스라엘의 사사기의 역사는 이 사실을 잘 증명하고 있습니다.

그들은 평안하고 안전할 때 하나님과 그분의 율법을 등 뒤에 던졌고, 환난과 핍박이 임했을 때는 자기들의 하나님께 울부짖었던 것입니다.

"교만은 패망의 선봉이요 겸손은 존귀의 길잡이라"(잠 18:12)는 말씀은 개인과 민족과 국가들 모두에게 해당하는 진리의 말씀입니다.

그들은 겸손할 때 하나님의 축복 속에 번영했고, 교만할 때 하나님의 진노 속에 겸손하게 되어 위를 바라보므로 하나님의 인애 안에서 축복을 누릴 수 있었던 것입니다.

당신의 백성들과 지치지 않고 줄다리기를 하시는 하나님!

조금 평안하면 계속해서 범죄하고 그때마다 또 징계하시고, 땅을 바라보던 시각을 바꾸어 위를 바라봄으로 울부짖을 때 또다시 은혜를 베푸시는 끝없는 인애의 아버지를 영원히 찬양할지라!

우리나라도 마찬가지였습니다.

하나님은 우리나라에 복음이 전해지기 시작했을 때 우리 민족에게 환난을 주심으로 우리 민족들의 심령을 겸손하게 하셨습니다.

'을사늑약(乙巳勒約)이라는 국치(國恥)가 없었다면 자존이라는 민족성으로 단단해진 심령들로 외세를 배격했던 우리 민족이 외국에서 들어온 종교를 쉽게 받아들이지는 못했을 것이라고 봅니다. 이처럼 하나님은 민족들로 하여금 환난이나 전쟁을 통해서 그들의 심령을 겸손하게 하시고, 그 가운데서 그들의 심령들이 당신의 은혜의 복음을 받아들일 수 있게 하시는 것입니다.

어느 누가 전쟁과 환난과 굶주림을 쉽게 견딜 수 있겠습니까?

징계의 매가 그 당시에는 괴롭고 아픈 것이지만 그로 인하여 겸비해진 심령들이 비로소 위를 바라볼 때 그들의 심령에 은혜의 빛을 비추셔서 자신들의 심령의 가난을 알게 하시고, 자신들의 죄에 대해서 애통하게 하셔서 그들의 죄에서 깨끗하게 하시는 것입니다. 이것을 볼 때 인생들이 얼마나 육적인 소욕에 집착하며 거기에 단단히 매여 있는지를 알고, 또한 육의 소욕의 죄에 대한 책임이 전적으로 사람 자신에게 있음을 알게 됩니다.

하나님의 말씀을 떠나서 믿음으로 살지 않는 자들은 전적으로 육의 생각 속에서 한평생을 보냅니다.

"네 하나님 여호와께서 이 사십 년 동안에 네게 광야 길을 걷게 하신 것을 기억하라 이는 너를 낮추시며 너를 시험하사 네 마음이 어떠한지 그 명령을 지키는지 지키지 않는지 알려 하심이라 너를 낮추시며 너를 주리게 하시며 또 너도 알지 못하며 네 조상들도 알지 못하던 만나를 네게 먹이신 것은 사람이 떡으로만 사는 것이 아니요 여호와의 입에서 나오는 모든 말씀으로 사는 줄을 네가 알게 하려 하심이니라"(신 8:2-3)

근대에 있어서 인류 역사상 가장 큰 하나님의 징계는 제1·2차 세계대전이라고 할 것입니다.

"세계대전이 무슨 하나님의 징계냐?"고 반문할 수도 있겠지만 하나님의 말씀과 그 대전이 일어나기 전의 사람들의 사상이 얼마나 교만했는가를 알고, 또한 하나님께서 이스라엘에 대한 징계의 몽둥이로 앗수르와 바벨론을 들어 쓰셨듯이 그 시대에도 하나님께서 흩어진 당신의 백성들을 예언서에 약속된 대로 징계하시고, 그 후에 그들로 하여금 나라를 회복하게 하셔서 거기에 심으신 것을 보면 알 수 있습니다. 제1·2차 세계대전의 직접적인 당사자들이 흩어진 이스라엘 백성들을 얼마나 잔혹하게 학대했습니까?

이는 그 일이 있기 오래 전에 하나님께서 '모세'를 통해서는 불순종에 대한 벌을, '에스겔'을 통해서는 이스라엘의 회복을 약속하셨고, 또한 당신의 백성들의 입에서 스스로 증거하여 얻은 잔의 결과라고 할 수 있습니다.

"그 피를 우리와 우리 자손에게 돌릴지어다!"(마 27:25)

성경의 역사를 들여다보고 또 성경의 말씀들을 상고해 보면 그 일이 하나님께서 당신의 몽둥이로 쓰신 세계를, 전쟁을 통해서 당신의 목적에 맞게 쓰셨다는 것이 더욱 확연해집니다.

하나님의 징계의 몽둥이로 쓰임 받았던 '바벨론'이 얼마나 교만의 극치를 달렸으며, 흩어진 이스라엘 백성들을 핍박했던 그들의 사상이 얼마나 오만하고 교만했습니까?

바벨론이 "지극히 높은 자와 비기리라"고 할 정도로 교만의 극치를 보였던 것처럼 전쟁이 일어나기 전 19세기 후반의 세상 사람들의 사상은 그야말로 바벨론의 그것과 비교할 때 오히려 지나치다고 할 정도였습니다.

'칸트'로 시작된 '독일의 관념론'은 사람들에게서 '하나님은 인생과 구별되는 경외의 대상'이라는 생태적 인식을 없애고, 하나님에게 속한 모든 것을 사람 자신에게로 옮기는 결과를 낳았다고 해도 과언이 아닙니다.

이는 인본주의의 극치였습니다.

'칸트'(I.Kant)의 '비판적 관념론'은 인식의 시작을 사람 자신으로 옮기기 시작하고, '피히테'(J.G.Fichte)의 주관적 관념론은 그 시작을 하나님이 창조해 놓으신 피조물로부터가 아니라 사람 자신의 이성으로부터, '쉘링'(F.W.Shelling)의 '객관적 관념론'은 하나님의 창조에서 나타내는 그 영광을 사람들 자신의 이성과 하나라고 주장하고, '헤겔'(G.W.F.Hegel)의 '절대적 관념론'은 사람의 이성이 하나님 자신으로 오르는 데까지 이르게 되었습니다.

그런데 제1·2차 세계대전이 이들 나라로부터 시작되었고, 흩어진 유대인들이 그들에 의해서 전무후무하게 죽임을 당했습니다.

그들은 실로 바벨론 같은 하나님의 징계의 몽둥이였던 것입니다.

'칸트'의 '순수 이성 비판'은 순수한 이성이 시간과 공간보다 먼저 있었다고 증명함으로써 인본주의 철학의 순수성을 파헤친다는 의도였습니다. 하지만 이 사상이 어느새 그의 뒤를 이은 '피히테'에 이르러서는 인식이 세상을 인식함으로써 형성되는 것이 아니라 이성이 모든 존재하는 것에 앞서 존재하므로 인간의 이성이 점점 하나님의 피조물과 그분의 의존성에서 벗어나서 독단성을 구축해가고, '쉘링'에 이르러서는 선험적인 이성과 만물의 존재가 같은 이성으로 존재한다고 규정되고, 피히테의 주관주의가 더해져서 그 만물의 존재 규정이 사람의 이성에서 시작되고 꽃 피운다는 데에까지 이르게 됩니다. 그리고 마침내 '헤겔'에 가서는 인간의 이성이 절대이성이 되어서 어느새 인간의 이성이 역사를 창조하는 창조주로 둔갑해 있었던 것입니다. 그는 인간의 역사가 보이지 않는 하나님을 나타내고 있다고 생각했고, 인간이 자신들의 역사를 스스로 창조해 내는 실체로 인식했으니, 실은 자신들이 하나님을 대신할 수 있다는 데까지 이르게 되었던 것입니다.

'헤겔'은 하나님께서 자기 인식을 위해서 인간이 필요했다고 보고 있었는데 이는 인간이 창조함을 받은 피조물이 아니라 하나님 자신에게서 나온 하나님의 지체였다는 것입니다. 그는 절대이성이 신이 되는 자기의 철학 사상에 '말씀이 육신이 되었다'는 요한복음 말씀을 인용하여 '주님은 창조의 말씀이셨고 그 말씀이신 하나님이 자기를 인식하기 위해서 육신을 입으셨다'고 합니다. 그는 피조 된 사람을 주님과 같은 위치에 올려놓은 것입니다.

이는 하나님의 형상으로 피조 된 사람을 하나님과 동등하기까지 높이는 교만이며, 또한 하나님의 말씀을 무시하고 주님이 이 땅에 오신 목적도 왜곡하는 것이고, 모든 것을 인간 중심으로 규정하려는 오만한 자세입니다.

말씀이 육신을 입으신 주님의 겸손을 사람에게 적용하여 주님의 위대한 겸손을 왜곡하고 인용하여 사람 자신을 높이려는 이 사상은 실로 마귀적인 교만인 것입니다.

하나님께서는 사람들이 바벨탑을 쌓는 것을 보시고 강림하셔서 그것들을 흩으셨습니다.

그들은 눈에 보이는 탑을 쌓음으로써 "생육하고 번성하여 땅에 충만하라"는 하나님의 뜻을 거슬러 인본주의 교만을 나타냈는데, 이와 마찬가지로 20세기 후반의 철학 사상은 인간의 이성의 바벨탑을 쌓고 있었던 것입니다. 만약에 제1 · 2차 세계대전이 없었다면 이러한 오만은 오늘날까지도 사람들의 생각을 사로잡고 있었을 것입니다. 하나님께서는 성경에 기록된 대로 그 전쟁을 통해서 교만한 세상을 심판하셨습니다.

"여호와께서 만국을 벌할 날이 가까웠나니 네가 행한 대로 너도 받을 것인즉 네가 행한 것이 네 머리로 돌아갈 것이라"(옵 1:15)

모든 것을 인간 중심으로 생각하고 신을 멸시하는 이 독일 철학이 얼마나 교만의 극치를 달리고 있었습니까?

위를 바라보지 못하게 하고, 하나님 경외를 사람의 마음에서 지우고, 인간을 하나님 자리에 올려놓음으로써 인간에게 심겨진 본래의 하나님 사상마저도 뿌리 뽑으려는 이 악한 사상을 하나님께서 왜 그냥 두시겠습니까?

이스라엘 백성들을 황량한 광야로 인도해서 오직 위만 바라보게 하시므로 그들의 심령의 가난을 알게 하셔서 하나님의 복음에 귀를 기울이게 하시려는 것이 하나님의 뜻일진대 그들의 사상은 이러한 하나님의 뜻을 정면으로 대적하는 것이었으니, 그 아들을 바라보게 하시므로 인류를 구원하시고자 하시는 하나님께서 어찌 그들의 망상을 그대로 내버려 두셨겠습니까?

하나님께서는 겸손한 자에게 은혜를 주시고 교만한 자를 대적하십니다.

하나님은 그 진리의 말씀대로 심판을 행하셨습니다.

큰 전쟁을 통해서 인간의 교만을 철저히 부수셨습니다.

인간으로 하여금 겸손하게 하시려는 하나님이야말로 진실로 성경에서 말씀하고 계시는 그 하나님이십니다.

"대저 만군의 여호와의 날이 모든 교만한 자와 거만한 자와 자고한 자에게 임하리니 그들이 낮아지리라"(사 2:12)

"세계 민족 중에 이러한 일이 있으리니 곧 감람나무를 흔듦 같고 포도를 거둔 후에 그 남은 것을 주움 같을 것이니라"(사 24:13)

인간을 하나님으로 둔갑시키는 인본주의 철학사상은 거짓의 아비에게 속한 것으로, 처음부터 우리 조상 아담에게 다가와서 "네가 하나님과 같이 되리라"고 미혹했던 바로 그 자가 바랐던 바였던 것입니다.

피조물을 하나님으로 둔갑시키려는 망상은 옛적부터 있었습니다.

하나님께서는 당신의 징계의 몽둥이로 쓰이는 바벨론을 가리켜 "오히려 나무가 주인을 들려 하고 있다"고 지적하셨습니다.

죄 가운데서 가장 으뜸가는 죄가 바로 교만입니다.

"여호와께서 미워하시는 것 곧 그의 마음에 싫어하시는 것이 예닐곱 가지이니 곧 교만한 눈과 거짓된 혀와 무죄한 자의 피를 흘리는 손과 악한 계교를 꾀하는 마음과 빨리 악으로 달려가는 발과 거짓을 말하는 망령된 증인과 및 형제 사이를 이간하는 자이니라"(잠 6:16-19)

헤롯은 사람들이 "당신의 목소리가 신의 목소리와 같다."고 아첨했을 때 그가 영광을 하나님께 돌리지 아니했으므로, 곧바로 충이 그 배를 먹어서 죽임을 당했다고 성경은 증거하고 있습니다.

공개적으로 자신을 신(神)의 위치에 올려놓고 하나님의 영광을 갈취하고 훼방하는 그 죄는 실로 하늘에 사무치는 것이 되는 것입니다.

"인자야 너는 두로 왕에게 이르기를 주 여호와께서 이같이 말씀하시되 네 마음이 교만하여 말하기를 나는 신이라 내가 하나님의 자리 곧 바다 가운데에 앉아 있다 하도다 네 마음이 하나님의 마음 같은 체할지라도 너는 사람이요 신이 아니거늘…그러므로 주 여호와께서 이같이 말씀하셨느니라 네 마음이 하나님의 마음 같은 체하였으니 그런즉 내가 이방인 곧 여러 나라의 강포한 자를 거느리고 와서 너를 치리니 그들이 칼을 빼어 네 지혜의 아름다운 것을 치며 네 영화를 더럽히며…네가 너를 죽이는 자 앞에서도 내가 하나님이라고 말하겠느냐 너를 치는 자들 앞에서 사람일 뿐이요 신이 아니라"(겔 28:2, 6-7, 9)

이러한 교만의 극치의 사상이 19세기 후반을 지배했으니 20세기 초의 전쟁의 결과는 그들이 품고 있었던 사상이 초래한 마땅한 대가였던 것입니다.

하나님이 주신 선물 곧 이성의 지혜로 하나님을 인생의 사상에서 제해버리는 이 악한 사상이야말로 패역의 극치가 아닐 수 없습니다.

"가슴 속의 지혜는 누가 준 것이냐 수탉에게 슬기를 준 자가 누구냐"(욥 38:36)

하나님이 이러한 교만을 내버려 두신다면 그는 더 이상 하나님이 아니실 것입니다. 현 세대는 이전 세대에서 품고 자라게 했던 나무의 열매를 거두어들인다는 말이 이 세대에 정확히 들어맞았다고 봅니다.

물로 세상을 심판하시고, 당신의 백성들을 인간이 상상하는 이상으로 징계하시는 그 하나님은 지금도 세계를 다스리시고 징계하시고, 또한 악인을 심판하고 계십니다.

모세를 통해서 순종의 축복과 불순종에 대한 저주를 선포하신 주님의 말씀은 땅에 떨어지지 아니하여 때가 되매 반드시 그 말씀대로 성취되는 것이니, 어느 누가 그 말씀을 두려워하지 않겠습니까?

"내가 세상의 악과 악인의 죄를 벌하며 교만한 자의 오만을 끊으며 강포한 자의 거만을 낮출 것이며 내가 사람을 순금보다 희소하게 하며 인생을 오빌의 금보다 희귀하게 하리로다"(사 13:11-12)

"내가 또 그것이 고슴도치의 굴혈과 물웅덩이가 되게 하고 또 멸망의 빗자루로 청소하리라 나 만군의 여호와의 말이니라 하시니라 만군의 여호와께서 맹세하여 이르시되 내가 생각한 것이 반드시 되며 내가 경영한 것을 반드시 이루리라 내가 앗수르를 나의 땅에서 파하며 나의 산에서 그것을 짓밟으리니 그 때에 그의 멍에가 이스라엘에게서 떠나고 그의 짐이 그들의 어깨에서 벗어질 것이라 이것이 온 세계를 향하여 정한 경영이며 이것이 열방을 향하여 편 손이라 하셨나니 만군의 여호와께서 경영하셨은즉 누가 능히 그것을 폐하며 그의 손을 펴셨은즉 누가 능히 그것을 돌이키랴"(사 14:23-27)

"나는 빛도 짓고 어둠도 창조하며 나는 평안도 짓고 환난도 창조하나니 나는 여호와라 이 모든 일들을 행하는 자니라 하였노라"(사 45:7)

이것이 온 세계를 향하여 하나님께서 정한 경영입니다.

모든 교만한 사상과 사람들의 심령을 저울로 달아보시고 심판을 행하시는 하나님은 전쟁이라는 큰 몽둥이를 들어서 모든 교만한 것들을 철저히 낮추고 당신의 뜻을 성취해가고 계십니다.

"너는 위엄과 존귀로 단장하며 영광과 영화를 입을지니라 너의 넘치는 노를 비우고 교만한 자를 발견하여 모두 낮추되 모든 교만한 자를 발견하여 낮아지게 하며 악인을 그들의 처소에서 짓밟을지니라 그들을 함께 진토에 묻고 그들의 얼굴을 싸서 은밀한 곳에 둘지니라"(욥 40:10-13)

인간의 교만은 주님의 심판이 있을 때까지 계속될 것이므로 기근과 전쟁과 환난은 계속될 것이고, 주님은 앞으로도 당신의 택하신 백성들을 구원하시기 위해서 이 일을 늦추지 않으시고 그 구원을 완성하실 것입니다.

요한계시록은 이 일의 정점을 계시하고 있습니다.

자고하는 인생을 환난을 통하여 겸비하게 하시고 당신의 은혜로 부르시는 주님을 찬양하시기 바랍니다.

예수님께서 이 땅에 오셨을 당시 이스라엘의 상황을 보십시오.

성경은 "때가 차매 하나님이 그 아들을 보내사 여자에게서 나게 하셨다"(갈 4:4)고 증거합니다.

여기서 이 '때'는 바로 하나님께서 예수님을 우리의 죄를 대속하시기 위한 대속 제물로 예비하신 때였습니다.

그 때는 이방인의 손으로 주님을 십자가에 못 박아야 하는 때이고, 그들의 심령이 환난과 핍박으로 겸비하게 되어야 하는 시점이었습니다.

예수 그리스도께서 십자가의 대속 제물이 되시는 것은 하나님의 예정 가운데 있는 필연적인 사건입니다.

그렇기 때문에 반드시 이루어져야만 하는 것이었습니다.

그런데 십자가에 못 박히신 주님이 누구십니까?

바로 이스라엘을 출애굽하여 가나안 땅에 들이시면서 율법과 여러 가지 제사 제도를 직접 말씀하신 분이 아니십니까?

그 당시 제사장들은 땅에 있는 성소에 들어가 그 직분을 수행하였었는데, 성경은 '그 성소는 하늘에 있는 성소의 모형으로서 주님의 참 제사를 가리키는 것'이었다고 증거하고 있습니다.

주님의 대속제사는 하늘 성소에 드려지는 제사이기 때문에, 그 몸이 땅에 있는 제사장들의 손으로 대속될 수는 없었습니다.

만약 주님께서 땅에 있는 그들의 성소에서 그들로부터 직접 죽임을 당해 그들의 손으로부터 주님의 피가 흘러서 땅의 성소에 뿌려졌다면 주님의 피 흘리심은 땅에 있는 성소에 국한되고 말았을 것입니다.

그들의 제사장직은 하늘 성소의 모형으로서 오직 땅에 국한된 것이었으므로, 자기들 손으로 하늘 성소에 영원히 들어가실 주님을 피 흘리시게 할 수는 없었던 것입니다.

만약 그렇게 되면 멜기세덱의 반차를 따르는 하늘의 대제사장이신 주님이 아니라 땅에 속한 그들이 그 직을 수행하게 될 것이므로 그 직분을 주님에게서 빼앗는 결과를 초래하게 될 것이기 때문입니다.

그런데 천주교에서는 '미사'라는 이름으로 매일 이 일을 시행하고 있습니다.

그 당시 제사장들과 백성들의 요구는 빌라도에게 자기들의 주를 십자가에 못 박아 달라는 것이었습니다.

만약에 그들이 직접 주님을 십자가에 못 박았다면 하나님은 자가당착과 자기모순에 빠졌을 것입니다.

왜냐하면 제사장과 백성들은 주님의 지체였고, 주님은 그들의 머리가 되시기 때문입니다.

> 머리가 지체로 자기를 해한다면 그것은 참된 제사가 될 수 없고, 자살이나 다름이 없지 않습니까?

> 자기들을 구원하러 오신 주님을 자기 손으로 십자가에 대속으로 드리는 것은 그 마음속에서 주님을 멸하는 것이 아니고 무엇이겠습니까?

우리는 죄인을 구원하러 오셔서 대속의 제사를 치르시고 그 은혜를 가지고 찾아오시는 주님을 영접하는 심령에 구원이 시작된다는 것을 잘 알고 있습니다.

자기 손으로 주님을 죽이고 나서, 그 주님을 영접한다는 것은 이치에 맞지 않는 악한 행위임이 분명하기 때문에 하나님은 주님을 십자가에 죽여 달라고 부탁한 그들에게도, 또한 그들의 요구대로 십자가에 못을 박은 로마의 군병들에게도 구원의 길을 열어 놓으셨습니다.

로마가 이스라엘을 식민지로서 통치해야만 했던 그 때가 아니면 그 대속의 사역이 도무지 엮어지지 않기 때문에 사도는 "때가 차매 하나님이 그 아들을 보내셨다"(갈 4:4)고 했는데, 주님의 대속적 죽음에는 땅의 성소에 속한 제사장들의 요구를 받아줄 '로마'라는 이방인들이 필요했던 것입니다.

두 번째의 때는 로마가 그들을 통치하는 그 때와 연결됩니다.

그 때 이스라엘은 선민으로서의 자존심이 땅에 떨어졌고, 그들의 심령이 약속하신 구원자만을 대망할 수밖에 없었던 때이며, 그들은 하나님과 세상 정부를 동시에 섬겨야 했으므로 그들의 생활은 궁핍 그 자체였습니다.

예수님께서 데나리온 하나를 보시면서 "가이사의 것은 가이사에게, 하나님의 것은 하나님께 바치라"(눅 20:25)고 하신 말씀에서 알 수 있듯이 그들은 하나님께 헌물을 드렸고, 세상 정부에도 세금을 내야만 했던 것입니다.

그들 대부분은 그러한 식민 통치의 속박에서 해방시켜 줄 세상적인 메시야를 기다렸지만 경건하게 하나님 나라를 기다리는 자들에게는 참된 메시야에 대한 기다림이 있었습니다.

이는 주님과 사마리아 여인의 대화에서도 찾아볼 수 있습니다.

참으로 율법을 경건히 묵상하고 하나님의 말씀을 가까이 하고자 애쓰는 자들은 모든 율법이 메시야를 기다리는 소망만을 갖게 한다는 것을 알게 됩니다. 물론 이는 하나님의 은혜요, 선물입니다.

이는 '사도 바울'이 "그리스도는 모든 믿는 자에게 의를 이루기 위하여 율법의 마침이 되시니라"(롬 10:4)고 한 말씀에서 근거를 찾아볼 수 있습니다.

구약의 성도나 신약의 성도나 율법은 몽학선생이 되어 그들을 그리스도 예수께로 인도하는 역할을 합니다. 율법의 제사 제도는 그 속에 참된 제사를 드려서 자기 백성을 구속할 그분을 증거할 예표입니다.

계명은 아담의 후손의 본성으로는 도저히 지킬 수 없는 것이기에 선지자들이 예언한 그리스도를 바라보고 대망할 수밖에 없었다는 것입니다.

(※ 율법의 역할에 대해서는 칼빈의 기독교강요를 참고하면 좋을 것입니다.)

이스라엘 민족들이 애굽의 핍박에서 위를 바라보고 조상의 하나님께 부르짖었던 것처럼, 주님이 오신 그 때에도 그들의 심령은 위를 바라볼 정도로 충분히 겸비해 있었습니다.

다윗 왕국의 위대한 후손으로서의 자긍심을 회복하기를 열망하는 그들의 마음은 어쩔 수 없이 위를 바라볼 수밖에 없는 겸손한 심령으로 낮아졌습니다.

하나님은 모세에게 "내가 이 백성을 보니 목이 뻣뻣한 백성이로다"(출 32:9)라고 말씀하셨는데, 앗수르와 바벨론의 포로생활 이후 기나긴 세월동안 이방 민족들에게 무수히 짓밟힌 그들의 성전 중심의 생활은 겨우 명맥만 유지하고 있었다고 해도 과언이 아닙니다.

"때가 차매 하나님이 그 아들을 보내사 여자에게서 나게 하시고…"(갈 4:4)

그 때가 바로 주님이 당신의 백성들을 부르실 때였던 것입니다.

우리나라도 일제 식민지가 눈앞에 현실로 다가오고 아무 의지할 데가 없어지자, 시작은 민족해방에 대한 꿈으로 시작되었을지 몰라도 복음은 하늘의 소망을 갖기에 충분했으므로, 이 땅에서의 수치나 핍박도 넉넉히 견딜수 있는 힘의 근원이 되었던 것입니다.

복음이 가난하고 어려움 속에 있는 자들에게 쉽게 들어갈 수 있는 것은 세상 욕심으로 세상을 붙잡고 있는 자들의 심령은 하나님의 은혜가 들어갈 자리가 그만큼 적기 때문입니다.

한 때 은혜를 받아서 뜨거웠던 성도들도 그 받은 은혜로 말미암아 모든 것에 부족함이 없고 평안하면 세상 것을 바라보게 되고, 가지고 있던 믿음도 잃어버리는 것이 사실일진대, 하물며 믿음과 진리의 말씀을 맛보지도 못한 자들의 심령이 세상 것으로 배부르고 있다면 어떻게 그들에게 은혜의 말씀이 들어갈 수 있겠습니까?

주님의 다음 말씀이 이것을 잘 증거하고 있습니다.

"낙타가 바늘귀로 들어가는 것이 부자가 하나님의 나라에 들어가는 것보다 쉬우니라"(마 19:24)

주님이 당신의 땅에 오실 때 당신의 백성들은 세상적인 것을 붙잡을 만한 것이 많지 않았습니다.

몇몇 권력층과 결탁된 무리들 외에는 세상에 대한 소망이 거의 보이지 않았다 해도 과언이 아닙니다.

그들에게는 세상적인 소망이 거의 보이지 않았던 것입니다.

심령이 가난한 자가
세상눈에 보이지 않는 천국을 소유합니다.

우리는 심령의 가난이 무엇을 의미하는지를 살펴보았습니다.

주님의 부르심을 받고 주님을 바라보며, 주님의 말씀에 귀를 기울이는 자들만이 자신의 심령이 가난하다는 것을 알 수 있습니다.

주님은 "천국이 여기 있다 저기 있다 하지 못하리니 천국은 너희 마음 가운데 있느니라"(눅 17:21)고 말씀하셨습니다.

천국은 우리들이 사는 외부의 환경을 바꿔서 이루어지는 것이 아니라, 겸비해진 심령들이 주님의 말씀을 듣고 (말씀은 주님이시기 때문에 말씀을 받는 것은 주님을 영접하는 것과 동일합니다.) 주님을 영접하는 곳에 건설되어가는 것입니다.

이는 주님을 바라보는 자들은 그 영광의 빛을 이미 바라보고 있어서 자신들의 심령이 가난하다는 것을 이미 깨닫고 있으므로 바로 그들에게 '천국이 그들의 것'이라고 말씀하고 계시는 것입니다.

'스펄전'의 말대로 가난한 자들에게 구제물이 공급되듯이 자신의 심령의 가난을 본 자들이 주님의 비추시는 그 은혜의 빛을 받아들이는 것은 지극히 자연스러운 일이 아니겠습니까?

또한 지극히 귀한 보물을 마음에 사모하는 자들이 그것을 찾았다면 어찌 그것을 소유하고 싶지 않겠습니까?

심령이 가난하다는 것을 깨달은 자들이 주님의 은혜를 사모할 것입니다.

주님은 당신의 지극히 보배로운 생명의 말씀을 아버지의 이름으로 그저 공급할 것이므로 주님은 '천국이 그들의 것'이라고 말씀하고 있는 것입니다. 그들의 마음속에 이미 말씀의 빛이 들어가서 가슴을 찢는 회개가 있을 것이므로, 주님은 그들에게 천국을 약속하고 계십니다.

사람들은 오직 말씀의 빛에 자신의 존재 자체가 드러나는 때에 참된 회개와 참된 죄의 인식을 하게 됩니다. 그들은 이미 육신의 만나가 아니라 영혼의 만나를 맛보고, 그 양식이 참된 음료임을 알고 있는 것입니다.

> "예수께서 이르시되 나는 생명의 떡이니 내게 오는 자는 결코 주리지 아니할 터이요 나를 믿는 자는 영원히 목마르지 아니하리라"(요 6:35)

> "나는 하늘에서 내려온 살아 있는 떡이니 사람이 이 떡을 먹으면 영생하리라 내가 줄 떡은 곧 세상의 생명을 위한 내 살이니라 하시니라"(요 6:51)

아담의 모든 후손이 육체의 욕심을 따라 마귀의 종들로서 마귀에게 속했듯이 주님을 바라보고 그 말씀을 마음으로 받아들이는 자들의 심령이 주님께 속함으로 주님의 종들로서 다시 태어나고, 그들의 심령에 천국이 건설되어가고 있는 것입니다. 그러므로 주님은 당신의 영광의 빛을 바라보고 그 은혜의 빛 앞에서 심령의 가난을 발견한 자들에게 천국을 약속하십니다.

> "…은혜와 진리가 충만하더라"(요 1:14)

우리는 이 땅에서의 번영이 주님을 잘 믿는 표적처럼 생각하는 번영신학은 세상을 지배하는 공중의 권세 잡은 자의 영에 속한 것으로서 광명의 천사로 가장한 마귀의 미혹인 것을 알아야 합니다.

주님이 우리 안에 거하시므로 속사람으로 새롭게 되어 주님의 형상을 닮아가는 자들, 곧 그들에게 주님은 천국을 약속하고 계시는 것입니다.

여기서 저는 '조용기 목사님'의 '번영신학'을 조심스럽게 지적하고자 합니다.

목사님은 "우리 조상 아담의 범죄로 죄가 들어와서 사람들에게 저주와 가난과 질병과 사망이 왔으니, 우리가 이제 예수를 믿으면 질병과 저주와 가난에서 해방되어 부자가 되어야 한다."고 말합니다.

한편으로는 맞는 말이지만 그분은 주님이 말씀하시는 천국이 무엇인지를 모르고 있는 것 같습니다.

그분이 판단하는 것처럼 말할 것 같으면 우리 조상 아담의 불순종으로 죄가 사람에게 들어와서 죄 때문에 모든 사람이 사망에 이르게 되었으므로 이 죄가 사람에게서 제거되어 처음 사람의 죄 없는 상태로 회복되면 사망과 저주 그리고 그가 말하는 가난에서 해방될 것입니다.

죄가 들어와 가난과 저주가 왔으니, 사람에게서 죄가 제거되면 자연히 가난과 저주에서 해방된다는 것은 너무도 당연한 것이 아니겠습니까?

그 병을 유발한 병의 원인을 제거하면 그 병도 따라서 치료될 것인데 그분은 자기 말을 듣는 자들에게 그 원인은 놔둔 채 그 결과만을 주목하게 하고 있는 것입니다.

이는 '구원파'들의 성경 원리 적용과 비슷하다고 할 것입니다.

그들은 성경 말씀을 자기들의 구미에 맞게 적용하고 있는 것입니다.

'조용기 목사님'의 말대로 가난에서 벗어나려면 예수를 믿고 그의 대속을 믿으면 될 것인데, 그는 주님의 속죄 사역을 '죄인들이 가난에서 벗어나 부자 되는 것'에 초점을 맞추고 있는 반면, 성경은 주님의 대속은 사람들을 죄에서 즉, '죄로부터 구원해 거룩함에 이르게 하려 함'이라고 증거하십니다.

그러므로 성경을 자기 입맛대로 해석하는 그분을 우리들이 번영신학자라고 부르는 것은 당연한 것입니다.

주님의 부르심과 은혜로 천국으로 인도함을 받는 자들은 주님의 십자가를 자기들의 죄에서 구원하시기 위한 것으로 바라봅니다. 성도가 바라보는 주님의 십자가는 그들이 애통해 하며 죄를 미워하고 죄 짓는 것을 두려워하여 다시는 죄 짓지 말아야 될 것을 각성하게 하는 치료제 역할을 합니다.

그렇지만 세상 것을 사랑하는 자들은 그 십자가를 자기들의 가난의 저주에서 해방시키는 것으로 해석하고 있는 것이니, 이는 그 십자가마저도 자기들의 정욕을 만족시키는 것으로 둔갑시키고 있는 것입니다.

이러한 만용이 판치는 곳에서는 물질의 축복은 있을지 몰라도 심령의 천국은 이루어질 수 없습니다.

덧붙이면, 그는 진리의 말씀으로 죄인들을 하나님의 사람으로서 회복시키는 것에 관심이 있는 것이 아니라 그들의 소욕을 충족시켜 줄 말씀을 골라서 자기도 그들과 같은 정욕 속에 빠져들고 있는 것입니다.

지금까지 세상에 드러난 그들의 모든 죄와 더러운 것들은 모두 다 이러한 것의 열매입니다. '드러난 것이 그 정도이니, 감추어진 것은 얼마나 더 많겠는가?'를 생각해 볼 일입니다.

주님의 십자가를 팔아서 자기의 욕망을 충족시키고, 세상에서의 명예와 권력과 재물을 쌓는 심령에는 주님이 말씀하시는 천국이 결코 세워질 수 없습니다.

그들이 속히 회개하여 구원받기를 원하시는 주님께서는 수없이 많은 회개의 기회를 주었으나 지금은 돌이킬 수 없는 곳까지 가버렸다고 하십니다.

"하나님의 뜻은 이것이니 너희의 거룩함이라"(살전 4:3)

"내가 거룩하니 너희도 거룩하라"(레 11:45)

여러 가지 죄로 저주와 질병과 사망의 그늘에 사는 자들에게 복음이 전해져서 그들의 삶이 거룩해지면 저주와 질병과 가난은 당연히 사라지는 것들이 아니겠습니까?

진리의 말씀은 죄인들의 영혼을 치료하는 능력이 있으니 무질서하고 방탕한 삶에서 돌이키고, 주님의 십자가의 구속을 믿고 진리의 말씀대로 순종하여 자기의 생활을 위해서나 남을 돕기 위해서 열심히 일하면 가난은 자연히 해결되는 것입니다.

성경은 "사람이 범죄하여 하나님의 생명에서 떠나 저주와 사망 가운데 있다"고 증거하고 있습니다. 물론 그 생명은 그의 영혼입니다.

이는 하나님은 영이시기 때문에 사람이 하나님과의 관계가 끊어졌다면 그의 영혼이 하나님의 생명의 영과는 관계없이 육으로만 사는 것을 말합니다. 이는 그 영혼이 죄로 인해서 죽은 상태인 것입니다.

주님께서 죄인들을 부르셔서 당신의 은혜를 제공하시는 것은 죽어버린 그 영혼을 다시 살리시고자 하시는 것입니다.

사람이 죄 가운데 있다는 것은 하나님을 본성적으로 대적하는 공중의 권세 잡은 사탄에게 종속되어 그들도 그자와 동일하게 거룩하신 하나님을 대적하는 것을 말합니다. 한마디로 죄 된 사람은 저 사탄과 마찬가지로 영원히 저주 받아야 할 처지에 있는 것입니다.

그러므로 그 같은 자들을 살리는 방법은 성경의 약속대로 그 옛 사람을 저주의 십자가에서 멸하시고, 새사람을 짓는 것에 있습니다.

사도가 "우리의 옛 사람이 예수와 함께 십자가에 못 박혔다"(롬 6:6)고 말한 것은 이러한 믿음을 한마디로 나타낸 것입니다.

우리는 '하나님이 사람의 어떤 점에 관심을 기울이시겠는가?'를 생각해 보아야 합니다.

사람은 그 죄 된 상태로 내버려 두면 하나님을 영원히 대적하는 사탄에게 종속되어 있을 수밖에 없기 때문에 주님은 그 사탄의 사슬에서 우리를 해방시키는 것에 관심이 있는 것입니다.

주님의 가르침에 귀 기울여 보십시오.

주님은 세상의 물질에는 전혀 관심이 없으셨습니다.

우리는 주님께 찾아와서 '형의 재산을 자신과 함께 나누도록 형을 설득해 줄 것을 간구하는 사람에게 "모든 탐심을 물리치라!"(눅 12:15)고 꾸짖으시는 주님의 말씀을 기억해야 합니다.

주님은 우리의 죽은 영혼을 살리시고자 저주의 십자가를 지셨습니다.

"살리는 것은 영이니 육은 무익하니라"(요 6:63)

혹자는 "주님은 우리의 몸을 위하심이라"는 말씀도 진리의 말씀이라 항변하고 싶을 것입니다. 그러나 성경과 우리들의 경험으로도 죄악에 종속된 우리의 영혼이 그 죄에서 해방되고 거룩한 생활에 들어가면 육신의 강건함도 함께 따라오는 법입니다.

그러므로 우리의 영혼이 살아야 육도 사는 것입니다.

성경은 다음의 말씀으로 이를 확실하게 증거하고 있습니다.

"욕심이 잉태한즉 죄를 낳고 죄가 장성한즉 사망을 낳느니라"(약 1:15)

오직 죄와의 단절은 부르심을 받은 자들이 주님이 지신 저주의 십자가와 연합되는 것에 있으니 이 연합에는 심령의 애통이 따르지 않을 수 없습니다.

그런데 마음을 찢는 애통이 없이 예수 믿어서 부자가 되었다면, 그는 주님이 말씀하시는 복 있는 자가 아닙니다.

주님이 지신 저주의 십자가를 바라보는 자들은 그들의 심령 깊은 곳에서 크나큰 애통을 경험하는 것이니, 이는 자신이 저지른 죄 때문에 죄 없는 주님이 자신을 대신해서 저주의 십자가에서 죽음을 맛보셨다는 것이 믿음의 눈으로 보이기 때문입니다.

복음을 받아들이지 않는 자들이나 거룩함에 관심이 없는 자들에게 주어지는 물질의 축복은 현세적인 것이며, 그들은 영이신 하나님을 거절하고 이 땅의 것에만 집착하기 때문에 인자하신 하나님께서 그들의 요구대로 베푸시는 관용인 것입니다.

하나님은 모세를 따라서 출애굽 했던 이스라엘이 고기를 달라고 요구하자 그들의 요구에 지나치도록 채워 주셨지만, 그 일을 결코 기뻐하지 않으셨습니다.

주님은 머리 둘 곳이 없으실 정도로 가난하셨지만 그 심령은 아버지의 성령으로 충만하셨으므로 그 마음에 완전한 천국을 소유하고 계셨기에 영으로 부자이셨고, 주님을 구주와 하나님의 아들로 믿고 따랐던 제자들도 이 세상 소유를 온전히 버리고 진리의 말씀을 따랐으므로 그들 심령에 천국이 건설될 수 있었던 것입니다.

그들은 이제 자기들이 가진 물질을 나누어 준 것이 아니라 자기 안에 있는 진리의 복음의 말씀을 나누어 주므로 자기들의 말을 듣는 자들의 영혼을 구원시킬 수 있는 자들이 되었습니다. 그들은 물질로 부자가 아니라 주님의 말씀을 받음으로 영적으로 부자였던 것입니다.

> "은과 금은 내게 없거니와 내게 있는 이것을 네게 주노니 나사렛 예수 그리스도의 이름으로 일어나 걸으라"(행 3:6)

만약 그에게 그들이 가진 은과 금을 주어서 그로 하여금 풍성하게 하고 생명이신 주님을 전해주지 않았다면 그 영혼이 어떻게 되었겠습니까?

하나님은 우리들의 삶에 물질이 있어야 할 것을 아시지만 먼저는 죄인들이 예수를 자기들의 죄에서 구원할 자로 믿어서 영혼이 구원에 이르는 것을 원하시는 것입니다.

> "너희는 먼저 그의 나라와 그의 의를 구하라 그리하면 이 모든 것을 너희에게 더하시리라"(마 6:33)

사람은 육으로 났기 때문에 죄인들에게 '예수 믿어서 부자 되라'고 가르치지 않아도 그 일은 그들의 천성적인 본성이 추구할 것입니다.

그러므로 구태여 말할 필요가 없고, 오히려 진리의 말씀은 '우리들의 본성을 거슬러서 부자 되기에 애쓰지 말라' 하시고, 물질은 "우리가 먹을 것과 입을 것이 있은즉 족한 줄로 알라"(딤전 6:8)고 하십니다.

아들의 이름으로 오신 아버지의 생명의 성령을 소유한 자들은 이 세상 물질로부터 온전한 자유함을 누리는 것이니, 물질은 있어도 거기에 얽매이지 아니하고, 없어도 궁핍함으로 쩔쩔매지 않는 것입니다.

오히려 이스라엘 민족들은 그들이 배부르고 등 따뜻할 때 하나님을 배반하므로 그들의 영혼이 비참함에 처해졌고, 그들에게 굶주림과 곤고와 핍박과 환난이 닥쳐올 때 그들이 위를 바라보므로 구원의 소망을 갖게 되었으니, 하나님의 뜻은 당신의 백성들의 풍성한 삶에 목적이 있으신 것이 아니라 그들의 영혼의 구원에 관심이 있으신 것입니다.

"주께서 인생으로 고생하게 하시며 근심하게 하심은 본심이 아니시로다"(애 3:33)라고 증거한 '예레미야'는 자기 백성들의 큰 고난 속에서 그들을 사랑하시므로 큰 환난을 일으키시는 하나님의 뜻을 발견할 수 있었습니다.

또한 '하박국 선지자'는 어떻습니까?

"내가 들었으므로 내 창자가 흔들렸고 그 목소리로 말미암아 내 입술이 떨렸도다 무리가 우리를 치러 올라오는 환난 날을 내가 기다리므로 썩이는 것이 내 뼈에 들어왔으며 내 몸은 내 처소에서 떨리는도다 비록 무화과나무가 무성하지 못하며 포도나무에 열매가 없으며 감람나무에 소출이 없으며 밭에 먹을 것이 없으며 우리에 양이 없으며 외양간에 소가 없을지라도 나는 여호와로 말미암아 즐거워하며 나의 구원의 하나님으로 말미암아 기뻐하리로다"(합 3:16-18)

육에 속한 자들이 징계가 없으면 겸손하게 될 수 없고, 육적으로 배부르면 하나님께 돌아올 생각도 아니 하는 것이니, 번영신학은 하나님의 뜻을 거스르고 있으며, 자기들의 정욕을 위해서 그 말씀을 도둑질하는 것입니다.

주님이 제자들에게 약속하신 천국은 이 땅에서 무엇이든지 부족함이 없는 상태에서 얻는 것이 아니라 제자들의 마음에 당신의 흘리신 피로 죄를 미워하시는 하나님과 화목하게 하시고, 당신의 입에서 나온 진리의 말씀과 성령으로 천국을 그 영혼에 심으시는 것입니다.

사도를 통해서 말씀하신 진리는 '모세는 하나님의 율법을 돌비에 새겼지만 하나님께서는 진리의 율법의 말씀과 계명을 그들의 심비에 새기신다'고 약속하고 계십니다.

진리의 성령께서 진리의 말씀을 우리들의 심비에 새기셔서 하박국 선지자처럼 오직 우리를 구원하시는 여호와 하나님을 기뻐하면 이 세상 물질은 오직 하나님 나라의 확장과 그 영광을 위해서 쓰임 받아야 될 것들입니다.

우리 하나님의 사람들은 하박국 선지자처럼 하나님의 말씀을 두려워하는 가운데 오직 우리의 영혼을 구원하시는 하나님을 기뻐하는 자들입니다.

우리는 그 말씀, 곧 "낙타가 바늘귀로 들어가는 것이 부자가 하나님의 나라에 들어가는 것보다 쉬우니라"(마 19:24)는 말씀을 생각하고, 우리의 구원을 위해서 일생을 주님만 의지하며 그 말씀만을 따라야 될 자들입니다.

다윗처럼 징계를 받아서 하나님의 크신 인애를 체험한 자들은 자신들의 일생에서 가장 값진 것이 무엇인지 알기에 재물에 얽매이지 않는 것입니다.

> "내가 궁핍하므로 말하는 것이 아니니라 어떠한 형편에든지 나는 자족하기를 배웠노니 나는 비천에 처할 줄도 알고 풍부에 처할 줄도 알아 모든 일 곧 배부름과 배고픔과 풍부와 궁핍에도 처할 줄 아는 일체의 비결을 배웠노라"
> (빌 4:11-12)

> "하나님의 나라는 먹는 것과 마시는 것이 아니요 오직 성령 안에 있는 의와 평강과 희락이라"(롬 14:17)

우리의 육신의 즐거움의 생명보다 귀한 하나님의 인애와 사랑을 맛보지 못한 자가 어찌 그 하나님의 크신 사랑을 짐작할 수 있겠습니까?

하나님은 진실로 우리 죄인들의 아버지가 되시는 것이니, 영원토록 그 하나님을 찬양하는 것이 마땅하다 할 것입니다.

이 땅에서의 번영이나 재물에 목적이 있는 자들은 결코 알지 못하는 하나님의 사랑은 심령이 가난하게 된 자들에게만 나타나게 되는 주님의 비밀한 선물입니다. 아들을 통해서 당신의 말씀으로 천지를 창조하신 하나님께서는 또한 같은 말씀으로 죄인들의 심령에 역사해서 그 아들의 형상을 창조해 내시는 것입니다.

"내 말을 듣고 떠는 자 그 사람은 내가 돌보려니와…"(사 66:2)

아들을 통해서 하나님의 말씀을 받아들인 자들, 그들의 심령에 주님이 말씀하시는 천국이 건설되는 것입니다.

그러므로 천국은 결코 장소적인 개념에만 머무를 것이 아닙니다.

말씀이신 주님이 우리의 심령에 거하시게 되면 그곳이 바로 천국입니다.

사랑하는 형제들이여!

우리 함께 육의 소욕을 따르지 말고, 주님의 입에서 나온 진리의 말씀을 힘써 따르도록 합시다!

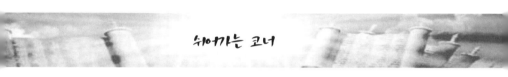

쉬어가는 코너

예수님께서는 "낙타가 바늘귀로 들어가는 것이 부자가 하나님의 나라에 들어가는 것보다 쉬우니라"(마 19:24)고 말씀하셨습니다.

이제 우리는 이 말씀에 근거해서 부자에 대한 개념을 정리해야 합니다.

주님의 이 말씀이 진리이고 사실일진대, 우리가 주님이 말씀하시는 이 부자에게 속해서는 결코 안 될 것이기 때문에 저는 여기서 딱딱하고 지루한 본문에서 잠시 벗어나 독자들과 함께 '편안한 산책'을 해보기를 원합니다.

지금 다루는 이 문제가 상당히 쉽지 않은 문제이지만 제가 '편안한 산책'이라고 말하는 것은 저의 글을 읽는 독자는 이미 그 마음이 하나님의 은혜 가운데서 가난하게 되어 주님의 말씀을 받을 준비가 되어 있을 줄로 믿기 때문입니다.

여러분은 부자입니까?

아니면 사도 누가가 말하는 그 가난한 자입니까?

"예수께서 눈을 들어 제자들을 보시고 이르시되 너희 가난한 자는 복이 있나니 하나님의 나라가 너희 것임이요"(눅 6:20)

　저는 이 산책이 끝날 즈음에 부자에 대한 자기 기준이 설 것이라고 믿고, 이 길을 같이 걷기를 권고합니다.
　우리 모두는 믿음의 조상인 아브라함이 하늘의 복과 땅의 충만한 복을 받아 누렸음을 알고 있습니다.
따라서 우리는 아브라함을 통해서 부자에 대한 기준을 삼는 것이 좋을 듯합니다. 왜냐하면 대부분의 번영신학을 말하는 자들이 아브라함의 믿음과 그의 부를 그 예로 제시하기 때문입니다.

"여호와께서 나의 주인에게 크게 복을 주시어 창성하게 하시되 소와 양과 은 금과 종들과 낙타와 나귀를 그에게 주셨고"(창 24:35)

　위의 말씀에서 알 수 있듯이 하나님께서 아브라함을 크게 창성하게 하셨다고 증거하고 있는데, 여기서 우리는 하나님께서 아브라함을 크게 창성하게 하신 그 때를 주시해야 합니다.
　우리는 하나님이 처음부터 아브라함을 평안한 생활과 부로 축복하신 것이 아니라, 우상을 섬기던 그를 불러내서 약속의 땅으로 들이실 때에 많은 환난을 통해서 그로 하여금 먼저 겸비하게 하셨다는 것을 알아야 합니다.

　하나님은 그에게 그 땅을 약속하셨지만 그로 하여금 겸비하게 하시기 위해서 그 땅에 가뭄을 주셔서 그가 애굽에 내려가지 않을 수 없게 하셨고, 그는 그곳 왕에게 자기의 아내를 자기의 누이라고 속여야만 했습니다.
　실상은 사라가 자기의 이복누이였기 때문에 거짓말을 한 것은 아니었지만 자기의 목숨을 지키기 위해서 자기의 아내를 떳떳하게 자기의 아내라고 말하지 못하고, 자신의 아내를 그곳 왕에게 내어 주어야 하는 그 참담한 심경이 어떠했겠습니까?

그러나 하나님은 그를 부르셨기 때문에 끝까지 그의 신상을 책임지시고, 그 일을 통해서 그곳에서 아브라함에게 재물을 취하게 하셨습니다. 이러한 하나님의 살아계심을 체험한 그는 그 일 후에 하나님께 단을 쌓았습니다.

그렇다면 이 '단'(壇)은 무엇을 의미합니까?

그 의미는 바로 그가 처음 부름 받을 때부터 약속 받은 후사에 대한 약속의 실현을 예증하는 것, 곧 '메시야에 대한 약속의 단'이었던 것입니다.

하나님께서 아브라함에게 "너는 너의 고향과 친척과 아버지의 집을 떠나 내가 네게 보여 줄 땅으로 가라"(창 12:1)고 말씀하시면서 "땅의 모든 족속이 너로 말미암아 복을 얻을 것이라"(창 12:3)고 하셨으니, 그 단은 바로 희미하게나마 그 메시야의 속죄의 사역을 예시하여 그로 하여금 그 믿음의 소망을 갖게 하시는 단이었다는 것입니다.

이러한 소망을 품게 하신 하나님께서 그로 하여금 여러 가지 환난 곧 자기 조카의 사로잡힘에서 그를 구출하는 것 등을 통해서 그를 더욱더 연단하여 끝내는 그 믿음의 열매로 노년에 주신 독자 이삭을 하나님께 번제로 드리기까지 순종하셨으니, 그 시험을 통과한 후에 하나님은 그로 하여금 크게 창성하게 하셨다는 것입니다.

우리는 하나님께서 지금 이 시대에 우리 믿음의 사람들에게도 아브라함을 연단하신 그 연단으로 우리를 연단하신다는 것을 알아야 합니다.

이삭처럼 부모로부터 특별한 신앙 훈련을 받지 않은 상태에서 사람에게 주어지는 부는 그 부가 믿음의 단을 쌓는 것으로 이어지지 않고, 오히려 하나님 대신 그 부와 권력을 의지하므로 하나님을 더욱더 멀리하게 됩니다.

이는 우리들이 경험한 것이고, 이스라엘의 역사가 증명하고 있습니다.

주님의 말씀처럼 사람은 육으로 태어났기 때문에 육이 추구할 수 있는 여건이 마련되어 있으면 누가 떠밀지 않아도 쉽게 그리로 돌진합니다.

사실 그러한 여건이 조성되어 있지 않아도 그 여건을 마련하기 위해서 일생을 힘쓰고 소비하는 것이 육의 사람의 본성인데, 하물며 그 마당이 닦여 있다면 육의 사람이 무엇을 목적으로 살겠습니까?

하나님께서 아브람에게 그 땅을 약속하신 후에 그를 여러 가지 환난에 노출시키신 것은 오직 그로 하여금 위를 바라보게 하심으로 구원의 믿음을 그 심령에 심으시고, 그가 그 믿음으로 당신이 원하는 순종에 이르게 하신 후에 크게 번성하게 하신 것입니다.

아브라함은 믿음의 조상답게 주님이 말씀하신 진리 곧 "너희는 먼저 그의 나라와 그의 의를 구하라 그리하면 이 모든 것을 너희에게 더하시리라"(마 6:33)는 말씀이 그에게서 실현된 것입니다.

하나님께서 일하셔서 한 영혼이 회개하여 주님께 돌이키도록 하셔서 진리의 말씀 곧 복음을 듣게 하실 것인데 그 복음으로 그가 하나님께 순종하기도 전에 그에게 물질의 축복이 먼저 주어진다면 그 물질은 축복이 아니라 오히려 순종하는 믿음을 갖기에 거치는 것이 될 수 있다는 것입니다.

물론 심히 가난한 자들이 하나님께 돌이키므로 열심히 일해서 궁핍한 생활이 윤택해지는 것은 하나님의 크신 인애와 축복이 아닐 수 없습니다.

아브라함에게도 그러한 물질의 축복은 따라다녔었습니다.

하나님은 그가 가뭄으로 약속의 땅을 떠나 애굽으로 내려갔을 때 그곳에서도 재물을 얻게 하셔서 부름 받은 자의 생활을 책임지셨지 않습니까?

그러므로 아브라함의 믿음과 그의 부한 생활은 서로 밀접하게 연결되어 있습니다. 즉, 아브라함의 믿음이 깊어질수록 그에게 제시된 물질의 부도 같이 커졌던 것입니다.

우리는 여기서 하나님께서 믿음의 사람이 그 부를 감당할 만큼만 그것을 그에게 허락하신다는 것을 알 수 있습니다.

아브라함은 부자였습니까?

그는 부자였습니다.

그러나 그는 그 부를 하나님의 영광을 위해 쓸 수 있는 만큼의 부자였다고 결론지을 수 있습니다.

부자의 기준

주님께서 "낙타가 바늘귀로 들어가는 것이 부자가 하나님의 나라에 들어가는 것보다 쉬우니라"(마 19:24)고 말씀하신 배경이 그 앞부분 말씀에서 어떤 청년이 예수께 와서 "선생님이여, 내가 무슨 선한 일을 하여야 영생을 얻으리이까?"(마 19:16) 물었을 때 예수께서 "가서 네 소유를 팔아 가난한 자들에게 주라 그리하면 하늘에서 보화가 네게 있으리라 그리고 와서 나를 따르라"(21절)고 말씀하시니 '그 청년이 재물이 많은 고로 주님을 따르지 아니하고 근심 중에 떠나간 것'(22절)을 보시고 하신 말씀이므로, 사람이 자신이 가지고 있는 부 때문에 주님을 따르지 못하고 있다면 그는 성경에서 주님이 말씀하시고 계시는 부자라고 봐야 합니다.

그 청년은 주님의 입에서 나온 진리의 말씀보다 자신이 가지고 있는 재물에 그 마음이 묶여 있었습니다. 주님은 "하나님과 재물을 겸하여 섬길 수 없다"고 분명히 말씀하셨는데 그는 하나님보다 재물을 택했던 것입니다.

그러므로 가난한 자들이 주님을 구세주로 믿고 영접하여 새로운 삶을 살면서 열심히 일하므로 부가 축적될 때 그 부가 하나님을 섬기는 데 걸림돌이 되지 않고 오히려 그것으로 하나님의 기뻐하시는 일을 할 수 있다면 그는 하나님 나라에 들어가지 못할 부자가 아니라고 봐야 합니다.

반면에 그 믿음의 형제가 하나님이 주신 재물로써 하나님의 영광을 위하여 쓰지 못하고 자신의 영광을 위해 살고, 세상을 사랑하는 것으로 그 부를 허비한다면 그는 주님이 말씀하시는 하나님 나라에 들어가지 못할 부자라고 봐야 합니다. 그는 주님보다 자신에게 주어진 재물을 의지하므로 주님의 입에서 나온 진리의 말씀을 듣지 않을 것이기 때문입니다.

그 예가 이스라엘 초대 왕 '사울'입니다.

그는 하나님이 그에게 주신 부와 권력과 명예를 가지고 자신을 높이는 데 쓰고 하나님을 거역하므로 하나님께 버림을 받았던 인물입니다.

우리는 그동안 교회에서 "열심히 일해서 돈을 많이 벌어라." 그리고 "그 돈을 하나님의 청지기로서 관리하라. 그러면 된다."고 배워왔습니다.

그러나 우리는 이러한 가르침을 재고해 봐야 합니다.

왜냐하면 선민 이스라엘의 역사를 보면 그들이 하나님이 주시는 부와 안정과 평화 속에서 타락하여 하나님을 등졌고, 그들은 환난과 핍박과 곤고가 임했을 때 하나님께 돌아와서 그들의 조상의 하나님을 섬겼기 때문입니다.

결론

사도들의 가르침인 '성도들의 재물관'에 대한 결론입니다.

사도는 "부자 되기에 애쓰지 말고 먹고 입을 것이 있은즉 족한 줄로 여기라"고 증거하고 있습니다.

이 시대에는 이 말씀을 신앙생활의 표준으로 삼고, 내가 가지고 있는 재산이 하나님을 전적으로 의지하는 데 걸림이 되지는 않는지 우리 자신을 살펴보는 지혜가 필요하다고 봅니다.

이 시대는 주님의 재림의 시기가 임박한 시기요, 주님께서 이 시대를 사는 자들에게 "롯의 처를 기억하라"(눅 17:32)고 경고하셨지 않습니까?

롯의 처는 "뒤를 돌아보지 말라"는 천사의 경고를 무시하고 자신이 두고 나온 그 물질, 혹은 소돔성이라는 세상 것에 마음이 뺏겨서 뒤를 돌아보므로 후세 사람들에게 경고가 되기 위해서 소금 기둥이 되었던 것입니다.

주님은 "소금은 그 맛을 잃으면 아무 쓸 데 없이 발에 밟힐 뿐이라"(마

5:13)는 말씀처럼 '성도가 세상의 소금이 되어야 할 것'을 롯의 처를 통해서 알게 하신 것입니다.

우리는 이 사건에서 주님께서 "한 사람이 두 주인을 섬기지 못한다"(마 6:24)는 진리의 말씀이 그대로 실현된 것을 봅니다. 따라서 이 시대의 성도들도 주님이 재림하실 이때에 자신이 가지고 있는 물질, 곧 이 세상 것을 주님보다 더 사랑하고 있다면 그는 롯의 처의 경고를 잊고 있는 자이므로 공중에 재림할 주님을 영접할 자로 합당한 자가 아닌 것입니다.

'사도 베드로'는 '이 세상 것(물질)은 그 날에 모두 불에 탈 것'(벧후 3:10-12)이라고 증거하고 있으니 성도가 어떠한 마음으로 세상 것을 대할 것인지 너무도 명확합니다.

당신은 세상이 인정하는 부자입니까?

그럴지라도 당신이 그 모든 것보다 재림하실 주님을 더 사랑하고 사모하고 있다면 부자가 아니니 안심하시기 바랍니다.

그러나 이 시대에 많은 물질을 소유하고 있으면서도 재림하실 주님을 기다리고 있을 성도가 얼마나 될지 모르겠습니다.

우리는 주님이 재림하실 때 불타버릴 이 세상 것을 돌아보지 말아야 될 자들인 것입니다.

쉬어가는 코너가 주님보다 이 세상 것을 더 사랑하는 자들에게는 큰 짐이 될 것이고, 그 반대인 성도들은 마음이 좀 상쾌해졌으리라고 믿습니다.

그러나 내가 가는 길을 그가 아시나니
그가 나를 단련하신 후에는
내가 순금 같이 되어 나오리라

욥기 23:10

| 제2복 |

애통하는 자는 복이 있다

애통하는 자는 복이 있나니 그들이 위로를 받을 것임이요
(마태복음 5:4)

- 성도들의 신앙의 정진에 있어서 애통은 반드시 따르게 되어 있습니다.

- 주님께서 이 장에서 말씀하고 계시는 애통은 심령, 곧 마음을 찢는 애통입니다.

- 애통과 위로는 동시에 이루어집니다.

- 주님은 자기 민족들의 죄로 애통해 하는 자들을 위로하십니다.

- 주님께서 애통하는 자들에게 주시는 위로의 성격

- 주님의 위로로 구약의 성도나 신약의 성도나 죄가 용서되고 씻기는 방법은 똑같습니다.

- 쉬어가는 코너

"애통하는 자는 복이 있나니 그들이 위로를 받을 것임이요"

'성도'(聖徒)라고 불리는 자가 이러한 '애통'(哀痛)을 경험하지 못했다면 그는 진정으로 하나님의 회개에 이르지 못한 자입니다.

마귀에게 속하여 마귀의 종이 된 자들, 전 인격적으로 철저하게 하나님과 원수였던 자들의 영혼, 본질적으로 하나님의 진노의 대상이었던 자들의 영과 혼이 하나님의 사람으로 거듭나야 천국백성이 될 터인데 이러한 애통이 없다면 진정으로 거듭나는 단계에 있지 않다고 봐야 합니다.

성도가 거듭남은 주님의 십자가의 고난과 대속으로 옛 사람의 죽음과 주님의 말씀으로 다시 태어나는 것이기 때문에 처절하게 마음을 찢는 애통은 반드시 따르게 되어 있습니다.

하나님 앞에서, 주님 안에서의 애통은 주님 앞에서 영원히 저주받을 자신의 전 존재가 진리의 말씀과 성령의 조명으로 드러나는 것이 되므로 마음을 찢는 애통은 반드시 따르게 되어 있는 것입니다.

성도들의 신앙의 정진에 있어서
애통은 반드시 따르게 되어 있습니다.

겸비해진 심령이 위를 바라보고 주님의 말씀의 빛이 그들의 어두운 심령을 비추게 되면 그들은 가슴을 찢는 애통을 경험하지 않을 수 없게 됩니다.

주님은 말씀이시기 때문에 성도가 주님을 바라보면 주님의 입에서 나온 진리의 말씀이 그의 심령으로 애통하게 하시는 것입니다.

진리의 말씀은 사람의 심령 골수를 찌르고도 남음이 있기 때문입니다.

'회개'(悔改)는 우리가 잘 아는 대로 세상을 향하여 걷던 발걸음을 돌이켜 하나님께로 향하는 것으로서 이것도 하나님께서 주시는 은혜이지만, 자신의 죄에 대해서 가슴을 찢는 애통은 오직 진리의 말씀의 빛이 죄인들의 심령에 비춰질 때 나타납니다.

주님께서는 당신의 택하신 백성들의 죄를 대속하시기 위해서 이미 그 역사를 이루시고 이제 죄인들에게 다가와 당신의 은혜를 가지고 오셔서 진리의 말씀의 빛으로써 그들의 죄를 들추어내서 애통하게 하시고, 죄에 대한 미움 대신에 의에 대한 사랑을 심으시는 것입니다.

진리인 성경의 증거는 "모든 사람이 범죄하였다"고 하셨고, 또 "범죄하지 아니하는 영혼이 아주 없다"고 하셨으니, 주님 앞에서 자신의 죄에 대한 참된 애통이 없다면 그러한 자들은 비록 교회생활을 하고, 직분을 가지고 봉사를 하며, 또한 성도라고 불릴지라도 주님이 말씀하시는 그 애통하는 자가 받는 복은 경험하지 못할 것이므로, 복 있는 자가 아닌 것입니다.

육의 소욕과 성령의 소욕은 서로 대적하고 충돌하는 것이니, 육체의 소욕대로 살아버린 죄인들이 성령의 조명의 역사로 자신의 죄가 들추어질 때 그들은 자신 안에 품고 저질렀던 추악한 죄에 대해서 견딜 수 없는 애통을 경험하게 되는 것입니다.

이는 세상 사람들이 경험하는 반성이나 마음 아픔과는 그 차원이 다릅니다. 왜냐하면 세상의 통회는 하나님께서 사람에게 본성적으로 심어 놓으신 이성의 빛의 조명으로, 자신의 과오에 대해서 그 양심이 판단을 하고 혹은 변명도 하고 스스로 위안도 얻으면서 후회하는 것에 그치겠지만, 성령의 역사로 일어나는 애통은 진리의 밝은 빛 앞에서 자신 안에 깊이 감추어진 조그마한 어두움이라도 결코 숨길 수 없이 낱낱이 드러나게 되어 변명할 수 없게 되므로 그 애통의 깊이가 클 수밖에 없고, 그 애통이 심령 깊은 곳에서 일어나므로 진지하다는 것입니다.

그리고 사람의 이성은 죄로 인해서 어두워졌고, 또한 사람은 자기중심적이고 자신을 사랑하고 자신을 높이기 때문에 자신 안에 있는 이성의 빛이 맹목적으로 자신에게로 향하여 있으므로, 객관적인 판단이 결여되어 있습니다. 따라서 그 이성의 빛도 그 한계 안에서 자신을 살필 것이므로 참된 자신을 살피고 회개에 이를 수 없습니다.

그러나 주님이 말씀하는 애통은 하나님 앞에서 하는 애통으로서 진리의 말씀으로 그들 안에 있는 어두움이 밝혀지고, 영혼이 깨어지고 부서지는 것으로서 마음을 찢는 애통이므로 더욱더 하나님 앞에 겸비함과 하나님께 대한 경외심을 낳는 애통인 것입니다.

> "하나님의 말씀은 살아 있고 활력이 있어 좌우에 날선 어떤 검보다도 예리하여 혼과 영과 및 관절과 골수를 찔러 쪼개기까지 하며 또 마음의 생각과 뜻을 판단하나니"(히 4:12)

육신의 몸이 다치고 깨질 때의 고통이 클 것인데, 그 영혼이 진리의 말씀의 검으로 찔림 당할 때의 고통은 어떠하겠습니까?

주님이 이 장에서 말씀하고 계시는
애통은 심령, 곧 마음을 찢는 애통입니다.

우리 성도는 주님이 말씀하시는 애통을 통해서 자신의 옛 사람의 죽음을 매일 경험하고 있지 않습니까?

주님의 말씀 앞에 자신의 죽음을 마주하고 있는 자들의 애통, 즉 이 세상에서 가장 사랑하는 자들의 죽음을 보고 있다면 그는 자신 안에 큰 눈물의 애통을 갖게 될 것입니다.

주님이 말씀하시는 애통은 바로 자신이 영원히 저주 받을 존재임을 알게 되는 것이므로 그 누구의 죽음의 애통보다 더 큰 애통을 갖게 되지 않을 수 없는 것입니다.

사람은 전 존재를 걸고 본성적으로 자신을 가장 사랑하기 때문입니다.

이러한 애통을 주님 안에서 실제적으로 경험하지 못한 사람이 어찌 그 애통을 알 수 있겠습니까?

하나님은 "옷을 찢지 말고 마음을 찢으라"(욜 2:13)고 말씀하심으로써 우리들의 위선을 책망하고 계십니다. 마음은 모든 사람의 인격의 중심이므로 성도가 진리의 말씀 앞에 그의 심령을 찢는 애통이 있을 때 그가 전심으로 하나님께 돌이켰다는 증거가 될 것입니다.

> "너희는 옷을 찢지 말고 마음을 찢고 너희 하나님 여호와께로 돌아올지어다 그는 은혜로우시며 자비로우시며 노하기를 더디 하시며 인애가 크시사 뜻을 돌이켜 재앙을 내리지 아니하시나니"(욜 2:13)

사람의 영혼의 좌소(座所), 곧 마음의 중심으로 자신의 죄에 대한 애통이 있을 때 거기에서 성도는 자신의 죄에 대한 진정한 애통과 자신의 본질을 이루었던 그 죄에 대한 미움으로, 그 죄를 멀리 던져버리고 대신에 진리의 말씀을 그 영혼으로 받아들이므로 주님을 자신 안에 모시기 시작합니다.

사람은 자유의지를 가지고 있는 인격체이므로 성도가 자신 안에 있는 죄를 버리지 못하고 끌어안고 있으면 하나님이시라도 억지로 그의 죄를 어찌할 수 없으십니다. 그러나 심령 중심으로 자신의 죄에 대해 마음을 찢는 애통을 하게 되면 그는 거기에서 하나님의 죄 용서와 주님의 죄 씻음의 역사를 경험하게 되는 것입니다.

그가 진정으로 자신의 죄에 대해 전율하고, 애통해 하고, 그 죄를 멀리 던져 버리지 않으면 그는 하나님보다 자신 안에 있는 죄를 더 사랑하는 자임을 스스로 증거하는 것이기 때문에 하나님의 위로를 기대할 수 없습니다.

성도는 심령을 찢는 애통이 나타나는 그곳에서 새로운 사람으로 거듭나기 시작합니다. 하나님은 죄로 인해 잃어버린 당신의 형상을 죄에 대한 애통으로 새롭게 빚으시는 것입니다.

이 일의 완성은 성도가 팔복의 계단에 점점 높이 오르는 곳에서 우리의 신앙행로를 마칠 때까지, 또한 우리의 온 영혼이 의를 위하여 박해를 받음으로 하나님을 사랑하는 그 의를 증명하는 데에 이를 때에 완성될 것입니다.

"하나님은 당신을 가까이 하는 자를 가까이 하시고 은혜를 주신다"(시 34:18; 대하 6:14; 벧전 5:5)는 말씀은 영원한 진리여서, 자기 죄를 진정한 애통으로 버리지 않으면 그는 주님의 위로도 기대할 수 없을 것입니다.

'다윗'이 우리아의 아내를 취하고 그를 죽이고 난 뒤에 '나단 선지자'가 와서 그를 책망하자 자기의 죄를 깨닫고 애통해 했는데, 이러한 애통이 바로 주님이 말씀하시는 애통입니다.

다윗은 자신이 저지른 죄에 대해서 자기 스스로 애통해 한 것이 아니라 하나님이 보내신 나단 선지자를 통해서 자신의 죄를 깨달았던 것입니다.

그가 다윗에게 갔을 때 그 율법의 말씀을 제시했었습니다.

> "어찌하여 네가 여호와의 말씀을 업신여기고 나 보기에 악을 행하였느냐 네가 칼로 헷 사람 우리아를 치되 암몬 자손의 칼로 죽이고 그의 아내를 빼앗아 네 아내로 삼았도다"(삼하 12:9)

그는 하나님의 율법을 하나님과 동일시하였습니다.

이처럼 저질러진 죄가 진리의 말씀에 비춰졌을 때 참된 애통이 뒤따른다는 것입니다.

주님께서는 다윗에게 애통함을 주시면서 거기에 합당한 징계도 함께 주심으로써 다윗 자신이 저지른 죄에 대해 철저하게 애통해 하고 그 영혼이 죄에 대해 진저리치며 미워하도록 하신 것입니다.

자신이 저지른 죄가 자기 아들로 하여금 자신의 첩들을 범하게 하고 또 자기를 죽이려는 역모를 낳았으며, 또한 온 세상 사람들로 하여금 저주와 조롱거리를 만들어 냈으니, 그 죄에 대한 애통이 얼마나 크겠는가를 우리는 생각해 봐야 합니다.

그가 그 큰 징계로 말미암아 주님의 구원만을 의지했을 때 그는 주님의 밝은 빛 안에서 드러나는 자신의 추악한 죄가 그로 하여금 심령의 애통이 더욱더 커짐을 경험했던 것입니다.

다윗의 눈물진 애통은 그의 시편에 적나라하게 기술되어 있습니다.

주님의 구원을 만나기 전에 한평생을 죄 가운데서 뒹굴고, 죄의 낙을 누렸던 자가 다윗과 같은 애통이 없었다면 그는 진정으로 주님이 말씀하신 그 애통에 이르지 못한 자입니다.

왜냐하면 주님은 여자를 보고 마음으로 음욕을 품어도 간음했다 하시고 또 마음으로 형제를 미워해도 살인한 자와 동일한 정죄에 처해진다고 증거하시기 때문입니다.

주님께서 '다윗은 선지자였다.'고 증거하시므로 다윗은 성도가 걷는 신앙 행로의 한 단편이요, 애통의 모범입니다. 다윗은 진정으로 주님의 징계로 겸비해졌고, 또한 큰 애통으로 주님의 위로를 받았던 것입니다.

다만 성도가 이러한 애통에 이르지 못하는 것은 자기 안에서 다윗과 같은 죄가 없어서가 아니라 자신이 주님의 밝은 빛 앞에 다가가지 못하고 있거나 진리의 말씀의 계명으로 자신을 살피지 않고 있기 때문입니다.

그는 이러한 진리를 알았기에 시편 1편에서 '복 있는 사람은 여호와의 율법을 주야로 묵상하는 자'라고 증거했던 것입니다.

'이사야는 경건한 선지자였지만 그가 성전에 가득한 주님의 영광을 보고서야 자신의 입술의 부정함을 깨달았습니다.

이러한 의미에서 성도가 큰 애통에 이르지 못하는 것은 오직 그들의 마음이 주님의 말씀에서 멀고 세상과 가깝기 때문이지 않겠습니까?

예수님께서 말씀하시는 '팔복'은 성도가 주님을 만나서 그 은혜를 받고 거듭나서 그 신앙이 성장해 가는 단계에서 나타나는 필연적인 것이므로 성도는 누구나 이 애통의 복을 통과해야만 합니다.

성경은 "하나님께서 은혜 주시기 위해서 모든 사람을 죄악 가운데 가두셨다"(갈 3:22 참조)고 증거하고 있습니다.

어느 누가 이 애통을 경험하지 않고 믿음을 성장해 갈 수 있겠습니까?

진정으로 애통한 자는 다윗의 죄가 자기에게도 있었음을 발견할 것입니다.

다윗의 죄에 대해서 판단하는 것이 아니라 그의 범죄로 경계를 삼고 또 다윗이 참으로 복 있는 자라는 것을 알게 된다는 것입니다. 왜냐하면 다윗은 주님의 징계 안에서 참으로 주님이 주시는 위로를 받았기 때문입니다.

모든 죄인들이 주님이 지신 십자가의 대속으로 구원을 받은 것이 사실일진대, 그 십자가는 저주받는 자가 지는 것이고, 사람은 그 누구든지 주님의 대속의 죽음으로 죄가 속해지는 것은 같기 때문에 다윗의 애통은 모든 성도들의 애통과 동일할 수밖에 없다는 것입니다.

"여호와는 마음이 상한 자를 가까이 하시고 충심으로 통회하는 자를 구원하시는도다"(시 34:18; 다윗의 시)

여러분은 "나는 그래도 다윗과 같은 악한 죄는 저지르지 않았다."고 항변하고 싶습니까?

주님의 십자가를 쳐다보십시오!

진리의 성령께서는 '주님이 당신이 받아야 할 영원한 저주를 대신 받으셨다는 것'을 분명하게 보이실 것입니다.

다윗도 거기에서, 그대도 거기에서 죄가 속해지고 있는 것을 틀림없이 보게 될 것입니다.

성도는 이 애통을 경험하는 곳에서 주님을 향한 사랑이 커질 수밖에 없습니다. 주님의 대속의 은혜가 아니면 자신은 하나님 앞에서 영원히 저주받을 존재라는 것이 확실히 보이기 때문입니다.

주님의 십자가의 대속이 자신의 생명보다도 귀한 것을 알고, 바로 거기에서 하나님의 자비의 인애가 참으로 우주보다도 크다는 것이 믿어지며, 바로 거기에서 사망이 생명에 삼킨바 되므로 성도들의 승리가 거저 보장이 됩니다.

우리가 연약하여 죄에 빠질지라도 절망하지 않을 것은 주님의 십자가의 안전망이 그들의 보장이 되어 주기 때문에 거기에서 또 다시 일어나 다시 정진할 힘을 얻게 됩니다.

바로 거기에서 우리의 신앙생활의 떨림과 하나님께 대한 경외가 우리의 심령에 투영됩니다. 옛 사람의 심판과 죽음을 보므로 죄에 대한 두려움과 함께 죄를 멀리할 마음도 바로 거기에서 기인합니다. 바로 여기에서 바울이 말하는 마음의 할례, 곧 육의 소욕을 끊어버리는 결단이 시행됩니다.

당신의 아들을 십자가에 단번에 못을 박아버린 죄에 대한 하나님의 단호한 심판이 바로 거기에서 행해졌기 때문입니다.

애통하는 자 다음에 '온유한 자'가 오는 것은 그들이 죄를 멀리하므로 그들의 심령이 온유하게 되어가기 때문입니다.

대속의 심판 때문에 흉악한 죄인들까지도 죄 용서의 문이 열리고, 바로 거기에서 그들에게까지도 구원을 베푸시는 하나님의 거룩이 나타났으며, 바로 거기에서 죄인들을 향한 하나님의 사랑이 확증되는 것입니다.

하나님의 하나님다움이 나타난 곳도 바로 거기이고, 참으로 하나님이 온 인류의 아버지 되심이 나타난 곳도 바로 거기입니다.

바로 거기에서 '아름다운 소식을 전하는 자들의 산을 넘는 발'(롬 10:15 참조)이 기쁨의 동력을 얻고, 바로 거기에서 주인과 종의 언약이 그들의 심령에 참 생명의 피로 쓰여서 효력을 발휘하기 시작합니다.

주님의 생명의 피로써 사신 바 된 종들의 "사나 죽으나 우리가 주의 것이로다"(롬 14:8)라는 고백이 나올 수 있는 곳도 바로 여기입니다.

바울이 '하나님 아버지와 주 예수 그리스도의 종'이라고 만천하에 자신을 알리게 되는 곳도 바로 여기에서 기인합니다.

주님께서 완전한 대속을 이루셨기에 하늘이나 땅에서나 그 누구라도 죄인들을 정죄할 수 없고, 죄인들의 마음에 참된 평화가 자리 잡을 수 있습니다.

주님은 당신의 손에 그 증거를 영원히 가지고 계시는 것입니다.

의로우신 하나님이 죄인을 의롭다고 선포하시는 기초가 바로 거기입니다.

이는 법적인 선포입니다.

의로우신 하나님이 예수 믿는 자를 의롭다고 선포하시니, 어느 누가 하나님이 의롭다 하신 이를 정죄할 수 있겠습니까?

이 법적인 선포 때문에 죄인이 하나님의 보좌 앞에 '아바 아버지'라 크게 부르며 당당히 나아감을 얻습니다.

죄를 대적하시는 하나님 앞에 죄인이 양심에 담력을 얻어 당당히 설 수 있는 힘을 거기에서 얻는 것입니다.

"예수는…우리를 의롭다 하시기 위하여 살아나셨느니라"(롬 4:25)

"너희에게 평강이 있을지어다"(요 20:19)

가시 면류관을 쓰신 이마에서 떨어지는 피, 옆구리에서 흐르는 피, 이 복음을 거절하는 자들에게는 도리어 하나님의 진노가 기다리고 있다는 말씀은 죄인들을 겁주기 위한 것이 아니고 사실입니다.

이로써 끝까지 회개하지 않는 자들에게 영원히 꺼지지 않는 유황불이 기다리고 있다는 것은 하나님의 입에서 나온 진리의 말씀인 것입니다.

"죄에 대한 하나님의 진노의 심판, 저주받은 자가 짊어지는 예수 그리스도의 십 자가, 이 복음을 거절하는 자들은 그 진노를 자신들이 감당해야 되는 것이니"

죄인이 죄에 대해서 죽고 의에 대하여 살아야만 되는 당위성에 얽매이게 되는 것도 바로 그곳의 믿음의 깊이에 있습니다.

바로 거기에서 주님의 말씀도 깨달아집니다.

"아버지나 어머니를 나보다 더 사랑하는 자는 내게 합당하지 아니하고 아들 이나 딸을 나보다 더 사랑하는 자도 내게 합당하지 아니하며 또 자기 십자가 를 지고 나를 따르지 않는 자도 내게 합당하지 아니하니라 자기 목숨을 얻는 자는 잃을 것이요 나를 위하여 자기 목숨을 잃는 자는 얻으리라"(마 10:37-39)

주님께서 십자가의 그 고난으로 당신의 택하신 자들의 죄를 씻기시기에 그 고난을 바라봄으로 마음의 평화를 얻는 자는 주님의 십자가의 피 흘리 심이 자신의 심령에 전달되기에 주님을 사랑하되 세상 무엇보다도, 세상 누 구보다도 사랑하지 않을 수 없는 것입니다.

성경은 다음과 같이 애통을 나타내고 있습니다.

"내가 다윗의 집과 예루살렘 주민에게 은총과 간구하는 심령을 부어 주리니 그들 이 그 찌른 바 그를 바라보고 그를 위하여 애통하기를 독자를 위하여 애통하듯 하며 그를 위하여 통곡하기를 장자를 위하여 통곡하듯 하리로다"(슥 12:10)

택함 받아 믿음에 이르게 된 자들은 참 아브라함의 후손이니 이 증거는 이스라엘 자손들뿐만 아니라 당연히 모든 믿는 이방인들에게도 해당됩니다.

이 애통을 알지 못하는 자는 참으로 거듭남이 무엇인지를 모르는 자입니다.

독자들께서 위에서 진술한 이러한 믿음과 주님께 대한 사랑을 모르더라도 낙 심하지 마시기 바랍니다. 이 글을 끝까지 읽고 제가 드리는 권면을 받아들이 면, 주님께서 그대를 은혜로 이끄셔서 이 대속의 사랑을 알게 하실 것입니다.

십자가의 대속의 역사는 거룩하신 하나님께서 행하셔서 당신의 택한 백성들에 게 제시하시는 것이므로 성도들의 심령이 진리의 말씀과 진리의 성령으로 거룩하게 되기 전까지는, 나타난 그 사랑을 온전히 깨달을 수 없는 것이 사실이 므로 우리가 팔복의 마지막 계단까지 오르기를 포기하지 아니할 것입니다.

온전한 대속의 사랑은 바로 그 마지막 계단까지 오르게 될 때 알게 되리라 믿기 때문에 저는 아무쪼록 독자들에게 사도가 기록한 이 팔복의 말씀을 진리대로 전달하여 독자들로 하여금 거룩에 이르도록 힘쓸 것입니다.

또한 저 역시 신앙의 정진 단계에 있기 때문에 독자들과 함께 그 마지막 계단까지 함께 오르기를 소망합니다.

그러기 위해서는 서로의 격려와 기도의 교제가 있어야 된다고 믿습니다.

진리의 증거는 "징계는 다 받는 것이거늘 너희에게 없으면 사생자요 친아들이 아니니라"(히 12:8)는 말씀으로 애통해 하는 자들을 위로하십니다.

예루살렘에 큰 핍박이 일어났을 때 사도들이 하나님을 간절히 찾고 의지하여 전혀 기도에 힘썼으므로 세상이 감당하지 못할 성령 충만함으로 세상을 이겼으니, 주님께서는 당신의 백성들에게 오늘도 변함없이 징계라는 약을 쓰셔서 그들로 하여금 주님을 간절히 찾고 의지하게 하시는 것입니다.

주님께서 이 약을 쓰실 당시에는 슬퍼 보이고 괴롭지만 주님께로 가까이 이끄는 이 약은 당신의 백성들의 심령에 큰 애통을 낳아서 죄를 멀리하고 진리의 말씀을 가까이 하게 하십니다. 성령께서 하시는 이 일은 우리 마음에 진리를 사랑하게 하시며 죄를 미워하게 하시는 것이니, 곧 진리의 말씀으로 죄인의 영혼을 거듭나게 하시는 것입니다.

십자가의 복음을 듣지 못한 자가 어찌 하나님을 가까이 하고 주님 앞에 무릎을 꿇을 수 있겠습니까?

당신에게 다윗과 같은 애통이 없었다면 그대의 신앙행로를 한 번 점검해 보시기를 권하는 바입니다.

왜냐하면 성경은 우리 모든 사람이 철저하게 죄인이고, 본질상 하나님의 진노의 자녀이고, 하나님과 원수였다고 증거하고 있기 때문입니다.

하나님께서는 이러한 옛 사람을 주님의 십자가 안에서 죽이시고, 새사람을 당신의 생명의 진리의 말씀으로 새롭게 창조해 가십니다.

"우리는 그가 만드신 바라"(엡 2:10)

위를 바라보는 성도들은 주님의 십자가의 대속으로 옛 사람이 심판을 받는 것을 믿기에 심령 깊은 곳의 애통은 보통의 애통이 아니라는 것은 우리 모두가 경험으로 알고 있는 것입니다.

애통과 위로는 동시에 이루어집니다.

주님께서 죄인들의 심령에 빛을 비추셔서 자신들의 죄를 깨닫고 애통해 할 때 주님이 주시는 위로가 없다면 그들의 심령은 자신들의 죄로 인해서 큰 애통 속에서 절망할 것이며, 그 저질러진 죄에 대해서 그들에게 어떠한 형벌이 기다리고 있다 해도 마땅하다고 여길 것입니다. 이는 자신의 전 존재가 처음부터 살인한 자, 곧 마귀에게 속해 있었음을 보기 때문에 영원한 저주 가운데 있는 자신을 보고 절망하며 애통해 하기 때문입니다.

"여호와는 마음이 상한 자를 가까이 하시고 충심으로 통회하는 자를 구원하시는도다"(시 34:18)

하나님 앞에서의 이러한 애통은 그 양심이 살아있는 자들에게 해당하는 것입니다.

주님은 이러한 절망과 비통함 속에 있는 자들에게 어떤 위로를 주십니까?

우리가 이미 잘 알고 있는 대로 주님의 십자가의 저주의 죽음입니다.

"할렐루야! 주님의 그 대속의 은혜를 영원히 찬양할지어다!"

주님은 우리 조상 아담이 범죄하여 사망과 저주 가운데 있을 때부터 줄곧 당신의 택한 백성들에게 이러한 위로를 제시하고 계셨습니다.

아담으로 시작해서 율법을 받기 전의 아브라함에 이르기까지 동물을 잡아서 하나님께 드리는 피의 제사는 먼 훗날 나타날 메시야의 대속을 예시해주므로 그들을 위로하셨던 것입니다.

우리는 다윗을 통해서 성도들의 구원의 여정을 들여다 볼 수 있습니다.
하나님께서는 다윗을 통해서 모든 사람에게 숨어있는 죄의 본질을 낱낱이 드러내셨다고 볼 것입니다.
다윗은 사울을 통해서 10년 이상을 겸손과 주님 의지함을 배웠지만 그가 높은 자리에 앉게 되고 모든 것이 평안해지자 그 안에 숨어있던 죄와 육체의 본성이 그를 지배해버렸던 것입니다.

하나님께서는 다윗의 전 존재가 육체뿐임을 알게 하시고 그가 그의 범죄에 대해서 애통해 할 때 그에게 위로를 주셨습니다.
하나님의 위로는 바로 주님이 먼 훗날 다윗의 죄를 위해서 십자가를 지셔야만 하는 대속적인 죽음입니다. 우리의 시각을 좀 더 넓혀서 생각해 보면 주님께서는 다윗 안에 숨어있었던 죄를 들추어내시고, 그가 회개했을 때 주님께서는 그에게 당신의 빛을 비추셔서 그로 하여금 크게 애통하게 하시고, 육체의 죄에 대해서 전율하게 하시고 미워하게 하시며 크게 겸손하게 하시므로 주님의 말씀에 귀를 기울이게 하셨는데, 이때에 주님은 먼 훗날에 있을 죄의 대속의 비전을 보여주시므로 그를 위로하셨던 것입니다.

하나님의 말씀과 주님의 성령을 받는 자들이 누구입니까?
바로 자신의 죄로 인해서 크게 애통해 하는 자들에게 주어지는 하나님의 선물이며 위로가 아니겠습니까?
주님은 다윗뿐만 아니라 당신의 백성들에게 그의 은혜로 인하여 자신들의 죄에 대해 크게 애통해 하며 떠는 자들에게 십자가의 대속의 비밀한 위로를 성령으로 알게 하시는 것입니다.

사도들은 '다윗은 선지자이며, 주님은 그에게 당신의 영으로서 주님의 죽으심과 부활을 알게 하셨다'고 증거합니다.

다윗의 하나님이 먼 훗날 이 땅에 육신을 입고 오셔서 그 더럽고 흉측한 죄를 씻어 주실 것을 미리 보여주시므로, 다윗의 눈물과 애통의 기도에 응답하신 하나님은 참으로 영원히 찬양 받으실 죄인들의 아버지가 아니겠습니까?

주님은 오직 심령 깊은 곳에 자신의 죄로 인해서 애통해 하는 자들만을 위로하신다 할 것입니다. 이는 그 위로가 다른 것이 아니라 주님의 십자가의 죽음을 가지고 위로를 주시기 때문입니다.

그 저주의 죽음을 헛되이 할 자들은 이 위로를 받을 자격이 없을 뿐만 아니라 그러한 자들에게 그 은혜가 들어갈 여지도 없는 것입니다.

비록 우리가 경건하지 못하여, 또는 우리의 믿음이 더디 자라므로 그 대속의 의미를 깊이 있게 깨닫지 못한다 할지라도 주님께서는 궁극적으로 그 위로를 성도들에게 적용하셔서 당신의 특별한 소유로 삼으실 것입니다. 왜냐하면 죄인은 이 일을 통해서만 하나님의 사람으로 인 쳐지기 때문입니다.

또한 이 위로는 죄에 대해서 전율하며 두려워하게 하며 하나님의 크신 인애와 사랑을 알게 하시므로, 하나님이 미워하시고 대적하는 죄를 멀리 던져버리게 하며, 그 분의 말씀을 사랑하고 가까이 하며 복종하게 하는 것입니다.

저는 주님께서 다윗보다도 더 큰 죄인인 저에게도 당신의 십자가의 은혜로 위로를 주신 것을 영원히 잊지 않을 것입니다.

교회에 다니면서, 더 나아가서 복음을 전한다는 자가 마음으로 죄악을 따라 살면서 겉으로는 의로운 척 하였으니, 위선자요 바리새인입니다.

하나님의 큰 징계로 겸비해져서 주님 앞에 무릎을 꿇었을 때 주님은 저의 본 모습을 보여주시고, 제가 크게 애통해 하며 마음을 찢고 있을 때 주님은 당신의 십자가의 구속을 보여주시고 저 같은 죄인을 위로해 주셨으니, 그 인애와 긍휼을 어찌 다 측량할 수 있겠습니까?

"피 흘림이 없은즉 사함이 없느니라"(히 9:22)

내가 받아야 할 영원한 저주의 잔을 대신 받아 마신 주님의 대속의 은혜는 사람의 생각이나 마음속에서는 나올 수 없는 진실로 의로우신 하나님의 진리가 아닙니까?

주님의 대속의 은혜를 어찌 사람의 말로 표현할 수 있겠습니까?

오직 진리의 성령만이 그 진리를 자기들의 죄로 애통해 하는 자들을 위로하시는 것이니 어찌 그 애통과 위로를 글로써 다 표현할 수 있겠습니까?

> "율법에 빚진 것을 당신의 피 흘리심의 값으로 온전히 갚으신 그 대속, 다 이루었다 하시고"(김용의 선교사)

저는 '김용의 선교사'가 '다시 복음 앞에서'의 설교에서 그 애통과 위로를 가장 잘 증거하고 있다고 생각하고 그의 영상을 추천하는 바입니다.

진실로 예수 그리스도의 하나님은 죄인들의 아버지이시오 그 인자하심과 긍휼하심은 측량할 수 없는 하늘보다도 크시니, 그 크신 사랑으로 위로를 받은 자들은 복 있는 자들입니다.

> 예수 그리스도, 그 크신 아버지의 이름으로 오셔서 아버지의 영광을 나타내신 주님은 진실로 하나님의 독생자이시니, 주님의 이 은혜를 아는 자들은 그 이름을 영원히 기억하고 찬양함이 합당하다 할 것입니다.

> "이는 한 아기가 우리에게 났고 한 아들을 우리에게 주신 바 되었는데 그의 어깨에는 정사를 메었고 그의 이름은 기묘자라, 모사라, 전능하신 하나님이라, 영존하시는 아버지라, 평강의 왕이라 할 것임이라"(사 9:6)

우리들의 죄를 용서하시고 완전하게 씻어주시며 흉악한 죄인일지라도 당신의 마음에 용납해주시고 품어주시며 찾아오셔서 은혜의 손길을 내미시는 하나님은 진실로 죄인들의 아버지이십니다.

독생자의 생명의 피로 구속하는 하나님의 복음을 값싼 것으로 대치시키는 자들은 저주를 받게 될 것입니다.

하나님은 자신들 안에 있는 죄를 미워하고 멀리 던져버리는 자들에게 당신의 한없는 은혜를 제공하시니, 구속받은 성도들은 아무쪼록 죄를 멀리하고 진리의 말씀을 가까이 하여 우리들의 마음에 천국이 건설되기를 힘써야 합니다.
"…천국은 침노를 당하나니 침노하는 자는 빼앗느니라"(마 11:12)는 말씀은 빈말이 아니고 영원한 진리로서 성도들은 그 생이 다 할 때까지 이 말씀을 그 마음으로 받고 천국을 침노하여 들어가야 할 자들입니다.

주님은 우리가 우리의 죄를 자백만 하여도 그 죄를 씻어 주신다고 약속하고 계십니다. 자신의 죄를 자백하지 않는 것은 그 죄를 버릴 생각을 하지 못하고 있는 것입니다. 하나님은 당신의 택한 백성이 그 죄를 실토하고 버릴 때까지 여러 가지로 그를 징계하십니다.
'다윗'은 시편에서 이를 잘 나타내고 있습니다.

> "사람이 회개하지 아니하면 그가 그의 칼을 가심이여 그의 활을 이미 당기어 예비하셨도다"(시 7:12)

> "내가 입을 열지 아니할 때에 종일 신음하므로 내 뼈가 쇠하였도다 주의 손이 주야로 나를 누르시오니 내 진액이 빠져서 여름 가뭄에 마름 같이 되었나이다 (셀라)"(시 32:3-4)

사도는 "예수 그리스도를 사랑하지 않는 자들은 저주를 받을 것"(고전 16:22)이라고 담대히 선포하고 있습니다. 자신의 죄에 대해 전율하며 심히 큰 애통으로 마음을 찢고 있을 때 다가오셔서 당신의 그 처참한 십자가의 은혜로 위로하시는 주님을 어찌 마음속 깊이 찬양하며 사랑하지 않을 수 있겠습니까?
그 사도는 당신을 심히 대적하는 그 죄를 십자가의 대속으로 용서하시고 그를 품어 주시는 주님의 그 은혜를 아는 자로서 목숨을 다해 주님을 따르고 충성을 다 했던 것입니다.

주님께서 당신의 생명으로 죄인들을 구속하셨으니 그 구속에 감사하며 남은 생을 주님의 종으로 사는 것이 믿는 자들의 의로움이라 할 것입니다.

살아있는 양심으로 은혜를 아는 자들, 그들은 자유의지를 침해당하지 아니하고 자발적으로 자기들을 위해 당신의 전부를 기꺼이 내어놓으신 주님을 심령으로 존경하며, 그만을 세상에서 제일 사랑하고 가까이 하는 것입니다.

이처럼 주님은 당신을 가까이 하는 자에게 십자가로 위로를 주십니다.

"허물의 사함을 받고 자신의 죄가 가려진 자는 복이 있도다"(시 32:1)

"여호와를 찬송할지어다 견고한 성에서 그의 놀라운 사랑을 내게 보이셨음이로다"(시 31:21)

성도가 주님의 밝은 빛 앞에 가까이 가면 갈수록 그 십자가의 대속의 기이한 은혜도 더욱더 밝히 믿어져서 주님을 소리 높여 찬양하지 않을 수 없는 것입니다.

"주의 인자하심이 생명보다 나으므로 내 입술이 주를 찬양할 것이라"(시 63:3)

주님은 주님께 가까이 하는 자들을 당신의 생명의 흘리신 피로써 위로를 주시니, 이 위로를 아는 자가 어찌 다윗과 같은 찬양을 그 입에서 뗄 수 있겠습니까?

주님은 자기 민족들의 죄로 애통해 하는 자들을 위로하십니다.

저는 왜 그 죄로 인하여 애통하는 자들만을 위로하신다는 단서를 다는 것일까요?

앞에서도 밝혔지만 주님이 인생을 향해서 가지시는 목적은 죄에서 구원해서 의로운 백성으로서 영생에 이르게 하시는 것이기 때문에 오직 자신과 그 민족들의 죄로 인해 마음의 깊은 애통으로 우는 자들만을 위로하신다는 것입니다.

주님의 피 흘리심의 대속이 없이는 죄를 용서하고 씻을 수 없기 때문에 그 죽음의 가치를 가지고 그 심령들을 위로하시는 그 위로가 결코 값싼 것이 되어서, 사람의 생각이나 마음에서 쉽게 잊히는 일이 있어서는 절대로 안 됩니다.

그러므로 그 위로는 주님의 저주의 십자가의 죽음으로써 주시는 위로이기 때문에 우리의 생각과 마음뿐만 아니라 영혼 깊은 곳에 새겨져서 주님을 심령으로 사랑하지 않을 수 없게 만드는 것입니다.

이러한 위로를 받은 자들은 '자신의 생명보다도 주님을 더 사랑한다'고 심령 깊은 곳에서 증거하고 있다 할 것입니다.

그런데 요즘 교회들은 주님의 그 위로를 모르고 십자가의 대속의 은혜를 세상 것으로 바꾸어 자기들의 정욕으로 이용하는 경우가 너무나 많습니다.

십자가의 대속의 위로는 앞으로 죄를 지어도 괜찮다는 보증수표가 아니라 죄에 대해서 전율하며 그것을 미워하여 멀리하고 죄에 대해서 진노하시는 하나님을 두렵게 하므로 육신의 소욕에 끌려가는 육신의 길을 막는 것이 되며, 억지로라도 주님을 가까이 하여 그 말씀을 받게 만드는 심령의 치료제가 된다는 것입니다.

우리 선진들이 신앙에 회색지대가 없다고 했던 것처럼 우리의 신앙행로는 죄인을 거룩하게 하시는 주님께 가까이 나아가든지 아니면 죄에 점령당해서 육신의 소욕을 따라서 하나님과 원수가 되든지에 놓여 있는 것입니다.

제가 비록 이렇게 말한다 할지라도 전능하신 주님께서는 당신의 택하신 백성들을 죄가 없는 당신의 나라로 인도해 내실 것이라 믿어 의심치 않습니다.

그러나 우리는 복종하지 아니하고 거스르는 이스라엘 민족들을 크신 징계로 징치하시고 기어이 당신이 목적했던 가나안 땅으로 인도하셨음을 기억하고, 아무쪼록 주님께 순종의 제사를 드려야 할 것입니다.

그러므로 주님의 대속의 은혜를 말하면서 죄에 대해서 돌이키거나 주님께 복종하지 않는 자들은 그 위로를 알지 못하거나 히브리서 6장 4절과 6절에서 말씀하는 자들인 것입니다.

> "한 번 빛을 받고 하늘의 은사를 맛보고 성령에 참여한 바 되고 하나님의 선한 말씀과 내세의 능력을 맛보고도 타락한 자들은 다시 새롭게 하여 회개하게 할 수 없나니 이는 그들이 하나님의 아들을 다시 십자가에 못 박아 드러내 놓고 욕되게 함이라"(히 6:4-6)

다음 말씀은 하나님께서 어떠한 자들을 위로해 주시는지를 잘 보여주고 계십니다.

> "또 그가 큰 소리로 내 귀에 외쳐 이르시되 이 성읍을 관할하는 자들이 각기 죽이는 무기를 손에 들고 나아오게 하라 하시더라 내가 보니 여섯 사람이 북향한 윗문 길로부터 오는데 각 사람의 손에 죽이는 무기를 잡았고 그 중의 한 사람은 가는 베 옷을 입고 허리에 서기관의 먹 그릇을 찼더라 그들이 들어와서 놋 제단 곁에 서더라 그룹에 머물러 있던 이스라엘 하나님의 영광이 성전 문지방에 이르더니 여호와께서 그 가는 베 옷을 입고 서기관의 먹 그릇을 찬 사람을 불러 여호와께서 이르시되 너는 예루살렘 성읍 중에 순행하여 그 가운데에서 행하는 모든 가증한 일로 말미암아 탄식하며 우는 자의 이마에 표를 그리라 하시고 그들에 대하여 내 귀에 이르시되 너희는 그를 따라 성읍 중에 다니며 불쌍히 여기지 말며 긍휼을 베풀지 말고 쳐서 늙은 자와 젊은 자와 처녀와 어린이와 여자를 다 죽이되 이마에 표 있는 자에게는 가까이 하지 말라 내 성소에서 시작할지니라 하시매 그들이 성전 앞에 있는 늙은 자들로부터 시작하더라"(겔 9:1-6)

저는 자기들의 죄와 세상에 나타나서 횡행하는 죄에 대해서 애통해 하는 자들은 그 죄로 인해 의로운 심령이 상하고, 나타나는 그 죄를 미워하고 그 죄가 없는 세상을 꿈꾸기 때문에 하나님께서 그들을 위로하신다고 생각합니다. 특히나 교회에 나타나는 여러 가지 악에 대해서 이러한 애통이 없는 자들은 그들의 양심이 죽어 있거나, 그 나타나는 죄에 은밀히 동조하거나 그 나타난 일을 정죄하는 중에 있다 할 것입니다.

성경은 하나님께서 얼마나 그 악을 미워하시고 싫어하시는지를 잘 증거하고 있는 것입니다.

하나님을 사랑하게 된 자들이 교회에 나타나는 여러 가지 악에 대해서 의분을 품는 것은 그 마음이 하나님께 가까이 있는 자들에게 나타나는 증거라고 보입니다. 그러나 우리는 의분이 정죄로 쉽게 이어지는 것을 알고, '탄식하며 우리는 자'라는 말씀을 생각해야 할 것입니다.

이 일은 우리가 딛는 팔복의 계단이 긍휼히 여기는 자에 이르게 될 때 더욱 거룩히 나타나게 될 것입니다.

주님께서 애통하는 자들에게 주시는 위로의 성경.

이 위로는 위에서 언급하였지만 덧붙이는 것은, 그 위로가 대단히 중요하고, 예수를 구주로 믿으면서도 육신의 일을 도모하는 자들은 예수 그리스도의 십자가마저도 자신들의 정욕을 위해서 변질시키기 때문입니다.

> "너희는 스스로 씻으며 스스로 깨끗하게 하여 내 목전에서 너희 악한 행실을 버리며 행악을 그치고"(사 1:16)

하나님의 목적은 죄에 빠져있는 우리들을 죄에서 건져내서 깨끗하게 하심으로 우리들의 영혼을 살리시는 것이 분명하므로, 자신과 사회에 나타난 죄들에 대해서 심령 깊은 곳에서 애통해 하며 마음을 찢는 자들에게 당신의 은혜를 가지고 오셔서 위로를 주신다는 것입니다. 그 죄에 대해서 애통이 없고 또 마음이 무덤덤하다면 그 심령에 은혜가 임할 때 어떻게 그 죄를 던져버릴 수 있겠는가를 생각하면 저의 이 증거에 공감하리라 믿습니다.

이 은혜와 위로를 받은 자만이 십자가의 은혜의 비밀한 지식을 압니다.

진리의 성령만이 이 지식을 죄인들의 심령에 비추시고 깊은 곳에 새겨주십니다. 이 위로는 사람이 만들어 낼 수도, 생각해 볼 수도 없는 하나님에게서만 올 수 있는 진리의 은혜입니다.

죄로 인해서 죽어버린 영혼!

하나님과 분리되어 철저하게 그분과 원수 관계에 있는 저주받은 존재들!

저주 받은 자만이 지는 저주의 십자가의 대속의 죽음!

우리는 주님의 십자가의 대속을 믿기에 사도의 고백처럼 나의 옛 사람이 주님의 십자가와 함께 멸해졌고 주님의 부활하심과 함께 이제는 하나님 앞에서, 하나님을 섬기는 존재로 거듭나서 살고 있는 것입니다.

완전한 대속, 완전한 제사, 철저하게 하나님 앞에서 버림받음으로 죄인들의 저주의 죽음을 직접 당하신 주님, 이 위로는 하나님께서 주시는 완전한 위로로써 죄인들의 양심으로 조금도 두려움 없이 하나님 앞에 설 수 있게 하시며 그 나타난 하나님의 긍휼의 사랑으로 말미암아 하나님을 '아바 아버지'라고 담대히 외쳐 부를 수 있게 하기에 충분합니다.

이 외침과 칭의는 '화목하게 하는 자가 받은 복'에서 더 다룰 것입니다.

주님의 십자가의 위로

모세가 뱀에게 물려 죽어가는 이스라엘 민족들을 위해서 하나님의 명령을 따라 놋으로 뱀을 만들어 장대에 높이 매달았고, 뱀에 물려 죽어가던 그들이 자기를 물어 독을 집어넣어 죽게 했던 그 뱀을 쳐다보았을 때 그들의 몸에서 즉시 뱀의 독이 제거되고 살아났던 것처럼, 지금의 모든 죄인들의 죄가 장대에 높이 달린 놋 뱀처럼, 십자가 위에 높이 매달리신 그 주님을 쳐다보는 자들의 죄가 씻기고 있으니, 세상 사람들 눈에는 말이 안 되는 이야기가 주님 안에서는 현실로 나타나고 있는 것입니다.

자신들의 죄로 인해서 양심의 큰 고통 속에서 애통하는 자들의 죄가 주님의 십자가의 대속에서 실제적으로 그 뱀의 독, 사탄에게 종노릇 하므로 죄에게 종속된 자들의 죄 성, 본질적으로 하나님의 진노의 대상이었던 그 죄의 본질이 그 피로 씻겨 지고, 주님의 죽으심과 함께 삼켜지고 멸해지고 있는 것입니다.

죄라는 것은 죄인들의 영혼의 본질에 관한 일이므로 영적인 것인데, 눈에 보이지 않는 그 죄가 주님의 십자가의 대속에서 그 흘리신 피를 가지고 역사하시는 성령의 증거와 진리의 말씀으로써 실제적으로 죄인들의 죄가 씻기는 것입니다.

그러므로 주님의 십자가의 대속을 믿는다고 말하면서 실제적으로 삶에서 거룩이 나타나지 않으면 그 믿음은 산 믿음이 아니라 죽은 믿음이거나 자기 머리로만 생각하는 믿음이라는 것을 알아야 합니다.

물론 머리에 머물던 믿음이 성령의 역사로 심령에 믿어져서 거룩해지는 것은 성도들이 익히 경험하는 바입니다.

> 주님의 위로로 구약의 성도나 신약의 성도나
> 죄가 용서되고 씻기는 방법은 똑같습니다.

예수 그리스도께서 십자가의 대속을 치르시기 전의 구약의 하나님의 백성들의 죄와 또한 근 이천년 전의 십자가의 대속의 사건을 가지고 오셔서 지금 죄인들의 양심에 증거하며 그 사실을 믿게 만드는 성령의 역사는 한결같습니다.

이 일은 우리가 실제적으로 직접 두 눈으로 보지는 않았지만 그 전해지는 말씀은 죄인들의 귀에 들려져서 믿음을 낳게 하고, 그 믿음이 실제적으로 죄인들의 양심에 증거되어 그 죄가 실제적으로 제거되고 있는 것입니다.

> "하물며 영원하신 성령으로 말미암아 흠 없는 자기를 하나님께 드린 그리스도의 피가 어찌 너희 양심을 죽은 행실에서 깨끗하게 하고 살아 계신 하나님을 섬기게 하지 못하겠느냐"(히 9:14)

저는 이 시점에서 또 한 번 번영신학자인 '조용기 목사님'과 또한 삼위일체를 부인하는 '지방교회'의 잘못된 신앙관을 지적하고자 합니다.

'조용기 목사님'은 그의 책에서 "구약의 성도들은 예수님께서 십자가를 지시기 전이었으므로 성령을 받지 못했다."고 말씀하고 있고, 또한 '워치만 니'(Watchman Nee)의 지방교회 사람들도 그렇게 말하고 있습니다.

그러나 이렇게 말하는 것은 그들이 진리의 성령의 증거를 알지 못하고 있고, 또 주님의 십자가의 대속에서 실제적으로 죄가 씻긴다는 것을 모르고 있다는 것을 스스로 폭로하고 있다고 봐야 합니다.

그들은 주님께서 십자가를 지심은 성도들로 하여금 성령을 받게 하시기 위함이고 구약의 성도들은 주님이 십자가를 지시기 전이었으므로 그들이 성령을 받지 못했다고 말하고 있지만, 구약의 선지자들은 한결같이 주님의 영으로 예언하여 장차 당신의 백성들의 죄를 대속하시기 위해서 고난당하시는 주님을 증거했습니다.

구약의 성도들의 죄 역시 신약의 성도들과 똑같이 그들의 죄를 대속하실 주님을 증거하시는 성령의 역사로서 실제적으로 그들의 양심에 역사하여 그 죄를 씻어주고 계셨다고 봐야 합니다.

다만 다른 것이 있다면, '칼빈'의 증거대로 '그들은 주님의 대속의 사건을 희미하게 보았을 뿐이고, 신약의 사도들과 성도들은 그들의 두 눈으로 직접 보았다'는 것입니다.

그러므로 믿음에 있어서 구약의 선지자들보다도 사도들이 더 우위에 있습니다. 그들은 구약의 선지자들이 계시하여 이제 실제적으로 나타난 복음을 보고 들었기 때문에 그들보다도 더 풍성하게 받은 것입니다. 그러나 구약의 선지자들이나 신약의 사도들과 성도들 역시 한결같이 주님의 대속의 사건을 증거하는 성령의 증거로써 그들의 죄가 씻긴다는 것입니다.

이에 대하여 반문을 제시할 분들이 계실까 하여 덧붙입니다.

구약의 짐승의 피의 제사는 그들의 죄를 씻지 못하고 그들의 죄를 증거하는 역할을 하지만, 그 제사를 통해서 그들은 그들의 선지자들을 통해서 계시된 메시야를 믿고 바라보므로 그 믿음을 통해서 실제적으로 죄가 씻기고 용서된다는 것입니다. 이 진리가 사실이 아니었다면 '다윗'의 다음과 같은 고백은 진리로서 성경에 기록될 수 없었을 것입니다.

"허물의 사함을 받고 자신의 죄가 가려진 자는 복이 있도다"(시 32:1)

그들은 성령을 받으면 그들이 하나님과 하나 되고 실제적으로 하나님과 같이 된다고 말하지만, 사도들이 성령을 충만히 받아서 증거하는 증거는 그들이 성령을 충만히 받아서 자기들이 하나님을 대신한다는 것이 아니라 죄에서 구속해서 하나님의 백성 삼아주신 하나님의 선한 뜻을, 받은 성령으로 알게 되어서 소리 높여 하나님을 찬양하였었다는 사실입니다.

지방교회는 하나님께서 죄인들을 죄에서 구속해서 당신의 백성으로 삼아주시고 또 하나님의 독생자를 통해서 양자로 입양해 주셨다는 사실을 애써 부인하고 있습니다. 그들의 말을 빌리면 그들은 양자가 아니라 하나님의 실제적인 아들들이라는 것입니다.

물론 하나님의 은혜와 주님 안에서 그분의 피로 구속 받은 우리는 궁극적으로 하나님의 아들의 형상으로 빛나게 되겠지만 근본적으로 하나님의 본체이신 하나님의 독생자와는 본질적인 차이와 구분을 가지는 겸손이 있어야 합니다.

그들은 입술로는 주 예수를 말하면서도 실제적으로는 위와 같이 말함으로써 주님을 말살하고 있는 것입니다.

우리는 주님이 주시는 성령을 받아서 하나님과 같이 되는 것이 아니라 진리의 말씀을 가지고 성도들의 심령에 역사하셔서 그 말씀으로 당신의 형상을 회복시키고 궁극적으로 그 형상을 아들의 형상으로까지 빛나게 하시는 성령의 역사하심을 알고, 그 말씀 곧 진리의 말씀을 심령 깊은 곳에 받아들이고, 그 말씀에 우리들의 영혼을 굳게 의탁하고, 궁극적으로는 그 말씀과 연합되는 단계에 이르게 될 것을 소망하고 있는 것입니다.

그 말씀은 곧 예수 그리스도이시고, 진리의 하나님이십니다.

구약의 성도들에게도 진리의 말씀이 선포되었었고, 진리의 성령께서는 그 말씀을 가지고 먼 훗날 그들의 죄를 대속할 주님의 십자가로써 그들의 죄를 씻어주시고, 이미 선포되고 기록된 그 말씀은 그들의 영혼에 역사하여 그들로 하여금 하나님을 섬기며 하나님을 즐거워할 수 있는 하나님의 사람으로서 거듭나는 역사를 창조해 내고 계셨었다는 것입니다.

'니고데모'가 왜 주님으로부터 책망을 받았습니까?

그는 이스라엘의 선생이라면 알고 있었어야 될 거듭나는 진리에 대해서 모르고 있었습니다. 주님의 이 지적은 주님이 이 땅에 오시기 전이라도 하나님께서는 당신의 백성들의 죄를 씻겨 주시고 그 말씀을 가지고 거듭나게 하고 계셨었다는 간접적인 증거인 것입니다.

많은 사람들이 "예수께서 아직 영광을 받지 않으셨으므로(십자가를 지시기 전이므로) 성령께서 그들 중에 계시지 아니하시더라"(요 7:39)는 말씀으로 자기들의 교리를 정당화 하지만 이 사실을 왜곡하고 있습니다.

성령이 하시는 일차적인 일은 진리에 대해서 증거하시는 것입니다.

"보혜사 곧 아버지께서 내 이름으로 보내실 성령 그가 너희에게 모든 것을 가르치고 내가 너희에게 말한 모든 것을 생각나게 하리라"(요 14:26)

성령께서는 예수님께서 가르치신 모든 진리에 대해서 제자들로 하여금 그 가르침을 생각나게 하시고 그 진리에 대해서 그들의 심령으로 이해할 수 있게 하십니다. 그러므로 예수님께서 그들을 가르치시고 그들을 보호하고 계셨을 때에는 성령께서 굳이 그들 가운데 계실 이유가 없으셨습니다.

다만 예수님께서 부활하셔서 그들의 눈으로 더 이상 볼 수 없을 때에는 그들로 하여금 진리에 대해서 깨닫게 하고 진리 가운데로 인도하시기 위해서 진리의 성령께서 그들 가운데 오셔야만 했던 것입니다.

예수 그리스도는 어제나 오늘이나 동일하시므로 육체로 부활하신 주님은 우리들 눈에는 보이지 않지만, 지금은 성령으로 우리들에게 다가오셔서 그 당시 제자들을 당신의 품에 품어주시던 그 방법으로 당신을 믿고 의지하는 모든 자들을 진리 가운데로 인도하고 계십니다.

구약의 성도들은 주님께서 육신으로 나타나시기 전에 주님의 대속을 믿은 자들이고, 사도 시대 이후의 성도들 역시 주님이 부활하신 후의 시대에 살고 있으므로 구약의 성도들과 마찬가지로 영광 가운데 계신 주님을 그의 성령으로 믿고, 또한 인도함을 받고 있습니다.

그러므로 구약의 성도들은 신약의 성도들이 받고 있는 성령을 받지 못했다고 말하는 것은 실로 무지한 것이며, 참으로 모든 성도들이 받아서 알고 있는 진리에 대해서 모르고 있음을 스스로 나타내고 있는 것입니다.

주님의 이름으로 세례를 받은 죄인들, 그들의 모든 죄가 주님의 십자가의 대속, 저주의 죽음으로써 우리의 옛 사람이 우리를 대속하신 죽음에서 주님의 십자가의 죽으심과 함께 멸해지고, 주님의 부활하심으로 말미암아 주님 안에 있는 그 말씀 곧 생명이 우리에게 다가와 우리를 변화시키고 또 하나님의 새사람으로 하나님의 형상을 회복시키시고, 궁극적으로는 주님의 온전한 형상으로 빚어 가신다는 것이 사도들의 한결같은 증거입니다.

이 진술은 '화목하게 하는 자가 받은 복'에서 더 깊이 있게 다루겠습니다.

우리는 성도가 성령을 받으면 곧바로 능력을 행하고 온전해지는 것이 아니라, 그 성령이 오셔서 진리이신 예수를 증거하시고 그 예수의 행하신 일을 믿게 하셔서 진리이신 예수께 복종하게 하시므로, 진리의 말씀을 그 영혼이 받아들이고 순종함으로 하나님의 형상을 회복시키시는 일을 하신다는 것을 알아야 합니다.

그들은 믿는 자들이 성령을 받으면 하나님처럼 되는 것이 아니라 하나님의 형상을 회복시키신다는 것을 모르고 있습니다.

그도 그럴 것이 그들은 진리에 순종하게 하는 성령의 역사를 모르고, 능력을 행하게 하는 성령만 기대하고 있기 때문입니다.

발람을 태웠던 나귀도 하나님께서 허락하시니까 사람의 말을 했습니다.

진리의 성령께서 오셔서 주님의 대속의 사건을 보여주시고, 그 대속을 본 자들이 마음을 찢고 애통해 할 때 주님의 피 흘리심의 위로를 가지고 오셔서 그들의 죄를 씻어주시고, 그 후에 성령께서 각 사람에게 은사를 주셔서 하나님의 사역을 감당하게 하십니다.

성령께서 우선적으로 하시는 일은 죄인들의 죄를 씻어 주시는 것입니다.

죄는 성령을 대적하기 때문에 그들 안에 거룩이 없고, 대신 죄가 있으면 성령을 받을 수도 없고 그 역사대로 따를 수도 없습니다.
세상에 드러난 죄들도 이루 헤아릴 수 없건만 그들이 어떻게 성령을 받았다고 주장하고 있는지 알 수 없습니다.
그들은 '성령은 죄를 대적하고 육신의 소욕은 성령을 거스른다는 것'을 모르고 있는 것 같습니다.

"하나님의 성전은 거룩하니 너희도 그러하니라"(고전 3:17)

세상 사람들은 하나님의 성령을 알지도 듣지도 못합니다.
이는 그들 안에 죄가 가득하여 성령을 받을 수 없기 때문이 아닙니까?

성령을 대적하는 죄가 그들의 본성인데 어떻게 거룩한 성령을 받아들이고 알 수 있겠습니까?

이와 마찬가지로 세상에서도 정죄 받는 죄를 드러내면서도 성령을 받았다고 말하는 것은 주님의 이름으로 오신 거룩한 아버지의 성령을 모르고 있다는 반증이라는 것입니다.

아버지의 성령은 당신의 거하실 처소가 죄로 더러워지면 그곳을 떠나시는 것은 구약에서부터 알려진 진리입니다.

"너희는 이것이…여호와의 성전이라 하는 거짓말을 믿지 말라"(렘 7:4)

하나님께서 왜 당신의 이름을 두신 그곳을 성전이 아니라고 말씀하셨습니까?

그곳을 섬기는 자들이 그 이름을 의지하고 자신들의 온갖 죄와 부정으로 거룩한 성전을 더럽혔기 때문이 아니겠습니까?

하나님의 성령은 거룩하기 때문에 그 거룩한 영을 모시려면 그 영을 거스르는 죄가 없어야 된다는 것은 모든 사람이 인정해야 할 것입니다.

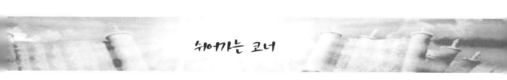

쉬어가는 코너

마리아의 애통과 그 여자의 기쁨

당신의 몸에서 난 아들 예수 그리스도!

당신들에게 온전히 순종함으로 하나님과 사람들에게 사랑스러워 가신 참 신과 참 사람!

아브라함보다 먼저 계셨으므로 그들보다 먼저 계셨던 분이 오직 하나님을 공경하고 사랑하므로 그 육신의 부모에게 순종하셨으니, 하나님 앞에서의 경외와 겸손의 아름다움이여!

우리 모두는 주님의 이 겸손을 배워서 하나님의 형상을 입은 사람은 그 누구라도 공경하고 또 종노릇 할 준비가 되어 있어야 하겠습니다.

주님께서 육신의 부모에게 순종하신 것은 오직 그들에게 하나님의 형상으로서 하나님의 존엄이 있었기 때문이 아니겠습니까?

여자의 머리가 남자이지만 여자를 공경하고 또 여자에게 순종할 수 있는 것도 그들에게 있는 하나님의 형상은 누구라도 그 앞에서 겸비하게 할 근거가 충분하기 때문입니다.

죄가 전혀 없으신, 온전히 순전한 사람의 아들, 주님은 당신의 말씀 곧, "나는 아버지를 경외하고 사랑한다"는 말씀은 진실하여서 육신의 부모에게서 빛나고 있는 하나님의 형상이 당신으로 하여금 얼마든지 어린 아이처럼 그들에게 순종하심으로써 당신의 말씀이 사실이었음을 증명하신 것입니다.

그대는 진실로 하나님을 경외하고 사랑합니까?

그렇다면 그대는 주님처럼 모든 사람에게서 빛나고 있는 하나님의 형상 때문에 그들을 공경하고 사랑해야 마땅할 것입니다.

우리 같은 죄인이 어느 누구라도 멸시를 한다면 그는 하나님을 멸시하고 있는 것입니다. 왜냐하면 우리가 멸시하는 그에게서 하나님의 형상이 빛나고 있기 때문입니다.

우리는 흔히 어떤 사람을 무시하거나 멸시하고 싶을 때 그의 사진을 불로 태우거나 발로 짓밟는 것을 가끔 목격하지 않습니까?

그러므로 주님의 은혜로 하나님과 화목 된 성도는 "모든 사람을 공경하라"고 하는 사도의 가르침을 진실로 받아들여야 합니다.

믿음이 있는 자들이라도 이러한 공경을 하지 못하는 것은 순전히 우리들의 거룩하지 못한 죄 성 때문입니다.

세상 부모들은 순종하지 아니하는 자식들이라도 애정을 쏟을 것인데 당신들에게 순종으로써 공경하고 섬긴 예수께서 얼마나 사랑스러웠겠습니까?

그 아들이, 저주 받는 자들이 지는 십자가를 지고 당신의 목전에서 처참하게 죽음을 당하셨으니, 그 애통을 어찌 말로 다 표현할 수 있겠습니까?

다만 '시므온'의 다음의 예언이 그 아픔을 나타낼 뿐입니다.

> "또 칼이 네 마음을 찌르듯 하리니 이는 여러 사람의 마음의 생각을 드러내려 함이니라 하더라"(눅 2:35)

그 아들이 당신의 예언대로 다시 부활하셔서 그 여자의 눈앞에 나타나셨으니, 그 기쁨 또한 얼마나 컸었겠습니까?

그 여자의 기쁨은 능히 당신의 가슴에 깊이 박힌 아픔을 상쇄하고도 남음이 있었을 것입니다.

성도들의 신앙행로가 항상 기쁨과 좋은 일만 있는 것은 아니나 주님께서 약속하신 부활의 소망이 있기에 모든 것을 인내할 수 있습니다.

예수님께서 우리에게 주신 계명! 즉 "내가 너희를 사랑한 것 같이 너희도 서로 사랑하라"는 말씀을 받으면 그 말씀의 능력으로 우리는 모든 것을 이길 수 있습니다.

우리가 소년 소녀였을 때 어머니의 조건 없는 사랑 속에서 꿈을 키웠지.

우리들의 단점도 장점으로 보듬어 주시고 투정도 받아 주실 정도로 넉넉한 품이 이제 나이 들어 새삼 그립구나.

하나님의 부성애가 우리들에게 비춰질 때 동시에 우리는 어머니의 거룩한 사랑을 떠올리곤 한다.

소년은 소녀를 사랑하고 소녀는 소년을 그리워하지만 이러한 사랑은 바람처럼 우리 곁을 잠시 맴돌다가 세월의 풍파 속에서 사라지지만 어머니의 애정은 그 주름살이 굵고, 깊어질수록 그 사랑도 비례하여 영글어가니 애달픈 자식일수록 더욱더 깊어지는 그 사랑, 우리가 죄 중에 방황하기에 하나님의 부성애도 그만큼 크셨던 것일까?

죄인들을 향한 아버지 하나님의 부성애와 주님의 사랑이여!

십자가로써 우리의 죄악을 보듬으신 그 사랑이여!

우리들의 신앙이 자라면 자랄수록 주님의 사랑이 우리들의 어머니의 사랑에서 투영되는 것은 나만의 생각일까?

우리들의 죄악과 허물을 우리에게 돌리지 아니하시고 주님으로 하여금 그 죄를 짊어지고 가게 하신 하나님, 아버지, 진정한 어머니이시여!

주님께서 마리아의 사랑 안에서 키워지신 것은 우연이 아니라, 당신의 형상으로 창조함을 받은 사람, 그 중에서 가장 오염되지 않은 것이 있다면 바로 어머니의 자식에 대한 사랑이리라!

어머니가 위대한 것은 그로 말미암아 자녀들이 생산되는 것!

하늘의 하나님이 마리아를 통해서 우리의 살과 뼈를 취하시고 우리 중에 거하셨으니 모든 남자들은 마땅한 공경으로 이 세상 모든 어머니들을 공경해야 하리라! 하나님은 가장 작은 자에게 가장 강한 모성을 심으셔서 사랑의 위대함을 알게 하셨으니 그 지혜를 누가 능히 측량할 수 있으리오!

누구라도 나는 너무 약하다고 말하지 말라!

하나님께서 우리를 당신의 양자로 입양하시어 우리가 그 하나님을 아버지로 부르고 있으니 이 세상의 그 무엇이 그들을 두렵게 하리요!

'사랑은 모든 것을 이긴다'고 하였으니 주님의 계명만 우리 안에 거하면 우리는 이 세상에서 가장 강한 자보다 더하리라!

온유한 자는 복이 있다

온유한 자는 복이 있나니 그들이 땅을 기업으로 받을 것임이요
(마태복음 5:5)

- 온유란 무엇입니까?

- 성도는 율법을 지켜야 합니까?

- 온유한 자는 이 땅에서도 심겨짐을 받고 궁극적으로는 아버지의
  나라를 주님과 함께 상속받게 됩니다.

- 쉬어가는 코너

"온유한 자는 복이 있나니 그들이 땅을 기업으로 받을 것임이요"

'찰스 스펄전'의 말입니다.

"주님이 말씀하신 팔복은 마치 극히 아름다운 보석을 꿰어 만든 목걸이처럼 그 하나하나의 복이 완전한 진리를 내포하고 있고, 맨 처음의 복과 맨 마지막의 복이 마치 하늘을 향해 걸쳐있는 사다리처럼 맨 처음의 복이 그 다음의 복과 연결고리를 가지고 있다."

사다리를 타고 천국에 오르는 사람이 맨 처음의 다리에 발을 올려놓으면 그 다음 발은 자연히 그 위의 계단에 올라서게 되어 하늘에 좀 더 가까이 이르는 것처럼, 팔복의 계단에 높이 오를수록 성도들의 믿음과 신앙의 열매도 점점 하늘나라에 가깝고, 주님을 닮아가게 되어 있습니다.

이러한 사실을 주시하고 이 글을 읽으면 주님이 말씀하신 팔복이야말로 성도들의 전 생애를 완전하게 나타내고 있음을 알게 될 것입니다.

저는 앞에서 주님의 이름을 믿는 신·구약 성도들의 모든 죄가 주님 안에서 진리의 말씀과 성령 안에서 실제적으로 씻겨서 그 영혼이 깨끗하게 된다는 것을 말하였습니다.

이 깨끗하게 됨은 단번에 이루어지는 것이 아니라 성도들의 신앙이 자람에 따라, 또는 주님이 이 팔복에서 말씀하시는 자들이 점차 높은 단계의 복에 이르게 될 때 온전하게 되는 것입니다.

그러므로 온유한 자는 죄의 강퍅함에서 건짐 받아 하나님의 사람으로서 온전하게 되는 것이므로 성도들이 주님의 이름을 믿고 실제적으로 온유한 사람으로 변화되어가는 과정에 대해서 증거하고자 합니다.

성도들은 우리 선진들의 증거대로 신앙의 정진에 있어서 일평생 동안 정진해야 되는 단계에 있고, 또한 사도들의 가르침대로 온전하게 되어야 할 것인데 우리들은 너무 약해서 자주 넘어지고 또 우리 안에서 성령의 생각을 거스르는 육신의 소욕의 본능 때문에 그 정진의 발걸음이 더디기만 한 것이 사실입니다.

그러므로 주님께서는 십자가의 대속의 은혜를 우리의 생이 마칠 때까지 우리들의 거룩을 위해서 우리들의 영혼과 양심에 제시하시는데, 이는 우리가 넘어지므로 그 양심이 스스로를 정죄하지 아니하고 그 은혜 안에 계속 머물도록 하시는 주님의 끊임없는 인내와 인애의 발로입니다.

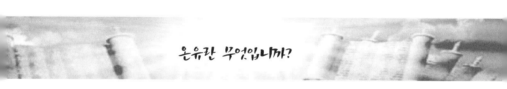

온유란 무엇입니까?

온유의 최고의 모델은 두말할 것 없이 주님입니다.

"나는 마음이 온유하고 겸손하니 나의 멍에를 메고 내게 배우라 그리하면 너희 마음이 쉼을 얻으리니 이는 내 멍에는 쉽고 내 짐은 가벼움이라 하시니라"(마 11:29-30)

주님의 이 말씀은 온유한 자가 어떠한 자인지를 다 보여주고 계십니다.

그런데 우리들의 마음이 죄로 인해서 온유와는 반대되는 성향 곧 강퍅하게 되었기 때문에 주님의 이 말씀이 무엇을 뜻하는지를 제대로 깨닫지 못하고 있습니다.

세상에서도 온유한 자가 있습니다.

그런데 세상에 속한 온유한 자를 성경에서 말씀하는 온유한 자로 더불어 생각해서는 안 됩니다. 왜냐하면 성경에서 주님이 말씀하시는 온유한 자는 항상 죄와 관련되었기 때문입니다. 위의 말씀에서 주님이 당신에 대해서 증거한 대로 주님은 온전히 죄가 없으시기 때문에 온전히 온유하십니다.

죄는 절대자이신 하나님과의 관계에서 나타나는 것이 아닙니까?

세상에서도 부드럽고 따뜻한 말이 있습니다.

그러나 이는 상대적입니다.

즉, 세상 사람들은 자기에게 잘 대해주고 자기에게 유익을 주고 자기가 좋아하는 자들에 대해서는 얼마든지 온유할 수 있습니다.

그러나 주님이 말씀하시는 온유는 하나님 앞에서, 하나님을 믿는 믿음 안에서의 온유이므로 그 대상이 사람 앞에서가 아니라 하나님이시고, 하나님의 형상을 입은 모든 사람을 상대하는 온유라는 것입니다.

이는 자기들을 핍박하고 또 미워하는 원수도 포함됩니다.

주님은 상대적으로 사랑하는 자들에 대해서 다음과 같이 말씀하셨습니다.

> "너희가 너희를 사랑하는 자를 사랑하면 무슨 상이 있으리요 세리도 이같이 아니하느냐"(마 5:46)

그리고 진리의 성경은 세상에서 나타나는 온유는 참된 것이 아니라고 증거하고 있습니다.

> "온유한 입술에 악한 마음은 낮은 은을 입힌 토기니라"(잠 26:23)

그렇다고 사람과 사람 사이에 나타나는 모든 온유한 것들이 다 거짓되다고 말하는 것은 아닙니다. 부모와 자식 간에 또는 사랑하는 연인 사이에, 형제간에, 친구 사이에 온유가 얼마든지 나타날 수 있습니다.

그러나 주님이 팔복에서 말씀하시는 온유는 그러한 인간관계 속에서 나타날 수 있는 것들과는 본질적으로 다르다는 것입니다.

저의 이 증거가 너무 지나친 억측이라고 항변할 사람이 있을는지 모르겠으나 우리가 성경을 진리의 말씀으로 믿는다면 "모든 사람이 죄를 범하였으매 하나님의 영광에 이르지 못했다"(롬 3:23)고 하셨으므로 모든 사람은 죄라는 강퍅함이 그들의 심령 중심에 자리 잡고 있다고 봐야 하고, 더 나아가 아주 단정을 지어도 전혀 무리가 아닐 것입니다.

오직 죄가 없는 분은 주님 한 분 뿐이시고, 그 외의 모든 아담의 후손들이 죄의 강퍅함 가운데서 출생하였고 또 아담과 같이 모든 사람들이 스스로 죄를 범하였으므로 전 인류가 주님을 믿어서 변화되기 전에는 본질적으로 죄의 강퍅함 가운데 있는 것입니다.

> "그 때에 너희는 그 가운데서 행하여 이 세상 풍조를 따르고 공중의 권세 잡은 자를 따랐으니 곧 지금 불순종의 아들들 가운데서 역사하는 영이라 전에는 우리도 다 그 가운데서 우리 육체의 욕심을 따라 지내며 육체와 마음의 원하는 것을 하여 다른 이들과 같이 본질상 진노의 자녀이었더니"(엡 2:2-3)

사도가 성령으로 말한 이 말씀에 해당되지 않는 아담의 후손이 누가 있겠습니까?

> "공중의 권세 잡은 자를 따랐으니"(엡 2:2)

'공중의 권세 잡은 자'가 누구입니까?

우리가 잘 아는 대로 '사탄'입니다.

우리 조상 아담을 미혹하여 하나님께 불순종하게 하여 자기의 거짓된 말을 따르게 한 자, 주님이 우리에게 가르쳐주신 대로 처음부터 살인한 자, 바로 거짓의 아비 아니겠습니까?

아담의 모든 후손이 육체의 욕심으로 이 자를 따랐으니 전 인류의 심령의 본질이 이 자에게 속하여 철저하게 하나님의 진노의 대상이요, 영원한 저주의 자식들로 변질되지 않았습니까?

> "죄를 범하는 자마다 죄의 종이라"(요 8:34)

이 가운데 있었던 우리 모두가 사도의 선포대로 옛 사람이 주님의 십자가와 함께 멸해져서 장사 지낸 바 되고, 주님의 부활하심으로 말미암아 진리와 성령으로 강팍함에서 벗어나 점차 새로운 사람으로 창조를 덧입어 가는 것이 신앙의 여정인 것입니다.

우리는 사람이 철저하게 사탄의 종이 된 증거가 우리 안에 무수히 많다는 것을 늘 기억해야 합니다.

높아지고자 하는 교만한 마음, 미움, 다툼, 살인, 음욕, 비방, 쑤군쑤군하는 것, 자기가 하나님이 된 것처럼 사람을 정죄하고 판단하는 것, 하나님의 형상을 입은 사람을 멸시하거나 꺼리는 것, 한마디로 사람을 내 몸과 같이 사랑하지 못하는 인간의 마음에서 나오는 모든 것들이 다 사탄의 본질에 속한 것이 아닙니까?

그러므로 '칼빈'의 말대로 '우리 자신의 처지를 아는 것이 믿음으로 나아가는 첫 걸음이 되는 것'입니다. 또한 우리의 경건한 선진들이 교리로 확정한 전적 타락이 성경의 올바른 해석에서 나온 것입니다.

성도가 전적 타락을 믿지 않는다면 그는 그를 위해서 저주 받은 자가 지는 저주의 십자가를 지신 주님과의 관계에서 외인이 될 수밖에 없습니다.

주님이 지신 십자가는 철저하게 저주받은 자가 지는 것으로서 모든 믿음의 사람들은 예수 그리스도의 십자가의 대속으로 자신의 전 존재가 예수 그리스도의 죽음과 관계되어 연합되었음을 믿는 것이며, 예수 그리스도의 십자가를 떠올릴 때마다 그는 주님 안에서 주님이 지신 십자가를 통해서 십자가에 못 박혀 저주 받을 자기 자신을 알게 되는 것입니다.

주님은 이처럼 철저하게 죄 가운데 있는 자들에게 지금 "온유한 자는 복이 있나니"라고 말씀하고 계시는 것이 아니라 '자신의 죄 됨으로 애통하는 자가 주님이 주시는 위로를 받고 그 심령이 죄의 강팍한 가운데서 건짐을 받아 본질적으로 변화되어 온유하게 된 자들이 땅을 기업으로 받을 것이라고 말씀하고 계신다는 것입니다.

그러므로 우리는 이 시점에서 구원의 목적이 무엇인지를 진지하게 생각해 보아야 합니다.

성도는 율법을 지켜야 합니까?
<율법과 믿음의 관계, 그리고 성도의 온전하게 됨에 관하여>

저는 성도의 구원의 목적과 온유한 자가 어떠한 사람인지를 증거하기 위해서 이 문제를 다루고자 합니다.

우리가 알고 있는 대로 구약의 율법은 주로 세 가지로 나뉩니다.

제사 제도와 그에 따른 여러 가지 율례가 있고, 사람과 사람 사이에 나타날 수 있는 규례와 또 계명 곧 십계명이 있습니다.

여기서 제가 거론하고자 하는 것은 '계명'(誡命)입니다.

좁은 범위로는 십계명이요, 더 나아가서는 하나님의 백성으로서 하나님과 사람, 사람과 사람 사이에 관계되는 여러 가지 법적인 문제입니다.

저는 사도가 성경에서 "우리는 하나님의 계명을 지킨다"고 말할 때 이는 곧 십계명과 주님이 명령하신 새 계명을 말한다고 생각합니다.

"성도들의 인내가 여기 있나니 그들은 하나님의 계명과 예수에 대한 믿음을 지키는 자니라"(계 14:12)

자연인으로서 계명을 지킨다는 것은 불가능하지만 거듭나서 하나님의 백성으로서 주님과 동행하는 자들에게 그 계명은 성도들의 심령에서 지켜진다고 할 것입니다.

'구원'(救援)이란 '죄에서 건짐 받아 거룩하게 되어져가는 것'입니다.

이 거룩은 거룩한 율법과 관계를 맺고 있기 때문입니다.

하나님께서는 돌에 새긴 십계명을 당신의 백성들에게 주셨지만 그들이 그 계명을 지키지 아니하므로 이제는 그 계명을 그들의 심비에 새기겠다고 약속하셨고, 약속하신 일이 주님을 통해서 성도들과 사도들에게 나타났고, 지금도 주님을 신실하게 믿고 의지하는 자들에게 나타나고 있습니다.

> "내가 그들에게 한 마음을 주고 그 속에 새 영을 주며 그 몸에서 돌 같은 마음을 제거하고 살처럼 부드러운 마음을 주어 내 율례를 따르며 내 규례를 지켜 행하게 하리니 그들은 내 백성이 되고 나는 그들의 하나님이 되리라"
> (겔 11:19-20)

> "또 새 영을 너희 속에 두고 새 마음을 너희에게 주되 너희 육신에서 굳은 마음을 제거하고 부드러운 마음을 줄 것이며 또 내 영을 너희 속에 두어 너희로 내 율례를 행하게 하리니 너희가 내 규례를 지켜 행할지라"(겔 36:26-27)

여기에서 '굳은 마음'은 '죄로 인해 강퍅하게 된 심령'이고, 강퍅하게 된 마음에 은혜를 덧입혀서 부드러운 마음으로 변화시키고 당신의 율례와 규례를 지키게 하시겠다는 것입니다.

온유한 마음은 하나님의 법에 순종할 마음의 자세입니다.

주님은 온전히 온유하셨으므로 하나님께서 당신 안에서 역사하시는 역사를 거스르지 아니하시고 순종하셨던 것입니다.

우리는 바울의 로마서 7장에서 육신 안에 있는 죄의 소욕이 그 마음을 사로잡아 죄의 법에 굴복하게 하므로 탄식하는 저자를 발견하게 됩니다.

바울의 강론이 여기서 끝났다면 그의 신앙의 여정은 한평생을 육신의 생각과 성령의 생각으로의 갈등 속에서 보냈다고 봐야 할 것입니다.

그러나 그는 8장에서 다음과 같이 말함으로써 육신에 정해져 있는 죄의 세력에 굴복하지 아니하고 오히려 하나님의 성령의 인도함을 받아 죄의 세력을 이기는 승리의 개가를 부르고 있는 것을 볼 수 있습니다.

> "너희가 육신대로 살면 반드시 죽을 것이로되 영으로써 몸의 행실을 죽이면 살리니 무릇 하나님의 영으로 인도함을 받는 사람은 곧 하나님의 아들이라

너희는 다시 무서워하는 종의 영을 받지 아니하고 양자의 영을 받았으므로 우리가 아빠 아버지라고 부르짖느니라"(롬 8:13-15)

그는 7장에서 육신에 정해져 있는 죄의 법이 자기 스스로의 힘으로는 그 법에 굴복할 수밖에 없지만 하나님은 이 육신의 법에서 건져내서 율법의 요구가 이루어지게 하신다고 말씀하고 있습니다.

"율법이 육신으로 말미암아 연약하여 할 수 없는 그것을 하나님은 하시나니 곧 죄로 말미암아 자기 아들을 죄 있는 육신의 모양으로 보내어 육신에 죄를 정하사 육신을 따르지 않고 그 영을 따라 행하는 우리에게 율법의 요구가 이루어지게 하려 하심이니라"(롬 8:3-4)

율법의 요구가 무엇입니까?
바로 계명이 아니겠습니까?
그 후에 사도는 '율법의 완성은 사랑'이라고 말함으로써 자신이 하나님의 성령의 인도함을 받아 그 율법의 요구대로 남을 사랑하고 있음을 증거하고 있습니다.
율법의 계명의 목적은 하나님 사랑과 사람 사랑에 있으므로 성도가 주님께 은혜를 받아서 사람을 진정으로 사랑하게 되었으면 그는 율법을 심령으로 지키고 있는 것입니다.
그러므로 '바울'의 "우리가 하나님의 은혜로 구원을 받으니 율법을 폐하느뇨?"는 도리어 '율법을 굳게 세운다'는 말로 그가 진실로 사람을 사랑하게 되었음을 잘 증거하고 있는 것입니다.

"피차 사랑의 빚 외에는 아무에게든지 아무 빚도 지지 말라 남을 사랑하는 자는 율법을 다 이루었느니라. 간음하지 말라, 살인하지 말라, 도둑질하지 말라, 탐내지 말라 한 것과 그 외에 다른 계명이 있을지라도 네 이웃을 네 자신과 같이 사랑하라 하신 그 말씀 가운데 다 들었느니라. 사랑은 이웃에게 악을 행하지 아니하나니 그러므로 사랑은 율법의 완성이니라."(롬 13:8-10)

그는 이 서신에서 본질상 죄의 사람이 주님의 택하심과 부르심으로 변화를 받아 스스로는 도저히 지켜낼 수 없는 율법의 계명이 자기 안에서 성취되고 있음을 증거하면서, 또한 그 진리를 전하고 가르치고 있는 것입니다.

하나님의 말씀 곧 계명이 그의 심비에 새겨지지 않고 어떻게 원수를 사랑할 수 있었겠습니까?

"너희를 박해하는 자를 축복하라 축복하고 저주하지 말라……네 원수가 주리거든 먹이고 목마르거든 마시게 하라 그리함으로 네가 숯불을 그 머리에 쌓아 놓으리라"(롬 12:14, 20)

그가 주님의 가르치심을 따라 "네 원수를 사랑하라"고 했다면 그의 가르침은 그의 독자들에게 그다지 깊은 인상을 심어주지 못했을 수도 있습니다. 왜냐하면 그와 같이 전하는 말은 누구든지 쉽게 할 수 있고, 실상은 자기 자신은 행실에 있어서 다를 수도 있기 때문입니다.

그러나 그의 위와 같은 가르침은 바울을 사도로 인정하는 사람이라면 누구든지 그 말이 자신의 심중에서 나온다는 것을 능히 짐작할 수 있습니다.

우리는 하나님께서 '에스겔 선지자'를 통해서 하신 약속이 이처럼 사도들에게서 실현되고 있는 것을 발견할 수 있는데 이는 우리들의 구원의 성격이 무엇인지를 가히 짐작할 수 있다는 것입니다.

예수 그리스도, 당신의 백성을 자기 죄에서 구원할 자로 믿는 자는 누구든지 에스겔을 통해서 약속하신 그 약속이 자신들의 심령에서 나타나야 마땅하다 할 것입니다.

완악하고 살기등등한 사울을 변화시켜 하나님의 사랑을 말하는 사람이 되게 하시고, 주님을 본받아 원수라도 사랑할 수 있는 사람으로 재 창조하셨는데, 그의 말과 가르침을 받은 우리들에게서도 그에게서 나타난 일이 똑같은 열매로 거두어져야 된다는 것입니다.

이 일이 능히 가능한 것은 그들에게 역사하신 전능하신 성령께서 주님의 이름을 믿고 있는 우리들에게도 같은 일을 하고 계시기 때문입니다.

이러한 가르침은 비단 사도 바울에게서만 나타나는 것은 아니고, 거의 모든 사도들에게서 공통적으로 나타나고 있습니다.

'베드로'의 가르침은 어떻습니까?

> "그러므로 너희가 더욱 힘써 너희 믿음에 덕을, 덕에 지식을, 지식에 절제를, 절제에 인내를, 인내에 경건을, 경건에 형제 우애를, 형제 우애에 사랑을 더하라"(벧후 1:5-7)

"남을 사랑하는 자는 율법을 다 이루었느니라"(롬 13:8)는 바울의 증거대로 베드로 사도 역시 그의 심령에서 하나님의 형상을 입은 사람을 진실로 사랑하게 되었던 것입니다.

베드로는 이런 것이 없는 자는 맹인이라고 단정하고 있습니다.

이는 그의 옛 죄가 깨끗하게 됨을 잊은 것으로써 예수 그리스도를 믿고 주님의 대속을 믿는 자는 주님 안에서 그 옛 죄가 깨끗하게 됨을 실제적으로 경험하고, 그의 가르침대로 점차적으로 경건에 이르고 율법의 완성인 사랑에 도달하게 된다는 것을 말하고 있는 것입니다.

'요한 사도'의 증거는 이들보다 훨씬 풍성해서 그는 "하나님은 사랑이시라"(요일 4:16)고 단정적으로 확언합니다. 그리고 형제를 사랑하지 아니하는 자는 하나님을 알지 못한다고 말함으로써 자신은 형제를 사랑하는 까닭에 하나님을 안다고 증거하고 있는 것입니다.

그 역시 율법의 완성인 사랑이 그의 심비에 새겨지지 않았겠습니까?

> "누구든지 그의 말씀을 지키는 자는 하나님의 사랑이 참으로 그 속에서 온전하게 되었나니 이로써 우리가 그의 안에 있는 줄을 아노라 그의 안에 산다고 하는 자는 그가 행하시는 대로 자기도 행할지니라"(요일 2:5-6)

저는 경건하고 위대한 종교 개혁자 '칼빈'이 "성도는 죽기까지 신앙에 정진해도 사도들이 성경에서 말하는 것처럼 온전하게 됨에 이를 수 없다."고 진술했다는 것을 압니다. 그러나 이는 그가 그 당시 완전주의자들의 그릇된 망상이 교회에 침투해 들어오지 못하도록 하기 위함이었다고 생각합니다.

그 당시 완전주의자들은 사람이 한 번 세례를 받으면 완전해져서 구원을 받음으로 그 후에 죄를 지으면 구원 받을 수 없다고 생각한 자들이었습니다.

'칼빈'은 이러한 자들의 잘못이 교회에 만연하지 못하도록 하기 위해서 "사람은 일평생 회개해야 된다."고 한 것입니다. 그 당시 재세례파는 완전주의라는 망상의 심연에 빠져서 참된 경건을 잃어버렸었습니다.

그러나 우리는 그 누가 뭐라고 해도 사도들이 성경에서 가르치고 주장하는 바를 받고 배워야 하지 않겠습니까?

사도들은 누누이 그들의 가르침에서 "온전하게 되라"고 권면합니다.

또한 그들의 가르침을 받은 하나님의 백성들 역시 온전하게 되어 서로 사랑의 교제를 나누었다고 성경은 증거하고 있습니다.

모든 교회에서 칭찬을 들은 '브리스길라와 아굴라'는 사도 바울을 위해서 자신들의 목이라도 내놓을 마음으로 그들 안에 하나님의 사람을 진실로 사랑하는 뜨거운 열정이 있었습니다.

성도들이 누구입니까?

하나님의 아들, 천지를 창조하신 그분이 사람 되어 오셔서 우리들의 옛 죄에서 우리들을 구속하시고, 하나님 우편에 앉아 계셔서 당신의 백성들을 아버지가 계시는 그곳으로 인도하시기 위해서 지금도 친히 그 일을 행하시고, 창조자의 능력으로 당신이 구속한 자기의 지체들을 당신 안에 있는 진리의 말씀과 성령으로 거룩하게 하고 계시지 않습니까?

저는 "성도가 사는 동안 온전하게 될 수 없다."고 말하는 것에는 두 가지의 독소(毒素)가 숨어 있다고 봅니다.

첫째는, 이 세상 것의 모든 것을 내려놓지 못하고 붙잡고 있기 때문에 주님을 온전히 의지하고 따르고 있지 못하므로 진리의 말씀이 그의 심령에 거하지 못하기 때문이요,

둘째는, 주님이 말씀으로 천지를 창조하신 그 하나님이심을 믿지 못하므로 주님께서 당신의 택한 백성들을 온전하게 할 수 없다고 불신하고 있기 때문입니다.

"우리는 죄 가운데 태어나서 온전하게 될 수 없다."고 말하는 자들이여!

주님의 십자가의 구속이 무엇을 의미하고 있는가를 한 번 진지하게 생각해보기를 권하는 바입니다.

하나님의 아들이 낮고 천하고 죄악의 종자인 우리를 위해서 십자가를 지신 것은 당신의 보배로운 피로 옛 죄는 씻어 주시고 진리의 말씀과 성령으로 우리들을 온전히 거룩하게 하시기 위함이 아닙니까?

물론 이 일은 전해지는 복음으로 말미암아 죄인들의 마음에 성령께서 믿음을 일으키시기에 가능한 것입니다.

주님의 십자가 대속을 값싼 복음으로 대처하는 자들에게 화가 있으리라!

땀이 땅에 떨어지는 핏방울처럼 흘러내릴 정도로 기도하시고, 아버지께 온전히 버림을 받는 것 같은 절망감에서 죽음의 그 순간에도 오직 믿음으로 아버지의 이름을 놓지 않고 절규하신 그 외침이 들리지 않습니까?

"나의 하나님! 나의 하나님! 어찌하여 나를 버리셨나이까?"(마 27:46)

주님은 아버지께 온전히 버림받는 그 순간에는 당신의 유일한 아버지께 '아버지'라고 부르지도 못하고 '나의 하나님'이라고 말씀하심으로써 당신의 하나님께 대한 경외를 나타내지 않으셨습니까?

사랑하고 기뻐하시는 유일한 독생자를 저주의 십자가에 내어놓으신 하나님께서 우리를 향해서 무엇을 바라시겠습니까?

하나님께서 우리의 온전하게 됨을 원하시고 주님이 그렇게 선포하셨고, 우리들의 양심이 주님의 십자가를 바라보고 생각할 때마다 참으로 온전하게 되어야 한다고 외치는데, 우리는 누구의 말을 들어야 합니까?

"하늘에 계신 너희 아버지의 온전하심과 같이 너희도 온전하라"(마 5:48)

"너희는 나를 주여 주여 하면서 왜 나의 가르침은 따르지 아니하느냐?"(눅 6:46)

사도들은 주님의 참된 제자로서 주님의 가르침을 충실히 따랐던 자들이었습니다. 그런데 그 당시 주님의 제자들은 그렇게 따랐을지라도 지금은 그렇게 따르면 안 된다는 것입니까?

'사도 바울'은 그의 서신에서 누누이 온전하게 되라고 권면하고 있습니다.

저의 이러한 주장에 대해 혹자는 다음의 말씀으로 반대할는지 모릅니다.

"내가 이미 얻었다 함도 아니요 온전히 이루었다 함도 아니라 오직 내가 그리스도 예수께 잡힌바 된 그것을 잡으려고 달려가노라"(빌 3:12)

이 말씀을 앞 문장과 연계하지 않고 읽으면 마치 사도 자신이 온전하게 되지 못한 자처럼 보이지만, 앞 문장과 연계하면 그 뜻은 확연히 달라집니다.

사도는 그 문장 앞 10절과 11절에서 다음과 같이 말하고 있습니다.

"내가 그리스도와 그 부활의 권능과 그 고난에 참여함을 알고자 하여 그의 죽으심을 본받아 어떻게 해서든지 죽은 자 가운데서 부활에 이르려 하노니"

바울은 주님께서 경건의 능력으로써 죽음에서 부활하여 하나님 우편에 서신 것을 알기에 자신이 그러한 주님의 경건에 비하면 형편없이 부족하므로 그 부활의 권능에 있어서 이미 얻었다 함도 아니요 온전히 이루었다 함도 아니라고 진술하였던 것입니다.

어느 누가 주님의 그 온전하심에 이르렀다고 말할 수 있겠습니까?

이러한 저의 주장을 뒷받침하는 말씀이 바로 15절 말씀입니다.

"그러므로 누구든지 우리 온전히 이룬 자들은 이렇게 생각할지니 만일 어떤 일에 너희가 달리 생각하면 하나님이 이것도 너희에게 나타내시리라"

그는 12절에서 "온전히 이루었다 함도 아니라"고 하면서 동시에 바로 뒤 15절에서는 "우리 온전히 이룬 자들은"이라고 언급하고 있습니다.

그는 이 말씀에서 자신이 온전하게 된 자라 말하고 있는 것입니다.

"내가 이미 얻었다 함도 아니요 온전히 이루었다 함도 아니라"고 말한 것은 위의 저의 증거대로 자신이 주님의 경건과 비교함에 있어서는 온전히 이루지 못했음을 증거한다고 보는 것입니다.

바울은 자신의 서신에서 그의 독자들에게 "내가 주님을 본받는 것처럼 너희는 나를 본받으라"고 권면하고 있으니, 그의 심령 깊은 곳에서는 주님의 경건과 사랑의 충만한 분량에 이르기를 열망하고 있었던 것입니다.

어떻게 온전하게 되지 못한 자가 다른 사람들에게 "온전하게 되라"고 누구이 간곡하게 권면할 수 있겠습니까?

또한 하나님께서 직분자들을 세우신 목적도 그들의 가르침을 통해서 당신의 백성들이 온전하게 됨에 있다고 증거하고 있습니다.

> "그가 어떤 사람은 사도로, 어떤 사람은 선지자로, 어떤 사람은 복음 전하는 자로, 어떤 사람은 목사와 교사로 삼으셨으니 이는 성도를 온전하게 하여 봉사의 일을 하게 하며 그리스도의 몸을 세우려 하심이라"(엡 4:11-12)

> "평강의 하나님이 친히 너희를 온전히 거룩하게 하시고 또 너희의 온 영과 혼과 몸이 우리 주 예수 그리스도께서 강림하실 때에 흠 없게 보전되기를 원하노라"(살전 5:23)

제가 왜 성도의 온전하게 됨에 대하여 본문에서 벗어나는 것 같은 말을 이토록 많이 하고 있겠습니까?

그것은 바로 온유는 사도들의 가르침을 따라 죄에서 벗어나서 온전하게 되어가는 과정에서 나타나고, 이루어지고, 궁극에는 주님의 온전하신 온유에 이를 것이기 때문입니다. 그런데 성도들이 '일평생 신앙생활에 정진해도 온전하게 될 수 없다'고 단정하고 포기하면 어떻게 주님의 가르침에 부응하겠습니까?

우리가 주님의 가르침대로 온전하게 되는 것이 옳다는 것을 알고 주님을 의지하고 본받는 것과 그렇게 될 수 없다고 포기하는 것은 하늘과 땅만큼이나 차이가 있는 것입니다.

성도가 거룩하게 될 것을 목표로 정진해도 육체에 갇혀있는 육신의 소욕이 그 일을 못하도록 역행하는 것이 사실인데, 그 일은 할 수 없다고 미리 포기하고 생각하지도 않으면 어떻게 그 일에 조금이라도 열매를 기대할 수 있겠습니까?

우리는 진리의 가르침대로 그 말씀을 묵상하고 행하기를 힘쓰면 주님께서 그 일을 그에게 이루어 주실 것이지만 그렇게 믿지 아니하면 그 안에서 그렇게 되기를 거부하기 때문에 주님께서도 그의 바라는 대로 일하실 수밖에 없다는 것을 알아야 합니다.

저는 강남의 '이석 목사님'이 "우리는 그렇게 될 수 없지만 우리가 그렇게 하는 것이 옳다고 인정만 하여도 주님은 그에게 그 은혜를 주신다."고 말씀하신 것을 기억합니다.

주님께서 온전하게 되라고 말씀하시고 사도들이 그 말씀대로 행하여 그 열매를 맺어서 그 일을 증거하고 권면하고 있는데 이 가르침을 거부할 것입니까?

죄가 무엇입니까?

하나님을 거역하는 것, 하나님을 찌르며 하나님을 대항하는 것 아닙니까?

그러한 죄가 성도들 안에 도사리고 있다면 그는 온유한 사람이 아니며, 온유의 다음 단계에 나오는 '의에 주리고 목마름에 이르지 못하므로 그 열매인 영혼의 배부름에도 이르지 못하게 될 것'입니다.

온유는 하나님께 순종하며 그분의 말씀의 멍에를 그의 심령으로 거역하지 아니하는 것이므로 주님은 바로 그러한 자가 '땅을 기업으로 받을 것'이라고 약속하고 계신 것입니다.

그러나 성도는 온전하게 되어가는 과정에 있으므로, 성도가 주님처럼 하나님께 온전히 순종하게 될 때 거기서 진정한 온유를 알게 될 것입니다.

사도 요한은 "영접하는 자 곧 그 이름을 믿는 자들에게는 하나님의 자녀가 되는 권세를 주셨으니"(요 1:12)라고 증거하고 있습니다.

예수님을 영접하는 자라는 것은 그 이름 곧, 자기의 죄에서 구원할 자로 믿는 믿음으로 영접하는 것이며, 죄인이 주님을 실제적으로 영접했다면 주님은 그의 내면에서 죄를 깨끗하게 하시는 일을 하기 시작하십니다.

그런데 그가 만약에 "주님, 저는 제 죄를 주님이 산상수훈에서 말씀하시는 만큼 깨끗하게 되는 것은 싫으니 제가 원하는 만큼만 해주세요."라고 말한다면 주님은 더 이상 어떻게 하실 수 없으실 것입니다.

죄라는 것은 율법을 어기는 것이고, 그 율법을 완성하신 것이 주님의 '산상수훈'(山上垂訓)의 가르침인데, 그가 주님께 무엇을 기대하고 주님을 영접했었다는 것입니까?

하나님께서 주님을 영접하는 자에게 하나님의 자녀의 권세를 주시는 것은 주님의 산상수훈의 가르침에 거치는 자들을 구원하실 자로 믿고, 그 말씀으로 깨끗하게 되는 자들에게 주어지는 것임을 알아야 합니다.

우리가 마음속으로 하나님의 형상을 갖고 있는 사람을 멸시하고 있다면 어떻게 그에게 하나님의 자녀의 권세가 주어지겠는가를 생각해봐야 합니다.

그가 주님의 산상수훈으로 깨끗함을 받지 못하면 어떠한 형편에 있든지 그의 심령에서 하나님의 형상을 사랑하지 못하고 멸시하고 있는 것입니다.

그러므로 주님의 '씨 뿌리는 비유'가 얼마나 절묘하게 우리들의 신앙을 나타내고 있는지 모르겠습니다. 어떤 사람들은 주님의 말씀의 씨가 길가에 뿌려진 것처럼 자신들의 심령 깊은 곳으로 더는 모셔 들이지 못하고 있으니, 이 세대가 바로 그런 세대가 아닌가 생각해 봅니다.

주님은 사람의 자유의지와 무관하게 그 일을 행하시지 않기 때문입니다.

여러분이 진실로 온전하게 되기를 원합니까?

주님은 그대의 소원대로 그렇게 해주실 것입니다. 왜냐하면 주님은 그 일을 위해서 십자가를 지시고, 그 일을 위해서 지금 성령으로 오셨기 때문입니다.

주님은 온유의 대명사이시고, 우리 성도들의 본보기이시며, 온유의 사도이십니다. 주님이 죄가 없으신 것은 하나님을 거스르지 아니하시고 온전히 순종하셨기 때문입니다.

그러므로 온전한 온유는 우리가 주님처럼 진리의 말씀이 우리의 모든 것을 지배할 정도의 깊이까지 다다라야 거기에서 하나님을 향한 완전한 온유가 나타나겠지만, 성도는 그 목표를 마음에 두고 주님을 바라봐야 합니다.

주님이 이 복에서 말씀하시는 온유는 하나님께 순종할 마음의 자세, 곧 하나님의 말씀을 끝까지 거역하지 아니할 마음의 자세인 것입니다.

"온유한 자를 정의로 지도하심이여 온유한 자에게 그의 도를 가르치시리로다"(시 25:9)

위와 같이 주님이 이 장에서 말씀하시는 온유도 자기의 죄가 주님의 십자가의 대속으로 사해짐을 믿는 믿음의 사람들이 하나님께 순종할 것에 그 마음이 기울어진 것이라고 봐야 한다는 것입니다.

그러므로 성도의 온유도 이 팔복의 높은 계단에 오를수록 더 커집니다.

온유의 반대는 완악한 마음이고 죄로 굳은 마음이며, 겸손하지 못한 교만한 마음이라고 해야 할 것입니다.

우리의 심령은 죄로 인해서 완악해졌습니다.

그러나 하나님께서 이러한 상태에 있는 우리들의 몸에서 굳은 마음을 제하고 (달리 표현하면 죄를 제하고) 부드러운 마음을 주신다 하셨으니, 이것이 곧 주님이 말씀하시는 온유라는 것입니다.

성령께서는 진리의 말씀으로 성도들의 강퍅함을 보여주시고 애통하게 하시는데 이러한 역사가 나타나 회개하고 애통해 하면 그것이 곧 성령을 받은 것이라고 생각하므로, 신앙의 정진을 게을리 하는 경우가 많습니다.

그러나 이는 강퍅한 심령이 온유하게 되어가는 과정이고, 그 성령은 의에 주리고 목마른 자가 주님께 순종하고자 할 때 받게 됩니다.

성령은 오셔서 더욱더 주님의 대속을 믿게 하셔서 예수를 그의 주인으로 알게 하시고, 더욱더 그분께 순종하게 하신다는 것을 알아야 합니다.

우리는 흔히 누구처럼 성령만 받으면 하나님의 사람으로 완전해진 줄로 속단하고 착각하는 경우가 있습니다.

그러나 우리는 성령께서 주님의 대속을 믿게 하셔서 그들로 하여금 주님께 온전히 순종하게 하신다는 것을 알아야 합니다.

성도가 주님께 순종하고자 할 때 주님은 멀리서 그에게 명령만 하시고 그 명령을 받는 자는 주님과 객체로 있는 것이 아니라, 주님은 말씀이시기 때문에 그 말씀으로 우리들의 심령에 오셔서 우리 안에서 은혜의 빛이 나타나게 하시는 것입니다.

성도가 진리의 말씀으로 오시는 주님을 우리의 심령으로 받아들일 때 주님이 실제적인 인격체로 우리 안에 내주하시는 것을 보게 됩니다.

이 순종이 온전하게 될 때 바로 거기에서 주님의 영과 하나가 되는 일치를 경험하게 되는 것입니다. 그러므로 온전한 온유는 의에 주리고 목마른 자 곧 주님께 순종하기를 열망하는 자들에게서 나타나는 것입니다.

우리는 이를 '주님과 동행한다'고 말합니다.

하나님의 사람 '에녹'이 그러한 사람이었고 '노아' 역시 그랬습니다.

그들은 당신들 안에서 역사하시는 주님께 순종했던 것입니다.

사도들은 두말할 것도 없습니다.

그러므로 '온유의 열매'는 '순종'입니다.

우리는 이스라엘 백성들의 예를 통해서 '온유한 자가 왜 땅을 기업으로 받는지'를 엿볼 수 있습니다. 우리는 우리 조상 아담이 에덴동산에서 쫓겨난 것은 그가 하나님을 거역했기 때문임을 잘 알고 있습니다.

그들이 하나님께서 미리 준비해 두시고 허락해 주신 복을 누리며 사는 것이 하나님의 뜻일진대, 그들은 그 하나님을 거역했으므로 그 땅에서 복을 누릴 가치를 상실했으며, 그 땅도 불의한 그들을 용납할 수 없었습니다.

땅은 하나님의 말씀에 따라 사람에게 필요한 모든 것을 생산해 내고 있는데 불의한 그들을 위해서 땅 스스로가 그러한 것들을 생산해 낸다면 그 땅이 하나님을 거역하는 패역을 행하게 될 것이므로 하나님께 절대적인 순종의 관계에 있는 땅이 그들을 토해내는 것은 당연한 것입니다.

이러한 것을 통해서 알 수 있는 것은 '땅을 기업으로 받을 자들은 오직 하나님께 순종의 제사를 드려야만 한다'는 것입니다.

물론 온전한 순종은 의를 위하여 박해를 받는 단계에까지 이르게 될 때 가능할 것입니다. 그러나 모세를 통해서 이스라엘 백성들에게 여러 가지 율법과 규례를 제정하시고, 그 말씀에 순종하게 하신 것은 그 시대의 그만큼의 순종에서, 앞으로 그들에게 나타날 메시야에 대한 소망을 품고 하나님을 떠나지 않게 하시려는 하나님의 의도가 있으셨던 것입니다(칼빈).

"여호와를 바라고 그의 도를 지키라 그리하면 네가 땅을 차지하게 하실 것이라 악인이 끊어질 때에 네가 똑똑히 보리로다"(시 37:34)

하나님께서 가나안의 일곱 족속을 멸하시고 그 땅에 이스라엘 족속을 심으신 것은 그들로 하여금 하나님의 뜻대로 살게 하여 복을 누리게 하려 하심이었습니다.

그런데 그들이 가나안 족속들보다도 더욱더 패역을 행하였으므로 하나님의 진노가 극에 달하여 그들이 신명기에 기록된 저주를 당하게 되었던 것입니다.

> "너는 네 이웃의 아내와 동침하여 설정하므로 그 여자와 함께 자기를 더럽히
> 지 말지니라 너는 결단코 자녀를 몰렉에게 주어 불로 통과하게 함으로 네
> 하나님의 이름을 욕되게 하지 말라 나는 여호와이니라 너는 여자와 동침함
> 같이 남자와 동침하지 말라 이는 가증한 일이니라 너는 짐승과 교합하여 자
> 기를 더럽히지 말며 여자는 짐승 앞에 서서 그것과 교접하지 말라 이는 문
> 란한 일이니라 너희는 이 모든 일로 스스로 더럽히지 말라 내가 너희 앞에
> 서 쫓아내는 족속들이 이 모든 일로 말미암아 더러워졌고 그 땅도 더러워졌
> 으므로 내가 그 악으로 말미암아 벌하고 그 땅도 스스로 그 주민을 토하여
> 내느니라"(레 18:20-25)

세상 기업도 상속을 받는 자는 그 기업과 어떤 관계에 있을 때 가능하고, 대부분의 경우 부모와 자녀 간에 상속이 이루어집니다. 하물며 하나님께서 만물의 주인이신데 그 땅을 기업으로 상속받을 자는 하나님과의 관계에 있어서 마음으로 순종적인 자세가 되어 있지 않으면 안 된다는 것입니다.

그런데 죄라는 것은 앞에서도 언급하였지만 하나님을 찌르며 대적하는 것이므로, 이 죄가 사람들의 심령에서부터 제거되지 않으면 하나님의 땅을 기업으로 상속받을 온유한 자가 되지 못한다는 것입니다.

우리는 의의 왕이시고 죽기까지 아버지께 복종하심으로 저주의 십자가를 지신 주님의 순종하심에서 온유하신 자의 모범을 보는 것입니다.

주님께서는 아버지와의 절대적 순종관계에 계셨기 때문에 아버지의 나라가 자신의 것이라고 증거하십니다.

이 같은 아들과 아버지와의 관계 속에서 아버지는 아들을 온전히 지배하실 수 있었고, 아들은 아버지를 공경하고 사랑하셨기 때문에 아버지가 자신 안에서 일하실 수 있도록 자신의 모든 것을 내어 드릴 수 있었습니다.

자신을 비우시고 아버지로 하여금 자신 안에서 아버지가 나타나시도록

하신 아들, 아들은 아버지 안에 거하셨고 아버지는 아들 안에서 자신의 뜻을 성취하시는 아버지와 아들의 관계, 아들의 순종으로 아버지의 진리가 아들 안에서 그 열매로 나타나므로 아들의 온유하심이 증명되었습니다.

주님이 "나는 마음이 온유하고 겸손하니…"(마 11:29)라고 말씀하신 온유는 이러한 온유이고, 주님은 우리를 죄의 강팍함에서 건져내셔서 아버지의 나라를 상속받게 하시기 위해서 그의 모든 성도들을 주님의 이 온유에까지 이르게 하실 것입니다.

우리는 아무쪼록 사도의 권면처럼 죄의 강팍함에 빠지지 않도록 자신을 진리의 말씀으로 점검하면서 우리들 안에 그 말씀이 거하시도록 신앙생활의 정진을 계속해서 마침내 주님의 온유하심에 이르러야 할 것입니다.

> "내가 아버지 안에 거하고 아버지는 내 안에 계신 것을 네가 믿지 아니하느냐 내가 너희에게 이르는 말은 스스로 하는 것이 아니라 아버지께서 내 안에 계셔서 그의 일을 하시는 것이라 내가 아버지 안에 거하고 아버지께서 내 안에 계심을 믿으라 그렇지 못하겠거든 행하는 그 일로 말미암아 나를 믿으라"(요 14:10-11)

성도들이 주님과의 관계에서 온유하면 주님께서는 이 땅에서도 창대한 복을 누리리라고 약속하시지만, 그러나 성도들의 궁극적인 기업은 주님이 다스리시고 계시는 '아버지의 나라'입니다.

성경은 아들로 말씀하시는 아버지의 말씀에 순종하는 자들만이 그 나라를 주님과 함께 유업으로 받게 된다는 것을 증거하고 있습니다.

우리 조상 아담은 하나님께 불순종하므로 그 동산에서 쫓겨났고, 두 번째 아담이신 주님은 하나님께 절대적으로 순종하심으로 이전에 아버지의 품속에서 아버지의 영광 가운데 계셨을 때보다도 더 풍성하심을 얻었으니, 이는 당신의 생명을 십자가에 속전으로 드리심으로 당신의 지체들을 얻으셨기 때문입니다.

세상에서도 부부에게 자녀의 축복이 더해지면 그들의 삶이 더 풍성해지 듯이 주님께서는 아버지께 순종하심으로 아버지 안에서 당신의 자녀들 곧 사랑하는 형제들을 얻으셨으니, 그 풍성함을 어찌 인간의 언어로 설명할 수 있겠습니까?

이러한 열매는 오직 '주님의 온유하심의 열매'라는 것입니다.

그러므로 팔복에서 "온유한 자가 땅을 기업으로 받으리라"는 주님의 약속 은 자신의 입을 통해서 말씀하시는 아버지의 말씀에 순종할 자들에게 해당 된다는 것입니다.

따라서 그 기업을 유업으로 받을 소망을 얻게 된 자들은 이제 의에 주리 고 목마르게 됩니다. 그들은 하나님의 선한 말씀의 맛을 보았고, 주님의 십 자가에 나타난 하나님의 인자하신 아버지 같은 인애와 사랑을 맛보았으므 로 더욱더 하나님께 순종할 것에 목마르게 됩니다.

성도들은 하나님께서 순종하는 자들에게 땅의 복을 약속하시는 것은 그 러한 복을 통해서 순종의 복을 알게 하셔서 궁극에는 아버지의 나라를 상 속받게 하시려 한다는 것을 알고, 이 땅에서의 번영에만 그 마음이 뺏겨서 는 안 될 것입니다. 오히려 이 땅에서의 복은 지극히 선하신 하나님께서 그 순종에서 얻어지는 복을 통해서 거역하는 본성을 순종으로 길들이시기 위 해서 주시는 당근이고, 궁극적으로는 주님과 함께 그 나라를 상속받게 하시 려는 뜻임을 알고 더욱더 온전한 순종으로 나아가야 되지 않겠습니까?

'칼빈'은 그의 '기독교강요'에서 "하나님께서 부모에게 순종할 때 복을 약 속하시는 것은 그 순종을 통해서 하나님의 순종을 배우게 하려 하신다."고 증거하였습니다. 참으로 옳은 말입니다.

세상 부모에게 순종하지 못하고 어떻게 눈에 보이지 않는 하나님께 순종 을 하겠습니까?

온유의 두 가지 시각

성경은 "모세는 온유함이 지면의 모든 사람보다 더하다"(민 12:3)고 증거합니다. 그런데 이러한 진술은 하나님을 마음으로 섬기지 않는 자들이 볼 때 터무니없다고 생각할 것입니다.

왜냐하면 모세는 금송아지를 만들어 우상으로 섬김으로써 하나님께 배은망덕(背恩忘德)한 그들에게 자기들의 동족을 "칼로 치라!"고 명하여 동족상잔(同族相殘)의 비극을 초래했고, 안식일에 나무를 함으로써 하나님의 계명을 어긴 그들을 "돌로 치라!"고 명했기 때문입니다. 이는 하나님의 명령에 따른 것이므로 하나님과 모세를 신뢰하는 자들의 시각으로 보면 이는 하나님께 순종하는 것이 사람의 본분으로서 마땅하다 할 것입니다.

특히 애굽의 저주스러운 노예생활에서 하나님의 강한 팔로 건짐 받은 자들이 하나님께 불순종하는 것은 배은망덕한 일이기 때문에 이를 거부하는 것은 하나님께 반항하는 것이고, 그들의 양심에 심겨진 의에 대한 불의로서 온유의 반대인 강퍅함이라고 볼 것이지만, 세상 사람들은 나타난 일만 보게 되므로 모세와 하나님을 잔인한 분으로 오해할 것은 당연하다 할 것입니다.

미국의 전 대통령 '버락 오바마'(Barack Hussein Obama)가 이러한 시각으로 하나님과 성경을 봤기 때문에 그는 하나님은 인애와 사랑이 한 없이 크신 하나님이 아니라 자기보다도 더 온유하지 못하고 잔인한 분이라고 생각한 것 같습니다. 그가 자기의 집무실인 백악관에 동성애자 300명을 초대하여 위로한 것이 이러한 이유 때문은 아닌지 생각해 봅니다.

인간의 강퍅함을 심판하시는 하나님이 자신들 안에 숨어 있는 강퍅함도 보신다는 것을 알아야 합니다.

하나님이 죄라고 정죄한 간음이 얼마나 악하고 더러운 죄입니까?

이는 남자와 여자가 서로 성욕이 끓어올라서 하나님의 형상을 서로가 더럽히고 멸시하는 행위인 것입니다.

그런데 동성애는 남자가 남자, 여자가 여자, 곧 서로가 서로를 하나님의 형상과 존엄을 더럽히고 훼방하는 것이니 그 행위가 얼마나 강퍅합니까?

여자와 남자의 음행을 하나님이 정죄하시지만 그 안에는 하나님의 창조의 질서가 조금은 남아 있습니다. 왜냐하면 이성에게 서로가 끌리는 것이 없다면 생육하고 번성할 수도 없을 것이기 때문입니다. 남자와 남자, 여자와 여자의 성적 접촉은 하나님의 형상을 심하게 더럽히는 강퍅한 행위인 것입니다.

하나님은 강퍅하고 추악한 죄인들을 있는 그대로 받아 주시는 분이 아니라 그 죄에서 건져내서 온유한 사람으로 변화시키는 분임을 알아야 합니다.

그들은 하나님 앞에서 금송아지를 만들어서 거기에 절하는 것과 또 하나님이 지키라 명하신 안식일을 모독하는 행위인 나무를 하는 것은 그들의 심령의 강퍅함이 그대로 나타난 것임을 모르고 있는 것입니다.

지음 받은 피조물이 그 주인에게 불순종하는 것은 해괴하고 망측하고 창조주를 멸시하고 찌르는 강퍅함이 아닙니까? 사람이 로봇을 만들었는데 그것이 그 주인 된 사람의 뜻을 무시하고 주인이 사랑하는 것을 파괴하고, 자기가 하고 싶은 대로 한다면 그 로봇을 그대로 내버려둘 수 있겠습니까?

온유를 정의하는 데 사람들의 시각이 기준이 될 수는 없습니다.

사람은 각자의 기준이 이 세계 인구만큼이나 다르기 때문입니다.

그 정의는 보편적이어야 합니다. 그런데 주님이 사람의 창조주로서 보편적 진리, 즉 머리가 되심을 인정하지 않으면 보편적 진리도 기대할 수 없으니, 오직 이 글은 믿음의 형제들에게만 인정을 받게 될 것입니다.

여러분은 어떤 시각으로 바라보십니까? 주 하나님의 은혜가 그들에게도 임해서 자신들의 강퍅함을 알 수 있기를 바랍니다.

사람은
그 입의
대답으로
말미암아
기쁨을 얻나니
때에 맞는 말이
얼마나
아름다운고
(잠언 16:23)

A wise man's heart guides his mouth,
and his lips promote instruction.
(Proverbs 16:23)

의에 주리고 목마른 자는 복이 있다

의에 주리고 목마른 자는 복이 있나니 그들이 배부를 것임이요
(마태복음 5:6)

- 성도는 다음의 네 가지 이유 때문에 의에 주리고 목마르게 됩니다.

- 주님은 말씀하시므로 의에 대한 갈증이 추구하는 것은 기록된 하나님의 말씀, 곧 성경입니다.

- 주님은 의에 주리고 목마른 자들을 당신의 계명으로 인도하여 영적인 배부름에 이르게 하십니다.

- 의에 주리고 목마른 자는 복이 있나니 그들이 배부를 것임이요

- 심령이 배부름을 얻으려면 우리와 하나가 되신 주님과 하나가 되어야 하고 모든 믿음의 형제들과의 연합을 도모해야 합니다.

- 기록된 진리의 말씀은 진리의 성령과 일치합니다.

- 지방교회 사람들이나 조용기 목사님은 성령 받는 것에 대해 오해하고 있습니다.

- 쉬어가는 코너

"의에 주리고 목마른 자는 복이 있나니 그들이 배부를 것임이요"

주님의 은혜로 죄의 강퍅함에서 건짐 받아 주님의 피 흘리심으로 하나님과 화목 되고 하나님의 인자하심과 아버지 같은 인애를 맛본 성도는 더욱더 순종에 목마르게 됩니다.

순종으로 하나님의 인애의 빛에 더욱더 다가가기를 바라는 것입니다.

'의'(義)라는 단어의 의미는 하나님과의 관계에서 그 궁극적 의미가 있기 때문에 의에 주리고 목마른 자는 결국 의의 주체이신 하나님과 관계 지향적이고, 그 지향점은 '순종'(順從)을 가리킵니다.

성도는 다음의 네 가지 이유 때문에 의에 주리고 목마르게 됩니다.

첫째, 주님의 나라에 대한 소망입니다.

죄의 저주와 사망 가운데 있던 성도가 주님의 은혜로 하나님과 화목하게 되면 이제 하늘의 소망을 갖게 되고 그 나라를 사모하게 되므로, 의에 주리고 목마르게 됩니다.

우리는 우리 조상 아담의 범죄로 말미암아 사망과 저주가 세상에 들어왔으며, 그 죄의 결과가 어떠한 것인지 날마다 목도합니다.

또 성경의 역사와 이스라엘 백성들의 신앙여정은 우리의 거울이 됩니다.

그들은 하나님의 은혜 안에서 번성하고 부유해졌지만 그것 때문에 하나님을 등지므로 죄악에 빠져서 여러 가지의 징계로 겸비해지는 일이 반복되었습니다.

성도는 이러한 일이 거울이 되므로 온유한 심령으로 변화된 성도들의 심령이 죄악을 멀리하고, 의에 주리고 목마르게 되는 것입니다.

죄 가운데서 태어나 자신을 포함하여 죄가 난무하는 세상을 날마다 보면서 그 심령이 상한 자들의 영혼이 그러한 죄가 없는 나라를 소망하는 것은 지극히 자연스러운 것이라 할 것입니다.

> "무법한 자들의 음란한 행실로 말미암아 고통당하는 의로운 롯을 건지셨으니 (이는 이 의인이 그들 중에 거하여 날마다 저 불법한 행실을 보고 들음으로 그 의로운 심령이 상함이라)"(벧후 2:7-8)

둘째는, 하나님께서 죄인들과의 화목을 통해서 관계가 회복됨으로 의에 주리고 목마르게 됩니다.

이 회복은 또한 하나님의 형상으로의 회복도 가져와서 우리들의 양심이 살아계신 하나님 앞에서 살아야만 한다는 당위성도 회복시킵니다.

하나님께 순수하고 정직하게 창조 받았던 사람의 영혼에 죄가 들어와 그 영혼이 불결하게 되어 의와 불의를 분간할 수 없었으나, 주님의 피 흘리심과 진리의 말씀과 성령의 역사하심으로 그 영이 점차 깨끗하게 되어 불의로 왜곡된 양심이 정결하게 되어 회복됩니다. 그렇기 때문에 그 양심이 자기를 죄에서 구속하신 하나님께서 죄인에게 크나큰 긍휼과 인애를 베푸심과 거룩한 사랑으로 다가오시는 하나님께 큰 빚을 졌다는 부채감이 그를 사로잡으므로 의에 주리고 목마르게 하는 것입니다.

사실 예수를 믿는다고 하면서 하나님을 향한 의에 대한 갈망이 없다면 그 믿음은 죽은 믿음이라 해도 무방할 것입니다.

죄라는 것은 하나님을 향한 불의입니다.

그 불의에서 건짐 받아 하나님과의 의로운 관계 회복이 구원입니다.

이 관계 회복은 팔복의 단계가 높아질 때 더욱더 분명하게 우리의 양심에 인 쳐집니다.

주님께서는 "한 영혼이 천하보다 귀하다"고 말씀하셨는데 죄인들을 하나님 앞에 살게 하시려고 천지를 창조하신 당신의 아들의 생명으로 그들을 사셨으니 그 구속을 믿음으로 아는 자들이 남은 인생을 하나님 앞에서 살고자 그에게 순종하고자 하는 것에 주리고 목마르게 되는 것입니다.

하나님의 백성들이 하나님께 순종하는 것이 마땅하다는 것은 하나님께서 사람에게 본성적으로 심으신 판단력이며, 정직한 영이 당연히 나아갈 길이므로 주님의 십자가의 은혜를 아는 자는 그 양심이 하나님께 순종할 것에 주리고 목마르게 되는 것입니다.

'베드로'는 이를 다음과 같이 증거하였습니다.

> "물은 예수 그리스도의 부활하심으로 말미암아 이제 너희를 구원하는 표니 곧 세례라 육체의 더러운 것을 제하여 버림이 아니요 오직 선한 양심이 하나님을 향하여 찾아가는 것이라"(벧전 3:21)

우리 믿음의 사람들은 예수 그리스도의 이름으로 세례를 받음으로 그와 연합되어 죄의 사람이 주님의 십자가와 함께 멸해지고 주님의 부활하심으로 그와 연합되어 하나님을 섬기는 존재로 살아야 하는 당위성이 그들의 양심에 인 쳐진 것입니다.

셋째, 성도는 하나님께서 끔찍한 십자가를 통해서 우리들의 옛 사람을 심판하신 것과 죄에 팔린 우리들을 주님의 피 값으로 사신 바 된 것을 믿음으로 압니다.

또한 우리는 그 십자가를 통해서 불의를 용납하지 아니하시는 하나님의 심판과 공의를 봅니다.

죄에 대한 하나님의 단호한 심판을 주님이 지신 십자가에서 분명히 보이므로 죄에 대한 두려움과 거기에서 나타난 하나님의 사랑을 동시에 맛보기 때문에 그 하나님께 순종할 마음에 목마르게 되는 것입니다.

> "우리가 알거니와 우리의 옛 사람이 예수와 함께 십자가에 못 박힌 것은 죄의 몸이 죽어 다시는 우리가 죄에게 종노릇 하지 아니하려 함이니"(롬 6:6)

> "두렵고 떨림으로 너희 구원을 이루라"(빌 2:12)

넷째는, 아버지의 인자하신 은혜와 사랑이 주님이 지신 십자가에 나타나 이미 그의 심령에 자리 잡았지만 성도가 죄 있는 육신을 입고 있는 동안에는 바울의 증거대로 그 육신의 소욕이 그 마음을 죄의 법 아래로 사로잡기 때문에 하나님의 은혜를 맛본 성도는 주님께서 자신을 그 소욕에서 구원해 주실 것을 더욱 간절히 사모하게 됩니다.

이들은 이미 자신들의 죄의 애통으로 은혜를 받아 그의 심령이 온유하게 되어 가는데 육신에 정해진 죄의 소욕이 그 심령으로 죄 곧, 강팍함으로 사로잡아 오기 때문에 그 잡힘에서 구원해 주실 것을 주리고 목마르게 되는 것입니다.

육신의 소욕에 져서 또다시 죄 가운데 뒹굴게 되면 십자가에 못 박힌 주님을 욕되게 한다는 것을 알기에 그는 떨림과 두려움으로 "너희 구원을 이루라"는 사도의 가르침이 진리임을 아는 것입니다. 또한 죄와 "피 흘리기까지 싸우라"는 말씀이 그러한 싸움 가운데 있는 우리들을 권면합니다.

죄는 곧 하나님께 불순종하는 것에서부터 기인하므로 그 죄와의 싸움의 방향은 곧 순종에 대한 주림과 갈증으로 향하게 됩니다.

죄와 자아와의 싸움의 방향은 곧 주님께서 우리들을 당신의 생명의 피로 사셔서 성도들의 주와 머리가 되시니 그 관계를 지향하는 것이고, 육신의 소욕이 죄의 법 아래로 우리들을 사로잡아 오므로 순종하지 못하는 자신의 불의를 탄식하는 가운데 주님께서 그 불의에서 해방시켜 주실 것을 소망하는 방향입니다. 이 방향이 곧 주님께서 자신을 온전히 다스려 주실 것에 주리고 목마르게 되는 것입니다.

그러므로 '순종'(順從)을 다르게 표현하면 '당신의 생명으로 사신 바 된 우리를 주님께서 사로잡아 주실 것에 대한 목마름'입니다.

육으로 난 인생은 한시라도 주님께서 붙잡아 주시지 않으면 육의 소욕에 사로잡히지 않을 수 없으므로 은혜를 경험한 성도는 이 이유 때문에 의에 주리고 목마르게 되는 것입니다. 주님께서 당신의 생명의 피로 당신의 백성들을 사셨으니 이를 믿는 성도들의 의에 대한 방향은 곧 주님께서 자기들의 심령을 지배해주시는 데 있는 것입니다.

우리의 욕심으로 하나님을 떠나 있을 때 죄가 우리를 사로잡았으니, 하나님께로 돌이킨 영혼을 주님이 당신의 피로 사셔서 그 심령을 당신의 영으로 사로잡는 것은 결코 이상한 일이 아닙니다.

세상 사람들은 세상 영에 사로잡혀서 어떤 위치에 있게 되면 그들 위에 군림하고 지배하며 심지어 학대하지만 아버지의 이름으로 오신 주님이 사로잡으시면 당신이 사로잡은 자들을 진정한 섬김, 곧 아버지의 거룩으로 그 지체들을 높여주시고 사랑하시는 것입니다.

이는 주님께서 아버지를 진정으로 사랑하고 경외하심으로 주님의 심령을 아버지께서 지배하셔서 아들에게서 아버지의 이름이 나타나는 관계입니다. 이러한 관계 때문에 성도는 주님 안에서만 참 아버지를 만나고 보는 것입니다.

이 세상 사람들은 낮아지심으로 당신의 형상을 입은 자들을 섬기시는 거룩한 사랑을 상상도 할 수 없습니다. 왜냐하면 세상의 모든 믿지 아니하는 사람들은 이 세상 영에 붙잡혀 있기 때문입니다.

주님께서는 당신께 순종할 것에 목말라 하는 자들에게 거룩하신 아버지를 알게 하시므로 그 갈증은 우리의 생이 다 할 때까지 계속되는 것입니다.

"사로잡혔던 자들을 사로잡으시고.…"(엡 4:8)

"내가 그리스도와 함께 십자가에 못 박혔나니 그런즉 이제는 내가 사는 것이 아니요 오직 내 안에 그리스도께서 사시는 것이라 이제 내가 육체 가운데 사는 것은 나를 사랑하사 나를 위하여 자기 자신을 버리신 하나님의 아들을 믿는 믿음 안에서 사는 것이라"(갈 2:20)

'사도 바울'은 하나님께서 우리로 하여금 순종하게 하기 위해서 부르셨다고 선포하고 있습니다.

"그로 말미암아 우리가 은혜와 사도의 직분을 받아 그의 이름을 위하여 모든 이방인 중에서 믿어 순종하게 하나니"(롬 1:5)

"그리스도께서 이방인들을 순종하게 하기 위하여 나를 통하여 역사하신 것 외에는 내가 감히 말하지 아니하노라"(롬 15:18)

"어찌하면 내가 주님께 순종할꼬, 어찌하면 내가 진리이신 주님의 말씀에 순종할꼬."

우리 조상 아담의 불순종으로 사망과 저주가 왔으니 잃어버린 하나님의 형상의 회복은 오직 순종함에 달려 있습니다.

주님께서 우리의 육신을 입으시고 아버지의 영광에 도로 들어가셨으니 그의 제자 된 모든 성도들 또한 아들의 영으로 인도함을 받아 주님처럼 죽기까지 복종함으로 더 나은 영생의 영광에 참여하게 될 소망을 갖게 된 것입니다.

그런데 아버지께서는 모든 진리의 말씀을 아들로 말씀하셨으니 아버지께서는 당신에게 순종하고자 하는 자들은 그 아들의 말씀을 들으라고 선포하고 계십니다.

"너희는 그의 말을 들으라!"(마 17:5)

아버지 하나님께서는 모든 만물을 아들로 말미암아 창조하셨습니다.

사도의 증거처럼 "이 모든 날 마지막에는 아들을 통하여 우리에게 말씀하셨으니"(히 1:2), 의에 주리고 목마른 자들, 곧 하나님께 순종할 것에 주리고 목마른 자들은 "그 아들의 입에서 나온 말씀에 귀 기울이라"고 하십니다.

주님은 말씀이시므로 의에 대한 갈증이 추구하는 것은 기록된 하나님의 말씀, 곧 성경입니다.

사람이 목이 마르면 세상 물이 그 목표이듯이, 영적 갈증의 대상은 진리의 말씀입니다.

주님께서는 그를 믿고 따르는 자들이 말씀이신 당신께 순종하게 하기 위해서 당신이 지신 저주의 십자가를 우리들의 심령에 비치십니다.

저주받는 자들이 지는 저주의 십자가!

머리에 가시면류관, 모세가 높이 치켜든 뱀처럼 저주의 십자가에 긴 시간을 높이 매달리시어 우리들이 받아야 될 저주를 대신 감당하신 주님!

우리의 옛 사람을 당신이 지신 십자가로 단번에 못을 박아버린 주님을 당신께 순종하고자 하는 자들에게 보여주시므로 그들의 심령이 주님께 순종할 것에 주리고 목마르게 하시는 것입니다.

혹자는 "눈에 보이지 아니하는 주님을 어디 가서 만나 순종의 제사를 드리겠는가?"라고 반문할는지 모르겠습니다.

그러나 우리의 경건한 선진들이 진리의 성령으로 깨달은 대로 하나님의 진리의 말씀은 이미 선포되어 기록으로 남겨두셨으니 진리의 성령께서는 그 기록된 말씀에 순종하게 하셔서 당신의 택하신 백성들을 거룩하게 하시고, 또한 그 말씀을 하나님의 말씀으로 받는 자들에게 아버지를 알리시는 것이니, 이는 하나님은 말씀이시기 때문입니다.

'요한 사도'는 "말씀이 육신이 되어 우리 가운데 거하셨다"(요 1:14)고 하셨고, 그 말씀이신 주님이 부활하셔서 하나님 우편에 앉아 계시고, 지금은 말씀이신 주님께서 성령으로 당신을 찾는 자들에게 가까이 하고 계십니다.

따라서 주님의 성령께서는 주님께 순종하기에 주리고 목마른 자들로 하여금 기록된 율법의 계명의 말씀과 그 완성인 주님의 산상수훈의 교훈에 순종하게 하시는 것입니다.

사도들의 가르침과 교훈은 주님의 가르침의 해석입니다.

우리는 사도의 가르침을 받아들여서 주님이 율법의 완성이신 것을 알고, 주님의 산상수훈의 교훈에 순종할 것에 주리고 목말라야 되는 것입니다.

주님의 입에서 나온 말씀은 기록으로 남겨졌고, 그 말씀은 진리의 성령의 말씀이므로 주님의 성령께서는 주님께 순종하고자 하는 자들을 그 말씀으로 인도하시는 것입니다.

이 표현이 어려우므로 덧붙이면, 우리는 성령께서 기록된 말씀을 깨닫게 하지 않으시면 한낱 죽은 말씀으로 남는다는 것을 알고 있습니다.

그러므로 기록된 말씀으로 인도한다기보다 기록된 말씀의 실체이신 성령께서 그 말씀에 일치하게 인도한다는 표현이 더 적합할 것 같습니다.

> "내가 오늘 네게 명령한 이 명령은 네게 어려운 것도 아니요 먼 것도 아니라 하늘에 있는 것이 아니니 네가 이르기를 누가 우리를 위하여 하늘에 올라가 그의 명령을 우리에게로 가지고 와서 우리에게 들려 행하게 하랴 할 것이 아니요 이것이 바다 밖에 있는 것이 아니니 네가 이르기를 누가 우리를 위하여 바다를 건너가서 그의 명령을 우리에게로 가지고 와서 우리에게 들려 행하게 하랴 할 것도 아니라 오직 그 말씀이 네게 매우 가까워서 네 입에 있으며 네 마음에 있은즉 네가 이를 행할 수 있느니라"(신 30:11-14)

위의 말씀을 달리 해석하면, 주님은 지금 성령으로 계시지 않는 곳이 없으시며 당신에게 오는 자들을 결코 내쫓지 아니한다 하셨으니, 우리가 주님의 십자가의 구속을 믿음으로 안다면 아는 만큼 주님을 가까이 하고 영접해서 주님이 우리 마음 안에 거하시면 그 말씀대로 우리가 행할 수 있다고 증거하고 있는 것입니다.

하나님께서는 진리의 말씀을 낱낱이 기록으로 남기셨으니 선지자의 가르침대로 구약의 율법의 말씀을 가까이 하여 하나님의 선하신 뜻과 하나님의 공의를 알고, 또한 사도들이 주님에게서 받은 진리의 말씀을 반복해서 기록해 두셨으니 성도들이 그 사도들의 권면과 가르침을 따라서 믿음의 말씀을 날마다 묵상하며 전하며, 가르치면 아들의 영으로 기록된 말씀이 우리 각자를 거룩하게 하고, 하나님을 알아가게 이끄신다는 것입니다.
하나님을 아는 만큼 죄인들의 영혼은 배부르게 됩니다.

먼저는, 진리의 말씀이 우리 안에 있는 죄를 보게 하시고, 주님은 다가오셔서 그 보인 죄를 당신의 흘리신 피로 씻어 주십니다.
거기에서 회복된 의가 우리로 하여금 순종에 주리고 목마른 자들이 되게 하여 주님께 순종하고자 할 때 말씀이신 주님은 우리 안에 우리의 영혼과 결합된 그 죄를 당신의 피로 씻어 주시므로 의를 회복하고, 순종에 주리고 목마른 자들에게 궁극에는 말씀으로 오셔서 연합을 이루셔서 당신의 생명에 참여하게 하시므로 하나님의 사람으로 거듭나게 하시는 것입니다.

우리가 주님의 생명에 참여한다는 것은 주님의 진리의 말씀으로 깨끗함을 받아서 하나님의 형상으로의 온전한 회복이지 성도가 신이 되는 것은 아니라는 것을 항상 명심해야 합니다.
우리가 하나님을 '아바 아버지'라 부르는 것은 우리를 신으로 만들어 주시므로 부르는 외침이 아니라 그 저주의 십자가의 대속으로 우리를 죄에서 구원하신 그 큰 사랑을 인하여 아바 아버지라 크게 부를 수 있는 것입니다.
우리가 무엇을 행해서 주님의 십자가의 대속을 통한 구원에 이르는 것이 아니라 오직 하나님께서 당신의 크신 덕으로써 죄인들에게 거저 베푸시는 은혜이니, 우리는 그 대속의 은혜로 하나님의 양자로서 입양을 받은 것이지 우리 안에 하나님을 기쁘시게 할 무엇이 있었거나 조금의 의로움이라도 있어서 그 대속의 은혜를 받은 것은 아니라는 것입니다.

아담의 모든 후손은 주님의 십자가의 대속에서만 구원이 있으니, 자기 의를 가지고 하나님 앞에 설 자가 누가 있겠습니까?

우리는 하나님의 은혜의 영광을 찬미하기 위해서 구속을 받았다는 사도의 증거를 결코 잊어서는 안 됩니다.

사도는 "마음은 은혜로써 굳게 함이 아름답다"(히 13:9)고 증거하였습니다.

"성경은 이 은혜를 기록하고 있으니 여기에서 우리는 기록된 말씀을 하나님의 말씀으로 받아들이는 것(신구약 성경 66권)과 그 말씀을 순수하고 정직하게 해석하는 것이 얼마나 중요한지를 깨닫게 된다."(칼빈)

주님께서는 당신의 택하신 백성들을 부르셔서 심령을 가난하게 하시고, 결국에는 마지막 단계인 의를 위하여 박해를 받는 자에 이르게 하실 것입니다. 그런데 그 마지막의 복에 이르게 된 성도는 어느덧 사도들이 주님을 본받은 길이며, 자기 십자가를 지고 주님 가신 길을 가므로 아버지를 영화롭게 하는 영광의 길이 될 것인데 그 마지막 복에 이르기까지 필요한 모든 진리가 기록된 모든 말씀으로 충분하여 조금도 부족함이 없다는 것입니다.

주님의 다음의 말씀은 기록된 하나님의 말씀이 얼마나 귀하고 보배로운 것인지를 단적으로 나타내고 있습니다.

"많은 선지자와 임금이 너희가 보는 바를 보고자 하였으되 보지 못하였으며 너희가 듣는 바를 듣고자 하였으되 듣지 못하였느니라"(눅 10:24)

하나님께서는 사도들을 통해서 주님의 입에서 나온 생명의 말씀을 하나도 빠짐없이 반복해서 기록하셨고 자상하게 해설까지 덧붙이신 것이니, 성경을 가지고 있고, 또 읽고 듣는 복이 얼마나 귀하고 놀라운 복입니까?

믿음의 조상 아브라함, 하나님과 얼굴을 대면하고 40주야를 주님과 함께 있었던 모세, 죽음을 보지 않고 하늘로 승천한 엘리야에게도 감추어져 있던 말씀이 사도들을 통해서 지금 우리에게 읽혀지고 있는 것입니다.

이는 사도 바울의 증거대로 창세전부터 그의 부르심을 받은 자들에게 감추어져 있던 비밀이 이제 나타나게 된 것입니다.

"구약의 성도들에게는 희미하게 감추어져 있었던 진리가 대낮처럼 밝게 선포된 것이다."(칼빈)

이 말씀은 만세 전부터 그리스도 안에서 하나님의 아들들로 예정하신 하나님의 뜻이 그 말씀에서 드러나고 있으니, 그리스도의 말씀을 받는 것이 그 놀라운 비밀을 깨닫는 것입니다.

이를 좁혀서 말하면 주님이 산상수훈에서 나타내신 말씀이고, 요한 사도가 기록한 요한복음과 요한 서신이고, 그 외의 사도들이 주님의 입에서 나온 말씀을 가르친 천국의 비밀에 관한 말씀입니다. 하나님께서는 당신의 아들들로 예정하신 자들에게 필요한 모든 말씀을 그 아들에게 위탁하셨고, 주님은 그 말씀을 신실하게 제자들에게 다 선포하셨던 것입니다.

"이제부터는 너희를 종이라 하지 아니하리니 종은 주인이 하는 것을 알지 못함이라 너희를 친구라 하였노니 내가 내 아버지께 들은 것을 다 너희에게 알게 하였음이라"(요 15:15)

영광 가운데 계셨던 전능하신 하나님의 아들이 우리 육신을 취하셔서 우리와 하나 같이 되셨고, 당신이 우리에게 행하셨던 말씀을 우리에게 행하라고 주셨으니, 그 말씀이야말로 참으로 많은 임금들과 선지자들에게도 감추어져 있었던 말씀인 것입니다.

참으로 주님이 우리와 같은 육신을 취하셔서 그 안에서 아버지의 말씀을 받아서 우리에게 주셨으니 아버지께서 창세전부터 믿음의 성도들을 당신의 아들들로 예정하심이 바로 주님의 성육신에서 확연히 나타나게 되었고, 주님의 십자가의 대속에서 그 예정이 확정지어진 것입니다.

의에 주리고 목마른 자들이 주님의 가르침을 받아서 심령으로 행한다면 그는 진실로 그 안에서 아버지를 알게 됩니다.

왜냐하면 주님도 아버지의 말씀을 받아서 그의 제자들에게 그 말씀대로 행하셨고, 행하신 같은 말씀을 제자들도 행하라고 말씀하고 계시니, 그 말씀을 받은 자들이야말로 진실로 주님과 하나 되는 영광을 보는 것이며, 이들이야말로 진실로 하나님을 아는 하나님의 아들들이라는 것입니다.

주님은 이와 같은 진리를 요한복음에서 누누이 증거하고 있습니다.

> "내가 내 자의로 말한 것이 아니요 나를 보내신 아버지께서 내가 말할 것과 이를 것을 친히 명령하여 주셨으니 나는 그의 명령이 영생인 줄 아노라 그러므로 내가 이르는 것은 내 아버지께서 내게 말씀하신 그대로니라 하시니라"(요 12:49-50)

> "나는 아버지께서 내게 주신 말씀들을 그들에게 주었사오며 그들은 이것을 받고 내가 아버지께로부터 나온 줄을 참으로 아오며 아버지께서 나를 보내신 줄도 믿었사옵나이다"(요 17:8)

가까이 하지 못할 빛에 거하시므로 죄인들이 결코 알 수 없는 거룩하신 하나님이 주님 안에서 죄인들에게 알려지셨으니, 그 앎은 곧 주님의 입에서 나온 말씀과 계명을 받는 것에 있는 것입니다.

하나님이 당신의 백성들과 하나를 이루고자 하시는 거룩하신 뜻, 이 뜻은 당신의 백성들이 그리스도를 믿고 그의 입에서 나오는 아버지의 말씀을 받는 데 있습니다.

하나님은 이 뜻을 위해서 그의 택하신 자들로 하여금 그 말씀을 받게 하시려고 여러 가지로 역사하시고, 지금도 일하고 계십니다.

하나님께서 원하지 않으시는 고난을 성도들로 하여금 겪게 하는 것 역시 이 뜻을 성취하고자 하시는 하나님의 거룩하신 열심입니다.

'바울'은 이 사실을 알았기에 다음과 같이 증거할 수 있었습니다.

"찬송하리로다 하나님 곧 우리 주 예수 그리스도의 아버지께서 그리스도 안에서 하늘에 속한 모든 신령한 복을 우리에게 주시되 곧 창세전에 그리스도 안에서 우리를 택하사 우리로 사랑 안에서 그 앞에 거룩하고 흠이 없게 하시려고 그 기쁘신 뜻대로 우리를 예정하사 예수 그리스도로 말미암아 자기의 아들들이 되게 하셨으니"(엡 1:3-5)

복음으로 우리에게 제시된 복이 얼마나 놀랍고 또한 두려운 것입니까?

죄인들이 하나님의 아들들로 입양되고 주님의 그 무한한 영광에 참여하고, 독생하신 하나님과 함께 그 아버지의 상속권자가 되고, 거룩하신 하나님 앞에 당당히 설 수 있게 되었으니, 하나님 아버지의 놀랍고 풍성하신 은혜만이 이 일을 증거할 뿐입니다.

하나님의 하나님다움이 당신의 복음에서 이제 나타나 만천하에 증거되고 있으니, 하나님의 거룩하신 이름이 영원히 찬송을 받으실 것입니다.

"복음에는 하나님의 의가 나타나서 믿음으로 믿음에 이르게 하나니 기록된바 오직 의인은 믿음으로 말미암아 살리라 함과 같으니라"(롬 1:17)

결국 의에 주리고 목마른 자는 기록된 주님의 말씀에 순종함으로 진리로 거룩하게 되고 하나님을 알아가고 주님을 닮아가는 것이니, 이는 진리의 말씀과 생명의 성령으로 당신의 백성들을 재창조하시고 진리의 말씀으로 낳으시는 하나님의 역사인 것입니다.

그러므로 주님의 십자가의 대속을 믿는 자들은 주님의 입에서 나온 말씀을 받을 수 있기에 애를 써야 합니다.

이 말씀을 받으면 그 말씀이 그들 안에 있는 죄를 보게 하시고, 주님의 흘리신 피로 그 죄를 깨끗하게 씻기실 것이고, 또한 그 말씀으로 깨끗하게 된 자들이 순종하고자 할 때 성령의 내주로써 사랑의 하나님이 그들에게 알려지는 것입니다.

주님께 순종하고자 하는 자들이 주님의 입에서 나온 말씀을 받을 때 주님께서 당신의 영으로 그들에게 내주하셔서 당신의 형상으로 빚으십니다.

'바울'은 이를 다음과 같이 증거하였습니다.

"무릇 하나님의 영으로 인도함을 받는 사람은 곧 하나님의 아들이라"(롬 8:14)

성도가 주님의 십자가의 구속을 알면서도 거룩하신 말씀을 받지 아니하면 주님께서 비유로 말씀하신 대로 뿌리가 깊지 못하므로 열매를 맺지 못하는 쭉정이로 남으리라는 말씀을 진실로 외면해서는 안 되는 것입니다.

죄를 알지도 못하시는 주님께서 죄인들을 위해서 그 저주의 십자가를 지셨으니, 주님의 말씀을 따르는 성도들은 하나님의 피조물이기보다는 '주님의 십자가의 피 흘리심으로 낳으심을 입은 자들'이라는 표현이 더 적합할 것입니다.
'바울'은 성도들은 선한 일을 따라야 된다는 것을 강조하기 위해서 "너희는 새로운 피조물이라"(고후 5:17)고 언급하였지만 다른 곳에서 성도들은 "창세전부터 하나님의 아들들로 예정을 입었다"고 증거하고 있습니다.

성경은 기록으로 남겨진 하나님의 말씀입니다.
그 기록의 당사자이신 진리의 성령께서 죄인들의 심령에 기록된 말씀을 인치지 아니하시면 그 말씀은 그저 기록으로 남겨지고 말 것입니다.
성도가 주님께 순종하고자 할 때 진리의 성령께서는 이미 기록된 그 말씀에서 전혀 벗어나지 않는 진리로 성도들을 거룩하게 하시는 것입니다.

성도들이 거룩하게 함을 입는 것을 달리 나타내면 다음과 같습니다.
우리 성도들은 성경을 읽다가 혹은 기도 중에 기록된 말씀 곧 주님이 거기서부터 나와서 우리의 심령으로 다가오시는 것을 볼 때가 있습니다.
이는 기록된 말씀이 진리의 성령을 통해서 실제적으로 살아있는 하나님의 말씀으로 믿는 자들에게 인 쳐지는 믿음의 역사입니다. 다시 말하면, 죽은 문자로 있던 말씀이 진리의 성령을 통해서 살아있는 하나님을 만나고, 믿게 하는 것입니다. 그러므로 구원은 오직 믿음으로 얻는 것입니다.

지방교회 사람들은 십자가에 나타난 하나님의 경륜을 따라서 자기들이 신이 된다고 말하고 있지만 사도들의 증거는 이와는 완전히 달라서 '모세'는 '사람은 이미 하나님의 형상으로 지음을 받았다'고 선포하고 있습니다.

사람이 하나님의 형상으로 지음 받은 것에 무엇을 더 바라겠습니까?

"그 이상을 바라보라"고 부추기는 사람이 있다면 그는 맨 처음 사람에게 다음과 같이 말함으로 교만한 생각을 불어 넣은 마귀의 속삭임은 아닌지를 재고해 봐야 합니다.

'네가 하나님의 말씀을 거역하여 저 실과를 따 먹으면 네가 하나님이 되리라'(의역)

우리의 구원은 오직 하나님의 형상에서 타락한 존재들이 하나님의 은혜의 믿음으로 그 형상의 회복에 있는 것입니다. 다만 주님께서 "내가 온 것은 양으로 생명을 얻게 하고 더 풍성히 얻게 하려는 것이라"(요 10:10)고 하신 말씀에 따라 진리의 말씀이신 주님과 연합되어 주님의 풍성한 생명에 참여하여 그의 인애의 영광을 찬미하는 것이지, 주님과 하나로 연합된다 하여도 연합된 그들이 신이 되는 것은 결코 아니라는 것입니다.

주님의 생명에의 참여는 우리들의 영혼이 거룩하신 주님과 연합될 때 거룩하신 주님께서 당신의 거룩으로 당신의 지체들의 영혼을 붙잡아 주시기 때문에 그들에게 나타날 수 있는 은혜의 빛이신 것입니다.

물론 주님께서 당신의 영광으로 그 지체들을 영화롭게 해 주실 때 당신의 온전한 형상으로 빛나게 하실 것입니다. 이는 그들의 영이 영광의 주님과 온전히 연합되어 한 영을 이루고 한 지체가 될 것이기 때문입니다.

우리는 성도의 머리가 주님이심을 기억하고, 그의 모든 지체들이 영원히 주님의 권세 하에 있다는 것을 기억하고, 교만한 생각을 물리쳐야 하는 것입니다.

지방교회 사람들이 말하는 것처럼 하나님의 본체가 된다는 것과 주님의 권세 하에서 주님이 이끄셔서 은혜를 주시는 대로 주님의 영광에 참여한다는 것과는 하늘과 땅 만큼이나 차이가 있는 것입니다. 주님은 그를 믿는 성도들이 순종하는 만큼 당신의 생명으로 충만하게 하실 것입니다.

지방교회 사람들이 이 순종을 말하므로 그 영광을 이야기한다면 저는 더 이상 말하지 않겠습니다. 하나님은 당신께 순종하는 자들을 얼마든지 당신의 거룩으로 영화롭게 해 주실 수 있기 때문입니다.

첫 사람 아담은 하나님의 형상으로 창조함을 받았지만 진리의 말씀이신 주님과의 연합은 맛보지 못했습니다. 우리의 영혼은 죄가 들어와서 그 영혼이 본질적으로 악한 것으로 변질될 수도, 거룩한 주님과 연합되어 그 거룩의 빛을 발산할 수도 있는 존재가 아닙니까?

아브라함이 율법이 선포되기 전, 곧 성경이 기록으로 남겨지기 전에 믿음으로 의롭다 함을 받고 주님께서 그를 붙잡아 주시므로 주님의 나라에 들어간 것은 바로 이 때문입니다.

결국 구원은 모세를 통해서 율법을 공포하게 하신 율법의 주인이신 주님께서 직접 하시는 일입니다. 이 시대에 성경이 없는 사람들에게도 복음이 전파되어서 구원의 역사가 충분히 일어날 수 있지만 주님께서는 성도들의 머리로서 기록으로 남긴 성경을 통해서 진리의 척도를 정해놓으시고 당신의 백성들의 진리의 통일성을 꾀하고 계시는 것입니다(칼빈).

그러므로 누구든지 복음을 듣고 자기가 들은 복음이 진짜인지 가짜인지를 분별하려면 성경을 상고하고, 그 성경으로 그 진위여부를 판별 받아야 합니다.

구약의 이스라엘 백성들이 성전 중심의 생활에서 오실 메시야를 나타냈었다면 지금의 교회시대는 오직 사도들과 선지자들의 교훈이 그 기초이기 때문에 성도는 자기들의 신앙을 그들이 전하여 준 복음과 가르침에 일치하는지를 살펴봐야 하는 것입니다.

예수님께서는 "너희는 나를 불러 주여 주여 하면서도 어찌하여 내가 말하는 것을 행하지 아니하느냐?"(눅 6:46)고 제자들을 책망하셨습니다. 또한 사도는 많은 사람들이 주님의 십자가의 원수로 행한다고 탄식하였습니다.

예수 그리스도의 이름으로 세례를 받고 날마다 쏟아지는 복음의 말씀을 통해서 예수님께서 나를 위해서 십자가를 지셨다는 그 말씀을 듣지 못한 귀가 어디 있겠습니까?

그런데 '성도'(聖徒)라 자칭하는 많은 무리들이 그 십자가의 원수로 행하면서 복음의 빛을 흐리고 있다는 것이 사실이며, 이 일은 초대교회 때부터 지금까지 계속되고 있으며, 세상 끝에 이를수록 더 심해지고 있습니다.

사도는 우리의 옛 사람이 예수 그리스도의 십자가와 함께 멸해졌고, 이제는 새 생명 가운데 살게 하시려는 것이 하나님의 뜻이라고 말씀합니다.

또한 우리의 올바른 이성은 주님의 거룩한 피로 구속되고 하나님과 화목되었으니 이제는 전에 우리가 멀리했던 그 하나님을 가까이 하고 그분의 뜻을 따라 사는 것이 마땅하다고 그 양심에서 소리치고 있습니다.

주님의 피로 하나님과 화목 되었다는 것이 우리에게 전해진 복음으로 알게 되었으니, 그 믿음이 우리의 심령에서 실제적으로 믿어졌다면 우리는 하나님을 가까이 하며, 하나님의 뜻을 따라서 그 말씀에 순종하는 것이 합당하다는 것입니다.

"나는 예수께서 나를 위해서 십자가에서 고난 받고 죽음의 잔을 마셨음을 믿습니다!"

이러한 고백을 공개적으로 외치면서 정작 주님의 제자로 살지 못하고 있다면 그의 고백은 한낱 입술에 달린 말뿐이며, 참된 믿음의 고백은 아니라는 것입니다.

십자가의 복음이 죄인들에게 전해져서 예수께서 그들을 당신의 피로 사신 바 되고 죄에서 구속하셔서 당신의 백성으로 살게 하신 것이 마음에 믿어졌다면 그들과 예수님과의 관계에는 새로운 주종관계가 형성되는 것이니, 예수님은 그들의 주로서 그들의 머리가 되시는 것입니다.

본래는 예수 그리스도의 아버지, 곧 하나님께서 모든 사람들의 주가 되시고 머리가 되시지만 아버지께서는 온전히 충성하여 아버지의 뜻이 이루어질 수 있도록 하신 아들에게 (그 아들의 피가 아니면 죄인들의 죄를 씻을 수 없기 때문에) 죄인들을 붙이셔서 아들로 하여금 그들의 주와 머리가 되게 하십니다.

"그들은 아버지의 것인데 내게 주셨사오며"

그러므로 이제 예수 그리스도의 이름으로 세례를 받은 모든 성도들은 예수를 주와 그리스도로 믿고, 그에게 온전히 복종해야 될 의무가 하나님 앞에서 형성된 것입니다.

"주여! 주여!" 외치면서 정작 주님의 말씀에는 복종하지 않는 자들, 그들은 도대체 누구입니까?

예수께서 정말로 그들을 위해서 십자가에서 고난당하시고, 그들을 위해서 저주의 잔을 마셨다는 것이 그들에게 전해져서 믿어졌으므로 그 외침이 나올 수 있을 것인데 왜 그들은 자기들의 주라고 외치면서도 그 말씀에는 복종하지 않는 것입니까?

여기에는 두 가지의 이유가 있다고 봅니다.

첫째는, 그 복음이 실제적으로 그들에게 전해져서 믿어졌지만 주님께서 씨뿌리는 비유에서 가르치신 대로 길가에 떨어진 씨처럼 그 고백이 습관처럼 입술에만 머물고 그 말씀의 뿌리가 그 심령으로 더 내려가지 못하고 있는 경우라 하겠습니다.

하지만 주님께서 가르치신 대로 재리의 유혹과 세상에 대한 걱정으로 자기 자신이 세상을 따르고 주님을 멀리하고 있으니 어찌하겠습니까?

그 선택이 자신에게 달렸으니 하나님의 심판을 피할 수 없을 것입니다.

둘째는, 주님께 순종하는 것보다는 자신들의 욕망을 따르는 자들입니다. 주님께서는 '복음서'에서 다음과 같이 가르치셨습니다.

"건축을 설계하는 자가 자기가 가진 비용으로 자기가 목적한 건물을 다 완성할 수 있을지 고려해 보지 않겠는가? 그것을 계산 안 해보고 무턱대고 시작했다가 건물을 완공하지 못하면 후에 사람들에게 비웃음만 살 것이다."

또 다른 비유에서 주님은 '적을 맞아 싸움을 준비하는 자가 자기의 군사로 적군을 이길 수 있을지 없을지를 미리 생각해보고 감당이 안 되겠다 싶으면 먼저 화평의 조약으로 전쟁을 피하고 자신의 목숨을 지키지 않겠느냐?'고 하셨습니다.

이 비유의 말씀은 곧 주님의 제자로 주님을 따르고자 하는 자들은 이 세상 모든 것을 버리지 않으면 결코 주님의 제자로서 주님을 따르는 일이 불가능하다는 것을 말씀하고 계신 것입니다.

"우리가 모든 것을 버리고 주를 따랐사온대…"(마 19:27)

'복음'(福音)이란 '예수 그리스도를 우리들의 죄에서 구원할 자로 믿어서 그분을 주님으로 고백하고 그 가르침을 받들며 따르도록 전하며 가르치는 것'인데 이 복음을 전하면서도 정작 자신들은 그 복음에서 멀어져서 곁길로 가는 자들이 얼마나 많습니까?

이런 일이 많이 나타날 것을 아셨기에 주님은 사랑하는 당신의 제자들에게 다음의 말씀으로 경계하신 것입니다.

"그 날에 많은 사람이 나더러 이르되 주여 주여 우리가 주의 이름으로 선지자 노릇 하며 주의 이름으로 귀신을 쫓아내며 주의 이름으로 많은 권능을 행하지 아니하였나이까 하리니 그 때에 내가 그들에게 밝히 말하되 내가 너희를

도무지 알지 못하니 불법을 행하는 자들아 내게서 떠나가라 하리라"(마 7:22-23)

"내가 율법이나 선지자를 폐하러 온 줄로 생각하지 말라 폐하러 온 것이 아
니요 완전하게 하려 함이라……그러므로 누구든지 이 계명 중의 지극히 작
은 것 하나라도 버리고 또 그같이 사람을 가르치는 자는 천국에서 지극히
작다 일컬음을 받을 것이요 누구든지 이를 행하며 가르치는 자는 천국에서
크다 일컬음을 받으리라"(마 5:17, 19)

하나님의 율법의 계명을 어기는 것이 죄이므로 구원자는 율법을 어기는
일에서 건져내서 그 계명을 지키도록 하는 것이 그분의 사명이 아닙니까?

여기서 주님께서 '불법을 행하는 자들'이라고 언급한 사람들은 결국 주님의
가르침 곧 주님의 산상수훈의 말씀과 계명을 저버린 자들이 틀림없습니다.

주님의 입에서 나온 말씀이 곧 법이요 진리인데 그 말씀과 계명을 알지
못하는 자들이 여기에 해당하는 자들인 것입니다.

그러므로 구원이란 결국 하나님의 백성들로 하여금 하나님의 계명으로
살게 하시는 것이라고 단정적으로 말할 수 있습니다.

누가 이것을 부인하겠습니까?

이 사실을 부인하는 자가 있다면 그는 예수를 구원자로 믿을 필요도 없
고, 그분의 이름을 부를 필요도 없는 것입니다.

왜냐하면 주님과 그와는 아무 관계가 없기 때문입니다.

예수님의 이름은 오직 죄인과 관계된 이름이며, 그분의 귀하신 피는 오
직 그 죄를 씻기 위해서 흘리셨기 때문입니다.

예수님의 이름을 부르고 예수님의 피를 이야기하면서 그 죄에서 건짐을
받아 거룩함에 이르는 열매 곧 그 계명이 그 심비에서 나타나지 않으면 그
는 예수님의 이름을 헛되이 부르고 그 거룩한 이름을 망령되이 일컫고 있
는 것입니다.

이는 마치 한 나라의 임금을 주라고 부르면서도 정작 그 권위에 복종하지 아니하므로 그 임금을 한낱 허수아비로 만드는 것이나 마찬가지입니다.

사도는 "우리는 그의 계명을 지킨다", "성도는 마땅히 모든 사람을 사랑하고 믿음의 형제는 더욱 사랑해야 된다"고 분명히 말하고 있습니다.

이 사실을 부인하시겠습니까?

우리는 '믿음은 실제적으로 행위가 따른다'는 것을 잊지 말아야 합니다.

사도는 이 사실을 강조하기 위해서 믿음의 조상 아브라함을 그 예로써 제시하여 다음과 같이 증거하였습니다.

> "아아 허탄한 사람아 행함이 없는 믿음이 헛것인 줄을 알고자 하느냐 우리 조상 아브라함이 그 아들 이삭을 제단에 바칠 때에 행함으로 의롭다 하심을 받은 것이 아니냐"(약 2:20-21)

아브라함은 아직 나타나지 아니한 하나님의 약속을 믿음으로 의롭다 함을 받고 그것을 약속하신 하나님께 순종함으로써 그 의를 증명하였으니, 우리는 지금의 우리들이 얼마나 더 순종으로써 그 믿음을 증명해야 되겠는가를 생각해야 합니다.

아브라함은 신실하신 하나님의 약속으로 그리스도를 보았지만 우리는 실제적인 역사와 그 기록에서 그리스도를 보고 있으니, 그 순종이 아브라함보다 더 커야 마땅하다는 것입니다.

성도들의 믿음이 깊어질수록 그에 대한 순종도 비례합니다.

성도가 주님께 순종한다는 것은 곧, 주님께서 성도들의 심령을 지배하셔서 그 진리의 말씀이 그의 안에서 그의 인격의 열매로 나타나는 것입니다.

'나용화 목사님'은 그의 책 '로마서로 본 창세기 복음'에서 다음과 같이 증거하였습니다.

"그리스도와의 신비한 연합이 믿음으로 이루어지면 반드시 칭의와 성화가 동시에 그리고 항구적으로 있게 된다. 칭의 없는 성화 없고, 성화 없는 칭의가 없는 것이다. 성화가 일평생 점진적으로 지속되는 것인 점을 고려하면 칭의도 일평생 경험되는 구원의 사역이다."

저는 이 증거가 참되다고 봅니다.

저는 우리의 경건한 선진들이 교리로써 확정한 칭의에 대해서 좀 더 알기 쉽게 이해를 돕고 이 진리를 확증하고자 하는데 이는 '화평하게 하는 자가 받는 복'에서 다루어질 것입니다.

어쨌든 우리 성도는 믿음으로써 아브라함의 자손인 것을 기억하고 아브라함의 순종을 본받기 위해서 아브라함이 쳐다보았던 그 별 곧, 그리스도를 주목하고 주님께 연합되어야 할 것인데 그 연합은 곧 말씀과의 연합입니다.

주님께 순종하여 그 말씀과 연합되어 나타나는 열매가 바로 주님의 계명이 그의 심령에서 나타나게 되고, 주님의 계명을 받아 그의 심령으로 열매가 맺어지면, 그는 거기에서 주님의 형상으로 변화되어가는 것입니다.

주님이 아버지께서 주신 말씀으로 그의 제자들에게 행하셨고, 그 말씀을 받은 제자들이 그의 말씀을 받아 행할 때 아버지의 말씀이 그들 안에서 열매를 맺어 하나님의 형상 곧, 주님의 형상으로 변화되는 것입니다.

하나님께서는 창세전부터 이 일을 계획하셨습니다.

"너희가 진리를 순종함으로 너희 영혼을 깨끗하게 하여 거짓이 없이 형제를 사랑하기에 이르렀으니 마음으로 뜨겁게 서로 사랑하라"(벧전 1:22)

의에 주리고 목마른 자는 복이 있나니
그들이 배부를 것임이요.

요한계시록에는 믿음의 성도들이 이해하기 어려운 말씀이 있습니다.

"볼지어다 내가 문 밖에 서서 두드리노니 누구든지 내 음성을 듣고 문을 열면 내가 그에게로 들어가 그와 더불어 먹고 그는 나와 더불어 먹으리라"(계 3:20)

이는 분명히 '라오디게아 교회'에 주시는 말씀이며, 그 교회 성도들은 이미 예수님을 그리스도로 믿고, 교회생활을 하고 있던 성도들이었습니다.

우리가 흔히 알기로 예수를 구주로 믿고 세례를 받았음은 예수님을 마음에 영접하였기 때문이라고 이해합니다. 그런데 주님께서는 지금 라오디게아 성도들에게 주님을 향한 그들의 마음이 닫혀 있음을 말씀하십니다.

주님은 그들에게 "내가 네 행위를 아노니 네가 차지도 아니하고 뜨겁지도 아니하도다 네가 차든지 뜨겁든지 하기를 원하노라"(계 3:15)고 하시면서 그들의 신앙생활을 책망하셨습니다.

그렇다면 그들에게는 복음을 통해서 예수 그리스도의 십자가 보혈에 대해서 자기들 안에 증거가 없었을까요?

단언컨대 그들은 복음을 듣고 마음을 찢는 회개와 한 때는 하나님을 사랑하는 열심도 품었을 것입니다.

그런데도 주님은 그들을 책망하시면서 당신에게서 "…흰 옷을 사서 입어 벌거벗은 수치를 보이지 않게 하고 안약을 사서 눈에 발라 보게 하라"(계 3:18)고 말씀하고 계십니다.

많은 성도들이 예수를 영접하는 것은 처음 믿을 때 단회적으로 끝나는 것으로 이해합니다.

그러나 앞에서도 언급했지만 주님과 사도는 이미 주님을 영접하여 믿고 있는 자들에게 "주님 안에 거하라"고 권면하고 있습니다.

그러므로 주님 안에 거하지 못하는 영접은 진정한 영접이 아니라 주님께서 찾아오셔서 어둠에 갇혀 있는 그들에게 빛을 비추시므로 그들이 그들의 죄로 인해서 애통하고 통회하는 정도임을 알아야 합니다.

우리가 '영접'(迎接)이라는 용어를 사용하는 이유는 '영접도 그들이 복음을 듣고 하나님께 돌이킴으로 진리의 말씀이 그들의 영혼에 부딪쳐서 나타날 수 있는 것이기 때문'입니다.

이러한 과정은 그들이 주님이 베푸시는 은혜로 말미암아 그들의 영혼이 그 안으로 주님을 영접하기 위한 준비인 것입니다.

따라서 '사도 요한'이 그의 서신 요한복음 1장 12절에서 증거하는 영접은 그들이 진리의 말씀을 그들의 영혼 안으로 영접할 때 얻게 되는 것임을 알아야 합니다.

죄인들에게 제시되는 십자가의 대속의 은혜를 믿고 아는 자들 중에 주님을 사랑하지 않을 자들이 얼마나 되겠습니까?

이처럼 그들이 주님을 뜨겁게 사랑한다 해도 주님을 그 심령 안으로 영접하는 것은 또 다른 신앙의 시작인 것입니다.

십자가의 구속의 깊이를 알면 알수록 주님을 사랑하는 마음이 더할 것이고, 따라서 기꺼이 자신들의 정욕을 떠나 주님께 진정으로 순종하기를 열망하게 되고, 그 열망에 주리고 목마른 영혼들이 그 영혼으로 주님을 깊이 영접하는 것입니다.

성도는 죄 있는 육신을 입고 있는 동안은 육신의 소욕으로 시험에 들지 않을 수 없습니다. 그런 때에라도 그가 주님 안에 거하고 주님이 그 안에 거하면 주님의 성령께서 그 때 그 때 그를 사로잡아 모든 시험에서 능히 이김을 주십니다.

많은 성도들이 한 때 은혜를 받아서 주님을 뜨겁게 사랑하여 봉사하고, 열심을 품고 섬기지만, 그러한 열의가 식어지고 시험에 드는 것은 그의 영혼이 주님의 영 곧, 말씀을 그 안으로 모셔 들이지 못했기 때문입니다.

주님은 요한복음 15장 7절에서 성도가 주님 안에 거한다는 것이 무엇을 의미하는지 잘 나타내십니다.

"너희가 내 안에 거하고 내 말이 너희 안에 거하면 무엇이든지 원하는 대로 구하라 그리하면 이루리라"

이 말씀을 근거로 해서 바꿔서 말하면, 성도가 신앙생활을 하면서 그 영혼에 만족을 얻지 못하고 세상 것을 추구하는 이유는 주님의 말씀을 그 안에 모시지 못한 데 있다는 것입니다.

그러나 의에 주리고 목마른 자, 곧 주님의 말씀에 순종하는 성도는 참으로 주님으로 말미암아 만유보다 크신 아버지를 자기 영혼 안에 모시게 되는 것이니, 그는 주님이 이 복에서 약속한 대로 배부름을 얻게 됩니다.

주님의 가르침 곧, "너희 원수를 사랑하며 너희를 박해하는 자를 위하여 기도하라"(마 5:44)는 말씀을 받아 보십시오.

그는 그 안에서 아버지를 보는 것입니다.

모든 죄인들을 진심으로 사랑하는 아버지를 말입니다.

주님은 당신의 지체들이 당신께 순종하고자 할 때에 아버지의 말씀으로 하나이신 당신의 영으로 우리 안에 오셔서 당신을 알리시고 아버지를 알게 하시고, 우리로 하여금 당신과 연합을 이루어 가도록 하십니다.

그러므로 오직 주님께 순종하는 자들만이 아버지와 아들을 그 심령 안에 모시게 되는 것입니다.

"우리는 이 일에 증인이요 하나님이 자기에게 순종하는 사람들에게 주신 성령도 그러하니라 하더라"(행 5:32)

사람은 하나님의 형상으로 창조되었기 때문에 하나님처럼 살아야 그의 영혼에 만족함이 있는 것은 당연한 것입니다.

'하나님처럼 산다는 것'은 무엇을 의미합니까?

하나님처럼 산다는 것은 우리의 영혼이 하나님의 말씀을 흉내만 내는 것이 아닙니다.

'살아계신 하나님의 영이 실제적으로 우리 안에 거하셔서 하나님을 사랑하는 자들로 하여금 당신의 생명을 공유하게 하시는 것'입니다.

주님께 순종하여 그의 성령을 우리의 심령에 모셔 보십시오,
그는 그 안에서 거룩하신 아버지를 보는 것입니다.
말할 수 없이 사람을 사랑하는 아버지를 말입니다.
그 안에서 그들은 아버지가 바라보는 눈으로 믿음의 사람들과 세상 사람들을 볼 수 있게 되는 것이니, 거기에 진정한 배부름이 있는 것입니다.
하나님의 아들들로 예정을 입은 것은 하나님을 닮았다는 것을 넘어 하나님의 생명에 참여하고, 그 생명을 공유할 때 궁극적인 뜻을 가지게 됩니다.

주님에게서 나온 아버지의 말씀으로 그들의 영혼이 연합될 때 그들은 그 안에서 진정으로 만유보다 크신 아버지를 소유하게 되는 것이니, 거기에 진정한 배부름이 있고, 거기에 영생이 있는 것입니다.
우리 안에서 성령의 나타남으로 하나님의 사람 사랑하심이 나타나는 것, 거기에 진정한 배부름이 있습니다. 이 일은 세상 정욕을 다 멀리하고 주님의 성령이 그 영혼 안으로 임할 때 알게 되는 비밀한 것입니다.

저는 이 글이 이러한 배부름으로 인도할 것을 확신합니다.
후에 이러한 배부름이 독자들에게 나타날 때 이 글은 그 목적을 다할 것이므로 독자들의 머리와 마음에서 반드시 잊혀 질 것입니다. 왜냐하면 진리의 실체가 독자들의 마음에 이미 들어와서 진리를 알기 때문입니다.

우리가 세상에 속해 있을 때 우리의 욕심으로 말미암아 불의한 죄가 우리들의 영혼을 사로잡아 그에게 굴복시켜 그 영혼들이 본질상 진노의 자녀로 변질되었는데, 하물며 주님께 순종할 것에 목말라 하는 우리들에게 당신의 거룩한 성령으로 우리를 사로잡아 하나님을 알게 하며 그의 생명에 참여하게 못하시겠습니까?

이는 하나님의 성령의 말씀으로 그의 말씀을 받은 자들의 영혼이 살림을 받는 역사인 것입니다. 하나님의 영은 시공을 초월하여 역사하십니다. 그와 연합된 자들의 영도 자유함 가운데 시공을 초월해서 볼 수 있는 것입니다.

저는 예언의 은사를 통해서 하나님이 하실 일을 보는 것은 그의 영이 살림을 받아 하나님의 성령과 일치를 이루는 증거라고 생각합니다.
그의 영혼의 자유함에 그의 영혼의 배부름이 있는 것입니다.

사람이 진리를 떠나서 욕심으로 행하는 모든 것에는 항상 만족함이나 배부름이 없습니다.
이는 욕심을 향하여 내딛는 발걸음에는 항상 그 욕심이 그를 채급하고 있으며, 그가 아무리 큰 재물과 권력을 얻었다 해도 그것의 열매가 욕심에 그 기초를 놓고 있기 때문에 욕심의 입을 다물지 못하게 하고, 항상 그 입이 그것으로 말미암아 열려있기 때문입니다.

욕심의 입이 다물어져야 그 욕심의 소욕이 끝날 것인데 그 입이 항상 열려 있으니, 그 심령에 어떻게 만족이 있을 수 있겠습니까?
그러나 의에 주리고 목마른 자는 주님 안에서 만유보다 크신 하나님을 소유하므로 그는 배부르게 됩니다.

하나님의 기이한 사랑과 아들이신 주님께서 십자가에 나타내 보인 그 사랑은 그 말씀을 받는 자만이 볼 수 있고, 알 수 있는 것입니다.
'바울'은 이 사랑을 보고 알았기에 다음과 같이 고백할 수 있었습니다.

"내가 그리스도와 함께 십자가에 못 박혔나니 그런즉 이제는 내가 사는 것이
아니요 오직 내 안에 그리스도께서 사시는 것이라 이제 내가 육체 가운데
사는 것은 나를 사랑하사 나를 위하여 자기 자신을 버리신 하나님의 아들을
믿는 믿음 안에서 사는 것이라"(갈 2:20)

그는 이제 하나님의 사랑하심과 성도 사랑하심을 알게 되며, 형제를 생각하며 바라볼 때 주님 안에서 주님의 눈으로 형제우애와 그 사랑을 체험함으로써 그의 영혼이 큰 기쁨과 만족을 누리게 될 뿐만 아니라 주님이 말씀하는 복을 누리게 되는 것입니다.

참으로 이 배부름은 받은 자만이 알 수 있고, 볼 수 있습니다.

나를 위해서 당신의 생명을 십자가 위에서 내어 놓으신 그 기이한 사랑!

이 사랑을 알려면 우리는 의를 따라서 먼저는 우리들의 몸을 주님께 드리는 일이 있어야 합니다.

'바울'은 이 의를 알기에 "너희 몸을 하나님이 기뻐하시는 거룩한 산 제물로 드리라"(롬 12:1)고 했고, 이는 '성도의 영적 예배(의역)라고 증거했습니다.

하나님께서 친히 사람을 창조하셨지만, 당신의 거룩은 그들이 억지로 끌려가는 복종이 아니라 기꺼운 순종을 기뻐하시는 것입니다.

여기에 성도의 진정한 배부름이 있고, 우리의 첫 사람 아담의 잃어버린 회복이 있습니다.

하나님과 사람을 사랑하는 삶, 하나님의 세상을 향한 거룩한 사랑을 알기 때문에 그 영혼이 배부름을 얻는 것입니다.

심령의 배부름을 얻으려면
우리와 하나가 되신 주님과 하나가 되어야 하고
모든 믿음의 형제들과의 연합을 도모해야 합니다.

누군가가 나를 위해서 당신의 생명을 바쳤다면 그보다 더 큰 사랑이 어디에 있겠습니까?

이 사랑을 받은 자는 그도 주님을 위해서 자신의 생명을 조금도 아까워하지 아니하고 기꺼이 희생하기를 열망하게 됩니다.

주님께서 가장 기뻐하시는 제사가 무엇입니까?

두말할 것도 없이 주님의 계명을 지키는 것입니다.

주님께서는 하나님께서 택해서 당신께 이끄신 자들을 사랑하시되 당신의 생명을 주시기까지 하셨으니, 이 거룩하신 사랑을 어찌 감당하겠습니까?

주님께서는 당신을 믿는 한 사람 한 사람을 당신의 생명을 아끼지 아니하고 사랑하신 것이니, 모든 믿음의 형제들이 이 주님의 사랑을 안다면 주님이 사랑하신 자들을 사랑하지 않을 수 없는 것입니다.

주님은 "너희가 나를 사랑하면 나의 계명을 지키리라"(요 14:15)고 하십니다.

이것은 결코 우리 스스로 감당할 수 있는 일이 아닙니다.

주님께서는 이 계명을 그저 우리들에게 던져만 주시고 당신은 우리와 객체로 계시는 것이 아니라 당신의 성령으로 오셔서 당신의 믿음의 형제들을 향한 사랑을 보여주시고, 그 계명이 우리 안에서 열매 맺게 하십니다.

저는 이 사실을 진리의 말씀에 의한 저의 이성으로 말하는 것이 아니라 주의 성령께서 제게 보이신 대로 쓰고 있다는 것을 밝힙니다.

"내가 너희를 사랑한 것 같이 너희도 서로 사랑하라!"(요 13:34)

주님의 이 계명은 아버지에게서 받은 말씀이니 성도가 이 계명이 자기 안에서 지켜지면 그는 아버지의 사람을 향한 거룩한 사랑을 보게 됩니다.

아버지께서는 창세전부터 이 일을 계획하시고 당신의 독생자를 통해서 그 일을 성취하셨습니다. 주님께서 요한복음 17장 23절에서 하신 말씀은 아버지 하나님께서 아들 안에 넣어주셔서 우리에게 주신 말씀인 것입니다.

"곧 내가 그들 안에 있고 아버지께서 내 안에 계시어 그들로 온전함을 이루어 하나가 되게 하려 함은 아버지께서 나를 보내신 것과 또 나를 사랑하심 같이 그들도 사랑하신 것을 세상으로 알게 하려 함이로소이다"

하나님께서 아들을 사랑하심 같이 믿음의 사람들을 사랑하신다는 것입니다.

아버지께서 당신의 독생자를 얼마만큼 사랑하셨습니까?

저는 이 말씀을 생각할 때마다 두렵고 떨리는 마음을 어쩔 수 없습니다.

주님께서는 "아버지 안에 생명이 있음 같이 아들에게 생명을 주어 그 안에 있게 하셨다"고 증거하셨습니다. '아버지의 생명 안에 있게 하셨다'는 말씀은 아버지께서 아들에게 주신 당신의 생명은 아들이 아들의 자의대로 할 수 있는 생명이 아니라 아버지께서 당신의 생명으로 아들의 존재 근거가 되게 하시고, 아들은 당신의 영 안에서 아버지가 나타남을 보는 것입니다.

이는 아들의 아버지를 향한 사랑과 온전한 순종에 의한 영의 일치에서만 나타날 수 있는 것입니다.

> "내가 아버지 안에 거하고 아버지는 내 안에 계신 것을 네가 믿지 아니하느냐 내가 너희에게 이르는 말은 스스로 하는 것이 아니라 아버지께서 내 안에 계셔서 그의 일을 하시는 것이라"(요 14:10)

아버지께서는 아들을 사랑하시되 당신의 영광과 형상이 아들에게서 온전히 빛나게 하시기까지 하신 것이니, 이 사랑 곧 아들에게 주셨던 그 영광의 형상을 믿는 자들로 하여금 덧입게 하시기까지 사랑하신다는 것입니다.

아들 안에 있는 아버지의 생명은 천지를 창조하실 수 있는 생명이고, 그 영광과 광채는 온전하신 하나님의 영광을 드러내는 것이니, 이러한 생명에 참여하게 하기 위해서 믿는 자들을 부르셨다는 것입니다.

이는 실로 감당하기 어려운 말씀입니다.

그러나 이 말씀이 진리인 것은 하나님의 영광 가운데 계셨던 독생자께서 우리의 육신을 취하셔서 우리와 하나 같이 되셨으니, 하나님의 입장에서 보면 능히 가능한 일이라는 것입니다.

사도는 이 진리를 깨달았기에 "하나님의 아들들로 예정을 입었다"고 담대히 외칠 수 있었던 것입니다.

'칼빈'은 "주님께서 낮아지심은 우리의 낮은 몸을 당신의 영광으로까지 높이시기 위함이다."라고 증거하였습니다.

누가 이 사실을 부인할 수 있겠습니까?

주님께서는 우리와 한 형제로 연합되셔서 그 안에서 아버지와 연합되셨고, 우리로 하여금 그 연합에 동참하게 하기 위해서 아버지의 말씀 곧 그 계명을 우리에게 주시고 계신 것입니다.

'히브리서 저자'는 이 부요한 은혜를 알리기 위해서 그의 서신 초두에 주님의 영광을 증거하고, 후에 그 영광과 우리와의 연합을 알게 하기 위해서 다음과 같이 증거했습니다.

> "거룩하게 하시는 이와 거룩하게 함을 입은 자들이 다 한 근원에서 난지라 그러므로 형제라 부르시기를 부끄러워하지 아니하시고 이르시되 내가 주의 이름을 내 형제들에게 선포하고 내가 주를 교회 중에서 찬송하리라 하셨으며 또 다시 내가 그를 의지하리라 하시고 또 다시 볼지어다 나와 및 하나님께서 내게 주신 자녀라 하셨으니 자녀들은 혈과 육에 속하였으매 그도 또한 같은 모양으로 혈과 육을 함께 지니심은 죽음을 통하여 죽음의 세력을 잡은 자 곧 마귀를 멸하시며 또 죽기를 무서워하므로 한평생 매여 종노릇 하는 모든 자들을 놓아 주려 하심이니 이는 확실히 천사들을 붙들어 주려 하심이 아니요 오직 아브라함의 자손을 붙들어 주려 하심이라 그러므로 그가 범사에 형제들과 같이 되심이 마땅하도다 이는 하나님의 일에 자비하고 신실한 대제사장이 되어 백성의 죄를 속량하려 하심이라"(히 2:11-17)

천지를 창조하신 창조의 주께서 우리와 연합하시고 한 형제가 되셨다는 것은 실로 감당하기 어려운 것입니다.

그러나 사도들은 한결같이 이 진리를 증거하였으니 어찌하리오!

"주와 합하는 자는 한 영이니라"(고전 6:17)

또한 이 연합은 구약성경에도 명확하게 증거되고 있습니다.

"보라 형제가 연합하여 동거함이 어찌 그리 선하고 아름다운고 머리에 있는 보배로운 기름이 수염 곧 아론의 수염에 흘러서 그의 옷깃까지 내림 같고 헐몬의 이슬이 시온의 산들에 내림 같도다 거기서 여호와께서 복을 명령하셨나니 곧 영생이로다"(시 133:1-3)

위의 말씀은 참 하나님이신 예수 그리스도와의 연합, 머리 되시는 주님으로부터 흘러 내려 그의 지체들에게 적셔지는 영생의 이슬, 거기에 영생이 있음을 증거하고 있으며, 하나님께서는 창세전부터 이 복을 예정하시고 그의 백성들을 부르셨습니다.

이 소망이 있기에 성도는 인내할 수 있습니다.

이 소망이 있기에 자발적으로 주님의 계명을 실천할 수가 있습니다.

이 소망이 마음에 자리 잡은 자들만이 생명보다도 더 귀한 복음을 값싼 복음으로 변질시키는 자들에 대해서 분노를 느끼는 것입니다.

주님께서 십자가의 대속을 완수하시고 제자들에게 찾아오셔서 "너희에게 평강이 있을지어다" 말씀하시고, 또 다른 곳에서 '내 형제들'이라고 하시고, 또 다른 곳에서 "…내 아버지 곧 너희 아버지, 내 하나님 곧 너희 하나님께로 올라간다 하라"고 하신 것은 진실로 주님께서 당신을 믿는 믿음의 형제들을 당신의 형제들로 인식하시고, 당신이 누리는 아버지의 생명에 함께 참여하고 당신의 그 영광에 동참하게 될 자들로 인식하기 때문입니다.

아버지의 명령을 따라서 주님께서 십자가의 대속을 치르시고 부활하셨으니, 그 대속의 은혜를 받은 자들을 향해서 당신의 하나님을 그들의 하나님으로, 당신의 아버지를 그들의 아버지로 알리고 계신 것입니다.

이는 우리를 향한 아버지의 사랑이 당신의 부활로 완전히 확증된 것에 기초한 것입니다.

우리는 이 기초 위에서 아버지의 영광과 그 본체의 형상이신 주님을 맏형으로 알고 그와 온전히 연합될 소망을 가진 자들입니다.

"…그로 말미암아 모든 세계를 지으셨느니라 이는 하나님의 영광의 광채시요 그 본체의 형상이시라 그의 능력의 말씀으로 만물을 붙드시며 죄를 정결하게 하는 일을 하시고 높은 곳에 계신 지극히 크신 이의 우편에 앉으셨느니라"(히 1:2-3)

"그 때에 의인들은 자기 아버지 나라에서 해와 같이 빛나리라 귀 있는 자는 들으라"(마 13:43)

"이 영광을 소망하지 못하게 만드는 값싼 복음은 저주를 받을지어다."

우리 모두는 진정으로 주님의 영광을 바라보고 주님의 계명에 나타난 하나님의 사랑을 체험하기를 소원해야 합니다.

사도들은 그들에게 임한 아들의 영으로 이 사랑을 알았기에 모든 것을 버리고 주님을 따를 수 있었고, 자기들의 생명도 아끼지 아니하고 어떠한 환난이나 핍박 속에서도 기쁨을 잃지 않고 복음을 전했던 것입니다.

주님은 당신의 기쁨을 충만히 가지도록 하기 위해서 제자들에게 당신의 입에서 나온 아버지의 계명을 말씀하셨으며, '사도 요한'은 "그 안에 거한다 하는 자마다 그의 계명을 지켜야 한다"고 확증하고 있습니다. 또한 '사도 베드로'는 "하나님께서 우리로 하여금 신의 성품에 참여하게 하는 자가 되게 하셨으니 너희가 더욱 열심으로 서로 사랑하라"고 명령하고 있습니다.

아버지 하나님에게서 나온 영생의 말씀!
하나님의 본질인 사랑!
이 말씀에 영생이 있으니, 이 말씀과의 연합 속에 아버지가 당신의 자녀들 안에 거하시는 것입니다.

"그의 안에서 건물마다 서로 연결하여 주 안에서 성전이 되어 가고 너희도 성령 안에서 하나님이 거하실 처소가 되기 위하여 그리스도 예수 안에서 함께 지어져 가느니라"(엡 2:21-22)

하나님은 스스로 계신 자이기 때문에 아무런 부족함이 없이 스스로 자존하시며 모든 생명체에게 친히 생명을 주셔서 그것들로 하여금 그 생명을 누리게 하고 계시니, 그 하나님의 속성인 사랑을 체험하고 그 사랑이 자신의 심령에 열매로 맺어진다면 그는 이제 하나님으로 인해서 그 영혼이 만족하게 되는 것이 마땅하지 않겠습니까?

주님이 이 복에서 말씀하는 복은 바로 이 복입니다.

하나님이 사랑이신 것을 알고 자신의 영혼이 그분의 계명을 받아들이고 그 사랑을 체현(體現)하는 곳, 거기에 성도들의 영혼의 배부름이 있습니다.

사람마다 사랑에 목이 말라 있습니다.

그러나 의에 주리고 목마른 자들은 그 속성인 사랑의 하나님이 자신을 향한 사랑을 알고 있고, 또 믿음의 모든 형제들뿐만 아니라 하나님의 형상을 입은 모든 사람들을 공경하고 사랑하기 때문에 진정한 배부름을 거기에서 얻고 있는 것입니다.

결코 세상에서는 찾을 수도, 만날 수도, 맛볼 수도 없는 그 사랑이 오직 이들에게서만 보이는 것입니다.

그는 이제 이 세상 것으로 목말라하지 않으며, 그 어떤 것도 아버지와 주님의 사랑과는 비교가 안 된다는 것을 알므로 기꺼이 이 세상 것으로부터 자유함을 얻습니다. 그가 욕심의 입을 벌리지 않는 것은 하나님께서 우리에게 주시는 은총과 은혜는 욕심을 내서 얻어질 수 있는 것이 아니라 오직 위로부터 성도들에게 거저주시는 것임을 알기 때문입니다.

여기에 성도들의 하나님을 향한 진정한 경외가 있습니다.

우리 조상 아담은 그에게 말씀하시는 하나님의 영광을 보고 그 하나님의 영광에 참여하고자 하는 열망 때문에 범죄했을 수도 있었을 것입니다.

이를 잘 아는 사탄의 "네가 하나님과 같이 된다"는 거짓말에 속아 범죄하여 망했지만 둘째 아담 예수께서 오셔서 오직 순종의 제사를 하나님께 드림으로 자신도 아버지의 영광에 다시 들어가시고, 그를 믿는 우리 모두 아버지의 영광에 들어가신 주님을 따르므로 그 영광에 함께 참여하게 되었으니, 오직 순종만이 하나님의 영광과 생명에 참여함이 되지 않겠습니까?

아담은 하나님과 같이 되고자 하여 욕심의 말을 들어서 자신이 저주와 사망 가운데 처해졌을 뿐만 아니라 하나님께서 이 세상에서 주는 복도 잃어버렸지만, 의에 주리고 목마른 자는 이제 아담의 잃어버린 복을 회복 받고 아담의 불순종을 거울로 삼아서 주님께 오직 순종함으로 하나님의 온전한 형상이시오 그 본체의 영광이신 주님의 형상을 덧입을 소망을 갖게 된 자들입니다.

"그 영광의 풍성함을 알게 하고자 하셨을지라도 무슨 말을 하리요?"(롬 9:23)

"너희가 진리를 순종함으로 너희 영혼을 깨끗하게 하여 거짓이 없이 형제를 사랑하기에 이르렀으니 마음으로 뜨겁게 서로 사랑하라"(벧전 1:22)

우리가 사도들이 전하여 준 교훈을 마음으로 받아 순종하여 하나님께 속한 형제들을 사랑하기에 이르렀다면 그는 틀림없이 주님이 이 장에서 말씀하고 계시는 영혼의 배부름을 체험하게 됩니다.

주님께서는 당신을 의지하는 자들에게 이 계명을 보이시고 믿음의 형제들에게 이 계명을 명령하십니다. 주님께서는 성령으로 당신께서 믿음의 형제들을 얼마나 사랑하는지를 보여주시므로 그 계명이 그들의 심령에 열매 맺게 하십니다. 이 계명이 그들의 심령에 보일 때 그들은 참으로 하나님께서 창세전부터 믿는 성도들을 아들들로 예정하셨음을 아는 것입니다.

아들에게서 나타난 하나님의 사랑, 그들은 이 사랑을 보므로 주님의 하나님이 그들의 하나님으로, 주님의 아버지가 그들의 아버지로 믿어지고, 아버지께서 창세전부터 주님 안에서 우리들을 당신의 아들들로 예정하셔서 주님과 함께 아버지의 유업을 함께 누리게 하시려는 뜻을 보는 것입니다.

여기에 진실로 성도들의 진정한 배부름이 있습니다.

이는 말로 표현할 수 없는 것이고 주님께서 성령으로 오셔서 당신의 사랑을 그들의 심령에 인칠 때에만 알아지는 것입니다.

우리의 형제 '바울'은 주님의 그를 향한 이 사랑이 그에게 알려졌기에 다음과 같이 말할 수 있었습니다.

> "하나님이 미리 아신 자들을 또한 그 아들의 형상을 본받게 하기 위하여 미리 정하셨으니 이는 그로 많은 형제 중에서 맏아들이 되게 하려 하심이니라"(롬 8:29)

'베드로'는 "경건에 형제 우애를, 형제 우애에 사랑을 더하라"(벧후 1:7)고 증거하고 있습니다.

진실로 우리 믿음의 사람들은 예수 그리스도로 말미암아 하나님께로 난 자들이며, 주님 안에서 주님을 머리로 하는 주님의 한 형제인 것입니다.

주님의 계명을 마음으로 받아 보십시오.

하나님이 진실로 성도들의 아버지로 믿어지는데 무엇이 부족하겠습니까?

하나님의 독생자, 참 하나님이 우리 믿음의 형제들의 맏형이 되심이 믿어지는데 세상 것을 바라볼 것이 무엇입니까?

진실로 믿음의 형제들이 한 하나님에게서 나서 하나님 나라를 상속받을 자들이라는 것을 모르는 자는 마땅히 알 것을 모르고 있는 것입니다.

그러나 이 진리는 우리의 몸이 주님의 재림 때에 신령한 몸으로 변화되어 주님의 나라에 들어갈 때 완성되어질 것이므로, 지금은 온전하지 못하고 소망으로 남아 있습니다.

그럴지라도 믿음으로 형제애를 갖고 형제를 사랑하기에 이른 자들은 성령으로 그 진리가 그들의 심령에 있기에 모든 일에 인내할 수 있고, 기쁨으로 봉사할 수 있고, 십일조도 약속을 얻어서 이 땅에서 부해지려고 내는 것이 아니라 하나님을 기쁘게 하기 위해서 또는 형제를 섬기기 위해서 기쁨으로 드릴 수 있는 것입니다.

그러므로 바울은 "사랑은…모든 것을 참으며…"라고 증거하고 있습니다.

이 세상의 어떤 것도, 부함도 하나님께서 우리들을 위해서 예비하신 복과는 비교가 안 됩니다. 전능하신 주님의 하나님이 우리의 하나님이요 주님의 아버지가 우리의 아버지가 되시니, 주님께서 "의에 주리고 목마른 자들은 배부를 것이라"고 하신 말씀이 참으로 진리인 것입니다.

이 배부름은 팔복의 단계가 높아질수록 더욱더 충만해지고 주님의 은혜로 마음이 청결하게 되면 될수록 하나님의 사랑이 그의 심령에 알려질 것이므로 그 배부름도 그만큼 커지고 충만하게 됩니다.

왜냐하면 팔복의 각 복은 그 위의 단계로 높아질수록 아랫단계의 복이 더욱 견고해지고 충만해지기 때문입니다.

하나님께서 아들을 저주의 십자가에 내어 주시고 우리를 부르신 것은 저주 가운데 있는 우리로 하여금 당신과 화목하게 하시고 생명 되신 하나님을 섬기게 하심이 아닙니까?

사람이 생명의 근원이신 하나님을 떠나서 무엇을 기대할 수 있겠습니까?

이제는 주님의 은혜로 하나님과 화목 되어 생명 자체이신 하나님을 가까이 할 수 있는 길을 열어 놓으셨으니, 그 길은 곧 우리 구주 예수 그리스도께 순종하는 것입니다.

그 길은 좁은 길이며 자기 십자가를 지는 길이지만 주님이 주시는 그 비밀한 기쁨은 받아서 아는 자들만이 알기에 그의 심령이 배부르므로 기꺼이 즐거움으로 갈 수 있습니다.

또한 주님께서 먼저 그 길을 여시고 가셨으니 그 주님을 기꺼이 따르는 우리는 오직 주님이 함께 하여 주심으로 가능한 것입니다.

주님은 이 일을 위해서 십자가를 지시고 우리를 부르셨습니다.

주님의 입에서 나온 아버지의 말씀 곧 아버지의 사랑으로 하나 되어 하나님의 가족으로서 영생복락을 누리게 하시려는 아버지 하나님께 영원무궁토록 합당한 찬송과 영광을 돌립시다!

우리가 진리의 말씀을 받아들이고 순종하면 속성이 사랑이신 하나님이 우리에게 알려진다는 사실을 그 누가 알겠습니까?

어느 누가 주님께서 '하나님이 세상을 이처럼 사랑하셨다'는 진리의 말씀을 주님이 아시는 만큼 알 수 있겠습니까?

그러나 성도가 주님께 순종하면 주님의 성령께서 이 진리를 그들의 심령에 알리십니다.

이 사랑도 주님을 향한 순종의 깊이만큼 거기에 비례합니다.

진리의 사랑만이 사람의 심령에 진정한 배부름을 줄 수 있는 것은 사람이 하나님의 형상으로 지음 받았기 때문입니다.

우리의 영혼이 하나님의 사랑으로 배부름이 있을 때 다른 모든 믿음의 형제들을 비롯해서 모든 사람들에 대해서 긍휼의 마음을 품을 수 있으니, 이 복 다음의 단계에 긍휼히 여기는 자의 복이 오는 것은 당연한 것입니다.

기록된 진리의 말씀은 진리의 성령과 일치합니다.

이 시대에는 그 어느 때보다도 미혹의 영이 더 강하게 역사하고 있습니다.

사도는 "마귀도 자기의 때가 얼마 남지 않았다는 것을 알기 때문에 할 수만 있으면 믿음의 성도들을 미혹해서 자기가 처해질 영원한 불 못으로 끌고 가고자하기 때문이라"고 증거하고 있습니다.

그렇다면 미혹의 영을 어떻게 분별할 수 있을까요?

앞에서도 언급하였지만 아브라함은 기록된 말씀이 있기 전에 믿음으로 의롭다 함을 받고, 주님이 다스리시는 천국에 들어감을 얻었습니다.

이는 기록된 말씀도 아브라함을 진리로 가운데로 인도하셨던 같은 성령께서 기록하셨기 때문입니다.

"귀 있는 자는 성령이 교회들에게 하시는 말씀을 들을지어다"(계 2:29)

주님께서는 아버지의 성령 충만함으로 진리의 말씀을 선포하시고 당신의 사역을 완수할 수 있으셨습니다.

또한 아버지께서 아들의 이름으로 보내시는 진리의 성령께서는 주님께서 이미 그 성령으로 선포하신 그 말씀을 증거하고 생각나게 하신다고 하셨으니, 성령을 받았다고 말하는 자들은 자기들이 받은 영이 진리의 성령인지 미혹의 영인지를 분별 받아야 하는데 그 증거는 그들의 말과 행동이 기록된 말씀과 일치를 이루느냐에 달려 있다는 것입니다.

누가 이러한 기초적인 지식을 부인할 수 있겠습니까?

"그러나 진리의 성령이 오시면 그가 너희를 모든 진리 가운데로 인도하시리니 그가 스스로 말하지 않고 오직 들은 것을 말하며 장래 일을 너희에게 알리시리라"(요 16:13)

사도들은 주님의 성령을 받았기 때문에 주님께서 복음서에서 기록한 말씀과 자기들의 말씀증거가 한결같고, 또한 구약성경과 통일성을 이룹니다.

결국 의에 주리고 목마른 자들은 진리의 성령으로 이끌림을 받아 진리의 성령을 그 영혼에 모시게 될 터인데 그 성령은 진리의 말씀과 일치를 이루는 삶을 나타내게 된다는 것입니다. 사도가 "복음의 능력은 말에 있는 것이 아니라 그 능력에 있다"고 한 말씀은 이를 증거하고 있는 것입니다.

또한 사도는 하나님의 사역을 하는 데 있어서 성령만이 그 주체이시고 사람은 그 성령의 역사를 따르는 자들임을 증거하고 있습니다.

그러므로 저는 이 문제를 증거하는 것은 매우 중요하다고 보기 때문에 여기에서 지금 이 시대에 나타나고 있는 잘못된 가르침을 다루고자 합니다.

　그들도 예수 그리스도를 전파하고 있고, 사도의 증언처럼 '전파되는 것은 예수이시니' 저는 그들의 입에서 전파되는 예수복음을 기쁘게 생각합니다.

　그러나 제가 이 부분에서 그들에 대해서 언급하는 것은 그들이 사도들이 전하여 준 복음 곧, 주님의 피 값으로 세워진 교회의 가르침을 변질시켜서 값싼 복음으로 대치하기 때문입니다.

　주님은 유대인들을 향하여 "서기관들과 바리새인들이 모세의 자리에 앉았으니 그러므로 무엇이든지 그들이 말하는 바는 행하고 지키되 그들이 하는 행위는 본받지 말라"(마 23:2-3)고 말씀하셨습니다. 그들의 가르침은 사도의 가르침과 확연히 다르기 때문에 곧 재림하실 주님을 영접하기 위해서 예수 그리스도로 옷 입을 수 없다는 것을 알아야 합니다.

　그들은 주님보다는 세상과 더 가깝다고 해야 하지 않습니까?

　그들이 예수의 이름을 믿고 병도 고침 받고 가난에서 해방되어 풍성한 삶을 받기도 한다는 것을 압니다.

　그러나 성경은 광명의 천사로 가장한 사탄도 이적을 행할 것이므로 나타나는 이적에 마음이 미혹되지 말 것을 경고해 주셨습니다.

"너희 중에 선지자나 꿈꾸는 자가 일어나서 이적과 기사를 네게 보이고 그가 네게 말한 그 이적과 기사가 이루어지고 너희가 알지 못하던 다른 신들을 우리가 따라 섬기자고 말할지라도 너는 그 선지자나 꿈꾸는 자의 말을 청종하지 말라 이는 너희의 하나님 여호와께서 너희가 마음을 다하고 뜻을 다하여 너희의 하나님 여호와를 사랑하는 여부를 알려 하사 너희를 시험하심이니라"(신 13:1-3)

"모세와 아론이 여호와께서 명령하신 대로 행하여 바로와 그의 신하의 목전에서 지팡이를 들어 나일 강을 치니 그 물이 다 피로 변하고……애굽 요술사들도 자기들의 요술로 그와 같이 행하므로 바로의 마음이 완악하여 그들의 말을 듣지 아니하니 여호와의 말씀과 같더라"(출 7:20, 22)

"내가 보매 또 다른 짐승이 땅에서 올라오니 어린 양 같이 두 뿔이 있고 용처럼 말을 하더라 그가 먼저 나온 짐승의 모든 권세를 그 앞에서 행하고 땅과 땅에 사는 자들을 처음 짐승에게 경배하게 하니 곧 죽게 되었던 상처가 나은 자니라 큰 이적을 행하되 심지어 사람들 앞에서 불이 하늘로부터 땅에 내려오게 하고"(계 13:11-13)

하나님께서는 선포되는 말씀을 가지고 오직 진리의 성령께서 각 사람에게 역사하시기 때문에 그들이 하나님과의 관계에서 불의한 관계에 있을지라도 그들의 입에서 선포되는 성경의 말씀으로 듣는 자들이 얼마든지 은혜를 받을 수 있게 하실 수 있는 것입니다. 그러나 우리는 그들에게서 나타나는 열매는 세상에서 나타나는 것들과 한 가지이며, 오히려 세상보다도 더 불의한 열매를 맺고 있는 것을 보고 있지 않습니까?

혹여 그들이 한 때 주님을 사랑하고 복음에 대한 열정이 있었을지라도 태신자(胎信者)의 신앙에서 벗어나지 못한 신앙이며, 주님께서 비유로 말씀하신대로 그 씨가 돌밭에 뿌려진 씨처럼 싹이 나오지만 곧 시들어버리는 그러한 신앙에 머물도록 한다는 것을 기억해야 합니다.

그들은 예수께서 하신 다음의 말씀을 가지고 구약의 성도들은 성령을 받지 못하였다고 주장합니다.

"나를 믿는 자는 성경에 이름과 같이 그 배에서 생수의 강이 흘러나오리라 하시니 이는 그를 믿는 자들이 받을 성령을 가리켜 말씀하신 것이라 (예수께서 아직 영광을 받지 않으셨으므로 성령이 아직 그들에게 계시지 아니하시더라)"(요 7:38-39)

그들이 위의 말씀을 가지고 구약의 성도들은 받지 못했던 성령을 받았다고 자랑하려면 구약의 선지자들보다도 더욱더 거룩함을 나타내어 형제우애와 사랑이 사도들 시대의 선지자들과 마찬가지로 자신들에게도 있다는 것을 행위로써 나타내야 합니다.

신약의 선지자들은 성령의 은사들뿐만 아니라 성령의 열매를 풍성하게 맺었으니 그들에게 이러한 열매가 과연 있느냐 하는 것입니다.

구약의 선지자나 신약의 선지자나 선지자의 직분은 같은 것입니다.

하나님께서 초대교회 때 사도들에게 그토록 엄청난 성령의 충만함과 여러 가지 이적과 표적을 주신 것은 사도들에게 말씀의 열매를 맺게 하셔서 그들의 입에서 선포되는 말씀과 행실에서 일치된 진리가 하나님께로부터 왔음을 확증하기 위함이었던 것입니다.

> "또 우리 주의 오래 참으심이 구원이 될 줄로 여기라 우리가 사랑하는 형제 바울도 그 받은 지혜대로 너희에게 이같이 썼고 또 그 모든 편지에도 이런 일에 관하여 말하였으되 그 중에 알기 어려운 것이 더러 있으니 무식한 자들과 굳세지 못한 자들이 다른 성경과 같이 그것도 억지로 풀다가 스스로 멸망에 이르느니라"(벧후 3:15-16)

주님께서 사도들에게 은혜를 주셔서 큰 표적과 기사가 나타나게 하신 것은 사도들의 입에 넣어주신 당신의 진리의 말씀을 믿지 아니하는 자들로 하여금 듣게 하시려는 데 그 목적이 있었습니다. 하나님께서는 세상에 속한 믿지 아니하는 자들의 강퍅한 심령들이 사도들이 행하는 능력의 역사를 보므로 그들의 말에 귀를 기울일 것을 아시기 때문입니다.

그들이 겸손하게 그들의 전하는 복음에 귀를 기울인다면 그 표적과 기사는 필요하지 않을 것이므로, 사도들에게 나타났던 표적과 기사는 그 목적이 오직 그들의 전하는 복음에 귀를 기울일 것에 있었던 것입니다.

우리의 경건한 선진들이 하나님의 은혜로 인하여 이 사실에 대하여 알게 된 대로 지금은 복음이 기록으로 남겨져서 정경(正經)으로 확립되었으니, 하나님께서는 이 기록된 말씀을 통해서 하나님의 사람 사랑하심과 주님의 은혜를 알게 하시고, 또 그분의 백성들을 말씀으로 하나가 되게 하시고 아들의 영, 곧 그 말씀의 영으로 아버지께로 이끌어 아버지를 알게 하십니다.

그러므로 지금 정경이 확립된 이 시대에 사도들에게 나타났던 성령의 은사의 표적들이 많이 나타나지 않게 된 것은 이유가 없는 것이 아닙니다.

사도 바울의 증거대로 여러 가지 은사들은 하나님의 나라를 세우고 확장하기 위한 것이며, 하나님의 목적은 그의 백성 된 성도들이 하나님의 뜻을 행하는 데 있기 때문에 우리는 하나님께서 성령의 은사를 초대교회 때처럼 부으시지 않는 것을 의아하게 생각할 것이 아니라고 보는 것입니다.

다만 지금도 우리는 하나님의 특별한 일을 위해서는 그 때의 성령의 역사가 세계 곳곳에서 나타나고 있음을 보고 있으니, 은사를 사모함에만 치우칠 것이 아니라 '어떻게 하면 주님의 입에 나온 진리의 말씀에 순종하여 의의 열매를 우리 안에서 맺을까'에 관심이 더 집중되고 열망되어야 합니다.

주님께서 "영생은 곧 유일하신 참 하나님과 그가 보내신 자 예수 그리스도를 아는 것이라"(요 17:3)고 하셨으니, 이 앎은 성령의 은사에서 오는 것이 아니라 진리의 말씀을 듣는 자들이 그 말씀을 받음으로 성령께서 인 치심으로 성도들의 인격에서 보일 뿐 아니라, 나타나는 것입니다.

은사는 은사의 당사자인 성령께서 그 은사를 거두시면 성도들의 심령에서 사라지지만, 성령의 열매는 성도들의 인격에 있기 때문에 영원히 그들 안에서 은혜의 열매로 남아 있어서 하나님의 형상으로 빛나게 됩니다.

사실 예수님 당시 사도들과 성도들은 하나님의 은사가 나타난 것보다도 세상에 속한 자들이 하나님의 말씀을 받는 것에 더 관심이 있었고, 그 일을 더 기뻐했던 것을 볼 수 있습니다.

"예루살렘에 있는 사도들이 사마리아도 하나님의 말씀을 받았다 함을 듣고 베드로와 요한을 보내매"(행 8:14)

"너의 자녀들 중에 우리가 아버지께 받은 계명대로 진리를 행하는 자를 내가 보니 심히 기쁘도다"(요이 1:4)

사실 이러한 기쁨은 그들의 선생 되시는 주님께서 먼저 가지고 계셨던 기쁨이었습니다.

"나는 그의 명령이 영생인 줄 아노라 그러므로 내가 이르는 것은 내 아버지께서 내게 말씀하신 그대로니라 하시니라‥오직 아버지께서 가르치신 대로 이런 것을 말하는 줄도 알리라 나를 보내신 이가 나와 함께 하시도다 나는 항상 그가 기뻐하시는 일을 행하므로 나를 혼자 두지 아니하셨느니라"(요 12:50; 8:28-29)

제자들은 처음에 예수께서 행하시는 이적을 보고 그가 메시야이심을 알아차리고 주님을 따랐지만 나중에는 주님의 입에서 나온 말씀의 맛을 보고 주님을 기꺼이 따랐던 것입니다.

"…너희도 가려느냐? ……주여 영생의 말씀이 주께 있사오니 우리가 누구에게로 가오리이까?"(요 6:67-68)

사마리아 사람들도 마찬가지였습니다.

그들은 수가 성 여인이 메시야를 만났다고 그들에게 알려주므로 주님을 만나려고 달려 왔지만 후에는 주님의 입에서 나온 말씀을 듣고 참으로 주님이 구약에서 예언된 메시야이심을 믿게 되었습니다.

이처럼 주님의 입에서 나온 진리의 말씀을 듣고 받으면, 표적을 보아서 믿게 된 것보다도 더욱더 주님께 대한 믿음이 확고해집니다.

표적은 금방 잊어버릴 수 있지만 말씀으로 다가오시는 주님의 인격은 그의 심령에 박히기 때문에 결코 쉽게 잊힐 수 없는 것입니다.

참으로 주님의 입에서 나온 말씀만이 사람들에게 생수이고 영생이기 때문에 우리는 그 말씀을 우리의 심령에 새기기에 주리고 목말라해야 합니다.

또한 주님은 제자들에게 귀신을 제어하는 권능을 주셔서 그들을 파송하셨을 때 그들 앞에서 귀신이 도망가는 것을 보고 제자들이 기뻐서 주님께 돌아와서 보고했는데 주님은 "귀신들이 너희에게 항복하는 것으로 기뻐하지 말고 너희 이름이 하늘에 기록된 것으로 기뻐하라"(눅 10:20)고 하셨습니다.

성도들의 이름이 하나님의 생명책에 기록된 증거가 무엇이겠습니까?

그 증거는 성도가 주님의 말씀을 그 심령으로 받아 생명의 말씀되시는 주님 안에 거하는 것입니다.

생명 되시는 주님 안에 거하고 있는 증거는 어디에서 찾을 수 있습니까? 다음의 말씀이 그 증거입니다.

> "누구든지 그의 말씀을 지키는 자는 하나님의 사랑이 참으로 그 속에서 온전하게 되었나니 이로써 우리가 그의 안에 있는 줄을 아노라 그의 안에 산다고 하는 자는 그가 행하시는 대로 자기도 행할지니라"(요일 2:5-6)

'요한 사도'는 위의 말씀에서 주님의 능력 행함을 말하고 있는 것이 아니라 주님의 계명을 말하고 있는 것입니다.

성령께서는 요한계시록에서 다음과 같이 말씀하고 계시니, 주님께서는 당신의 택한 백성들을 아무쪼록 당신의 생명책에 기록되게 하기 위해서 지금도 여러 가지로 역사하시고, 징계하시고, 일하고 계십니다.

요한계시록은 그 징계의 정점을 증거하고 있습니다.

> "사망과 음부도 불 못에 던져지니 이것은 둘째 사망 곧 불 못이라 누구든지 생명책에 기록되지 못한 자는 불 못에 던져지더라"(계 20:14-15)

요한이 기록한 복음서와 그의 서신을 보십시오.

요한 사도처럼 주님의 계명과 '주님 안에서'라는 단어를 많이 사용한 사람도 없습니다.

그만큼 요한은 성령의 능력보다도 주님의 입에서 나오는 말씀에 중점을 두고 있었던 것입니다. 이 사실은 선지자 '모세'와도 일맥상통 합니다.

구약이나 신약이나 선지자들이나 사도들이나 오직 여호와 하나님의 입에서 나오는 말씀만이 사람들에게 생명이심을 증거하고 있는 것입니다.

모세는 여호와 하나님께서 자신을 통해서 이스라엘 민족을 애굽에서 인도해내실 때 그 많은 이적과 표적을 그들의 눈앞에 보이신 것은 오직 그들로 하여금 하나님의 말씀에 귀를 기울이게 하심이라고 증거하고 있습니다.

"너를 낮추시며 너를 주리게 하시며 또 너도 알지 못하며 네 조상들도 알지 못하던 만나를 네게 먹이신 것은 사람이 떡으로만 사는 것이 아니요 여호와의 입에서 나오는 모든 말씀으로 사는 줄을 네가 알게 하려 하심이니라"(신 8:3)

"태초에 말씀이 계시니라"(요 1:1)

"내 안에 거하라 나도 너희 안에 거하리라 가지가 포도나무에 붙어 있지 아니하면 스스로 열매를 맺을 수 없음 같이 너희도 내 안에 있지 아니하면 그러하리라"(요 15:4)

주님께서 이 땅에 육신을 입고 오신 목적은 당신의 택한 백성들의 죄는 당신의 피로 씻으시고, 그 피와 말씀으로 깨끗하게 된 자들이 당신 안에서 당신의 생명을 누리게 하심인 것입니다. 그런데 많은 성도들이 성령의 은사는 맛보면서도 주님 안에 거하는 것은 싫어하는 것이 사실입니다. 왜냐하면 그 안에 거함은 거룩하신 주님이 그를 지배하심으로 자신의 자유와 이 세상 모든 정욕을 포기하고 진리로 이끄시는 대로 따라야 하기 때문입니다.

그러나 진정한 자유는 주님 안에 거하는 것에 있음을 알아야 합니다.

죄는 우리로 하여금 하나님과의 단절을 가져오고 사람들과의 관계에서도 서로 미워하고 죽이며 파괴를 심어주지만 주님은 우리로 하여금 하나님과 화목하게 하시므로 참된 기쁨과 평강을 가져다주시니, 우리가 무엇을 따라야 할까요?

주님께서는 당신의 피로 우리들의 죄와 정욕을 십자가에 못 박으셨으니 주님 안에 거하는 자는 주님의 거룩에 참여하게 됨으로 거룩이 나타날 수밖에 없는 것입니다.

그런데 많은 성도들이 주님의 십자가의 은혜를 체험했음에도 주님 안에는 거하지 못하고 있습니다. 이는 주님의 이름을 믿으면서도 아직도 자신들의 정욕을 따름으로 주님 안에 거하고 있지 못하기 때문입니다.

'주님 안에 거한다.'는 것은 '주님과의 동행'을 의미합니다.
에녹과 노아와 엘리야가 이러한 자들이었고, 사도들과 그 시대의 신실한 성도들 역시 그러한 자들이었습니다.
곧 재림하실 주님을 공중에서 영접할 자들은 그들처럼 주님과 동행하는 자들만이 가능하기 때문에 우리는 아무쪼록 주님 안에 거해서 주님과 동행하는 삶을 살아야 합니다.

이 시대의 교회에 성령의 은사가 나타나면 많은 사람들이 그 교회를 찾을 것은 당연합니다. 그리고 그 교회를 사역하는 자들이 자신들에게서 나타나는 성령의 은사로써 성도들이 불어나는 것을 싫어하겠습니까?
그러나 우리는 이것을 기억해야 합니다.
예수님께서 셀 수 없이 많은 이적을 행하시므로 많은 사람들이 주님을 따랐지만 주님께서 그들의 요구에 만족을 주시지 않고 '당신은 섬기려 하고 또 당신의 생명을 대속물로 주려 함이라'고 말씀하시자 그들 대부분이 주님을 떠났지 않습니까?

범죄한 사람은 육체의 소욕을 즐기고 다른 사람 위에 군림하려 하지만 주님의 말씀은 오히려 그들의 이러한 속성을 꺼리고 멀리하며 대신에 거룩하신 하나님을 가까이 하는 것이니, 하나님보다 세상을 더 사랑하는 자들이 어떻게 진정성을 가지고 주님의 말씀을 따르겠습니까?
그들은 주님의 복음은 그들의 말로 하는 것이고 행실로써는 그 복음을 대적하고 있는 것입니다. 따라서 그들에게서 성령의 은사는 나타나지만 성령의 열매는 거의 없는 것이 이상한 것은 아닌 것입니다.

사도는 '성령의 은사는 하나님의 복음을 전하는 데 반드시 필요하지만 그보다는 성령의 열매가 더 중요하다'고 증거하고 있습니다.

저의 이 증거에 대해서 의문을 가지는 분들이 있을까 싶어서 덧붙이면, '사도 바울'이 다른 모든 것들은 온전한 것이 올 때에 사라질 것이지만 '사랑은 영원하다'고 증거했던 것을 기억하면 사랑은 성령의 은사에 속한 것이 아니라 성령의 열매에 속한 것입니다.

"성령의 열매는 사랑과 희락과……"(갈 5:22-23)

성령의 은사들은 성도들로 하여금 예수를 믿어서 그 입에서 나오는 하나님의 말씀을 받아 하나님을 사랑하고 형제를 사랑하며, 낮은 자세로 사람들을 섬기는 것에 그 목적이 있으므로 성도들에게 성령의 은사는 있고 그 마음에 사랑이 없으면 그 은사는 그에게 아무런 유익도 없는 것입니다.

하나님께서는 구약의 성도들에게도 성령의 은사를 주셔서 그들로 하여금 공교한 것들을 만들게 하셨고, 지금도 일반 사람들에게 여러 가지 은사를 주셔서 기술과 예능의 일에 그 열매를 맺게 하고 계시는 것입니다.

하나님께 영광을 돌리지 않는 자들은 성령의 은밀한 은사인 것을 모르고 자기 자랑을 하고 있으니, 진실로 성도는 성령의 은사도 사모해야 되지만 성령의 열매에 관심을 기울여야 합니다.

하나님의 은혜를 받아서 하나님의 말씀대로 살고 있는 삶과 하나님의 계명은 모르고 성령의 은사로써 여러 가지 병도 고치고 능력을 행사하므로 세상에서 자신을 높이고 유명해지는 것, 어느 것을 택할 것입니까?

저는 성령의 은사가 필요 없다고 말하는 것이 아니라 성령의 열매가 없는 성도는 하나님과의 관계에서 항상 불안한 가운데 있다는 것입니다.

다음의 말씀이 저의 이 말을 증거하고 있습니다.

"우리는 형제를 사랑함으로 사망에서 옮겨 생명으로 들어간 줄을 알거니와 사랑하지 아니하는 자는 사망에 머물러 있느니라"(요일 3:14)

예수를 구원자로 믿고, 예수 이름으로 많은 권능을 행하고, 복음을 널리 전한다 해도 주님이 주신 계명이 그 안에서 지켜지지 않으면 그는 항상 주님의 이름과 함께 죄에 노출되어 있다는 것을 알아야 합니다.

이 시대에 하나님의 종으로 자처하는 자들에게 세상에서 질시 받는 죄가 나타나는 것은 그들이 하나님을 사랑하지 않아서도 아니고 그들의 입을 통해서 전파된 복음의 열매가 나타나지 않아서도 아닙니다.

하나님께서는 그러한 사역자들을 통해서 지금도 복음을 전하게 하셔서 당신의 택한 백성들을 구원으로 인도해 가시지만 만약에 그 당사자들이 주님 안에 거하고 있지 못하면 그는 항상 같은 일에 노출되어 있는 것입니다.

"헛된 제물을 다시 가져오지 말라 분향은 내가 가증히 여기는 바요 월삭과 안식일과 대회로 모이는 것도 그러하니 성회와 아울러 악을 행하는 것을 내가 견디지 못하겠노라"(사 1:13)

예수 그리스도의 십자가의 구속을 믿고 주님께 순종하는 것은 신앙의 새로운 시발점입니다.

우리는 주님께서 당신의 제자들이 진리의 말씀으로 깨끗이 되었을 때 당신 안에 거하라고 하신 것을 기억해야 합니다. 그들은 이미 예수가 메시야이심을 믿어서 알고 있었고, 주님의 입에서 나온 진리의 말씀으로 깨끗함을 입었고, 주님께서 권능을 주시자 귀신도 내쫓고 병도 고쳤던 것입니다.

주님은 이러한 자들에게 당신 안에 거하라고 하셨습니다.

"너희는 내가 일러준 말로 이미 깨끗하여졌으니 내 안에 거하라 나도 너희 안에 거하리라…"(요 15:3-4)

'요한 사도'가 그의 서신에서 신실한 믿음의 형제들에게 "그 안에 거하라"고 권면하는 것을 보면 우리는 그 안에 거한다는 것이 무엇인지를 짐작할 수 있습니다.

"너희는 거룩하신 자에게서 기름 부음을 받고 모든 것을 아느니라…자녀들아 이제 그의 안에 거하라 이는 주께서 나타내신바 되면 그가 강림하실 때에 우리로 담대함을 얻어 그 앞에서 부끄럽지 않게 하려 함이라"(요일 2:20, 28)

이 시대에도 사역자들이나 일반 성도들이나 마찬가지로 예수를 신실하게 믿으면서도 주님 안에 거하지는 못하고 있는 자들이 많습니다.

공중에 재림하실 예수 그리스도를 영접할 자들이 누구입니까?

방언을 하고 예언을 하고 은사를 많이 행하는 자가 아니라 바로 위의 말씀이 증거하고 있는 것처럼 주님 안에 거하는 자들이고, 주님이 그들 안에 거하는 자들입니다.

그 증거는 앞에서도 언급하였지만 그 씨가 그 안에 거하시므로 범죄하지 아니하는 자들이고, 주님의 계명이 그들 안에 있는 자들입니다. 이 증거는 이 시대에 너무나 중요하기 때문에 앞으로 반복해서 다루어질 것입니다.

이것이 매우 중요하다고 하는 것은 많은 성도들이 예수님의 십자가의 대속은 믿으면서도 주님께 순종하지 못하므로 그들 안에 성령의 열매가 없고, 항상 불안한 신앙생활을 하기 때문입니다.

요한은 주님께 순종하고 주님과 동행하는 성도는 진실로 하나님을 사랑하고 그 계명대로 형제를 사랑한다고 합니다.

순종하지 아니하는 자(의역), 형제를 사랑하지 않는 자는 하나님께 속하지 아니 하고 마귀의 자녀라고 증거하고 있는 것입니다.

요한 사도가 그의 사랑하는 자들에게 이 같이 두려운 말을 서슴없이 한 것은 그렇지 못하고 있는 믿음의 형제들로 하여금 주님께 순종하게 하려고 하는 것이 아니겠습니까?

"하나님께로부터 난 자마다 죄를 짓지 아니하나니 이는 하나님의 씨가 그의 속에 거함이요 그도 범죄하지 못하는 것은 하나님께로부터 났음이라 이러므로 하나님의 자녀들과 마귀의 자녀들이 드러나나니 무릇 의를 행하지 아니하는 자나 또는 그 형제를 사랑하지 아니하는 자는 하나님께 속하지 아니하니라"(요일 3:9-10)

주님께서 마지막 날에 양과 염소를 구별할 것인데 양은 주님께 순종하는 자들이고, 염소는 주님께 순종하지 아니하는 자들이 틀림없습니다.

십자가의 대속을 믿으면서도 주님께 순종하지 아니하는 것은 그 대속과 그가 아무런 관계가 없는 것으로 만드는 것이니, 아무쪼록 이 글을 읽는 독자들은 주님께 순종하기를 주리고 목말라 해야 할 것입니다.

민수기에 나오는 '발람'은 여호와 하나님을 자신의 하나님이라고 말할 정도로 하나님의 사람인 것처럼 보였고, 또한 하나님의 영이 그 위에 임하였었습니다.

"발람이 발락의 신하들에게 대답하여 이르되 발락이 그 집에 가득한 은금을 내게 줄지라도 내가 능히 여호와 내 하나님의 말씀을 어겨 덜하거나 더하지 못하겠노라"(민 22:18)

"눈을 들어 이스라엘이 그 지파대로 천막 친 것을 보는데 그 때에 하나님의 영이 그 위에 임하신지라"(민 24:2)

이처럼 하나님의 영에 이끌려서 예언을 했고, 여호와 하나님을 자기의 하나님이라고 자부했던 그가 결국에는 모세를 통해서 하나님께 제거 당했던 것을 우리는 성경을 통해서 보고 있습니다.

발람은 성령의 은사인 예언의 은사를 통해서 하나님의 일을 나타냈었고, 또한 자기가 축복하는 자는 축복을 받고 저주하는 자는 저주를 받는다는 것이 그 당시 그 지방에 소문이 날 정도로 하나님의 사람이었습니다.

"발람이 그들에게 이르되 이 밤에 여기서 유숙하라 여호와께서 내게 이르시는 대로 너희에게 대답하리라 모압 귀족들이 발람에게서 유숙하니라"(민 22:8)

이처럼 신실한 하나님의 종처럼 보였던 그가 왜 이스라엘 백성들에게 올무를 놓아서 그들로 하여금 범죄하게 하고, 그 자신도 하나님의 종인 모세를 통해서 죽임을 당해야 했을까요?

여기서 우리가 깨닫는 것은 아무리 성령의 은사로 예언을 하고 또 많은 이적을 행하며 병자를 고치며 죽은 자를 살릴지라도 그가 진리의 말씀과 성령으로 거듭나서 하나님을 사랑하므로 순종하고 주님의 입에서 나온 아버지의 계명을 지켜서 그분의 백성을 사랑하지 않으면 그에게 아무 유익이 없다는 것입니다.

또한 발람을 태웠던 나귀도 하나님께서 시키니까 사람의 말을 했었던 것을 기억하고 우리는 은사주의에 빠지지 말아야 합니다.

사도는 진실로 우리 모두가 사모해야 될 것은 성령의 열매라고 가르치고 권면하며, 그의 모든 역량을 동원해서 그의 형제들에게 이 일이 나타나야 됨을 말하고 있습니다.

> "내가 사람의 방언과 천사의 말을 할지라도 사랑이 없으면 소리 나는 구리와 울리는 꽹과리가 되고 내가 예언하는 능력이 있어 모든 비밀과 모든 지식을 알고 또 산을 옮길 만한 모든 믿음이 있을지라도 사랑이 없으면 내가 아무 것도 아니요"(고전 13:1-2)

그가 하나님의 성령을 힘입어 여러 가지 이적을 행하며 자기가 증거하는 말을 확증하였었는데 그러한 은사의 능력들이 "사랑이 없으면 아무것도 아니라"고 말함으로써 그는 주님의 가르침대로 하나님이 기뻐 받으시는 제사인 사랑의 열매가 나타나야 됨을 강조하고 있는 것입니다.

주님께서 열 명의 나병환자들을 깨끗하게 하셨을 때 그들 가운데 사마리아인 단 한 사람만이 주님께 돌아와 사례한 것을 보시고 한탄하셨습니다.

육신의 눈으로 봤을 때 그 비참한 나병에서 고침을 받았으니 더 이상 무엇을 바라겠습니까? 그러나 주님의 사명은 그들이 병 고침에서 구원받는 것이 아니라 죄와 사망에 처해 있는 그들이 주님의 말씀을 듣고 진리와 성령으로 거듭난 것에 더 관심이 있으셨다는 것입니다.

성령의 은사는 여러 가지가 있고 대단히 중요합니다. 또한 그 은사가 나타나기 때문에 담대히 하나님의 복음을 전할 수 있는 것이 사실입니다.

그러나 엄밀히 말하면 그 은사들은 복음이 아닙니다.

그 은사를 통해서 믿지 아니하는 자들이 회개하여 주님을 믿고, 주님의 입에서 나오는 말씀에 귀를 기울여야 그들의 영혼의 불결함을 보고 또 거듭날 수 있는 것이 아니겠습니까?

주님께서 행하신 여러 가지 이적을 낱낱이 기록으로 남겨서 보존하려면 이 세상이라도 부족할 것이라는 사도 요한의 증거처럼, 헤아릴 수 없이 많은 이적이 주님이 세상에 오실 그리스도이시라는 증거로 충분하지만 만약에 주님께서 십자가의 희생의 사랑을 나타내지 않았다면 어느 누가 기꺼이 주님께 복종하며 따르겠습니까?

주님은 이 사실을 아셨기에 '자신이 십자가에 높이 들리면 모든 사람을 자신에게로 이끌겠노라'고 증거하신 것입니다.

십자가에 나타난 하나님의 사람 사랑하심!

'사도 바울'은 "내가 주님을 본받는 것처럼 너희는 나를 본받으라"고 권면하고 있습니다.

그가 주님의 무엇을 본받았습니까?

십자가에 나타난 주님의 사랑을 알기에 그 역시 주님의 계명을 따라서 형제 사랑에 열정적으로 매진하지 않았습니까?

모든 사도들은 이 사랑을 알고 실천했습니다.

"그가 우리를 위하여 목숨을 버리셨으니 우리가 이로써 사랑을 알고 우리도 형제들을 위하여 목숨을 버리는 것이 마땅하니라"(요일 3:16)

지금은 주님의 재림이 임박한 마지막 때입니다.

초대교회 사도 시대처럼 지금의 모든 믿음의 성도는 주님과 동행하고 순종해야 공중에 재림하실 주님을 영접할 수 있는 것입니다.

성도가 하나님을 사랑하게 되었다면 그분의 계명을 따라서 하나님이 지극히 사랑하는 그의 형제를 사랑함은 당연한 이치이며, 또 믿음의 형제들이 아닐지라도 하나님의 형상을 입은 사람 역시 사랑하고 공경하는 것이 마땅합니다. 이 일은 물론 주님의 대속의 은혜를 알고 주님을 사랑하는 자에게 주님께서 그들의 심령으로 말씀의 열매를 맺게 하시기에 가능한 것입니다.

십자가의 대속의 은혜를 아는 자가 어찌 주님을 사랑하지 않을 수 있겠습니까?

하나님께서는 창세전부터 이 일을 작정하시고 미리 아신 자들을 부르시고 부르신 그들을 의롭다 하시고, 의롭다 하신 자들을 영화롭게 하신다고 말씀하고 있으니, 그 영화로움은 바로 이것입니다.

속성이 사랑이신 하나님께서는 한 가정의 가장으로서, 아버지로서, 당신의 자녀들이 자녀들을 향한 아버지의 사랑을 알게 하셔서 주님 안에서 그들이 서로 사랑하는 것이 그의 기뻐하시는 뜻인 것입니다.

세상에서도 야곱이 요셉을 사랑해서 그에게 채색 옷을 지어 입혔듯이, 하나님께서는 주님의 피 값으로 산 자들을 아버지의 생명에 참여하게 하심으로써 그들을 영화롭게 하십니다.

그러므로 이 영광에 참여하게 될 자들은 반드시 순종으로써 그 믿음을 보여야 합니다. 하나님께서는 이 은혜를 창세전부터 계획하셨으므로 당신의 택한 백성들을 반드시 이 길로 인도하실 것입니다.

주님께서는 당신께 순종할 것에 목마른 심령에 "내가 너희를 사랑한 것 같이 너희도 서로 사랑하라"(요 13:34)고 명령하시고, 그 말씀의 본질이신 성령께서 그들 안에 내주하셔서 그 말씀의 빛을 보이시고, 그들의 심령에 그 열매를 맺게 하실 것이기 때문입니다.

주님께서는 이 땅에서도 오직 순종하는 자들에게 이 영광을 잠깐 잠깐 맛보게 하시는 것입니다. 사도 바울이 주님을 믿는 자들은 모세의 없어질 영광을 지나서 더 크고 빛나는 영광을 알고, 가지고 있다고 말한 것은 그가 그 영광을 알고 있기에 할 수 있는 말입니다.

구원은 오직 은혜 베푸시기를 기뻐하시는 하나님의 하시는 일입니다.

이것을 기억하고 하나님께 순종할 것에 목마른 자들은 자신의 의지로 하나님의 계명을 지키려고 하는 것을 주의해야 합니다.

우리 성도는 오직 처음부터 끝까지 죄인들의 구원자이신 예수 그리스도만을 바라봐야 하는 것입니다.

> "네 하나님 여호와께서 네 마음과 네 자손의 마음에 할례를 베푸사 너로 마음을 다하며 뜻을 다하여 네 하나님 여호와를 사랑하게 하사 너로 생명을 얻게 하실 것이며"(신 30:6)

우리는 죄에 붙잡혀서 죄의 사람으로 본질상 하나님의 진노의 대상이 된 사람들의 심령은 성령의 은사로써 변화시킬 수 있는 것이 아니라 주님의 계명이 그 안에 거해야 하나님의 사람으로 변할 수 있음을 알아야 합니다.

죄가 사람에게 들어와 사람의 본성이 죄의 본질로 변하였으면 그 심령의 변화도 그 말씀이 그 심령을 점령해야만 가능하다는 것입니다.

하나님의 사람으로 거듭나는 것은 우리의 본성 곧 그 심령이 바뀌어야 가능합니다.

주님 안에 거하므로 주님이 그 안에 거했던 '사도 요한'은 이러한 변화를 알고 있었으므로 앞에서 언급한 다음의 말씀을 증거할 수 있었습니다.

> "하나님께로부터 난 자마다 죄를 짓지 아니하나니 이는 하나님의 씨가 그의 속에 거함이요 그도 범죄하지 못하는 것은 하나님께로부터 났음이라"(요일 3:9)

결국 성령께서는 주님의 입에서 나온 아버지의 계명을 성도가 가는 길의 최종 목적지로 확정해 놓으시고, 당신의 백성들 안에 그 말씀의 씨가 거하게 하셔서 아버지를 알고 그의 뜻이 이루어지게 하시는 데 있으니, 이 시대에 주님의 계명에 목마르지 아니한 자는 그가 무슨 성령의 은사와 권능을 행하고 있을지라도 자신이 발람의 처지가 되지 않을까 하고 자신을 점검해 봐야 할 것입니다.

성령의 은사로써 하나님의 일을 하는 것은 구원의 보증수표가 아닙니다.

누구든지 자신에게서 그러한 은사가 나타나면 그는 참으로 하나님의 살아계심을 몸소 체험하는 것이니, 더욱더 두려움과 떨림으로 천국에 들어가기를 힘써야 하는 것입니다.

이러한 은사를 받아 하나님을 일을 하고서도 발람처럼 버림을 받는다면 그는 그 어떤 변명도 하나님께 내놓지 못하게 될 것입니다.

우리는 사울 역시 사무엘이 기도하고 거처했었던 라마나욧에 갔을 때 성령의 첫 번째 은사인 예언을 했었지만 결국 불순종으로 비참한 최후를 맞은 것을 기억해야 합니다.

아! 예수를 믿으면서도 순종하지 못하는 강퍅한 심령들이여!

아래의 말씀을 상기하고 우리 모두 하나님께 순종의 제사를 드립시다!

이스라엘 족속들도 하나님의 부르심으로 모세를 따라 광야에서 세례를 받고 하나님의 영광을 친히 목격하고 하늘에서 내리는 만나를 맛보았으나 그들이 평안해지고 부요해지자 말씀을 떠나 범죄하였으니, 이 시대의 교회 성도들과 하나도 다를 바가 없습니다. 이들의 불순종을 이 시대의 우리와 비교해도 조금도 부족하지 않다는 것입니다.

성령의 은사로써 봉사를 하고 하나님을 사랑하므로 십일조를 드려도 주님의 입에서 나오는 말씀을 저버리는 자들은 사울과 조금도 다를 바가 없는 것입니다.

"사무엘이 이르되 여호와께서 번제와 다른 제사를 그의 목소리를 청종하는 것을 좋아하심 같이 좋아하시겠나이까 순종이 제사보다 낫고 듣는 것이 숫양의 기름보다 나으니 이는 거역하는 것은 점치는 죄와 같고 완고한 것은 사신 우상에게 절하는 죄와 같음이라 왕이 여호와의 말씀을 버렸으므로 여호와께서도 왕을 버려 왕이 되지 못하게 하셨나이다"(삼상 15:22-23)

사울이 왜 하나님께 저버림을 당했습니까?

위의 증거대로 여호와 하나님의 말씀을 저버렸기 때문입니다.

그가 아말렉을 물리칠 수 있었던 것도 성령의 능력이 함께 하였기 때문에 가능한 일이었지만 그는 그 하나님의 역사를 체험했음에도 불구하고 하나님께 불순종하므로 하나님께 버림을 받았던 것입니다.

지금의 성도가 성령의 은사로써 여러 가지 능력을 행사하고 있습니까?

그는 사울처럼 하나님께, 곧 말씀의 계명에 불순종하지는 않는지 자신을 살펴봐야 하겠습니다.

주님께서 여러 가지 표적과 이적을 행하신 목적은 주님이 구약에서 예언한 그 메시야이심을 믿고 그분의 입에서 나온 말씀을 듣는 데 있습니다.

주님께서 사도들로 하여금 여러 가지 이적과 표적을 행하는 능력을 주신 것 역시 주님께서 그들의 입에 넣어주신 당신의 진리의 말씀을 그들로 하여금 듣게 하고 진리를 알게 하시는 데 그 목적이 있었던 것입니다.

그 진리는 곧 주님의 입에서 나온 진리의 말씀에 순종하는 것입니다.

이 시대의 성도들은 흔히 '지금은 은혜의 시대이니 하나님의 은혜가 주님을 향한 모든 불순종도 능히 감추어줄 수 있다'고 오해하고 있습니다.

이렇게 생각하는 자들은 사도 시대, 곧 은혜의 시대에 '아나니아와 삽비라'가 왜 죽음을 당했는지를 생각해보시기 바랍니다.

사도가 "내 형제들아 너희는 선생 된 우리가 더 큰 심판을 받을 줄 알고 선생이 많이 되지 말라"(약 3:1)고 권면한 것도 다 이유가 있습니다.

날마다 하나님의 말씀을 연구하고 가르치면서 정작 그 자신이 그 가르침에서 벗어나 있다면 그는 세상에서 가장 불행한 사람이 될 것이 아니겠습니까?

또한 아무리 큰 은사를 가지고 하나님의 복음을 전했을지라도 그가 하나님의 말씀에서 떠나 있으면 그 은사가 자신의 구원을 위해서는 아무 도움도 주지 못합니다.

다윗은 하나님을 힘입어 선한 싸움을 행하고 골리앗을 물리쳤지만 정작 자신이 하나님의 율법을 범하므로 하나님께 버림받는 것 같은 절망감에 사로잡히기도 하였으나 하나님의 인애를 경험한 그가 자신의 처지를 알고 심한 애통과 눈물로써 회개했기 때문에 하나님의 용서를 받을 수 있었습니다.

그가 범죄하고 난 후 지난날에 하나님의 권능으로 행했던 모든 일들은 오히려 그에게 더 큰 불리한 증거로서 그를 고발하는 위치로 바뀌었다고 봐야 할 것입니다.

왜냐하면 그는 친히 하나님의 살아 계심을 경험했기 때문입니다.

우리는 성령의 은사가 없이 하나님의 일을 하는 것은 불가능하지만 은사주의는 오히려 하나님을 아는 데 있어서 걸림돌이 될 수 있다는 것을 명심해야 합니다.

하나님께서 사랑하는 아들을 이 세상에 보내신 것은 그를 믿는 우리가 하나님의 은사를 많이 행하므로 우리 자신을 높이는 것이 아니라 그 아들을 죄에서 구원할 자로 믿어서 우리가 죄에서 구원 받고 순종해서 우리의 심령에서 하나님의 계명을 지키고 당신의 친 백성으로 하나님의 생명에 참여하고 그를 영화롭게 하는 데 그 목적이 있는 것입니다.

'에녹'은 성령의 특별한 은사 없이 주님과 동행하므로 죽음을 보지 않고 하늘로 들림 받았으며, '노아' 역시도 성령의 특별한 은사 없이 오직 하나님께 순종하여 방주를 만드는 것으로 자신과 자신에게 속한 가족들을 구원시킬 수 있지 않았습니까?

믿는 자들의 본보기이고, 믿음의 조상인 '아브라함'은 성령의 어떤 은사를 받았었습니까?

주님께 진실로 순종하는 자는 말씀으로 다가오시는 주님을 그들의 심령으로 받아들인 자들이라고 할 수 있습니다. 왜냐하면 순종은 말씀하시는 자의 말씀을 듣는 데 있기 때문인데, 그 들음은 그 말씀에 자신의 모든 생각과 뜻을 접고 오직 그 말씀이 자신의 심령을 지배할 것이기 때문입니다.

주님은 이 진리를 친히 보여주셨습니다.

> "내가 아버지 안에 거하고 아버지는 내 안에 계신 것을 네가 믿지 아니하느냐 내가 너희에게 이르는 말은 스스로 하는 것이 아니라 아버지께서 내 안에 계셔서 그의 일을 하시는 것이라"(요 14:10)

주님은 당신의 뜻을 행하러 오신 것이 아니라 아버지의 보내심을 받아 아버지의 뜻을 행하러 오셨기 때문에 자신을 비우시고 아버지의 성령을 충만히 받으심으로 아버지의 말씀 안에서 아버지와 함께 일하신 것입니다.

이와 같이 의에 주리고 목마른 성도가 주님께 순종하고자 할 때 주님은 아버지 안에서 말씀하셨던 그 말씀으로 성도들에게 다가오시고 그들 안에 그 말씀으로 거하시는 것입니다.

이로써 그 계명을 받은 성도들은 자신이 주님 안에 거하고 주님이 자신 안에 거하는 것을 친히 알게 됩니다.

주님이 그를 믿을 우리를 위해서 하신 기도는 사도들뿐만 아니라 지금 여기 우리에게서도 이루어지고 있기 때문입니다.

주님은 오직 당신이 아버지께 받은 말씀을 그에게 순종하는 자들에게 주셔서 그 말씀으로 그들과 하나를 이루십니다.

거룩하신 하나님의 말씀이 그 받은 영혼을 거룩하게 하셔서 거룩하신 아버지와 아들이 그들에게 보이게 되는 것입니다.

이것이 그리스도와 그의 지체들 간의 연합입니다.

"너희가 돌이켜 어린 아이들과 같이 되지 아니하면 결단코 천국에 들어가지 못하리라"(마 18:3)는 주님 말씀은 하나님의 순결하심을 잘 나타냅니다.

진실로 주님은 육신의 부모에게 순결하게 순종하신 것입니다.

"아버지여, 아버지께서 내 안에, 내가 아버지 안에 있는 것 같이 그들도 다 하나가 되어 우리 안에 있게 하사 세상으로 아버지께서 나를 보내신 것을 믿게 하옵소서 내게 주신 영광을 내가 그들에게 주었사오니 이는 우리가 하나가 된 것 같이 그들도 하나가 되게 하려 함이니이다"(요 17:21-22)

"그 날에는 내가 아버지 안에, 너희가 내 안에, 내가 너희 안에 있는 것을 너희가 알리라"(요 14:20)

> 진리의 성령은 진리의 말씀과 불가분리의 관계이기 때문에
> 성령을 받았다고 말하는 자들은
> 반드시 말씀의 열매로써 이를 나타내야 합니다.

부활하신 주님께서 사도들에게 나타나셔서 "예루살렘을 떠나지 말고 내게서 들은 바 아버지께서 약속하신 것을 기다리라"(행 1:4)고 명령하셨고, 그들은 이 명령을 따라서 간절히 기도함으로 그 성령을 받을 수 있었습니다.

그런데 그 성령께서 그들에게 오셔서 여러 가지 표적과 기사로 그들의 전하는 말이 하나님께로 오는 진리의 말씀임을 증거하셨지만, 더 중요한 것은 그들이 그 성령을 받아서 진리 곧 십자가의 대속의 은혜를 심령으로 깨달아서 주님께 온전히 순종함으로 하나님을 영화롭게 해드렸다는 것입니다.

주님께서 그들을 여기저기 이끄시며 인도하시는 것이 순종에 포함되지만 더 중요한 것은 주님이 산상수훈에서 가르치신 말씀에 순종하는 것입니다.

진리의 성령께서는 "원수라도 사랑하라"는 그 말씀을 알게 하셔서 그들로 하여금 행하게 하심으로 하나님을 영화롭게 하신 것입니다.

사도는 분명하게 증거합니다.

"하나님의 뜻은 이것이니 너희의 거룩함이라"(살전 4:3)

성령께서 오셔서 사도들을 통해서 여러 가지 표적과 기사를 나타나게 하셨지만, 그분이 오신 목적은 그들로 하여금 진리를 밝히 알게 하셔서 주님의 말씀에 순종하게 하시는 것입니다.

성령께서는 오직 자신들을 구속하신 주님만 바라보고, 그분의 말씀에 귀를 기울이게 하셔서 그들이 그 말씀을 받을 때 그 말씀으로 그들을 거룩하게 하시고, 동시에 인격적인 거룩한 주님이 그들의 심령에 성령으로 내주하신 것입니다.

그러므로 그 성령을 받는 것은 주님의 말씀을 받는 것과 동일합니다.

성령을 받았다고 말하는 자가 말씀의 거룩한 열매로 자라가지 않는 신앙은 사도들이 증거한 그 성령이 아니든지 아니면 그 성령은 그 구속을 증거했음에도 그들이 순종하지 아니함으로 근심 중에 계시다 할 것입니다.

이 시점에서 저는 요즘 고개를 들고 있는 '양태론'(樣態論; Modalism)의 이단에 대해 언급하고자 합니다.

'워치만 니'(Watchman Nee)의 지방교회 사람들은 "말씀과 관계없이 그들이 성령만 받으면 하나님의 자녀 곧 하나님이 된다."고 자랑합니다.

'조용기 목사님'도 그들과 똑같은 말을 사용하고 있지는 않지만 '성령을 받아 그 은사를 나타내면 그것이 곧 구원의 증표라도 되는 것처럼 '제2의 축복'을 말하고 있습니다.

성도들의 구원이 그들의 영혼 골수에 확실하게 새겨지고, 양심에 평화를 가져오는 것은 하나님의 계명이 그들의 생활에서 나타날 때입니다.

하나님께서는 "성령 충만함을 받으라"고 명령하고 계십니다.

'성령 충만'은 곧 '말씀 충만'입니다.

다만 우리들의 신앙이 머리로 인식해서 마음으로 열매를 맺어가기 때문에 성령 충만함과 계명의 말씀을 받는 것을 애써 구분하고 있는 것입니다.

십자가의 도를 성령으로 하지 않으면 깨달을 수 없기 때문에 그 깨달음을 얻은 자들이 성령을 받았다고 생각하지만 실상 주님의 이름으로 오신 성령께서는 그 구속을 알리시고, 더 나아가서 그 아는 자들의 심령 안에 거하기를 원하고 계시며, 이 거(居)함이 곧 그 계명이 그들 안에서 그 심령으로 열매를 맺는 것입니다.

구약의 성전이 성전 뜰과 성막과 지성소로 구분되고, 지성소 안의 말씀의 언약궤를 만나려면 어린 양의 피를 뿌린 후에 가능하였던 것과 마찬가지로 성도가 하나님의 말씀을 만나려면 주님의 피로 죄 씻음을 받고 그 계명을 우리의 생명의 좌소인 영혼 안으로 모셔 들여야 가능한 것입니다.

그러므로 말과 행실은 그 영혼의 본질의 표현이기 때문에 성령을 받았다하는 자들은 그 계명이 그들의 말과 행실에서 나타나야 합니다.

그런데 성도들 대부분은 하나님의 선하신 말씀을 맛보고 또한 성령의 은사를 조금 체험한 후에 주님이 말씀하는 성령을 받았다고 생각하고 더 이상의 신앙의 정진을 게을리 합니다.

주님께서는 제자들에게 성령이 오시면 3가지의 일을 하신다고 분명하게 말씀하고 계십니다.

"그가 와서 죄에 대하여, 의에 대하여, 심판에 대하여 세상을 책망하시리라 죄에 대하여라 함은 그들이 나를 믿지 아니함이요 의에 대하여라 함은 내가 아버지께로 가니 너희가 다시 나를 보지 못함이요 심판에 대하여라 함은 이 세상 임금이 심판을 받았음이라"(요 16:8-11)

성령께서 오시면 예수를 믿지 않는 것이 곧 죄라는 것을 알게 하시는데 이는 죄에서 건져주실 예수를 믿지 아니하므로 자신이 하나님보다도 죄, 곧 어두움을 더 사랑하고 있다는 것을 그 성령께서 보여주십니다. 이는 그들이 그 죄를 떠날 수 없기 때문에 주님의 이름을 신뢰하지 않는 것입니다.

자신들의 이성도 예수를 믿으면 자신들이 버릴 수 없는 죄와 결별을 해야 한다는 것을 본성적으로 알고 있는 것입니다.

그러므로 성경은 '예수를 믿지 아니하는 것이 죄'라고 말씀하고 있습니다.

예수의 이름을 믿지 아니하는 것에 대하여 그들은 어떠한 변명도 하나님 앞에 내놓을 수 없습니다. 죄를 대적하시는 성령이 오셔서 주님의 피의 대속을 알리시고 그들을 초청하시는데 그것을 거절하면 그들은 하나님의 징계와 심판을 기다려야 한다는 것입니다.

의에 대해서는, 주님이 오직 아버지께 순종의 제사를 드려서 당신에게 생명을 주신 아버지를 영화롭게 해 드리셨으므로 그 의로움으로 아버지 보좌 우편에 앉으신 것을 알게 하시므로 모든 사람들의 순종하지 아니하는 불의를 그 성령께서 책망하시는 것입니다.

예수님이 하나님께 죽기까지 순종하시고 부활하셔서 하나님 우편에 앉으셔서 그의 의로움이 증명되었기 때문에 그 성령께서 모든 사람들의 불의를 드러내시는 것입니다.

심판에 대해서는, 예수가 지신 십자가의 죽음은 대속적 죽음이기 때문에 그 대속의 죽음은 곧 믿는 자들의 죽음이고, 그 죽음은 곧 이 세상 임금 곧 사탄에게 종속되어 그와 연합되어 본질상 진노의 자녀들이 된 자들의 저주의 죽음이고, 종속된 자들의 죽음은 그 머리의 죽음 곧 사탄의 심판이기 때문에 성령께서는 주님의 십자가의 저주의 죽음을 통해서 이 세상 임금을 십자가에 못 박는 심판이 행해졌음을 알게 하시는 것입니다.

성령은 지체(肢體)의 심판은 곧 그 머리의 심판인 것을 알게 하십니다.

주님의 지체들을 핍박하는 사울에게 "사울아 사울아 네가 어찌하여 나를 박해하느냐?"(행 9:4)고 말씀하신 주님의 음성은 당신이 구속하신 그들이 온전히 주님의 소유이고, 한 몸으로 연합됨을 드러내신 말씀입니다.

그러므로 성령을 받은 자는 심판을 통해서 대속의 값을 치르시고 우리를 사신 주님과 연합되어 오직 그 안에서만 그를 대적하여 이길 수 있습니다.

"우리의 씨름은 혈과 육을 상대하는 것이 아니요 통치자들과 권세들과 이 어둠의 세상 주관자들과 하늘에 있는 악의 영들을 상대함이라"(엡 6:12)

그러므로 성령을 받은 자는 주님께 속한 자들이 사탄에게 속해 있는 세상과 결코 타협이 이루어질 수 없다는 것을 압니다.

왜냐하면 이 세상은 온전히 사탄에게 종속되었기 때문입니다.

"또 아는 것은 우리는 하나님께 속하고 온 세상은 악한 자 안에 처한 것이며"(요일 5:19)

따라서 WCC 운동은 마귀의 사상입니다.

믿음의 성도들은 경건하게 하나님을 사랑하므로 그들이 비록 세상 영에 속하여 하나님을 대적하고 있을지라도 하나님의 형상을 입은 그들을 공경하고 사랑하는 것이지, 그들과 관계 맺고 영적인 교류를 가지면 안 됩니다.

그들이 믿음의 형제들과 영적인 교류와 연합을 가지려면 먼저는 하나님과의 화목이 있어야 가능한 것이 아니겠습니까?

우리는 하나님을 사랑해서 순종하는데 그들은 하나님을 대적하고 있으니, 거기에 무슨 교제가 있겠습니까? 우리는 하나님께 속하여 하나님의 성령의 말씀으로 그 마음과 사상이 하나를 이루는데 그들이 갖고 있는 영은 그 말씀을 대적하는 영이니, 거기에 무슨 연합이 있을 수 있겠습니까?

그러므로 주님의 영을 받은 자는 공중의 권세 잡은 이 세상의 영을 대적하므로 거기에 속한 자들을 불쌍히 여기고 복음으로써 그들을 하나님과 화목 시키는 위치에 있는 것입니다.

그 영은 정직한 영이고, 불의를 기뻐하지 아니하는 영이고, 간음은 물론이거니와 사람들의 마음에 은밀히 숨어 있는 음욕을 죄라고 정죄하는 영이고, 사람은 철저하게 본질상 진노의 자녀라 증거하는 영이고, 우상을 가장 혐오하는 영이고, 하나님만을 높이고, 경외하는 영이고, 뇌물이나 도둑질을 정죄하는 영인 것입니다.

이 영은 모든 죄로부터 우리를 깨끗하게 하여 하나님이 거하시는 성전을 삼으시는 영인데 어떻게 이러한 영과 세상의 영이 동거할 수 있겠습니까?

가톨릭의 성당에 세워진 예수 상이나 마리아 상, 성자의 상이나 모든 화상들은 다 철저하게 우상으로서 하나님이 극히 싫어하시는 것인 것입니다.

이들과 교회 일치를 꾀하고 있는 자들의 영이 과연 어떤 영인가를 독자들은 생각해보시기 바랍니다.

따라서 우리는 그리스도께 속하지 아니한 모든 종교에 대해서 열린 마음으로 그들을 불쌍히 여겨야 되겠지만, 그들과 영적인 교류는 있을 수 없다는 것을 알아야 합니다.

영적인 교류를 가지려면 우리가 주님의 성령을 떠나든지 아니면 그들이 세상 영을 떠나서 그리스도께 속하든지, 둘 중에 하나가 선행되어야 가능한 것입니다.

이 세상 영은 주님께서 당신의 십자가로 심판을 행하셨으므로 주님을 믿고 따르는 자들 역시 그 영을 대적한다는 것을 알아야 합니다.

성령을 받았다 하는 자들이 이 세상 영을 대적하는 것이 없으면, 바로 그것이 그들이 주님의 성령을 모시고 있지 않다는 증거인 것입니다.

성령은 주님의 영이고, 성령은 또한 진리의 영이고, 진리의 말씀 자체이십니다. 주님께 순종하는 자들은 말씀이신 주님을 그 심령에 모시기 때문에 말씀을 거스르는 사상과 생각과 영을 대적하게 되어 있는 것입니다.

'양태론'은 우리의 경건한 선진들이 '칼케돈 종교회의'에서 정죄한 사상이었습니다.

양태론은 '같은 한 하나님이 구약에서는 성부 하나님으로, 그 하나님이 육신을 입으신 예수님으로, 예수님이 부활하여 하늘로 올라가신 후에는 같은 하나님이 성령으로 오셔서 일하신다'고 하는 사상입니다.

이러한 사상이 얼마나 허구이고 사도들이 성경에서 아버지 하나님과 성자 예수님 그리고 아들의 이름으로 보내신 성령에 대한 증거와 얼마나 다른가 하는 것은 의에 주리고 목말라 본 자들만이 쉽게 파악할 수 있습니다.

온유한 심령이 의에 주리고 목말라 할 때 하나님께서는 그 아들이 당신의 하나님을 향한 의로운 관계를 보여주시는데, 이를 통해서 우리가 얼마나 그 의에서 먼 존재인지를 알게 하십니다.

또한 우리 주님께서 당신의 하나님을 향한 의로운 관계에서 행해지는 순종이 얼마나 위대하고 아름다운가를 알게 하시고, 그 주님을 본받게 하시려는 것에 하나님의 뜻이 있는 것인데, 아버지와 아들의 위(位)의 구분을 없애버리는 이 사상은 아버지 하나님과 아들을 동시에 부인하는 실로 마귀적인 것입니다.

지방교회는 우리의 경건한 선진들이 이단들을 경계하기 위해서 도입한 삼위일체 교리를 대적하여 스스로 '양태론자들'임을 드러내고 있는데, 그들은 "하나님은 삼일 하나님으로 존재한다."고 말하고 있습니다.

주님이 십자가 위에서 아버지께 죽기까지 복종하심으로 당신이 진실로 하나님의 아들이심을 증거하셨는데, 그들은 아버지가 아들로 나타나신 것은 하나님의 경륜 때문이라고 주장하고 있습니다.

건전한 판단력을 가진 정상적인 사람이라면 '아들이 아버지께 생명을 받았으므로 그 아버지의 아들이고, 생명을 주신 아버지가 실로 아들의 주가 되심으로 죽기까지 복종하는 것이 합당하다는 것을 다 인정할 것인데, 그들은 이 관계를 애써 왜면하고 그 아들을 아버지라고까지 높임으로써 아버지를 부인하고 동시에 그 아들도 부인하여 대적하고 있는 것입니다.

"나의 하나님, 나의 하나님, 어찌하여 나를 버리셨나이까?"(마 27:46)

"백부장과 및 함께 예수를 지키던 자들이 지진과 그 일어난 일들을 보고 심히 두려워하여 이르되 이는 진실로 하나님의 아들이었도다 하더라"(마 27:54)

사람이 하나님의 형상으로 지음을 받은 것 중에 가장 중요한 요소가 바로 '의로운 판단력'이라고 할 것입니다.

옳고 그름을 판단하는 판단력이 있기 때문에 하나님 앞에서 자기의 죄에 대해서 변명하며, 또한 자신이 하나님을 향한 의로운 행위에 대해서 하나님께 상급을 기대할 수 있지 않겠습니까?

어린 철부지들도 능히 이해할 이런 일에 대해서 더 길게 논할 가치가 없다고 봅니다.

쉬어가는 코너

우리 모두 가족의 구성원으로서 부모의 사랑 가운데서 성장하였습니다.

아이가 집이 좋은 것은 '엄마가 있어서'라고 합니다.

아이의 눈에는 엄마의 사랑이 가장 크기 때문에 집이 누추하거나 화려함에 관계없이 그냥 엄마가 있어서 자기의 집이 세상에서 제일 최고입니다.

그런데 그 집에는 '아빠'라는 든든한 버팀목이 있어서 어머니가 어머니의 사랑을 마음껏 자식을 위해서 쏟을 수 있게 하고 있습니다. 그는 자기의 아이가 엄마의 품에서 사랑을 받고 성장하는 것을 기뻐하고 있는 것입니다.

우리에게는 한 하나님 곧 만유의 아버지가 계시고, 한 주 예수 그리스도 곧 하나님과 사람 사이에 중보자가 계십니다.

곧 아버지의 뜻을 따라 당신의 생명을 아끼지 아니하시고 대속 제물로 내어 놓으실 정도로 우리를 끔찍이 사랑하시는 분이 우리의 주가 되시고 우리의 머리가 되시는 것입니다.

> "그의 아들 예수 그리스도 우리 주와 더불어 교제하게 하시는 하나님은 미쁘시도다"(고전 1:9)

세상의 부모들이 당신의 자녀들이 서로 화목하고 서로 우애하며 사랑하기를 얼마나 바라고 있습니까?

하늘의 아버지께서는 믿음의 형제들을 당신의 아들들로 예정하시고 부르셨으니, 우리를 향한 당신의 뜻은 분명한 것입니다.

믿음의 형제들의 형제애는 세상에 나타난 것보다도 더 거룩하고 확실하고 커야 하며, 사랑은 그 형제들을 위해서 자신들의 생명을 내어 줄 정도가 됩니다.

사람마다 사랑의 기준을 가지고 있습니다.

그러나 세상에서 맛보는 사랑은 참 사랑의 그림자에 불과합니다.

이 사랑은 창조주에게서만 발견되고, 창조주의 영을 받은 자만이 그 계명을 따라 맛보게 됩니다.

창조의 주가 되시는 주 예수 그리스도 안에서만 발견되는 사랑을 누가 캐낼 것입니까?

이는 어려운 것이 아니라 그가 진실로 원하면 만나게 되어 있습니다.

> "구하라 그리하면 너희에게 주실 것이요 찾으라 그리하면 찾아낼 것이요 문을 두드리라 그리하면 너희에게 열릴 것이니 구하는 이마다 받을 것이요 찾는 이는 찾아낼 것이요 두드리는 이에게는 열릴 것이니라"(마 7:7-8)

많은 사람들이 예수 그리스도를 무시할 정도로 교만해져서 이 사랑을 알지 못하고, 찾지 못하고 있습니다.

대부분의 믿음의 사람들이 이 사랑을 알지 못하고 곁길로 들어서서 사람에게서, 목회자에게서, 자신들의 배우자에게서, 자녀들에게서, 세상의 보이는 것에서 이 보화를 캐내려고 헛된 노력을 기울이고 있습니다.

믿음의 사람들은 두 정부를 섬기고 있습니다.
하나는 하나님의 정부요, 하나는 세상 정부입니다.
주님의 통치하에 있는 정부는 죄가 없고, 악이 없고 더러운 것이 없으며 아버지의 신령한 사랑이 충만한 나라이며, 그 나라의 가장 작은 자라도 아버지의 지극한 사랑을 받고 있기 때문에 어느 누구도 그를 지극한 사랑으로 사랑하지 않을 수 없는 반면에 세상 정부는 우리가 그 가운데서 태어나서 자랐고 부딪혀보았고 맛보았기 때문에 진술할 것이 없을 것입니다.

우리는 힘 있는 자가 지배하고 군림하는 곳, '용서'(容恕)라는 단어의 의미를 알지 못하는 곳, 섬기고 희생하는 하나님의 정부와 정반대의 가치관이 지배하는 곳에서 주님의 재림을 기다리고 있습니다.
아빠들과 어머니들과 아이들이 이러한 세상에서 부대끼다가 가정이라는 작은 천국에서 안식을 기대하고 있습니다.

주여! 우리의 가정을 주님이 지배하셔서 작은 천국이 되게 하소서!

긍휼히 여기는 자는 복이 있다

의에 주리고 목마른 자는 복이 있나니 그들이 배부를 것임이요
(마태복음 5:7)

- 주님이 말씀하시는 긍휼의 마음을 품으려면 우리는 산상수훈의 가르침을 마음으로 받아들여야 합니다.

- 하나님의 긍휼을 품으려면 주님의 가르침을 따라 자기에게 죄지은 자에 대해서 진심으로 용서하고 모든 사람으로 더불어 화목해야 됩니다.

- 성도가 모든 사람을 긍휼히 여기려면 육으로 난 사람의 처지를 알아야 합니다.

- 하나님의 긍휼을 아는 자들은 복음을 전하는 일에 열심을 내지 않을 수 없습니다.

- 이 긍휼을 알려면 주님을 머리로 하는 지체들 간의 연합을 도모해야 합니다.

- 긍휼히 여기는 자는 주님의 신령한 몸에 연합될 소망이 있기에 이 세상의 그 누구라도 하나님의 긍휼의 대상임을 압니다.

- 긍휼히 여기는 자는 복이 있나니 그들이 긍휼히 여김을 받을 것임이요.

- 쉬어가는 코너

제5복

"긍휼히 여기는 자는 복이 있나니 그들이 긍휼히 여김을 받을 것임이요"

아버지의 생명으로 충만하신 주님께서는 세상의 빛으로서 아무도 정죄하지 아니하고 아무도 꺼리지 아니하셨으니, 이는 당신이 아버지의 거룩한 이름을 자신 안에서 나타내셨기 때문에 나타난 일이었습니다.

부모는 자녀들에 대해서 긍휼의 마음을 품을 수 있습니다.

그들의 자녀들이 당신들에게 반항하거나 패역을 행하여도 그들을 향해서 긍휼을 품을 수 있는 것은 진정으로 그들을 사랑하기에 나타날 수 있는 일인 것입니다.

그 자녀들이 집을 나갔거나 형제들끼리 다툼으로 서로 대적이 되었어도 그 부모들이 그들을 진정으로 사랑하고 있다면 눈물로 그들의 회복을 기도하고 열망하게 될 것입니다. 그들 안에 있는 강퍅한 것들도 그들의 부모는 그들을 있는 그대로 품을 수 있고, 진정으로 그들의 장래를 축복할 마음이 있기에 그들에게 긍휼을 품을 수 있다는 것입니다.

이처럼 세상 부모도 자기의 자녀들을 불쌍히 여기거늘 하물며 하늘의 아버지는 어떠하시겠습니까?

주님은 바로 그 아버지의 이름으로 오셨던 것입니다.

200 팔복으로 들림을 준비하라

죄악 가운데서 육체의 속성만을 가지고 태어난 자들도 자기의 자녀들에게 애정을 쏟고 잘되기를 바라며 자신들을 희생하는데 하물며 인애와 긍휼이 우주만큼이나 크신 하나님은 어떠하시겠습니까?

당신의 형상을 입은 사람을 미워하고 저주하며 죽이는 흉악한 자들이라도 당신 안에 있는 긍휼은 이보다 더 크셔서 그들의 죄악을 보듬고 씻어주시니, 진정으로 그는 죄인들의 아버지이십니다.

다윗이 그의 아들 압살롬의 죽음을 알고 애통해 했던 성경의 기록은 부모의 심정이 어떠한가를 가장 잘 나타내고 있습니다.

그런데 다윗을 다윗 되게 하신 하나님의 죄인들을 향한 긍휼은 얼마나 더 크시겠는가를 생각해봐야 합니다.

주님께서 누가복음에 기록하신 탕자를 향하신 하나님의 긍휼은 진정으로 하나님은 죄인들의 아버지가 되심을 확실히 증거하셨습니다. 주님만이 이 아버지를 아시고 그의 택한 백성들에게 이 아버지를 알게 하시는 것입니다.

> "왕의 마음이 심히 아파 문 위층으로 올라가서 우니라 그가 올라갈 때에 말하기를 내 아들 압살롬아 내 아들 내 아들 압살롬아 차라리 내가 너를 대신하여 죽었더면, 압살롬 내 아들아 내 아들아 하였더라"(삼하 18:33)

아버지의 이름으로 오신 주님, 그는 진실로 모든 사람을 불쌍히 여기고 아버지의 사랑으로 그들을 사랑하셨습니다.

그러므로 주님께 순종하기를 목말라 하는 자들이 주님의 산상수훈의 가르침과 그 말씀을 받아서 하나님의 사람 사랑하심을 알 때 이웃에게 선을 행하고 긍휼의 마음을 품을 수 있습니다.

그러므로 성도가 주님이 말씀하고 계시는 긍휼의 마음을 품으려면 율법의 계명이 성도들의 심령에서 지켜져야 하고, 더 나아가 율법의 완성이신 주님의 산상수훈의 말씀에 순종해야 되는 것입니다.

하나님의 계명은 그 백성들에게만 해당되는 것이 아니라 모든 인류에게 공통적으로 해당되는 계명입니다.

왜냐하면 모든 인류는 아담 한 사람의 후손이고, 하나님은 모든 사람이 구원을 받으며 진리를 아는 데에 이르기를 원하시기 때문입니다.

따라서 성도라고 일컬음을 받는 자가 자기들이 받은 영이 하나님의 성령인지 미혹의 영인지를 분별할 수 있는 방법은 그에게서 인류 보편적인 사랑의 열매가 나타나고 있느냐에 달려 있습니다.

사람을 당신의 형상으로 창조하신 하나님은 진정으로 인류의 아버지이시니, 주님이 말씀하는 긍휼히 여기는 자는 인류 보편적인 긍휼입니다.

그러므로 우리 주변의 모든 사람들이 죄로 인해서 그 심령이 심히 패역하고 창조주를 대적하고 하나님의 형상을 입은 사람을 미워하고 죽일지라도 그들을 향한 하나님의 부성이 그들의 악보다 크고 넓기 때문에 이 긍휼을 아는 자는 이러한 긍휼로 그들을 품을 수 있어야 된다는 것입니다.

이는 의에 주리고 목마른 자들의 영혼에게 임하는 아버지의 성령으로만이 아는 이웃 사랑입니다.

성도들이 믿지 아니하는 형제들을 위해서 기도할 때 뜨거움과 눈물의 기도를 드릴 수 있는 것은 그들의 마음에 하나님의 사랑이 알려져서 성령의 뜨거움으로 기도하기 때문입니다. 이는 온전히 그들을 향한 진정한 사랑이 있을 때 나타날 수 있는 심령의 진정성입니다.

내가 처해있는 내 주변의 모든 사람들은 한 형제요 한 골육의 친척이요, 자매요, 어머니요, 아버지이며, 아버지의 성령으로 아는 이웃 사랑, 우리의 조상 아담의 위는 하나님이시고, 그 하나님 안에서 모든 인류는 한 형제요 자매이기 때문에 성령은 바로 이 골육지친의 관계를 알게 하는 것입니다.

자신들이 하나님의 긍휼의 대상이며 그 긍휼로 하나님의 은혜를 입었으면 그들도 역시 하나님의 긍휼의 대상임을 알고 품을 수 있는 것입니다.

하나님께 긍휼하심을 입어 거저 주시는 은혜로 주님과 함께 하늘 아버지 나라의 상속권자가 되었으니, 이 세상의 어떤 것도 그 부와는 비교가 안 됩니다. 세상의 어떤 부자나 어떤 권력이나 지식이나 유명한 것이나 아름다운 것들도 전혀 부러울 것이 없는 것은 주님의 성령으로 보이시는 하나님의 사람 사랑이 가장 고귀하고 아름답기 때문입니다.

여기에 더하여 성도들은 하나님의 자녀의 영광을 바라보는 소망이 믿어지기에 이 세상의 믿지 아니하는 모든 사람에 대해서 진실로 긍휼히 여길 수 있게 된 것입니다.

또한 성경의 증거가 우리들의 심령에 믿어졌으니 아담의 모든 후손이 죄 가운데 태어나 하나님을 알지 못하고 본성적으로 하나님을 거스르고 모든 영혼들이 죄의 저주 가운데 있다는 것을 알기에 그 영혼들에 대해 긍휼의 마음을 갖지 않을 수 없습니다.

죄의 삯은 사망이요 죽은 후에는 심판이 있다는 것을 알기에 믿지 아니하는 모든 사람에 대해서 진정으로 긍휼의 마음을 품을 수 있는 것입니다.

죄악 가운데 출생하여 본질상 진노의 대상이었던 우리들에게 나타난 하나님의 기이한 사랑, 아버지로서의 인자하심이 나타나서 그 부르심으로 죄 용서함과 하늘의 소망을 갖게 하셨고, 하나님의 긍휼이 죄인들의 심령에 새겨져서 그 영혼 깊은 곳에서 '아바 아버지'라 외치며, 참으로 하나님께서 우리들을 당신의 양자로 입양하셨음을 믿고 깨닫기에 주님 밖에서 죄의 어두움에 갇혀 있는 모든 사람에 대해서 긍휼의 마음으로 바라보게 되는 것입니다.

주님이 말씀하시는 긍휼의 마음을 품으려면
예수 그리스도를 율법의 완성자로 믿어야 합니다.

'사도 바울'이 증거한 "그리스도는 모든 믿는 자에게 의를 이루기 위하여 율법의 마침이 되시니라"(롬 10:4)는 말씀은 해석하기가 상당히 어려운 점이 있습니다. 왜냐하면 바울의 증거대로 주님이 율법의 완성이시면 '모세로 말미암아 이스라엘 백성들에게 주어진 율법이 완전하지 못했는가?'라는 의문을 제시할 수 있기 때문입니다.

또한 주님께서 하신 다음의 말씀을 보면 주님께서 모세로 말미암아 기록된 하나님의 율법을 무시하고 폐하신 말씀처럼 보이기 때문입니다.

> "또 눈은 눈으로, 이는 이로 갚으라 하였다는 것을 너희가 들었으나 나는 너희에게 이르노니 악한 자를 대적하지 말라 누구든지 네 오른편 뺨을 치거든 왼편도 돌려 대며 또 너를 고발하여 속옷을 가지고자 하는 자에게 겉옷까지도 가지게 하며 또 누구든지 너로 억지로 오 리를 가게 하거든 그 사람과 십 리를 동행하고 네게 구하는 자에게 주며 네게 꾸고자 하는 자에게 거절하지 말라"(마 5:38-42)

이러한 말씀 때문에 유대인들이 주님을 오해하여 그가 모세의 율법을 폐하려 한다고 생각했었던 것 또한 사실입니다.

그러므로 주님을 그리스도로 믿고 신실하게 따르던 자들은 그 말씀을 받고 주님의 권위를 믿었지만 그렇지 않은 자들은 주님을 대적하여 죽이기까지 하였던 것입니다.

믿음이 약한 자들을 위해서 덧붙이면, '칼빈'은 위 말씀을 '유대인들이 더럽힌 율법을 주님이 깨끗하게 하여 제자리에 되돌려놓았다'고 해석합니다.

그러나 칼빈의 이러한 해석에는 다소 무리가 있다고 할 수 있습니다.

왜냐하면 유대인들의 율법해석에 문제가 있었던 것이 아니라 그들은 주님이 율법의 말씀을 모세의 입에 넣어 주신 분이심을 몰랐기 때문입니다.

다음은 유대인과 주님 사이의 대화입니다.

> "바리새인들이 예수께 나아와 그를 시험하여 이르되 사람이 어떤 이유가 있으면 그 아내를 버리는 것이 옳으니이까 예수께서 대답하여 이르시되 사람을 지으신 이가 본래 그들을 남자와 여자로 지으시고 말씀하시기를 그러므

로 사람이 그 부모를 떠나서 아내에게 합하여 그 둘이 한 몸이 될지니라 하신 것을 읽지 못하였느냐 그런즉 이제 둘이 아니요 한 몸이니 그러므로 하나님이 짝지어 주신 것을 사람이 나누지 못할지니라 하시니 여짜오되 그러면 어찌하여 모세는 이혼 증서를 주어서 버리라 명하였나이까 예수께서 이르시되 모세가 너희 마음의 완악함 때문에 아내 버림을 허락하였거니와 본래는 그렇지 아니하니라 내가 너희에게 말하노니 누구든지 음행한 이유 외에 아내를 버리고 다른 데 장가드는 자는 간음함이니라"(마 19:3-9)

위의 말씀에 주님께서 "모세가 너희 마음의 완악함 때문에 아내 버림을 허락하였거니와"라고 하신 말씀에서처럼 주님께서는 모세에게 율법을 주신 그 율법을 완성하여 당신의 제자들에게 가르치셨다는 것을 알 수 있습니다.

주님께서는 그 당시 그들의 수준으로 당신의 율법을 그들의 수준으로 낮추셔서 그들이 그 율법을 떠나지 않게 하시려는 목적이 있었던 것입니다.

그러나 본래 율법의 목적은 주님께서 산상수훈에서 가르치신 내용입니다.

주님의 완전한 대속이 이루어지기 전에 구약의 백성들에게 주님의 율법 해석을 제시하였다면 아마 그들은 그 율법을 가까이 할 생각도 하지 못하였을 것입니다. 그런데 그들은 주님의 이러한 완전한 율법을 받아들이지 못하고 모세가 명한 말씀만을 붙잡고 그 자리에만 머물러 있었던 것입니다.

남편이 아내가 싫어져서 같이 살 마음이 없어서 내어버리면 그 아내는 남편 있는 자로서 다른 남자에게 가면 음부가 되는 것이니 갈 수도 없고, 그렇다고 본 남편은 자신을 싫어하여 멀리하는 것이니, 그 곤고한 처지가 어떻겠습니까?

하나님께서는 이러한 처지에서 해방시키기 위해서 모세를 통해서 이혼증서를 써주라고 명하셨습니다.

그 이혼증서가 있기에 아내는 떳떳하게 다른 사람과 새로운 결혼을 할 수 있었으며, 이러한 결과는 순전히 사람들의 완악함 때문인 것이니 주님의 완성된 율법은 참으로 진리이며, 주님이야말로 진실로 모세를 통해서 당신의 백성들에게 율법을 주신 안식일의 주인이시며 율법의 완성이 되십니다.

"내가 너희에게 이르노니 성전보다 더 큰 이가 여기 있느니라 나는 자비를 원하고 제사를 원하지 아니하노라 하신 뜻을 너희가 알았더라면 무죄한 자를 정죄하지 아니하였으리라 인자는 안식일의 주인이니라 하시니라"(마 12:6-8)

주님이 바로 당신의 백성들에게 율법을 주신 분이며, '칼빈'의 말을 빌리면 율법을 제대로 해석하신 분으로, 즉 율법의 완성이신 분으로 믿어야 합니다. 구약의 율법이 온전하지 못한 것이 아니라 당신의 백성들의 수준에 그 율법을 적용해야만 그들이 그 율법을 버리지 아니하고 가까이 할 수 있을 것을 아셨기에 주님이 오셔서 그 율법을 제대로 선포하실 때까지 그들을 그 안에 묶어놓으신 것입니다.

이러한 시각이 있을 때 '주님이 율법의 완성'이라는 말씀이 이해됩니다.

동물 피를 성소에 뿌려 죄 속함을 얻게 하는 제사 제도도 마찬가지입니다.

주님의 대속을 예표하는 제사는 주님이 오셔서 그 예표를 완성하시자 폐하여졌던 것처럼 모세의 율법 곧 "눈은 눈으로, 이는 이로"의 말씀도 그 율법의 주인이신 주님이 오셔서 완성하신 것이니, 구약의 그 말씀도 이제 온전한 율법 안에서 즉 '산상수훈의 가르침' 안에서 없어져야 합니다.

주님의 대속을 가리키는 동물의 제사가 주님의 대속을 가리키기 때문에 주님이 오셔서 그 실체가 실행되었으므로 폐해졌던 것처럼 구약의 율법과 계명도 그 완성인 산상수훈이 주님으로 말미암아 선포되었으므로, 그 안에 묻혀야 되는 것입니다.

이런 의미에서 주님은 율법의 완성이십니다.

주님은 동물의 제사를 당신의 몸으로 완성하셨고, 구약의 율법의 계명은 당신의 산상수훈으로 온전하게 선포하신 것입니다.

저는 앞에서 모든 사람을 불쌍히 여기려면 모든 사람을 사랑해야 된다고 증거하였습니다. 그런데 이 사랑을 실천하려면 주님의 말씀을 받아 순종해야 되는데 '주님이 바로 구약에서 그들 백성들에게 율법을 말씀하신 분이고 모세의 율법의 완성자이심을 믿어야 한다'는 것입니다.

왜냐하면 유대인이나 이방인이나 믿는 사람이라면 모세에게 말씀하신 하나님의 권위는 인정하고 있습니다.

그런데 주님의 산상수훈이 바로 모세의 율법과 동일하고 그것의 상세도라고 인정하면 그 말씀의 권위에 누구나 겸비해지기 때문입니다.

구약의 이스라엘 백성들이 모세의 율법을 떠나지 않으면 이 땅에서도 축복을 받고 메시야를 소망할 수 있었던 것처럼 지금의 교회의 성도들이 모세의 율법의 완성인 산상수훈의 교훈을 받으면 이 땅에서도 평강을 누리고 하나님의 자녀의 소망을 가지게 되는 것입니다.

율법은 죄를 드러내는 역할을 합니다.

따라서 성도가 자신들의 죄가 무엇인지를 알려면 모세의 온전하지 못한 율법을 들여다 볼 것이 아니라 주님의 그 율법의 완성인 산상수훈의 말씀으로 자신을 들여다봐야 하는 것입니다.

우리가 잘 아는 대로 '예수'라는 이름은 '자기 백성을 그들의 죄에서 구원할 자'이십니다. 그런데 자기 백성을 그들의 죄에서 구원하실 예수께서 당신이 부르신 자들의 죄가 무엇인지 가르치지도 않고 당신의 대속의 진리를 가르친다면 어떻게 되겠습니까?

주님께서는 율법의 온전한 말씀 곧, 산상수훈의 가르침을 가지고 당신의 백성들의 죄가 무엇인지를 보게 하시고, 그러한 죄 가운데 있는 자들을 그 죄에서 구원하시는 것이 당신의 사명인 것입니다.

대제사장이 하나님과 화목을 상징하는 피를 지성소 앞과 장안에 뿌린 후에 말씀이신 하나님을 만날 수 있었듯이 예수께서도 당신을 따르는 자들에게 먼저는 당신의 산상수훈의 말씀을 가지고 그들의 죄를 보게 하시고, 후에 당신의 대속의 피를 가지고 그 죄 곧 산상수훈의 말씀에 거치는 자들의 죄를 씻어 주셔야 하나님의 거룩한 긍휼을 알 수 있는 것입니다.

주님께서 제자들에게 "하나님의 뜻을 행하려면 내가 하는 말이 사람의 입에서 나온 말인지 하나님 아버지의 말씀인지 알 수 있으리라"고 말씀하셨듯이 주님의 가르침을 받고 그 입에서 나온 말씀을 받으면 그 말씀이 참으로 아버지 하나님에게서 나온 말씀임을 진실로 깨닫게 되는 것입니다.

주님의 입에서 나온 아버지의 말씀에 거치는 자들이 그 죄에서 깨끗하게 되어야 아버지의 사람 사랑하심을 알 수 있기 때문에 성도는 주님의 가르침을 있는 그대로 받아야 합니다.

주님께서는 사람과 사람 사이에서 "살인하지 말라, 간음하지 말라, 도둑질하지 말라, 거짓증거하지 말라, 네 이웃의 소유를 탐내지 말라"고 하신 그 계명을 완성하셨으니, 여자를 보고 음욕만 품어도 마음에 간음을 행했다는 주님의 말씀에서 우리는 하나님께서 얼마나 사람에 대해서 거룩한 사랑을 갖고 계시는가를 단적으로 알 수 있습니다.

그 외의 다른 계명도 마찬가지입니다.

세상에서는 사람을 마음으로 미워하는 것이나 여자를 보고 음욕을 품는 것쯤은 그 양심에 죄로 여기지 않을지라도 주님의 가르침을 마음으로 받고 듣게 되면 그 말씀이 바로 사람을 당신의 형상대로 창조하신 자의 말씀이라고 깨닫게 되는 것입니다.

마음속의 음욕은 하나님의 형상을 입은 자를 마음으로 업신여기며 더럽히는 것이며, 형제에 대하여 조금이라도 미움의 마음을 품고 있다면 그 마음은 하나님의 형상을 멸하려는 것이니, 그것이 죄라고 지적하고 계시는 주님의 말씀이야말로 참으로 온 인류의 아버지에게서 나온 말씀이 틀림없다는 것입니다.

형제에 대해서 쑤군쑤군 대거나 비방하거나 욕을 하는 것은 하나님의 형상대로 존귀하게 창조함을 받은 자를 저주하고 멸시하는 것이니 이는 곧 하나님을 미워하는 것이며 하나님을 대적하는 것이라 아니 할 수 없습니다.

"이것으로 하나님의 형상대로 지음을 받은 사람을 저주하나니 한 입에서 찬송과 저주가 나오는도다 내 형제들아 이것이 마땅하지 아니하니라"(약 3:9-10)

그러므로 믿음의 형제를 포함해서 모든 사람에 대해서 마음속에 조금이라도 악한 생각이나 더러운 마음을 품고 있다면 그 속에서는 주님이 이 장에서 말씀하고 계시는 그 긍휼의 마음을 가질 수 없습니다.

왜냐하면 그가 조금이라도 미워하거나 꺼리는 형제도 하나님의 긍휼의 대상이고, 그의 마음에 음욕을 품고 있는 그도 하나님은 거룩한 사랑으로 사랑하고 계시기 때문입니다.

더 나아가서 주님의 가르침대로 원수라도 사랑해야 주님이 말씀하시는 긍휼을 알 수 있습니다.

이는 그가 원수로 미워하고 있는 그도 하나님은 긍휼의 마음을 품고 계시고 그와 마찬가지로 그에게도 은혜 입혀주시기를 기뻐하시기 때문입니다. 주님께서는 아버지의 이름으로 오셔서 아버지의 거룩한 긍휼을 몸소 나타내신 분이셨습니다.

세상에서 아무리 큰 죄인이라도 하나님께서 어찌 그 죄인에 대해서 긍휼의 마음을 품지 않으시겠습니까?

주님은 이를 증거하셨습니다.

주님은 모든 사람에 대하여 조금도 꺼리지 아니하셨으니 이는 당신 안에서 역사하시는 아버지의 긍휼을 나타내신 것입니다.

처참하게 일그러지고 거짓되고 추악한 죄인이라도 아버지께서는 그에게 남아 있는 당신의 형상 때문에 그에 대해서 긍휼을 품고 계시는 것입니다.

저의 주장이 지나친 억지라고 말하는 분들이 계실지 모르겠지만, 아버지의 이름으로 오셔서 아버지를 영화롭게 해드리신 주님은 당신을 십자가에 못 박고 저주하며 희롱하는 자들에 대해서 다음과 같이 기도하셨으니, 이 기도야말로 하나님께서 죄인들에 대해서 얼마만큼 큰 긍휼을 품고 계시는가를 단적으로 보여주고 계시는 것입니다. 우리는 아들을 대적하고 찌르는 것은 바로 하나님을 향하는 것임을 알아야 합니다.

　　　"아버지 저들을 사하여 주옵소서 자기들이 하는 것을 알지 못함이니이다"(눅 23:34)

　　이 기도를 들으시는 주님의 아버지는 주님보다 더 크시다고 주님께서 증거하셨으니, 아버지의 긍휼하심 역시 주님보다도 더 크지 않겠습니까?

　　하나님의 죄인들을 향한 긍휼하심은 측량할 수 없습니다.

　　끊임없이 하나님의 말씀을 등 뒤로 던지고 범죄하기를 멈추지 않는 그들이었습니다.

　　　"하늘이여 들으라 땅이여 귀를 기울이라 여호와께서 말씀하시기를 내가 자식을 양육하였거늘 그들이 나를 거역하였도다"(사 1:2)

　　　"슬프다 범죄한 나라요 허물 진 백성이요 행악의 종자요 행위가 부패한 자식이로다 그들이 여호와를 버리며 이스라엘의 거룩하신 이를 만홀히 여겨 멀리하고 물러갔도다"(사 1:4)

　　그들은 출애굽에서 시작하여 가나안에 안착하여 나라를 이루고, 바벨론에게 멸망하기까지 셀 수 없이 많은 패역을 행하며 배도(背道)했던 것입니다.

　　그럴지라도 하나님의 끊임없는 부성은 그들을 놓지 않았습니다.

　　그 누가 끊임없이 징계하시고 맞은 상처를 싸매시는 하나님의 부성애를 측량이나 할 수 있겠습니까?

　　　"그들이 먹여 준 대로 배가 불렀고 배가 부르니 그들의 마음이 교만하여 이로 말미암아 나를 잊었느니라"(호 13:6)

"너희가 어찌하여 매를 더 맞으려고 패역을 거듭하느냐"(사 1:5)

"에브라임이여 내가 어찌 너를 놓겠느냐 이스라엘이여 내가 어찌 너를 버리
겠느냐 내가 어찌 너를 아드마 같이 놓겠느냐 어찌 너를 스보임 같이 두겠
느냐 내 마음이 내 속에서 돌이키어 나의 긍휼이 온전히 불붙듯 하도다 내
가 나의 맹렬한 진노를 나타내지 아니하며 내가 다시는 에브라임을 멸하지
아니하리니 이는 내가 하나님이요 사람이 아님이라 네 가운데 있는 거룩한
이니 진노함으로 네게 임하지 아니하리라"(호 11:8-9)

성도가 하나님의 죄인들을 향한 이러한 부성애를 알려면 주님의 산상수
훈이 율법의 완성이심을 알고 이를 마음으로 받아들여야 합니다.

하나님의 긍휼을 품으려면
주님의 가르침을 따라 자기에게 죄지은 자에 대해서
진심으로 용서하고 모든 사람으로 더불어 화목해야 됩니다.

거듭나지 않은 아담의 모든 후손은 마음속에 살인 무기를 가지고 있습니다.
사도는 '한 사람으로 말미암아 죄가 세상에 들어왔다'고 증거합니다.
'죄'(罪)가 무엇입니까?
바로 하나님께 순종하지 못하는 본질로서 진리를 거스르고 진리를 대적
하고 하나님을 미워하고 대적하는 사탄에게서 나온 것입니다.
모든 사람이 자신들의 욕심으로 진리를 떠나서 죄와 연합되었으니, 주님
의 다음의 말씀은 사람의 본질을 잘 드러내신 말씀입니다.

"마음에서 나오는 것은 악한 생각과 살인과 간음과 음란과 도둑질과 거짓 증
언과 비방이니"(마 15:19)

위의 말씀에서 주님은 '사람 안에 선한 것은 하나도 없다'고 하시는 것을
알 수 있습니다. 사실 거듭나기 전의 우리 자신을 들여다보면 다들 이 말씀

에 동의하지 않을 육체가 도무지 없다고 인정할 것입니다.

자신 안에 어떤 선한 것이 조금이라도 있다고 생각하는 성도가 있다면 그는 아직 거듭나지 못했거나 주님의 산상수훈의 말씀을 모르는 사람입니다.

이런 성도는 우선은 주님의 위의 말씀을 믿어야 할 것이고, 또한 사도가 로마서에서 증거한 말씀을 믿어야 합니다.

"선을 행하는 자는 없나니 하나도 없도다…"(롬 3:12)

모든 성도들도 "선을 행하는 자는 없다"라는 말씀에 해당되지 않는 자가 없으니, 어느 누구도 다른 사람을 정죄할 수 없는 것입니다.

정죄와 심판은 오직 하나님의 고유 권한이니 사람을 정죄하거나 비판하는 것은 큰 죄입니다.

그는 그가 비판하는 그 동일한 죄를 자신이 저지를 뿐만 아니라 거기에 더해서 죄인이 하나님의 심판대에 앉아서 하나님 노릇하고 있는 것입니다.

이러한 거짓된 왕자는 불의하고 거짓된 것으로써 다른 사람을 훼방하고 죽이는 칼입니다.

거룩하시고 인애하신 하나님은 죄인들을 사랑하셔서 그 죄와 허물을 주님께 감당하게 하시고 주님의 피로 씻어주시는데, 정죄는 인애와는 상관없이 오직 허물을 들추어내기에만 급급하고, 죽이는 데만 집중합니다.

우리 성도가 어떤 사람을 꺼리고 있다면 그 마음 안에는 이미 그에 대해서 정죄하고 있다고 봐야 합니다.

이러한 저의 주장에 대해서 혹자는 "복음을 훼방하거나 이단에 속한 사람들을 꺼려야 마땅하지 않느냐?"고 말합니다.

그러나 우리는 진리이신 주님을 본받아야 합니다.

주님은 성전에서 매매하는 자들이나 외식하는 바리새인들을 정죄하신 것이 아니라 그들도 사랑하셨기 때문에 그들의 죄에서 돌이키라고 그들의 죄를 들추어내서 책망하셨던 것입니다. "회개하라 천국이 가까이 왔느니라"(마 4:17)는 주님의 외침에 포함되지 않는 죄인은 아무도 없을 것입니다.

그러나 성도가 온전하게 되기 전까지는 사람을 마음에서 꺼리거나 정죄하는 일은 계속될 것입니다.

범죄하지 아니하는 인생이 없으니 우리 모두는 알게 모르게 남에게 상처를 입히고 정죄하였으며, 자신들 또한 상처를 받은 것으로 원수관계를 맺음으로 서로 미워하고 대적하고 있는 것입니다.

우리도 다 전에 이와 같은 처지에 있었고, 또 그들도 그들의 하는 것을 알지 못하고 행하기 때문에 우리는 우리에게 상처 입힌 모든 사람에 대해서 중심으로 용서해야 하나님의 긍휼을 알 수 있는 것입니다.

용서하지 못하는 마음에는 속에 살인 무기가 있기 때문에 하나님의 긍휼을 품을 수 없습니다.

> "라멕이 아내들에게 이르되 아다와 씰라여 내 목소리를 들으라 라멕의 아내들이여 내 말을 들으라 나의 상처로 말미암아 내가 사람을 죽였고 나의 상함으로 말미암아 소년을 죽였도다"(창 4:23)

성도가 다른 사람을 꺼리거나 원한을 품고 있으면 주님이 이 장에서 말씀하시는 긍휼을 품을 수 없습니다. 왜냐하면 주님이 말씀하시는 긍휼은 아무도 꺼리지 아니하고 당신의 심령으로 그들의 모든 죄 짐을 져 주실 뿐 아니라 당신의 생명도 그들을 위해서 주실 수 있는 긍휼이기 때문입니다.

그런데 하나님의 긍휼의 은혜를 받아보지 못한 자가 어찌 자기에게 상처를 입힌 자를 중심으로 용서할 수 있겠습니까?

"일곱 번뿐 아니라 일곱 번을 일흔 번까지라도 용서하라"(마 18:22)는 말씀은 참으로 온 인류의 아버지 하나님에게서 나온 말씀이 틀림없습니다.

세상에서도 자녀들이 서로를 물고 뜯는 것을 본다면 그 아비의 마음이 어떠하겠습니까?

우리는 주님의 말씀에 순종하여 우리에게 죄 지은 모든 자들을 중심으로 용서하고 마음으로 그들을 품어야 합니다.

우리는 다음 말씀으로 경고 받고, 그 다음 말씀으로 깨끗함을 받읍시다.

"이에 주인이 그를 불러다가 말하되 악한 종아 네가 빌기에 내가 네 빚을 전부 탕감하여 주었거늘 내가 너를 불쌍히 여김과 같이 너도 네 동료를 불쌍히 여김이 마땅하지 아니하냐 하고 주인이 노하여 그 빚을 다 갚도록 그를 옥졸들에게 넘기니라 너희가 각각 마음으로부터 형제를 용서하지 아니하면 나의 하늘 아버지께서도 너희에게 이와 같이 하시리라"(마 18:32-35)

"비판을 받지 아니하려거든 비판하지 말라 너희가 비판하는 그 비판으로 너희가 비판을 받을 것이요 너희가 헤아리는 그 헤아림으로 너희가 헤아림을 받을 것이니라"(마 7:1-2)

자기에게 죄지은 자에 대해서 마음 중심으로 용서가 없으면 그는 그를 아직도 꺼리며 미워하고 있으며, 그가 망하기를 바라는 마음이 자리 잡고 있다고 봐야 합니다.

"너희는 모든 사람으로 화목하라"는 사도의 권고는 진리의 하나님의 말씀인 것입니다.

모든 사람들은 성도들의 긍휼의 대상인 것을 알아야 합니다.

성도가 모든 사람을 긍휼히 여기려면 육으로 난 사람의 처지를 알아야 합니다.

아담의 모든 후손은 죄의 종입니다.

주님은 "죄를 범하는 자마다 죄의 종이라"(요 8:34)고 말씀하셨습니다.

우리는 성경을 기록된 하나님의 말씀으로 믿기 때문에 창세기의 기록 또한 진리의 성령께서 기록하셨다고 보는 것입니다.

우리 조상 아담을 미혹하게 하여 범죄하게 한 사탄이 그 죄를 기회로 그들을 사로잡았습니다.

사람은 누구의 말을 듣느냐에 따라 그의 종이 됩니다.

우리 조상 아담이 하나님의 말씀을 청종하였으면 하나님의 종으로 종속되어 영원히 살 것이었습니다. 왜냐하면 하나님의 속성은 사람을 세워주고 당신의 성령을 주셔서 그분의 속성으로 살게 하시기 때문입니다.

그런데 사탄의 속성은 오직 멸하고 파멸하고 죽이는 것이니, 사람이 그의 종으로 사로잡히게 되면 그가 원하는 대로 파멸로 치닫게 되는 것은 당연한 것입니다. 사람의 파멸을 즐기는 사탄에게 종속된 자연인은 남을 파괴할 뿐만 아니라 자신도 파멸로 치닫게 되는 것입니다.

진리이신 하나님을 떠난 인생에게 남은 것은 오직 이러한 속성과 육체의 소욕과 자랑밖에 없으며, 그 결국은 사망입니다.

동물도 사람과 같은 흙으로 지음 받았는데 사람과 다른 것은 그들은 그 안에 진리의 말씀을 담을 수 없고, 오직 육의 소욕으로만 산다는 것입니다.

사람은 하나님의 형상으로 지음 받았기 때문에 하나님의 말씀으로 하나님처럼 살아야 하는 존재인데 사람이 하나님 즉 진리를 떠나 살면 그 안에 진리가 없으므로 육의 소욕만 남게 되어 동물적인 속성만 남게 됩니다.

그러므로 '육신의 일에 죄를 정하셨다'는 말씀은 진리인 것입니다.

혹자는 "사람이나 동물이나 자녀에 대한 극진한 사랑이 있지 않느냐? 어쨌든 사랑이라는 속성은 거룩하지 않느냐?"고 반문할른지 모르겠습니다.

물론 이 사랑은 하나님의 선물임이 틀림없습니다.

사람이나 동물에게 사랑이 없으면 "생육하고 번성하여 땅에 충만하라"(창 9:1)는 하나님의 말씀은 그 열매를 맺을 수 없을 것이기 때문입니다.

그러나 모든 살아있는 존재들은 사람이나 동물이나 모두 하나님 앞에 살아야 영생을 유지할 수 있습니다. 그런데 진리가 그 안에 없는 존재들 즉 육체만 있는 존재들은 자기의 핏줄은 사랑하여 애정을 쏟지만 다른 존재들에 대해서는 그렇지 못하는 것이 사실입니다.

자신들의 육체의 소욕에 반하는 것이 나타나면 사납게 돌변하거나 그렇지 않을 때에라도 오직 육체의 소욕이 주변에 있는 존재들을 지배하는 형태로 나타납니다. 이러한 지배적인 속성은 하나님의 속성과는 정반대되는 것으로서 하나님을 대적하는 것이니 그 앞에 살 수 없는 것입니다.

노아의 홍수 때에 하나님의 아들들이 성령과의 동행을 거부하므로 그들이 육체가 되었을 때 하나님께서 사람 지으심을 한탄하시고, 물로써 그들을 심판하신 것은 '거룩하신 하나님 앞에 살 수 없는 육체의 속성'을 잘 드러내고 있는 것입니다.

주님께서는 자연인은 육체로 났다고 말씀하시고 물과 성령으로 나지 않으면 결단코 천국에 들어갈 수 없다고 하셨습니다.

그러므로 사람은 거듭나지 아니하면 육으로 나서 하나님을 대적하는 육신의 생각 속에 한평생을 죄악과 함께 뒹굴다가 생을 마치는 것입니다.

레위기에 보면 "남자 아이가 출생하면 여덟째 날에는 그 아이의 포피를 베라"(12:3)고 말씀하고 있습니다.

> "양피를 벤다는 것을 할례이고, 할례는 곧 육의 소욕을 제거하는 것을 의미한다."(칼빈)

그런데 하나님께서는 육체에 죄를 정하였으므로 이 할례는 사람은 날 때부터 육체 덩어리 곧, 죄 덩어리로 태어나게 되는 것을 증거하고 있습니다.

주님께서 "육으로 난 것은 육이라"고 하신 말씀은 바로 이를 가리킵니다.

하나님께서는 인애와 자비가 끝이 없으시지만 하나님께서 당신을 대적한 아말렉인들의 남녀노소 모두를 멸절하라고 하신 것은 아담의 모든 후손들이 다 이 같은 상태에 있음을 알리시고, 오직 당신의 긍휼만이 택하심을 받은 자들의 구원의 근거가 되심을 확증한 것입니다.

"그런즉 하나님께서 하고자 하시는 자를 긍휼히 여기시고 하고자 하시는 자를 완악하게 하시느니라"(롬 9:18)

"전에는 우리도 다 그 가운데서 우리 육체의 욕심을 따라 지내며 육체와 마음의 원하는 것을 하여 다른 이들과 같이 본질상 진노의 자녀이었더니 긍휼이 풍성하신 하나님이 우리를 사랑하신 그 큰 사랑을 인하여"(엡 2:3-4)

"여호와의 인자와 긍휼이 무궁하시므로 우리가 진멸되지 아니함이니이다"(애 3:22)

인생은 오직 하나님의 긍휼 외에는 기대할 다른 것이 전혀 없습니다.

인생으로 범죄하게 한 사탄이 기회를 틈타서 죄로 사로잡았으니 그 사로잡힘에서 스스로 탈출할 수 있는 사람은 아무도 없습니다.

하늘에서 하늘의 천사장으로 지음 받은 사탄은 땅에서 범죄한 사람보다 영적인 능력에 있어서 훨씬 능가하기 때문에 거기에서 스스로 빠져나올 자는 하나도 없습니다. 그러므로 여기에서 구원할 자는 사탄의 모든 능력보다 훨씬 뛰어난 존재여야만 합니다.

종국에 사탄을 결박하여 영원한 불구덩이에 가두실 참 하나님이신 예수 그리스도를 영원히 의지하고 찬양해야 할 것입니다.

많은 사람들이 예수 구원의 은혜를 거절하고 헛된 길을 걷고 있는 것은 좁게는 그들의 욕심 때문이고, 넓게는 하나님의 전능하신 능력입니다.

어떤 사람들은 사람의 이성에서 구원을 얻으려 하고 또 다른 사람들은 자신들 안에 있는 양심의 도덕성으로, 또는 자기들이 만든 종교를 의지하기도 합니다. 하나님이 주신 선물 곧 이성으로 자기 성을 쌓고 하나님의 구원을 거절하고 하나님을 대적하고 있으니, 이 또한 하나님께서 그들의 심령을 강퍅하게 한 것입니다.

하나님은 당신의 구원을 거절하는 자들에게 헛된 망상에 사로잡히게 하시는 것입니다.

서양철학은 완전히 헛된 것입니다. 성도는 하나님을 사랑하되 이성으로만이 아니라 온 몸과 영혼으로 하는 것이며, 사람을 사랑하되 입술로만이 아니라 행함으로 사랑해야 합니다. 그런데 머리로만 아는 지식, 머리로만 하는 사랑은 망상과 조금도 다를 바가 없습니다.
그들이 비록 실천이성을 말한다 해도 그것 역시 말뿐인 것입니다.
육의 속성으로 태어나 그 가운데 사는 자들이 아무리 구체적인 실천의 말을 한다 해도 자신들 스스로는 그 굴레를 벗어날 수 없는 것입니다.

또한 하나님의 선물인 양심의 도덕에 자기들의 구원을 의지하는 자들 또한 헛된 것에 붙잡혀 있는 것이니, 이들은 성경을 믿지 않기 때문에 육으로 태어난 인생의 본질에 대해서 무지한 것입니다.
더구나 죄 있는 육신으로 태어난 우리는 은혜를 받았어도 계속해서 주님이 붙잡아 주지 않으면 육신에 정해진 죄가 성도들의 심령도 죄의 법 아래로 사로잡힐 수밖에 없지 않습니까?

> "내 속 곧 내 육신에 선한 것이 거하지 아니하는 줄을 아노니 원함은 내게 있으나 선을 행하는 것은 없노라……내 지체 속에서 한 다른 법이 내 마음의 법과 싸워 내 지체 속에 있는 죄의 법으로 나를 사로잡는 것을 보는도다 오호라 나는 곤고한 사람이로다 이 사망의 몸에서 누가 나를 건져내랴"(롬 7:18-23, 24)

주님 안에 거하고 있지 못한 자는 그가 어떤 고상한 모양을 하고 있다 해도 육체의 소욕에 사로잡혀 있는 것입니다.
세 번째의 무리들 곧 성경의 진리를 받아들이지 못하고 자기들의 종교를 만든 자들 역시 하나님을 대적하고 있습니다.
오직 사도들과 선지자들의 교훈을 받지 않으면 그는 사탄의 속임에 빠져 자기가 하나님 노릇을 하고 있는 것입니다.

혹여 어느 누가 이 모든 것을 총동원해서 자신의 완전한 도덕성에 이르렀다 해도 그는 거기서 자신을 높임으로 그에게 좋은 것을 주셔서 그로 하여금 그가 되게 하신 하나님을 대적하고 있는 것입니다.

한마디로 예수 밖에 있는 자들은 그가 무엇을 생각하든지 어떤 길을 걷든지 무슨 금식을 하든지 간에 사탄에게 종속되어 있는 것입니다.

"또 아는 것은 우리는 하나님께 속하고 온 세상은 악한 자 안에 처한 것이며"(요일 5:19)

"죄를 범하는 자마다 죄의 종이라"(요 8:34)는 주님의 말씀은 죄 된 사람들의 본질과 처지를 가장 잘 나타내셨습니다.

죄의 열매는 사탄의 본질이고 사람이 죄를 범하면 그에게 종속되고 연합되는 것이니 그 처지에서 스스로 벗어날 수 없고, 사탄이 죄 된 생각을 사람들의 눈과 생각 속에 집어넣을 때 그들이 그 죄를 실행하면 그 죄는 그들의 심령을 지배하는 것이니, 그 속박은 그들의 본질로 자리 잡게 됩니다. 그러므로 주님은 선도 쌓은 선에서, 악도 그 쌓은 악에서 나오게 된다고 말씀하신 것입니다.

다음의 말씀은 그 상태를 그림처럼 보여줍니다.

"만물보다 거짓되고 심히 부패한 것은 마음이라 누가 능히 이를 알리요마는" (렘 17:9)

"구스인이 그의 피부를, 표범이 그의 반점을 변하게 할 수 있느냐 할 수 있을진대 악에 익숙한 너희도 선을 행할 수 있으리라"(렘 13:23)

많은 사람들이 자신들 안에 어떤 선한 것이 있는 줄로 착각합니다.

그러나 하나님 보시기에 선을 행하는 자는 하나도 없습니다.

사람이 살 동안 어떤 한 가지의 죄를 범했다면 그 범한 죄의 본질이 그의 심령으로 자리 잡게 되었으니, 어느 누가 이러한 죄 된 본질을 알겠습니까?

다만 진리의 말씀과 진리의 성령만이 이를 밝히 알게 하실 것입니다.

곧 주님의 산상수훈의 가르침만이 사람의 처지를 가장 잘 드러내십니다.

죄의 본질은 그 어떤 것으로도 바꿀 수 없고, 씻을 수도 없습니다.

왜냐하면 사람이 그 본질로 그의 근본을 이루고 있기 때문에 그 죄를 멸하면 그의 전체를 멸할 수밖에 없고, 오직 죄 없으신 분의 피 흘림만이 그 죄를 씻을 수 있는 것은 이 때문입니다.

오직 참 하나님이 되신 주님, 우리의 육체를 입으신 죄 없으신 주님만이 죄에 빠진 자들의 구원자이십니다.

전능하신 하나님만이 우리의 죄의 본질을 바꾸어 주실 수 있는 것입니다.

"우리의 죄는 당신의 피로 씻어 주시고 당신 안에 있는 창조의 능력으로 당신을 믿는 자들의 본질을 바꾸시는 주님을 영원히 의지하고 찬양할지라!"

우리의 믿음은 우리의 옛 사람이 주님의 십자가와 함께 멸해진 것을 믿고, 주님의 부활로 말미암아 주님과의 연합의 믿음입니다.

주님의 십자가 대속은 그 받아들이는 자에게 매우 이성적이고 합리적인 것입니다. 그러므로 성도가 모든 사람들을 불쌍히 여기려면 이러한 사람들의 처지를 알아야 합니다.

오직 예수 복음만이 죄에 사로잡힌 자들을 구원할 수 있습니다.

우리 모두 다 죄에 사로잡혀서 그 가련한 가운데서 복음을 듣고 구원을 받았으니, 그 가운데 잡혀 있는 자들을 긍휼의 눈으로 바라보는 것은 지극히 당연한 것입니다.

오직 주님, 참 하나님만이 죄에 사로잡힌 자를 공의로 사로잡을 것이니 '복음의 주제'는 '죄에서 구원하시는 예수 그리스도를 믿으라'입니다.

"천하 사람 중에 구원을 받을 만한 다른 이름을 우리에게 주신 일이 없다"(행 4:12)는 사도의 가르침은 하나님에게서 나와서 하늘의 하늘과 온 우주와 모든 땅에서와 세대를 불문하고 울려 퍼져야 하는 진리인 것입니다.

예수 복음만이 죄인들을 죄에서 구원할 수 있는 것이니, 복음을 모르는 모든 사람들은 그가 누구든지 가장 불쌍한 사람입니다.

마귀에게 잡혀 있는 세상 사람들의 이러한 처지를 알기에 복음을 그 심령에 가지고 있는 자들은 담대하고 강권적으로 "예수를 믿으라!"고 외칠 수 있는 것입니다.

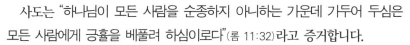

하나님의 긍휼을 아는 자들은
복음을 전하는 일에 열심을 내지 않을 수 없습니다.

사도는 "하나님이 모든 사람을 순종하지 아니하는 가운데 가두어 두심은 모든 사람에게 긍휼을 베풀려 하심이로다"(롬 11:32)라고 증거합니다.

그러므로 아담의 모든 후손은 그가 어떤 형편에 있든지 간에 복음의 대상인 것입니다.

성도가 그 누구도 정죄하지 않는다면 그는 아무리 큰 죄인이라도 하나님의 형상을 갖고 있는 그에게서 긍휼의 마음을 품지 않을 수 없습니다.

주님께서는 지금 이러한 긍휼로 긍휼히 여기는 자가 긍휼히 여김을 받는다고 말씀하시는 것입니다.

사도는 우리의 구원이 오직 하나님의 긍휼하심의 발로라고 증거합니다.

성도들이 주님의 산상수훈의 가르침으로 더욱더 거룩해질 때 하나님의 죄인에 대한 긍휼의 깊이도 비례하여 알게 될 것입니다. 이 일의 정진은 우리의 신앙생활이 마칠 때까지 계속 알아야 할 깊이입니다.

하나님의 긍휼은 인류 보편적인 긍휼이기 때문에 편협적인 긍휼의 마음을 여기에 대비시켜서는 안 됩니다.

죄에 빠져서 어두움 가운데 갇힌 자들! 하나님께서 긍휼의 손을 내밀지 아니하면 자신들의 의지나 힘으로는 도저히 하나님을 알 수 없는 자들!

사도가 증거한 대로 우리들도 다 그 가운데서 육체의 욕심으로 공중의 권세 잡은 자를 따라 그의 권세 가운데 있었다가 복음의 소식을 듣고 믿어서 구원에 이르게 되었으니, 옛날의 같은 처지에 있는 그들에 대해서 긍휼을 품고 복음을 전해주어야 된다는 책임을 느끼지 않을 수 있겠습니까?

이는 하나님의 사람 사랑하심에 동참하는 일이며, 그 일 가운데서 하나님의 거룩한 긍휼하심을 그의 영혼으로 체현하는 것이며, 주님이 걸어가신 그 길로 주님의 인도함을 받는 길인 것입니다.

표현할 수 없는 죄인들을 향하신 아버지의 긍휼의 사랑!

주님께서 탕자의 비유에서 나타내신 그 하나님이 긍휼히 여기는 자들의 심령에 비쳐졌으니 그들은 복음을 사랑하고 전하지 않을 수 없는 것입니다.

이 사랑에 깊은 감동을 받은 영혼들은 말할 수 없이 주님을 사랑하는 가운데 죄인들을 향하신 하나님의 뜨거운 사랑을 체험하기에, 그 사랑을 전하지 않을 수 없는 것입니다.

"만일 복음을 전하지 아니하면 내게 화가 있을 것이로다"(고전 9:16)

주님은 아버지를 공경하고 사랑하셨기에 당신의 온 몸과 영혼을 아버지께 거룩한 생축으로 드려 아버지의 뜻을 이루어 드리셨으니, 그는 진실로 하나님의 아들이십니다.

당신 안에서 아버지의 긍휼하신 사랑을 나타내신 주님, 주님은 당신을 따르는 당신의 지체들에게 당신께서 행하신 아버지의 긍휼하신 사랑을 알게 하시어 그들도 당신의 가신 그 길을 따르게 하셔서 그들이 아버지를 영화롭게 하고 계시니, 주님은 진실로 아버지께로 가는 길이신 것입니다.

주님의 산상수훈의 말씀을 받음으로 그의 영혼에 하나님의 사람 사랑하심이 깊이 각인된 자들, 그들은 점점 더 거룩하신 하나님을 알아가고 그 하나님을 경외하고 사랑하는 자들입니다.

'스펄전'은 '팔복'을 '천국을 향하여 놓여 있는 사다리'로 비유했습니다.

저는 그의 이 비유에 깊이 공감합니다.

왜냐하면 심령이 가난한 자로부터 시작한 복은 그 다음 단계로 올라 설 때마다 그 아래 계단의 열매가 그의 심령에서 더 깊고 풍성하게 열매 맺기 때문입니다.

예를 들면 '온유한 자가 받는 복'도 그 위의 단계인 의에 주리고 목마른 자가 주님의 말씀에 순종할 때 더욱더 주님의 온유하심을 닮아 가고, '긍휼의 복'도 다음 단계인 마음이 청결한 자의 복에서 더욱더 깊이 있고 선명하게 알려집니다.

이러한 경우는 모든 복에서 똑같이 나타납니다.

그러므로 독자들은 제가 쓰는 글에 반복적인 형태가 나타나는 것을 이해해 주시기 바랍니다.

성도가 이 긍휼을 실천하려면 주님을 머리로 하는 지체들 간의 연합을 도모해야 합니다.

믿는 성도들의 연합에 대한 교훈입니다.

사도는 믿음은 모든 사람들의 것이 아니라고 증거하고 있습니다.

예수를 주와 그리스도로 믿는 믿음은 하나님께서 택하신 백성들에게 베푸시는 특별한 은혜이기 때문에 모든 믿음의 형제들은 하나님께로서 난 자들인 것입니다.

> "이는 혈통으로나 육정으로나 사람의 뜻으로 나지 아니하고 오직 하나님께로부터 난 자들이니라"(요 1:13)

모든 성도가 하나님께로서 난 자들임을 알고, 하나님의 가족으로 온전히 연합될 때 믿음의 형제에 대해서 참된 긍휼을 품게 되는 것은 당연하며, 믿지 않는 자들에 대해서도 진정으로 하나님의 긍휼을 품을 수 있습니다.

하나님의 형상을 입은 사람이 하나님을 떠났으니 그 가운데에서는 참된 형제애가 있을 수 없고, 형제들 간의 긍휼도 없는 것입니다.

하나님을 아버지로, 주님을 머리로 하는 하나님의 참된 가족관계가 되어야 형제간의 긍휼의 마음을 품을 수 있습니다.

이는 세상 이치에서도 알 수 있습니다.

우리 모두는 아버지의 사랑과 어머니의 희생으로 출생하고 삶을 얻었습니다. 자녀들이 아버지를 공경하고 어머니의 희생의 사랑을 알 때 그의 형제들에 대해서 진정으로 사랑하고 긍휼을 품을 수 있는 것처럼, 성도가 아버지 하나님을 사랑하고 주님의 십자가의 희생을 알 때 믿음의 형제들에 대해서 진정으로 긍휼을 품을 수 있는 것입니다.

믿음의 모든 형제들은 어머니 같은 주님의 십자가의 희생으로 거듭나서 하나님을 사랑하고 '아버지'라고 부르고 있는 것입니다.

주님께서 우리의 형제로 오셔서 이 연합을 도모하고 계시니, 성도는 오직 이 연합 안에서 형제애를 도모해야 하나님의 참된 긍휼을 알 것입니다.

"하나님이 미리 아신 자들을 또한 그 아들의 형상을 본받게 하기 위하여 미리 정하셨으니 이는 그로 많은 형제 중에서 맏아들이 되게 하려 하심이니라"(롬 8:29)

주님이 제자들을 향해서 하신 말씀은 단지 제자들을 위로하기 위한 것이 아니라, 아버지의 말씀으로서 진리입니다.

"예수께서 이르시되 나를 붙들지 말라 내가 아직 아버지께로 올라가지 아니하였노라 너는 내 형제들에게 가서 이르되 내가 내 아버지 곧 너희 아버지, 내 하나님 곧 너희 하나님께로 올라간다 하라 하시니"(요 20:17)

하나님께서 하나님의 본체이신 아들에게 우리의 육신을 입히셔서 이 땅에 보내신 것은 창세전부터 주님 안에서 부름 받은 우리를 아버지의 아들들로 세울 것을 작정하시고, 그 아들 안에서 뜻을 성취하시기 위함입니다.

이는 창세전부터 예정된 그 일이 주님의 십자가에서 온전히 이루어졌으므로 아버지의 사랑이 확증된 것입니다.

사랑하는 아들을 우리의 죄를 위한 대속의 제물로 삼으신 것은 아들 안에서 우리가 죄에 대해서는 죽고 하나님을 향해서는 살게 하심이니, 이는 아들이 걸어가신 같은 길을 아들의 영으로 인도함을 받아 걷는 것입니다.

낮아지셔서 우리의 동체(同體)가 되신 주님은 맏형으로서 우리 육신을 입으시고 아버지의 영광에 들어가셨으니, 우리는 우리와 같은 육체를 입고 주님이 들어가신 아버지의 영광에 함께 들어가게 되었고, 맏아들이 아버지의 뜨거운 긍휼을 나타내셨듯이 성도들도 그 같은 길에서만 아버지의 그 긍휼을 나타낼 수 있다는 것입니다.

아버지 하나님과 동체이셨던 분이 그 영광을 비우시고 낮아지셔서 우리와 하나가 되셨으니, 그 겸손함을 어찌 말로 설명할 수 있겠습니까?

그러므로 사도가 '우리로 아들의 형상을 본받게 하기 위하여 우리를 부르셨다'(롬 8:29-30 참조)고 한 말씀은 그저 환난 가운데 있는 당신의 제자들을 위로하기 위함만이 아니라 실제적인 진리인 것입니다.

형제가 되는 조건은 그의 출생이 한 아버지라야 가능합니다.

주님은 우리가 보는 이 하늘과 땅이 만들어지기 전에 아버지의 하늘에서 출생하셔서 그 본체가 아버지와 하나이시고, 우리는 땅에서 출생하였지만 주님 안에서 주님의 피 흘리심으로 주님 안에서 다시 태어나고 진리의 말씀과 진리의 성령으로 주님과 연합되므로 그분들과 하나가 될 소망을 갖게 된 것입니다.

우리가 사도 바울의 증거를 진리로 받아들인다면 결국 주님 안에서 하나님의 본체와 일체를 이루게 되는 것입니다.

주님은 이 진리를 아셨기에 주님을 믿고 따르는 우리들에게 "나의 아버지 곧 너희의 아버지, 나의 하나님 곧 너희의 하나님이시라"고 말씀하시면서 제자들로 하여금 겸손하게 하시기 위해서 다음과 같이 말씀하셨습니다.

> "내가 진실로 진실로 너희에게 이르노니 종이 주인보다 크지 못하고 보냄을 받은 자가 보낸 자보다 크지 못하나니 너희가 이것을 알고 행하면 복이 있으리라"(요 13:16-17)

사도 또한 이 진리를 깨달았기에 우리로 하여금 겸손하게 하기 위하여 성도들의 머리는 주님이시라고 증거했습니다.

그러나 궁극적으로는 주님께서 당신 안에서 당신의 지체들로 당신의 형상이 이루어지게 되면 그의 형제들을 아버지께 바치는 날이 온다고 증거하고 있습니다.

이를 세상의 이치로 이해해보면, 아버지는 어머니를 통해서 자녀들을 얻듯이 하나님 아버지께서는 성도들의 어머니와 같은 우리의 주님으로 말미암아 하나님의 많은 자녀들을 얻게 된 것입니다.

'칼빈'이 교회를 어머니로 이해한 것은 이유가 없는 것이 아니었습니다.

세상의 어머니들도 자녀를 생산하기 위해서 피 흘림과 큰 고통을 치러야 하듯이 주님께서도 우리들로 하여금 하나님의 자녀로 출생시키기 위해서 십자가의 피 흘리심과 인내를 가지고 우리를 양육하고 계시는 것입니다.

우리가 하나님의 사람으로 온전하게 될 그 날까지 말입니다.

우리 성도는 천국, 곧 아버지가 계시고 주님이 다스리시는 그곳에 외인으로 들어가서 그곳을 구경하는 자들이 아니라 주님의 지체들로서 주님이 아버지라고 부르시는 그 하나님을 진실로 아버지로 인식하며, 또한 우리들의 머리가 되시는 주님을 우리들의 참 맏형으로 인식하면서 그와 함께 한 형제로서 아버지의 복락을 누릴 소망을 갖고 있는 것입니다.

여기서 중요한 것은 우리가 하나님의 가족으로서 주님을 성도들의 머리와 맏형으로서 인식하려면 그 인식은 오직 믿음으로 말미암는다는 것과 그 믿음은 곧 우리가 이방인으로서 하나님의 본 백성이 아니었고, 하나님의 택한 백성인 유대인에게 접붙임을 받아야 된다는 것입니다.

우리는 이방인들이 복음을 들은 것은 오직 유대인들로부터 말미암은 것이었고, 그들이 그들에게 복음을 전하는 유대인들, 즉 사도들을 마음으로 영접했었다는 것을 기억해야 된다는 것입니다.

그들이 겸손히 사도들을 하나님의 보내신 사자로서 영접했을 때 그들은 비로소 그 백성의 일원으로서 영입된 것입니다. 그러므로 이방인들이 처음부터 택함 받은 그들에게 접붙임을 받아야 비로소 하나님의 친 백성으로서 하나님의 가족의 일원이 된다는 것을 알아야 합니다.

주님께서 당신의 백성들에게 그들과 한 몸으로 오신 것이 얼마나 놀라운 사건인지 알 수 없습니다.

당신의 땅에 그들의 형제로서 한 가족으로 그들 가운데 거하셨으니, 우리는 그들이 주님을 얼마나 사랑했을지 생각해보아야 합니다.

"하나님과 사람에게 더욱 사랑스러워 가시더라"(눅 2:52)

"예수를 너희가 보지 못하였으나 사랑하는도다"(벧전 1:8)

사도는 이 진리를 알았었기에 다음과 같이 선포할 수 있었습니다.

"제사하는 처음 익은 곡식 가루가 거룩한즉 떡덩이도 그러하고 뿌리가 거룩한즉 가지도 그러하니라 또한 가지 얼마가 꺾이었는데 돌감람나무인 네가 그들 중에 접붙임이 되어 참감람나무 뿌리의 진액을 함께 받는 자가 되었은즉 그 가지들을 향하여 자랑하지 말라 자랑할지라도 네가 뿌리를 보전하는 것이 아니요 뿌리가 너를 보전하는 것이니라 그러면 네 말이 가지들이 꺾인 것은 나로 접붙임을 받게 하려 함이라 하리니"(롬 11:16-19)

우리는 믿음의 유대인들이 뿌리이고, 우리는 거기에 접붙임을 받은 가지라는 사실을 잊지 말아야 합니다.

처음부터 하나님의 백성으로 부르심을 받은 그들과 달리 우리는 하나님도 없이, 하늘의 소망도 없었던 이방인이었던 것입니다.

오직 하나님의 긍휼하심으로 그 뿌리에 우리가 접붙임을 받아 그 진액을 함께 받는 자가 되었으니, 우리는 겸손해야 합니다.

예수님이 유대인이셨고 이 예수 복음을 전해주었던 자들 역시 유대인이었으니, 성도가 복음을 받아들이는 것은 그들을 마음 가운데 영접하는 것과 다를 바가 없습니다.

그러므로 우리는 이 시대에 메시아닉쥬(유대인)들을 진심으로 영접하고, 그들에게서 나타나는 진리의 가르침을 받아들이고, 그들의 백성으로 영접되어 그들과 함께 해야 합니다.

거기에서 우리는 하나님을 머리로 하는 하나님의 가족으로서, 또 주님의 신부들로서 한 자리를 차지할 수 있습니다. 따라서 대체신학은 사도의 가르침을 거스르는 것으로서 버려야 할 것입니다.

우리의 이전 세대들은 그들의 나타남을 보지 못하였으니 그들이 이 진리를 분명히 알 수 없었겠지만 지금은 그들이 우리에게 알려지고 있으니, 우리는 그들과 진정으로 믿음의 공동체를 형성해야 된다는 것입니다.

주님이 복음서에서 신랑과 신부의 비유를 들어서 진리를 가르치신 것은 사도들이 이해한 대로 우리는 그의 지체가 되기 때문이 아니겠습니까?

주님이 유대인으로 오셔서 그들과 거처를 함께 하셨으니 우리들도 그들과 연합을 이루어야 주님의 지체로서 연합되고, 주님의 계명을 따라야 비로소 한 하나님의 자녀로서의 권리를 갖게 된다는 것입니다.

우리는 주님께서 오직 유대인으로 오셔서 그들을 당신의 지체로 삼으신 것을 겸손히 받아들여야 합니다.

주님께서는 우리의 육신을 취하셔서 사명을 다하시고 부활하심으로 신령한 몸으로 변화되셔서 아버지의 영광에 들어가셨습니다.

이렇듯이 주님의 이름으로 세례를 받고 주님의 죽으심과 합하여 옛 사람이 장사된바 되고 주님의 부활하심을 따라 우리도 주님의 신령한 몸으로 변화될 소망을 갖게 되었습니다.

따라서 사도의 고백처럼 누가 우리의 눈에 보이는 것으로 만족할 수 있겠습니까?

세상에서 신부가 신랑과 한 몸을 이루듯이 주님이 성도들의 신랑이시니, 성도가 주님과 하나로 연합될 소망을 가지고 인내하는 것은 당연합니다.

신랑과 신부는 영과 몸이 하나 되어야 비로소 한 몸이라 하지 않습니까?

> "첫 사람은 땅에서 났으니 흙에 속한 자이거니와 둘째 사람은 하늘에서 나셨느니라 무릇 흙에 속한 자들은 저 흙에 속한 자와 같고 무릇 하늘에 속한 자들은 저 하늘에 속한 이와 같으니 우리가 흙에 속한 자의 형상을 입은 것 같이 또한 하늘에 속한 이의 형상을 입으리라"(고전 15:47-49)

하나님과 사람 사이에 중보자이신 주님을 영원히 찬양할지어다!

세상 이치에서도 한 가족으로서의 유대가 있으면 그들이 그 부모를 생각하므로 그 형제에 대해서 뜨거운 긍휼을 가질 수 있는 것처럼 우리는 주님 안에서 메시아닉쥬들을 포함해서 모든 믿음의 형제들과 연합될 때 믿음의 형제들에 대해서 주님이 말씀하시는 긍휼의 마음을 품을 수 있습니다.

우리들은 주님 안에서 믿음으로 하나님의 한 가족인 것입니다.

우리는 이와 같은 영적 연합, 영적 배부름이 있기에 이 세상의 부와 명예에 대해서 초월할 수 있으며, 거기에 얽매어서 매진하는 그들을 긍휼의 눈으로 바라볼 수 있는 것입니다.

우리 모든 믿음의 형제들은 주님 안에서 믿음의 유대인들과 같은 한 성령으로 연합되어서 공중에 재림하실 주님을 기다려야 합니다.

긍휼히 여기는 자는 주님의 신령한 몸에 연합될 소망이 있기에
이 세상의 그 누구라도 하나님의 긍휼의 대상임을 압니다.

주님은 "하나님은 영이시니 예배하는 자가 영과 진리로 예배할지니라"(요 4:24)고 말씀하시는데, 이는 육신으로 나서 육의 소욕으로 사는 사람들에게는 거슬리는 말씀이고, 오직 성령으로 나서 하나님을 사랑하게 된 자들만이 육의 소욕에서 떠나 주님과 연합할 수 있습니다.

사도는 우리들에게 이 싸움이 있으니 우리가 육을 따라 살 것이 아니라 성령을 따라 주님과 연합해야 할 것을 권면하고 있습니다.

"육체의 소욕은 성령을 거스르고 성령은 육체를 거스르나니"(갈 5:17)

그러므로 육체를 따라 사는 모든 것이 하나님 보시기에 죄인 것입니다.

하나님께서 노아의 홍수의 심판 때에 하나님의 아들들이 육체가 되어버렸다고 한탄하신 이유는 하나님은 육체의 일에 죄를 정하셨기 때문입니다.

그 당시 하나님의 아들들은 양심의 법에는 거리낄 것이 없었을 것입니다.

왜냐하면 그들은 그들의 눈에 좋은 대로 합법적으로 아내들을 취하였기 때문입니다. 지금의 이슬람법이 아내들을 여럿 두는 것과 같다 하겠습니다.

그러나 그들의 행위는 하나님 보시기에 육체를 따르는 행위로서 문란한 것이기 때문에 하나님께서 그들이 육체가 되었다고 한탄하신 것입니다.

성도가 죄 있는 육신을 입고 있는 동안에는 그 소욕이 우리를 그의 생각으로 사로잡아 오는 것을 알지만 사도는 그 소욕에 굴복할 것이 아니라 피흘리기까지 싸우라고 권면하면서 주님께서 그 구원을 위해서 두 번째 오시리라고 증거하고 있습니다.

사도는 이 육신의 소욕을 떠나서 주님의 신령한 몸으로 연합되기를 소망하는 그곳에 주님의 재림을 기다리는 기다림이 있다고 증거하고 있습니다.

예수를 그리스도로 믿으면서도 육신을 따라 살려고 하는 자들은 육신의 소욕을 완전히 소멸하러 오시는 주님의 재림을 기다리지 아니하고 오히려 그 주님을 대적하겠지만, 진실로 거듭나서 영이신 하나님을 사랑하는 그의 백성들은 육신의 소욕에서 완전한 구속을 이루실 주님의 재림을 간절히 기다릴 것입니다.

　하나님의 본체이시면서 동시에 참 사람, 우리와 조금도 다를 바가 없으신 주님만이 우리의 낮은 몸을 변화시켜 당신의 신령한 본체의 영광을 알게 하실 것입니다. 이러한 소망이 있기에 성도는 세상에서 그 어떤 부를 가지고 호의호식하는 자들이라도 조금도 부러워하지 않으며, 그들을 긍휼의 눈으로 바라볼 수 있는 것입니다.
　또한 이 세상의 아무리 뛰어난 지식인들이라도 진리의 하나님 곧, 거룩하신 하나님을 아는 지식이 가장 뛰어나다는 것을 알기에 그들도 복음의 대상인 것을 알므로 긍휼의 마음으로 다가 설 수 있습니다.

　제가 '긍휼'에 대한 글을 쓰면서 이 부분까지 다루게 된 것은 주님께서 우리들에게 말씀하고 계시는 긍휼은 결국 '하나님의 긍휼'이라는 것입니다.
　기도 중에 혹은 말씀을 보며 찬송 중에 있을 때 또는 전도 중에 있을 때에라도 우리가 하나님의 사람을 향한 뜨거운 긍휼을 알지 못하고 있다면 그는 주님이 이 장에서 말씀하고 계시는 그 긍휼을 알지 못하고 있는 것입니다. 주님의 성령이 우리들 위에 있다면 주님의 그 영이 우리들로 하여금 하나님의 그 긍휼을 반드시 알게 하시리라고 믿어 의심치 않습니다.

　저는 하나님을 사랑하는 모든 경건한 성도는 이 긍휼을 몸소 체험하고 있다고 확신하며, 이 긍휼이 있기에 봉사와 헌신이 자신의 즐거움 속에서 이루어진다고 믿습니다. 이 긍휼은 지식의 문제가 아니라 믿음에 의한 체험의 지식이며, 하나님을 알아 가는 지식입니다.

성경에서 '예수님께서도 하나님께 눈물과 통곡의 기도를 드림으로 하나님께로 건지심을 받았다'고 증거하고 있습니다.

하물며 우리는 '죄와 사망 가운데 있다가 하나님의 긍휼로 그 죄에서 건짐을 받는 우리들에게 얼마나 더 하나님의 긍휼하심이 필요하겠는가?'를 생각해봐야 합니다.

아들에게 당신의 생명을 주신 아버지께서는 아들에게 빚진 것이 하나도 없습니다. 오직 아들로부터 공경을 받아 마땅한 것입니다.

하나님은 자기의 백성들의 죄 짐을 대신 지시고 죽음의 잔을 마셔야 하는 아들에게 하나님으로서의 긍휼을 베푸신다고 봐야 할 것입니다.

왜냐하면 하나님과 주님은 주인과 종의 관계이고, 주님이 증거하신 것처럼 종은 주인의 명령에 순종하는 절대적인 관계이고, 그 이상은 그 주인에게 아무것도 요구할 권리가 없기 때문입니다.

죄인을 대신하는 그 죽음의 자리에서 십자가의 저주에서 삼킴을 당하지 아니하고 건져주시기를 기도하신 주님! 하나님은 저의 통곡의 기도를 들어 주심으로 저에게 긍휼을 베푸시지 않으셨습니까?

주님이 죄인들의 죄를 대신 지신 십자가는 공의의 하나님께서 그 나무를 진 자에게 진노를 쏟아 부으신 것입니다.

우리의 죄를 대신 지신 주님께서 죽음을 당하신 것은 돌이킬 수 없는 사실이며, 하나님께서 우리 주님을 다시 살리심은 오직 당신의 긍휼의 발로입니다. 주님이 우리가 받을 죄 값을 대신 지시고 죽으셨으므로 우리가 살게 되었으니, 주님의 죽음이 우리의 사는 것과 바꾸어진 것입니다.

우리의 옛 사람이 하나님의 심판대 앞에서 영원히 저주받을 존재인 것이 사실인데 이러한 자를 그냥 살린다면 하나님의 공의에 반하는 것이 됩니다.

그러므로 주님의 십자가의 죽음은 의인으로서 죽으신 것이 아니라 죄인으로서 하나님의 진노를 산 죽음이었기 때문에 그 죽음으로 하나님의 공의의 심판은 끝났고, 그 후에 하나님께서 주님을 살리신 것은 오직 하나님의 긍휼인 것입니다.

하나님은 공의로써 그 죄에 대해서 심판을 베푸셨으므로 그에게 단지 긍휼만을 베풀지 아니하면 그 공의는 세워질 수 없습니다.

따라서 하나님께서 그 잔을 받은 자를 다시 살리심은 아버지로서가 아니라 긍휼의 하나님으로서 긍휼을 베푸신 것이었습니다. 주님은 이를 잘 아셨기에 십자가 위에서 다음과 같이 절규하시고 또 기도하실 수 있었습니다.

"나의 하나님, 나의 하나님, 어찌하여 나를 버리셨나이까?"(마 27:46)

주님은 이 절규에서 하나님께 '아버지'라고 부르지 못하셨습니다.
그가 참으로 죄인의 자리에 서서 죄 짐을 지신 것을 나타내신 것입니다.
십자가 위에서의 기도와 그 짐을 지시기 전의 기도를 대비해 보십시오.

"아버지께서 내게 하라고 주신 일을 내가 이루어 아버지를 이 세상에서 영화롭게 하였사오니 아버지여 창세전에 내가 아버지와 함께 가졌던 영화로써 지금도 아버지와 함께 나를 영화롭게 하옵소서"(요 17:4-5)

주님이 하나님께 순종하여 십자가에 죽기까지 하셨을지라도 주님은 당신의 하나님께 그 어떤 보상도 요구할 권리가 없으십니다.
왜냐하면 하나님께서는 아들에게 생명을 주셨으니, 그 생명을 도로 취하실 권리도 갖고 계시기 때문입니다.

하나님께서는 아들에게 십자가의 순종을 요구하셨고, 그 요구는 순종으로 이루어졌습니다. 그 이루어진 일로 인해서 아들이 아버지 하나님께 다시 살릴 권리를 주장할 수 없다는 것입니다. 왜냐하면 생명을 받은 자가 생명을 주신 이에게 죽기까지 순종하는 것은 마땅하기 때문입니다.

따라서 우리들의 죄 짐을 지시고 십자가 위에서 죽으신 주님을 다시 살리시는 것은 순전히 하나님께서 아들에게 긍휼을 베푸신 것이었습니다.

그러므로 주님의 위의 기도를 통해서 주님께서 얼마만큼 하나님을 경외하시는지를 알 수 있습니다. 사도는 이를 가리켜 "그의 경외하심과 통곡의 기도를 하나님께서 들으셨다"(마 5:7 참조)고 증거하였습니다.

성도가 하나님의 복음을 전하다가 순종하여 죽기까지 아버지를 영화롭게 해드릴지라도 그 행위는 하나님 앞에서 마땅히 행할 바이며, 그 일로 인해서 하나님께 상급을 요구할 권리가 전혀 없는 것입니다.

모든 것을 은혜로 거저 주신 하나님께 죽기까지 순종하는 것은 마땅하다고 우리들의 양심이 스스로 증거하고 있기 때문입니다.

그러므로 성도가 주님과 동행하며 하나님을 기쁘게 해드릴지라도 그는 하나님에게서 오직 긍휼의 은혜 외에는 달리 기대할 것이 없는 것입니다.

'칼빈'은 이에 대하여 '주님께서 우리에게 상급을 약속하시는 것은 당신의 권리를 포기하는 것'이라고 해석하였습니다.

저는 이 해석이 참되다고 믿습니다.

진리이신 주님께서 긍휼히 여기는 자가 긍휼히 여김을 받는다 하셨으니, 모든 사람에 대하여 긍휼을 베풀지 아니하면 그도 하나님께 긍휼을 기대해서는 안 됩니다. 사람이 하나님 앞에 설 수 있는 것은 오직 하나님의 긍휼이 그에게 제공되고 있기 때문입니다.

하나님께서 긍휼을 베풀어 주심으로써 존재하는 우리가 다른 형제에 대해서 긍휼을 행하지 아니하는 행위는 하나님 보시기에 악한 것입니다.

하나님이 우리의 큰 죄의 빚을 거저 탕감해 주심으로써 우리를 의롭다 하셨으니, 우리 또한 우리에게 죄 지은 형제에 대해서 그 죄를 용서하고 그 빚을 탕감해야 마땅하고, 성도가 오직 하나님의 긍휼하심으로 구원에 이르게 되었으면 우리 또한 다른 형제나 사람들에 대해서 마땅히 긍휼을 베풀어야 한다는 것입니다.

또한 우리가 하나님께 긍휼의 은혜를 입었으면서 다른 사람들에 대해서 긍휼을 베풀지 아니하면 일만 달란트 빚진 자의 비유에 나오는 그런 악한 사람이기 때문에 하나님의 긍휼을 기대해서는 안 됩니다.

그런데 우리는 얼마나 자주 하나님께 큰 빚을 탕감 받은 것을 잊어버리고 형제가 우리에게 죄지은 것에 대해서 중심으로 용서하지 못하고 주님이 말씀하고 계시는 긍휼의 제사를 하나님께 드리지 못하고 있는지 모릅니다.

하나님의 긍휼은 성도에게 임해서 그 안에만 머물러 있는 것이 아니라 믿음의 형제들과 모든 사람들에게 나타나 보일 때 그가 긍휼히 여기는 자임이 증거된다 할 것입니다.

형제에 대해서 하나님의 긍휼이 나타나지 않는다면 그는 이 긍휼을 알지 못하고 있다는 증거인 것입니다. 만약에 그가 이 긍휼을 알고 있는데 그것을 나타내지 않고 있다면 그는 주님의 그 비유에서 가르치신 대로 그 맛본 긍휼마저도 잃어버리고 말 것입니다.

'의와 공의가 주의 보좌의 기초'(시 89:14)이기 때문에 하나님께서는 우리에게 믿음에 의한 의로운 행위를 그 믿음의 열매로 요구하십니다.

하나님의 긍휼도 마찬가지입니다.

하나님께서 우리의 죄를 씻어주시고 우리를 의롭다 하시고 하나님의 양자로 입양하여 당신의 품에 품듯이, 우리도 우리의 형제에 대해서 우리에게 지은 모든 죄를 용서하고 그를 중심으로 사랑해야 합당한 것이니, 여기에 주님이 말씀하시는 그 복이 있습니다.

우리는 하나님께 죄 용서의 빚을 지고 있을 뿐만 아니라 우리가 누리는 생명과 그 삶의 전체에 대해서 빚지고 있다는 것을 잊지 말아야 합니다.

우리가 진실로 하나님을 섬기고 있다면 하나님께 이 부채가 있기에 모든 사람에 대해서 긍휼의 마음을 품어야 되는 것입니다.

우리가 하나님의 형상을 입은 어떤 자를 긍휼로 대하지 못하고 있다면 그는 그에게 자기의 의를 자랑하는 중에 있거나 혹은 그를 정죄하고 있거나 혹은 꺼리고 있거나, 혹은 미워하는 중에 있을 것입니다.

성도가 다른 사람을 긍휼로 대하지 아니하면 그는 더 이상 하나님의 긍휼을 기대할 수 없습니다.

왜냐하면 그는 하나님의 은혜를 망각하고 있고, 그의 존재의 기반이 온전히 하나님의 은혜에만 의존해 있는 자가 하나님의 뜻에 반하는 마음을 품고 있으며, 그는 거기에서 하나님을 대적하고 있기 때문입니다.

하나님은 모든 사람이 구원을 받으며 진리를 아는 것에 이르기를 원하고 계시는데 복음의 모든 대상들을 긍휼로 대하지 아니하면 그는 거기에서 하나님의 뜻을 거스르고 있는 것입니다.

세상 부모도 비록 다른 사람들에게는 인정받지 못하는 자녀일지언정 그러한 자신의 자녀들에 대해서는 긍휼을 품고 있거늘 하물며 모든 인류의 진정한 하나님이 죄인들에게 얼마나 큰 긍휼을 품고 계시겠습니까?

하나님의 긍휼을 체험한 죄인들이 하나님의 긍휼의 복음을 전하는 것, 이는 주님이 이 장에서 말씀하고 계시는 그 복의 열매입니다.

그들은 이제 거룩하신 하나님을 점점 더 알아가는 단계에 있는 것입니다.

쉬어가는 코너

아곱의 사랑! 아곱의 긍휼!

아곱의 애통! 아곱의 절규!

야곱! 그는 누구입니까?

뱃속에서부터 자기 형 에서보다 빨리 나와서 장자의 대열에 서려고 그의 형의 발꿈치를 잡고 뒤따라 나왔던 야곱, 자기 어머니의 뱃속에서부터 품었던 꿈인 장자의 명분을 세상에 나와서 기어이 형으로부터 탈취해서 자기의 소유가 되게 한 야곱, 야곱의 입장에서 보면 팥죽 한 그릇과 정당한 거래를 한 것이지만, 에서 입장에서 보면 이는 자기의 극심한 배고픔을 이용한 탈취에 가까운 것이라고 생각할 수밖에 없는 것이었습니다.

자기 아버지 이삭으로부터 장자가 받는 축복도 자기의 형으로 변장하여 자신이 받아버린 야곱, 자신이 자기의 형으로부터 장자의 명분을 샀기 때문에 그 축복을 자신이 받아야 마땅하다고 생각하겠지만 에서의 입장에서 보면 이는 거의 빼앗긴 것입니다.

하나님의 입장에서 이 같은 상황을 보는 것은 또 다른 시각을 우리에게 던져 줍니다. 하나님께서 에서는 미워하고 야곱은 사랑하셨다고 증거하고 계시니, 어떻게 이해해야 합니까?

"천국은 침노하는 자의 것이라"(마 11:12 참조)는 것과 "하나님은 당신을 가까이 하는 자를 가까이 하시고 사랑하신다"(시 145:18 참조)는 말씀을 들어서 생각해보면 이 말씀이 이해됩니다.

에서는 장자의 명분을 가벼이 여겼고, 야곱은 하나님으로부터 축복이 임하는 장자의 명분을 자기의 모든 것을 걸고 가지려고 애를 썼으니, 하나님께서 누구를 더 사랑하실까요?

"여호와는 말의 힘이 세다 하여 기뻐하지 아니하시며 사람의 다리가 억세다 하여 기뻐하지 아니하시고 여호와는 자기를 경외하는 자들과 그의 인자하심을 바라는 자들을 기뻐하시는도다"(시 147:10-11)

그 축복은 다른 것이 아니라 자기의 할아버지 아브라함이 받은 복이고, 자기의 아버지 이삭이 약속 받은 그 복입니다.

"네 씨로 말미암아 천하 만민이 복을 받으리라!"(창 22:18)

에서는 이러한 복을 경홀히 여겼습니다.

그런데 야곱은 하나님께서 자기의 할아버지 아브라함과 아버지 이삭에게 약속하신 그 복, 곧 "그들의 씨로부터 약속의 자손이 태어나서 천하 만민이 복을 받으리라"는 그 약속을 뱃속에서부터 들었던 것일까요?

아니면 태어나서 자연스럽게 들었을까요?

어쨌든 그는 하나님께서 아브라함에게 약속하신 그 복을 하나님으로부터 기어이 받아 내고야 말았습니다.

다음의 말씀은 하나님께서 야곱에게 약속하신 말씀입니다.

"네 자손이 땅의 티끌 같이 되어 네가 서쪽과 동쪽과 북쪽과 남쪽으로 퍼져나 갈지며 땅의 모든 족속이 너와 네 자손으로 말미암아 복을 받으리라"(창 28:14)

저는 야곱을 보면서 주님께서 "천국은 침노하는 자가 빼앗는다"고 하신 말씀을 다시 한 번 생각해 봅니다.

자기 마음에 드는 여자와 결혼을 하려고 14년간을 무보수로 그의 외삼촌에 게 봉사해야 했던 야곱!

자기 형의 위협으로부터 구원을 받기 위해서 자기에게 나타난 주님을 붙잡 고 놓지 않음으로 환도뼈의 골절을 당해야 했던 야곱!

야곱의 애통과 긍휼과 사랑은 라헬에게서 낳은 아들 요셉이 악한 짐승에 게 찢겨졌다는 소식을 접했을 때 나타납니다.

자기 외삼촌 라반에게 14년간 무보수로 일해서 얻은 사랑하는 여인 라 헬, 그녀가 어렵게 어렵게 낳은 아들 요셉의 피 묻은 옷을 그 아들들이 들 고 왔을 때 그의 심정이 어떠하였을까를 상상하기는 쉽지 않을 것입니다.

"아버지가 그것을 알아보고 이르되 내 아들의 옷이라 악한 짐승이 그를 잡아 먹었도다 요셉이 분명히 찢겼도다 하고 자기 옷을 찢고 굵은 베로 허리를 묶고 오래도록 그의 아들을 위하여 애통하니 그의 모든 자녀가 위로하되 그가 그 위로를 받지 아니하여 이르되 내가 슬퍼하며 스올로 내려가 아들에게로 가리라 하고 그의 아버지가 그를 위하여 울었더라"(창 37:33-35)

사랑이 깊으면 깊을수록 그 애통도 그만큼 더 커질 것은 당연한 것인데, 그가 그만을 위하여 채색 옷을 지어 입힐 정도로 가장 사랑하여 아끼고 또 아낀 아들이 죽임을 당하였으니, 그것도 짐승에게 찢겼다는 비보(悲報)가 얼마나 그의 마음을 애통하게 했을까요?

그의 어미 라헬이 그의 동생을 해산하면서 목숨을 잃은 것 또한 그의 요셉에 대한 긍휼의 사랑이 더 깊어진 계기가 되었을 것입니다.

저는 야곱의 요셉에 대한 사랑이 이처럼 깊었다면 야곱을 이스라엘이 되게 하신 주님의 죄인에 대한 긍휼의 사랑은 얼마나 크고, 넓고, 깊을 것인가를 생각해 봅니다.

'야곱은 하지 못한 일을 주님은 실제로 그 무덤에 내려가서 노아의 홍수 때에 순종하지 아니하므로 옥에 갇힌 자들에게 당신을 나타내지 아니하셨던가! 베드로전서 3장 19절 말씀을 주님의 긍휼하심이 지옥의 깊이까지 다다르신 것이라고 해석하는 것은 지나친 비약일까?'

야곱이 라헬을 통해서 얻은 아들 요셉을 사랑하는 마음이 지옥의 깊이까지 다다를 정도로 깊다면 우리를 창조하신 주님의 그것을 야곱보다도 못할 것이라고 누가 감히 말할 수 있겠습니까?

지금은 소천하신 천국과 지옥을 보고 왔었다는 '박영문 형제'는 자신의 간증에서 '그가 사고로 감옥에 갇혔을 때 자기의 처와 처가가 다 자신을 배신하고 등을 돌리고 면회도 오지 않았는데 당신의 어머니는 그래도 면회오셔서 그에게 위로를 주셨었다'고 했습니다.

죄라는 옥에 갇혀 사망의 족쇄에 결박된 우리를 찾아오시는 주님의 긍휼이 이 세상 그 어느 어머니들의 것과는 비교할 수 없이 크지 않겠습니까?

저를 찾아 오셔서 당신의 구속을 제시하여 사망의 족쇄를 끊어 주신 주님을 저는 믿습니다.

그 족쇄를 푼 열쇠가 바로 당신의 십자가의 대속이었으니, 주님은 그 당시 이 땅에 오셔서 그들이 목자 없는 양같이 유리방황하고 있는 것을 보셨다고 목격자는 증거하고 있습니다.

저는 '인생의 목적도 없이 갈 바를 알지 못하고 세상에서 방황하며 사망의 두려움에 떨고 있는 나에게 찾아오신 주님의 긍휼을 영원히 잊지 않으리라!'고 다짐해 봅니다.

저는 하나님의 십자가의 대속의 사랑은 측량할 수 없는 우주보다도 넓고, 천지의 충만한 것보다 더 풍성하고 저 지옥의 깊이보다도 더 깊다고 확신합니다.

| 제6복 |

마음이 청결한 자는 복이 있다

마음이 청결한 자는 복이 있나니 그들이 하나님을 볼 것임이요
(마태복음 5:8)

- 마음의 청결함을 얻으려면 주님의 가르침에 순종해야 합니다.

- 주님으로 옷 입으려면 이스라엘의 하나님이신 예수 그리스도를 항상 바라봐야 합니다.

- 사도들은 주님의 가르침 곧 "너희 원수를 사랑하고 너희를 핍박하는 자를 위하여 기도하라"는 말씀에 순종하였습니다.

- 기도는 긍휼히 여기는 자가 거룩하신 하나님을 마음에 모시는 최선의 길입니다.

- 거룩하신 하나님을 보려면 모든 것을 버리고 주님을 따라야 합니다.

- 주님께서는 당신을 믿는 자들을 청결하게 하기 위해서 그들에게 믿음을 요구하십니다.

- 마음이 청결한 자는 복이 있나니 그들이 하나님을 볼 것임이요

- 마음이 청결한 자는 복음에 합당한 생활로 마음에 평강을 누립니다.

- 쉬어가는 코너

"마음이 청결한 자는 복이 있나니 그들이 하나님을 볼 것임이요"

주님의 은혜로 하나님의 형상이 회복되어가는 사람은 하나님의 형상을 입은 사람을 정죄하지 아니하고 비판하지 아니하고 마음속으로 미워하거나 쑤군대지 아니하고 시기, 질투하지 아니하고 마음속에 더러운 마음을 품지 아니하고 자기에게 죄지은 자에 대해서 중심으로 용서하고, 거룩하신 하나님을 진심으로 사랑하므로 타인에 대해서 비록 하나님의 형상이 일그러져 있을지라도 그래도 남아 있는 하나님의 형상 때문에 그를 공경하고, 중심으로 그 공경 안에서 거룩한 긍휼을 품게 됩니다.

이는 제가 앞에서도 언급하였듯이 모든 사람에 대해서 품게 되는 보편적인 긍휼이므로 주님의 은혜 안에서만 회복되는 것입니다.

주님의 은혜로 하나님의 형상이 회복되어 하나님의 긍휼을 품은 자들은 진리 가운데로 인도함을 받기 때문에 죄 가운데 사로잡혀 있는 아담의 모든 후손에 대해서 진실로 긍휼의 마음을 품지 않을 수 없습니다.

이는 아버지 마음이고, 주님에게서 아버지의 이름이 나타나신 마음이고, 호세아서에서 말씀하신 그 하나님의 뜨거운 긍휼을 아는 자의 마음입니다.

이러한 하나님의 긍휼을 품은 자의 마음은 주님께서 당신의 은혜로써 하나님의 긍휼을 알게 하셨기 때문에 나타날 수 있게 된 것입니다.

이러한 긍휼을 품은 자가 주님께서 이 장에서 말씀하고 계시는 마음이 청결한 자의 단계에 이르게 되는 것입니다.

주님이 이 장에서 말씀하시는 '마음이 청결한 자'는 거룩하신 하나님이 죄인들을 보는 청결이기 때문에 긍휼히 여기는 자가 아니면 그 하나님을 볼 수 없습니다.

　성도가 어떠한 큰 죄인이라도, 또는 자기의 미워하는 원수라도 긍휼로써 그를 대하지 아니하면 그는 그에 대해서 꺼리거나 정죄하거나 멸시하는 죄 가운데 있지 않겠습니까?

이러한 죄가 그 안에 있다면 그는 하나님의 긍휼을 알 수 없기 때문에 주님은 진리의 말씀과 성령으로 거룩하게 하셔서 당신의 긍휼을 알게 하시는 것입니다.

그러므로 주님은 주님의 은혜를 받아서 하나님의 형상을 입은 사람을 진실로 긍휼히 여기는 자에게 가까이 하시고, 당신의 말씀으로 더욱더 거룩하게 하셔서 하나님의 사람 사랑하심을 그들에게 보이십니다. 그러므로 긍휼히 여기는 자 다음 단계에 마음이 청결한 자의 복이 있는 것입니다.

　언뜻 보기에는 마음이 청결한 자 다음 단계에 긍휼히 여기는 자의 복이 와야 될 것 같지만 사실은 그렇지 않습니다.

　왜냐하면 모든 사람을 긍휼히 여기지 아니하는 마음에는 강퍅한 죄 성이 하나님의 긍휼을 아는 빛을 가로막고 있기 때문에 먼저 그 죄가 깨끗하게 되어야 합니다. 그러므로 주님이 그 죄의 어두움을 제거해 주시면 비로소 하나님의 긍휼을 보게 되는 것입니다.

　가령 주님께서는 "일흔 번씩 일곱 번이라도 용서하라"(마 18:22 참조)고 말씀하시는데 그 말씀으로 깨끗함을 받지 아니하면 그 죄가 그의 마음을 사로잡고 있음으로 그 대상에 대해서 긍휼의 마음을 가질 수 없다는 것입니다.

이러한 죄가 제거되어야 주님의 계명을 받을 수 있기 때문에 긍휼의 다음 단계에 마음이 청결한 자의 복이 오는 것입니다.

마음이 청결한 자 다음에 긍휼히 여기는 자의 복이 와야 맞는 것 같다고 생각하는 독자들을 위해서 덧붙이면, 성도는 주님의 산상수훈으로 깨끗함을 받은 뒤에 그 말씀이 그들의 심령으로 내려가 주님의 영으로 그가 연합을 이루어야 될 것을 생각하면 긍휼히 여기는 자 다음에 마음이 청결한 자의 복이 있다는 것입니다.

하나님께서는 아무쪼록 성도들의 심령에 당신의 계명을 새기시기를 원하시며, 긍휼히 여기는 자가 아니면 그 말씀을 대적하는 중에 있기 때문에 먼저는 긍휼히 여겨야 그 말씀을 마음으로 받을 준비가 되는 것입니다.

주님은 긍휼히 여기지 못하는 자들에게 먼저는 당신의 말씀으로 깨끗하게 하시므로 긍휼의 마음을 품게 하시고, 또 후에 그 깨끗하게 하시는 말씀의 계명이 그들의 심령에 자리 잡기를 원하십니다. 그러므로 긍휼히 여기는 자 다음 계단에 마음이 청결한 자의 복이 있다는 것입니다.

주님의 말씀으로 깨끗하게 된 자들의 심령들이 주님의 말씀과 계명에 순종하고자 할 때 당신의 성령으로 그 안에 거하시고 그와 연합을 이루시며, 성도는 하나님의 긍휼하심을 알므로 말씀의 빛에 점점 가까이 다가섭니다.

주님은 성도가 진리이신 주님과 더 깊은 교제를 가질 때 당신만이 아시는 거룩하신 하나님을 그들의 심령에 알리십니다. 그러므로 하나님은 주님을 통해서 긍휼히 여기는 자에게 당신을 알리시는 것입니다.

성도가 모든 사람을 긍휼히 여긴다 해도 하나님의 긍휼하심에는 멀기 때문에 성도는 더욱더 진리의 말씀을 가까이 하여 하나님의 영광의 빛을 알아가야 하는 것입니다.

하나님은 당신을 가까이 하는 자들에게 당신의 인자하심을 보이십니다.

기독교의 진리에 가장 근접했다고 평가 받는 '플라톤'(Plato)이 이러한 하나님의 긍휼을 알았다면, 그가 이데아를 동경하지도 않았을 것입니다.

그는 하나님의 형상에 남아서 나타나는 그림자를 발견했던 것일까요?

주님은 하나님의 말씀에 불순종하여 잃어버린 하나님의 형상을 말씀이신 주님을 믿고, 말씀을 따르고 의지하는 자들을 당신 안에 있는 창조의 능력으로써 그 형상을 회복시켜주시는 것입니다.

결국 '구원'(救援)이란 죄로 인해서 잃어버린 하나님의 형상이 회복되어가는 과정인데, 주님께서 재림하셔서 우리의 낮은 몸을 당신의 빛나는 영광으로까지 끌어올리실 때 완성될 것이며, 그 영광은 진리의 말씀에 지체들의 영혼이 하나가 될 때 완성될 것입니다.

주님은 의에 주리고 목마른 자, 주님께 순종하기를 열망하는 자들에게 말씀으로 다가오셔서 그들의 심령을 깨끗하게 하시고, 궁극에는 그들 안에 그의 영으로 거하심으로 하나님이 그들의 영혼에 알려지시는 것입니다.

사람은 '자유의지'(自由意志)라는 고유의 의지가 있어서 어느 누구도 그 의지를 침해해서 타인을 자신의 의지에 굴복시켜서는 안 됩니다. 만약에 그렇게 한다면 그 사람은 더 이상 자유의지의 주체라고 말할 수 없을 것입니다.

하나님께서도 사람에게 있는 이 자유의지를 존중하신다고 봐야 합니다.

기록된 말씀에 하나님께서는 예물을 드림에 있어서도 자발적으로 드리는 것을 기뻐하신다고 증거하고 있습니다. 그러므로 진리의 말씀으로 마음의 청결함을 받는 자는 주께서 주시는 달콤한 은혜에 그의 온 영혼이 이끌려서 자발적으로 주님의 사랑을 따르는 자들이라고 봐야 합니다.

주님께서 "영생은 곧 유일하신 참 하나님과 그가 보내신 자 예수 그리스도를 아는 것이라"(요 17:3)고 증거하셨듯이 성도가 죄, 즉 어두움에서 건짐 받아 그 믿음이 더해가고 하나님의 거룩한 빛을 점점 알아 가는 것이 믿음의 길입니다.

"내 아버지께서 모든 것을 내게 주셨으니 아버지 외에는 아들이 누구인지 아는 자가 없고 아들과 또 아들의 소원대로 계시를 받는 자 외에는 아버지가 누구인지 아는 자가 없나이다"(눅 10:22)

긍휼히 여기는 자는 자신의 구원의 근거가 하나님의 긍휼임을 알고, 또 죄인들을 향한 하나님의 뜨거운 긍휼의 사랑을 알기 때문에 더욱더 주님을 의지하고 가까이 하지 않을 수 없습니다. 이는 기도를 게을리 하고 주님을 단단히 의지하지 아니하면 계속해서 하나님의 긍휼 안에 머무를 수 없고, 하나님의 사랑과 주님의 은혜에서 멀어지는 자신을 발견하기 때문입니다.

"그런즉 너의 하나님께로 돌아와서 인애와 정의를 지키며 항상 너의 하나님을 바랄지니라"(호 12:6)

그러므로 주님의 산상수훈으로 깨끗함을 받아 하나님의 긍휼을 아는 성도는 더욱더 주님의 입에서 나온 말씀을 그의 심령 깊은 곳으로 받아들이기에 목말라 합니다.

오직 주님을 바라보고 주님과 연합되기를 열망할 때 주님께서는 그에게 찾아 오셔서 "그 안에 거하라"고 말씀하시고, 그가 주님의 품에 뛰어들 때 주님이 또한 우리 안에 오셔서 거룩하신 아버지를 알게 하십니다.

"아들의 이름으로 보내시는 성령으로 오셔서 그에게 순종하는 자들 안에 거하시는 아버지를 영원히 찬양할지라"

마음의 청결함을 얻으려면 주님의 가르침에 순종해야 합니다.

많은 성도들이 주님이 산상수훈에서 가르치신 말씀은 평신도들과는 관계 없는 말씀으로 치부하고, 구원이라는 것이 주님의 십자가의 보혈만 믿으면 된다고 생각하고 그 말씀을 받지 않고 있기 때문에 하나님을 알지 못하고,

하나님께서 우리를 향해서 품으신 뜻도 모르고 한평생을 보내고 있다고 해도 지나치지 않습니다.

주님의 산상수훈을 멀리 하는 자는 긍휼히 여길 수 없고, 그 말씀을 받지 않는 자는 거룩하신 하나님을 볼 수도 없고 구원의 확신도 없으며, 오실 주님을 기다리는 재림의 신앙도 가질 수 없습니다.

이는 주님께서 우리로 하여금 감당할 수 없는 말씀을 괜히 꺼내서 성도들의 천국 가는 길을 막으려고 하신 말씀도 아니며, 또한 말씀을 잘못 가르치신 것이 아닙니다. 오직 성도가 이 말씀을 애써 피하려고 하는 것은 자신 안에 남아 있는 육신의 생각 때문에 그 말씀을 가까이 할 수 없고 꺼리기 때문임을 알아야 합니다.

우리는 마땅히 주님이 산상수훈에서 가르치신 진리를 늘 묵상하고 가까이 하여 우리들의 마음에 새기도록 해야 합니다.

우리의 부패한 심령으로는 율법의 일점일획(一點一劃)도 지킬 수 없습니다. 이는 선민 이스라엘 백성들에게도 마찬가지입니다.

그럴지라도 모세가 이스라엘 백성들에게 행하라고 가르치고 권면한 것은 헛된 것이 아니었습니다.

> "이스라엘아 들으라 우리 하나님 여호와는 오직 유일한 여호와이시니 너는 마음을 다하고 뜻을 다하고 힘을 다하여 네 하나님 여호와를 사랑하라 오늘 내가 네게 명하는 이 말씀을 너는 마음에 새기고 네 자녀에게 부지런히 가르치며 집에 앉았을 때에든지 길을 갈 때에든지 누워 있을 때에든지 일어날 때에든지 이 말씀을 강론할 것이며 너는 또 그것을 네 손목에 매어 기호를 삼으며 네 미간에 붙여 표로 삼고 또 네 집 문설주와 바깥문에 기록할지니라"(신 6:4-9)

구약의 성도들이 모세의 권면대로 율법의 말씀을 심히 사모하고 가까이 하면 그 말씀은 그로 하여금 하나님께서 무엇을 기뻐하시고 무엇을 싫어하시는지를 알게 하며, 또한 자신 안에 있는 죄를 깨닫게 하므로 결국은 자신의 의지나 힘으로는 지킬 수 없는 율법의 무거운 짐 때문에 율법에서 증거하는 그리스도께로 나아가지 않을 수 없었던 것입니다.

이는 주님의 산상수훈을 대하는 오늘날의 우리들에게도 마찬가지입니다.

우리는 주님의 산상수훈이 모세가 이스라엘 백성에게 반포한 그 말씀을 주님께서 완성하셨다는 것을 기억하고, 모세의 권면대로 그 산상수훈을 자나 깨나 묵상하고 우리들의 마음에 새기기에 주리고 목말라 해야 합니다.

우리들의 의지나 힘으로는 주님의 이 말씀을 지키는 것이 불가능하지만 우리의 구주되시는 주님은 창세기에서 '이것이 있으라, 저것이 있으라' 말씀하신 창조의 하나님이시고, 하나님의 본체이시며 전능하신 하나님이시기 때문에 우리가 그 주님만 의지하고 바라보면 주님은 우리로 하여금 능히 그 산상수훈의 가르침으로 깨끗하게 하시고, 그 말씀의 열매를 성령으로 오셔서 맺게 하시고, 또한 하나님을 영화롭게 해드릴 수 있는 우리로 재창조하실 수 있는 것입니다.

주님이 이 일을 위해서 이 땅에 오셔서 우리의 육신을 취하신 것이니, 우리가 어찌 이 일에 능동적으로 매진하지 않을 수 있습니까?

또한 하나님께서 예레미야 31장에서 '당신의 법을 그들의 속에 두며 그들의 마음에 기록하겠다'고 하셨으니 하나님이 하시고자 하는 일을 누가 막을 수 있겠습니까?

오직 하나님은 성도들이 주님의 계명에 순종하고자 열망하는 자들에게 당신의 약속을 실행하시는 것입니다.

'히브리서 기자'는 다음과 같이 증거하고 있습니다.

"하나님의 말씀은 살아 있고 활력(운동력)이 있어 좌우에 날선 어떤 검보다도 예리하여 혼과 영과 및 관절과 골수를 찔러 쪼개기까지 하며 또 마음의 생각과 뜻을 판단하나니"(히 4:12)

독자들은 모세가 율법에 기록한 계명의 칼로 우리들의 영혼을 수술 받는 것과 주님이 그 계명을 완성하여 빛나게 한 칼로 수술 받는 것, 어느 것이 우리들의 병든 영혼을 제대로 치유하여 깨끗하게 할 수 있는지를 생각해 보시기 바랍니다.

예를 들면 "간음하지 말라"(마 5:27)는 계명과 "여자를 보고 음욕을 품으면 마음에 이미 간음하였다"(마 5:28)는 주님의 간음에 대한 바른 해석 중에 어느 것이 사람들의 심령 깊은 곳에 숨어 있는 그 죄를 잘 찾아내서 말씀의 빛 곧 치료의 광선으로 치유할 수 있겠는가를 생각해봐야 한다는 것입니다.

다른 계명들도 마찬가지입니다.

사도는 "…계명이 이르매 죄는 살아나고 나는 죽었도다"(롬 7:9)라고 증거 하면서 율법의 계명의 기능을 잘 설명하고 있습니다.

계명의 역할이 우리 안에 있는 죄를 들추어내서 우리를 정죄하는 역할을 하고 있다고 말하는 것입니다.

또한 복음서에는 우리가 잘 아는 주님이 가르치신 비유가 있습니다.

"이에 종들에게 이르되 혼인 잔치는 준비되었으나 청한 사람들은 합당하지 아니하니 네거리 길에 가서 사람을 만나는 대로 혼인 잔치에 청하여 오라 한대 종들이 길에 나가 악한 자나 선한 자나 만나는 대로 모두 데려오니 혼 인 잔치에 손님들이 가득한지라 임금이 손님들을 보러 들어올 새 거기서 예 복을 입지 않은 한 사람을 보고 이르되 친구여 어찌하여 예복을 입지 않고 여기 들어왔느냐 하니 그가 아무 말도 못하거늘 임금이 사환들에게 말하되 그 손발을 묶어 바깥 어두운 데에 내던지라 거기서 슬피 울며 이를 갈게 되 리라 하니라"(마 22:8-13)

위의 비유의 말씀은 주님을 구원자로 믿는 자들이 어떠한 예복을 입어야 하나님이 마련하신 아들의 혼인 잔치에 참여할 것인가를 잘 보여줍니다.

하나님의 집이요 진리의 기둥과 터인 교회에 많은 사람들이 청함을 받아 들어오지만 거기에서 주님이 마련해주시는 예복을 입지 않음으로 그 자리 에서 내쫓김을 당한다는 것을 보여주고 있으니, 그 예복이 어떠한 예복인지 를 살펴볼 필요가 있겠습니다.

사도는 로마서의 권면에서 "밤이 깊고 낮이 가까웠으니 그러므로 우리가 어둠의 일을 벗고 빛의 갑옷을 입자 낮에와 같이 단정히 행하고 방탕하거나 술 취하지 말며 음란하거나 호색하지 말며 다투거나 시기하지 말고 오직 주 예수 그리스도로 옷 입고 정욕을 위하여 육신의 일을 도모하지 말라"(13:12-14)고 합니다.

이는 그가 '어둠의 일을 벗고'라는 단어와 '예수 그리스도로 옷 입고'라는 표현을 사용함으로써 죄의 더러움과 빛이신 '예수 그리스도'를 우리들이 입는 '옷'에 비유하였습니다. 이 비유는 예수를 구원자로 믿는 자들이 얼마만큼 거룩에 동참해야 하는지를 잘 나타내고 있는 것입니다.

우리가 예수 그리스도의 보배로운 피로 죄 사함을 받았으니 그 피를 믿는 믿음이 사실이라면 그는 그 의로써 마땅히 그 피 흘리심의 효과가 그에게 나타나서 바울 사도가 앞에서 열거한 여러 가지 죄의 더러움에서 씻음 받아 그에게서 거룩의 열매가 나타나야 되는 것 아니겠습니까?

이 문제는 '화평하게 하는 자의 칭의'에서 더 자세히 증거하고자 합니다.

그런데 주님께서 오셔서 당신의 피로 우리들의 죄를 씻어 주시고 나서 (성도가 육신을 입고 있는 동안은 늘 넘어지므로) 계속해서 우리를 붙잡아 주지 아니하면 육체에 정해진 죄가 우리들의 심령을 사로잡아 올 것이므로 사도의 권면대로 우리는 주님으로 옷을 입어야 한다는 것입니다. 그 주님의 옷은 우리가 생각하는 죽어있는 옷이 아니라 진리의 빛을 나타내는 살아계신 말씀이고, 그 말씀은 곧 주님의 입에서 나온 산상수훈입니다.

주님의 보배로운 피로 구속을 받은 성도는 마땅히 이 산상수훈의 옷을 입어야 그 혼인 잔치에 들임을 받을 수 있는 것입니다.

이 옷도 우리들 스스로 입는다고 해서 입어지는 것이 아니기 때문에 주님의 다음의 말씀을 기억하고 주님께 연합되기를 힘써야 합니다.

"내 안에 거하라 나도 너희 안에 거하리라 가지가 포도나무에 붙어 있지 아니하면 스스로 열매를 맺을 수 없음 같이 너희도 내 안에 있지 아니하면 그러하리라"(요 15:4)

이는 '가지가 나무에 붙어 있으면 절로 열매를 맺는다'는 주님 말씀처럼 빛이신 주님 안에 우리가 거하면 주님이 우리의 거룩이 되어주실 것이므로 주님의 진리의 빛이 우리에게서 나타날 것은 분명하다 하겠습니다.

그러므로 주님의 산상수훈의 말씀을 거룩한 옷에 비유한다면, 우리는 하나님께서 제시하는 그 거룩한 예복을 쳐다만 볼 것이 아니라 그 옷을 입어야 하는 것입니다.

우리가 주님의 말씀을 들음으로 우리의 죄가 우리 눈에 보이고 주님의 말씀에 순종하는 것이면 주님으로 옷 입었다고 봐야 할 것입니다.

신랑의 혼인 잔치에 청함을 받은 자가 주인이 준비한 예복을 입지 않는 것은 그 잔치를 모욕하는 것이 될 것이므로 주님이 그 비유에서 증거하신 것처럼 바깥 어두운 곳, 그가 빛을 싫어하여 그 옷을 입지 않고 어두움을 택하였으니, 그가 택한 그곳으로 쫓김을 받은 것은 당연하다 할 것입니다.

주님의 거룩한 산상수훈의 말씀을 쳐다보거나 옆에 소중히 모셔둘 것이 아니라 그 옷 안으로 들어가고, 그 옷이 우리의 존재를 나타내는 것으로 만들어야 되는 것입니다.

육체에 정해진 죄의 소욕은 주님의 말씀을 듣고 보는 것으로 이겨낼 수 없고, 오직 그 옷을 입어야 합니다. '그 옷을 입는다는 것'은 곧 '주님의 말씀을 그의 심령으로 받아들이는 것'입니다. 이것이 진정한 영접(迎接)이고, 성령으로 오시는 주님을 그의 심령으로 받는 것이며, 주님이 포도나무의 비유에서 말씀하신 그 가지로 연합되는 관계인 것입니다.

결국 주님 안에 거한다는 것은 그 거룩한 빛이신 주님의 말씀 안에 자신이 들어가는 것과 같다 하겠습니다.

우리의 모든 뜻과 정욕을 다 포기하고 주님 안에 거할 때 주님은 당신의 성령으로서 내주하셔서 그를 사로잡으시고 그의 전부가 되십니다.

진실로 마음의 문을 열고 주님을 영접한 자는 자신이 주님을 품으며, 또한 자신을 품으시는 주님을 발견하는 것입니다.

> "그 날에는 내가 아버지 안에, 너희가 내 안에, 내가 너희 안에 있는 것을 너희가 알리라"(요 14:20)

아이가 어머니 품을 사랑하여 그 어머니를 자신의 팔을 힘껏 벌려 안는다면 거기에서 어머니는 아이 안에서, 아이는 어머니 안에서 서로 하나임을 발견할 것이고, 그 아이는 그 어머니로 옷 입었다고 해도 될 것입니다. 왜냐하면 그 아이는 그 어머니 안에서 어머니의 전부를 자기가 끌어안아 자기의 소유로 삼기 때문입니다.

주님께서 "인자의 살을 먹지 아니하고 인자의 피를 마시지 아니하면 너희 속에 생명이 없느니라"(요 6:53)고 말씀하신 것은 '성도가 주님의 전부를 끌어안아 자기의 소유로 삼지 아니하면 주님의 생명에 동참할 수 없다'는 것을 말씀하고 있는 것입니다.

주님이 말씀하신 산상수훈은 주님의 입에서 나온 주님의 인격이시고 주님 자신이시므로, 성도는 이 산상수훈의 가르침의 전부를 온전히 받아들여야 합니다.

주님께서 지금 "마음이 청결한 자는 복이 있다"고 하신 자들은 모세의 율법의 자로 자신을 재는 자들이 아니라 주님의 산상수훈의 가르침으로 깨끗하게 된 자들이고, 더 나아가 그 말씀에 순종하므로 그 말씀이 그 안에 거하고 있는 자들입니다.

하나님은 영이신데, 심령이 깨끗하지 못한 자들이 어떻게 영이신 하나님을 볼 수 있겠습니까? 어두움 속에서는 사물을 제대로 볼 수 없듯이 죄로 어두워진 영혼 역시 영이신 하나님을 볼 수 없습니다.

세상 사람들이 하나님을 알지 못하는 것은 그들의 눈이 어두움으로 덮여 있기 때문이 아니겠습니까?

그러므로 하나님을 진실로 사랑하는 성도는 시편 기자가 시편 1편에서 '복 있는 사람은 여호와의 율법을 주야로 묵상하는 자'라고 표현한 것처럼 '주님의 산상수훈의 말씀을 주야로 묵상하는 자가 복 있는 사람'입니다.

주님으로 옷 입으려면 이스라엘의 하나님이신 예수 그리스도를 항상 바라봐야 합니다.

사도는 우리가 깨끗함을 받은 것은 오직 진리의 말씀과 성령의 역사로 된 것이라고 증거하였습니다.

그러므로 우리의 노력과 의지로 주님의 산상수훈의 말씀을 아무리 많이 읽고 묵상하여도 진리의 성령께서 그 말씀으로 우리의 영혼에 비추고, 가르치고 깨닫게 하지 아니하시면 아무런 변화도, 열매도 맺을 수 없습니다.

이 일은 우리가 말씀을 영접하면서 처음부터 깨닫는 바입니다.

우리가 복음의 말씀을 들을 때 빛이신 주님을 보게 되는 것은 그 말씀이 바로 주님 자신이기 때문입니다. 그러므로 우리가 진리의 빛으로 인도함을 받고 주님이 이 장에서 말씀하고 계시는 청결함을 받으려면 사도가 히브리서에서 말씀하고 계시는 그 권면을 따라야 합니다.

> "믿음의 주요 또 온전하게 하시는 이인 예수를 바라보자 그는 그 앞에 있는 기쁨을 위하여 십자가를 참으사 부끄러움을 개의치 아니하시더니 하나님 보좌 우편에 앉으셨느니라"(히 12:2)

우리는 위, 곧 우리를 위해서 죽으셨다가 부활하셔서 하나님 우편에 앉으신 예수 그리스도를 한시라도 바라보지 아니하면 마음이 청결하게 될 수 없다는 것을 알아야 합니다.

성도는 두 방향 중에 어느 한 방향을 바라보게 되어 있습니다.

그 방향은 위, 혹은 아래인데 아래는 곧 땅이요 세상입니다.

마음이 청결하게 되기를 바라는 자는 자기 자신을 바라보거나 세상을 바라봐서는 결코 온전하게 될 수 없습니다.

독자들은 제가 이 시점에서 온전하게 되는 것과 마음의 청결함을 구분하지 않고 쓰는 것을 이해하시기 바랍니다.

마음이 청결하게 되어 하나님의 거룩, 곧 사랑의 하나님을 보는 자는 곧 사도들이 성경에서 증거하는 온전하게 된 자들이기 때문입니다.

우리가 자기 자신을 바라보게 되면 우리는 자기 자신을 너무 과신하여 주님을 의지하지 않게 될 것이고, 또 세상을 바라보면 세상 것을 하나님보다 더 사랑하지 않을 수 없으므로 또한 주님에게서 멀어지고 말 것입니다.

하나님의 긍휼을 알고 하나님의 죄인들을 사랑하는 거룩한 사랑을 맛본 자들도 이러한 싸움 가운데 있기 때문에 우리는 사도의 권면을 가벼이 받지 말고 항상 위를 바라보고 기도에 힘써야 합니다.

주님은 우리를 사랑하사 당신의 온 몸과 생명을 아낌없이 내어 주셨습니다.

우리가 이 주님을 바라보면 주님은 당신의 그 사랑을 알게 하십니다.

그 사랑으로 우리를 붙잡아 주십니다.

모든 죄인을 뜨겁게 사랑하시는 아버지를 알게 하시는 것입니다.

사도는 온전하게 하시는 이인 예수 그리스도를 의지하고 바라보게 하기 위하여 무서운 경고도 서슴지 않고 있습니다.

저는 이 경고가 진리라고 믿습니다.

하나님의 인애와 긍휼과 사랑은 측량할 수 없지만 악을 심판하시는 그 엄위하심은 그것에 비례하는 만큼 하나님의 선하심의 깊이를 말해주고 있는 것입니다.

성경은 지극히 선하신 하나님께서는 차마 악을 보지 못하시고 그 악을 심판하시고, 불로 소멸하시는 분이심을 증거하고 있습니다.

"우리가 진리를 아는 지식을 받은 후 짐짓 죄를 범한즉 다시 속죄하는 제사가 없고 오직 무서운 마음으로 심판을 기다리는 것과 대적하는 자를 태울 맹렬한 불만 있으리라 모세의 법을 폐한 자도 두세 증인으로 말미암아 불쌍히 여김을 받지 못하고 죽었거든 하물며 하나님의 아들을 짓밟고 자기를 거룩하게 한 언약의 피를 부정한 것으로 여기고 은혜의 성령을 욕되게 하는 자가 당연히 받을 형벌은 얼마나 더 무겁겠느냐 너희는 생각하라"(히 10:26-29)

하나님의 말씀 앞에 떠는 그들을 구원하시겠다고 약속하신 주님께서는 산상수훈의 말씀 앞에 겸비하고 그 말씀의 빛 앞에 떠는 자들을 그 말씀과 성령으로 깨끗하게 하셔서 하나님을 더욱더 사랑하게 하십니다.

그들의 마음에 할례를 베푸셔서 은밀히 숨어 있던 육의 생각을 미워하고, 진리의 말씀을 사랑하게 하시는 것입니다.

이스라엘 백성들은 그들의 양피를 베어 육신에 할례를 행함으로 표를 남겼지만, 그 말씀으로 청결하게 된 자들은 그 할례가 진리의 성령을 따라서 그들의 심령에 행해지므로 이제 그들은 조그마한 육신의 생각도 하나님과 원수가 됨을 알고 미워하며 오직 말씀과 진리의 성령을 따라서 더욱 거룩으로 나아가 주님의 말씀을 그들의 심령에 거하는 데까지 이르게 됩니다.

주님의 계명으로 인해서 죄인들을 향한 하나님의 사랑이 그들의 심령에 더욱더 분명하게 보이게 되는 것입니다.

구원은 전적으로 거룩하신 하나님이 행하셨기 때문에 그 말씀으로 깨끗하게 된 자들만이 거룩하신 하나님께서 행하신 위대한 일을 볼 수 있습니다.

사도들은 주님의 가르침에 순종하였습니다.
"너희 원수를 사랑하고 너희를 핍박하는 자를 위하여 기도하라"

원수를 사랑한다는 것은 자연인의 본성으로는 어림도 없는 것이고, 유대인이라도 불가능한 것입니다.

그런데 사도들은 어떻게 이 말씀대로 살 수 있었습니까?

사도들도 우리와 한결같이 육으로 난 자들이 아닙니까?

이는 사람을 창조하신 전능하신 하나님만이 가능한 일입니다.

사도는 하나님이 계획하신 역사를 아주 간략하게 증거하고 있습니다.

> "하나님이 미리 아신 자들을 또한 그 아들의 형상을 본받게 하기 위하여 미리 정하셨으니 이는 그로 많은 형제 중에서 맏아들이 되게 하려 하심이니라 또 미리 정하신 그들을 또한 부르시고 부르신 그들을 또한 의롭다 하시고 의롭다 하신 그들을 또한 영화롭게 하셨느니라"(롬 8:29-30)

교회는 사도들과 선지자들의 교훈에 그 기초가 있으므로 성도는 아무쪼록 사도들의 교훈을 받아들여 원수를 사랑하고 핍박하는 자를 위하여 기도하기를 힘써야 합니다.

성도는 죄가 없으시고 진리이신 주님만큼 거룩하게 살 수는 없을지라도 최소한 사도들만큼의 수준을 목표로 설정해야 마땅합니다.

왜냐하면 사도들도 우리와 똑같이 아담의 후손이기 때문입니다.

또한 사도들도 주님의 말씀으로 깨끗하게 되었기 때문입니다.

사도들은 그 말씀을 복음서에서 충실하게 우리에게 전해주고 있으니, 주님의 말씀을 온전히 받기만 하면 거기에 미치지 못할 이유가 전혀 없습니다.

사도들을 거룩하게 하신 진리의 가르침이 우리 손에 놓여 있고, 사도들을 거룩하게 하신 진리의 성령께서 그 교훈을 받아들이는 자들 위에 있습니다.

이에 우리는 우리의 거룩의 목표를 최소한 사도들의 수준까지로 잡아야 하는 것입니다.

하나님께서 사도들로 하여금 원수를 사랑하게 하셨으니, 같은 하나님을 믿는 우리들도 그 목표로 전진하면 능히 가능하게 하실 수 있다는 것을 우리는 잊지 말아야 합니다.

구약의 율법에도 "원수를 사랑하라"는 말씀이 있었지만 십계명에는 넣지 않았기 때문에 그 진리가 유대인과 율법사들에게 감추어져 있었고, 안식일과 율법의 주인이신 주님께서는 그 진리를 밝히 드러내셔서 그의 제자들에게 지키라고 명령하고 계십니다.

> "너는 네 형제를 마음으로 미워하지 말며 네 이웃을 반드시 견책하라 그러면 네가 그에 대하여 죄를 담당하지 아니하리라 원수를 갚지 말며 동포를 원망하지 말며 네 이웃 사랑하기를 네 자신과 같이 사랑하라 나는 여호와이니라"(레 19:17-18)

> "네가 만일 네 원수의 길 잃은 소나 나귀를 보거든 반드시 그 사람에게로 돌릴지며 네가 만일 너를 미워하는 자의 나귀가 짐을 싣고 엎드러짐을 보거든 그것을 버려두지 말고 그것을 도와 그 짐을 부릴지니라"(출 23:4-5)

위의 말씀에서 알 수 있듯이 주님께서는 당신의 백성들에게 원수를 사랑해야 될 것을 간접적으로 명령하고 계셨던 것입니다.

원수에게 해를 가하지 아니하고 오히려 그의 유익을 위하여 힘쓴다는 것은 자신이 섬기는 하나님을 생각하고, 그에게 긍휼과 사랑의 마음이 없다면 불가능한 것이 아니겠습니까?

이처럼 주님께서는 당신의 율법에 명백히 기록된 말씀을 가지고서 신약의 제자들뿐만 아니라 구약의 성도들도 그 말씀으로 깨끗하게 하시는 역사를 계속하시는 것입니다.

> "행위가 온전하여 여호와의 율법을 따라 행하는 자들은 복이 있음이여 여호와의 증거들을 지키고 전심으로 여호와를 구하는 자는 복이 있도다"(시 119:1-2)

시편 기자는 먼 훗날 자신의 죄를 깨끗하게 하시기 위해서 오실 메시야를 믿고 그 말씀의 능력과 거룩함을 알고 그 말씀을 사모하기에 숨을 헐떡이는 자신을 여과 없이 진술하고 있지 않습니까?

"청년이 무엇으로 그의 행실을 깨끗하게 하리이까 주의 말씀만 지킬 따름이니이다 내가 전심으로 주를 찾았사오니 주의 계명에서 떠나지 말게 하소서"
(시 119:9-10)

"내가 주의 율법을 항상 지키리이다 영원히 지키리이다"(시 119:44)

그는 말씀으로 다가오시는 빛이신 주님을 사모하고 가까이 하기에 목말라 했던 것입니다. 우리는 구약의 성도가 이처럼 말씀을 가까이 하고 그 거룩한 말씀을 따라 살기를 갈망했었다면 신약의 우리들은 얼마나 더 말씀을 가까이 해야 할 것인가를 생각해 봐야 합니다.

주님이 오셔서 창세전부터 감추어진 아버지 하나님의 비밀한 진리를 더욱더 명백하고 풍성하게 선포하셨으니, 지금 주님의 제자로 부름 받은 우리들은 그 때의 시편 기자보다도 더욱더 말씀의 열매가 나타나야 마땅합니다.

그 때의 시편 기자가 그에게 찾아 오셔서 구속을 약속하신 주님을 믿고 믿음으로 말씀이신 하나님을 가까이 하여 거룩함을 입을 수 있었다면, 지금 주님의 구속이 저주의 십자가에서 실현되어 하나님의 죄인 사랑하심이 확증된 지금의 우리들이야말로 그 때의 선지자들보다도 더욱더 말씀을 가까이 하여 그 말씀의 거룩함을 알아야 한다는 것입니다.

주님이 십자가에 못 박히고 부활하신 것은 이 때문이니 주님의 십자가를 자랑하면서도 그 말씀의 열매를 알지 못한다면 그가 믿는 십자가의 구속은 그에게 있어서 한낱 육체의 자랑거리로 변질시키는 것임을 잊지 맙시다.

덧붙이면, 우리는 구약의 성도들이 믿음으로 하나님과 화목 된 것을 믿고 말씀이신 하나님을 가까이 하여 거룩하게 되었거늘, 하물며 주님의 구속이 실제적으로 성취된 후의 우리들이 얼마나 하나님을 가까이 해야 되겠는가를 생각해야 된다는 것입니다.

저는 이 사실을 알기 위해서 시편 119편을 묵상해야 된다고 생각합니다.

거기에서 기자는 하나님의 말씀을 가까이 하고 사랑하는 자신의 솔직한 심정을 풍성한 언어로써 진술하였습니다.

예수를 구원자로 믿는다고 고백하면서 말씀을 가까이 하지 아니하는 모든 자들은 다 한 가지로 악한 자들입니다.

우리들이 우리의 모든 죄에서 주님의 거룩한 피로 구속을 받은 것은 우리가 다시는 죄에 종노릇 하지 아니하고 우리의 죄 짐을 지시고 저주의 죽음을 당하시고 부활하신 주님에게 종노릇 하려 함이지 않습니까?

또한 주님은 이를 위해서 부활하신 것입니다.

'바울'은 "아들의 피로 하나님과 화목 된 자들은 더욱더 그의 살아나심을 인하여 진노하심에서 구원을 얻으리라"(롬 5:9-10)고 증거하고 있습니다.

이는 주님께서 당신의 피로 우리의 옛 죄를 씻어 주시고 후에 당신의 성령으로 다가오셔서 우리의 본질을 바꿔주지 아니하시면 죄에 대해서 진노하시는 하나님께 결코 가까이 갈 수도 없고 알 수도 없기 때문입니다.

우리가 죄에 팔려 죄의 종이었다가 주님의 피로 사신 바 된 것을 믿음으로 안다면 우리는 마땅히 주님의 종으로서 주님의 가르침에 복종해야 되는 것입니다.

"너희 원수를 사랑하며 너희를 박해하는 자를 위하여 기도하라"(마 5:44)는 주님의 말씀을 받아 보십시오.

그는 거기에서 온 인류의 아버지가 되시는 하나님을 발견합니다.

우리가 미워하는 원수와 우리를 핍박하는 그들도 하나님은 인애를 가지시고 은혜 베푸시기를 기뻐하시는 분이라는 것이 보이지 않습니까?

그는 그 말씀에서 온 인류의 참 아버지가 되시는 하나님을 그의 영혼으로 보게 될 것입니다. 우리가 원수라고 생각하고 증오하는 그도 하나님께서는 긍휼의 마음을 품고 계시는 아버지를 발견하는 것입니다.

우리는 종종 교도소에서 흉악한 살인자들에게도 복음의 은혜가 임해서 그들이 구원의 하나님을 증거하고 있는 것을 보게 되는데 우리가 믿는 하나님은 진실로 그들의 하나님이시고, 그들도 우리들과 마찬가지로 하나님은 아버지로서의 긍휼과 사랑을 품고 계시는 것을 발견하는 것입니다.

그러므로 "원수를 사랑하라"(마 5:44)는 계명은 진실로 하늘 아버지의 입에서만 나올 수 있는 거룩한 말씀이십니다.

**기도는 긍휼히 여기는 자가
거룩하신 하나님을 마음에 모시는 최선의 길입니다.**

제가 여태껏 제시한 모든 것이 제 나름대로 은혜 체험한 것을 증거한 것일지라도 기도를 통해서 거룩하신 주님을 우리의 심령에 모시지 못하게 되면 우리의 머리에만 머물고 마는 한낱 이론에 불과하게 됩니다.

기도는 우리의 신앙 지식이 실제가 되게 하여 거룩하신 주님을 우리들의 심령에 모시므로 연합을 이루어 주님의 거룩에 참여하는 결과를 낳습니다.

죄악도 죄를 품은 자들의 심령의 깊이에 따라 행해지듯이 주님의 말씀도 기도에 비례해서 그들의 심령 깊은 곳으로 내려가 그를 사로잡으십니다.

주님께서는 "하늘에 계신 너희 아버지의 온전하심과 같이 너희도 온전하라"(마 5:48)고 하시면서 "너희 원수를 사랑하며 너희를 박해하는 자를 위하여 기도하라"(마 5:44)고 명령하셨습니다.

기도는 인간의 본성으로는 불가능하고 은혜를 받아서 주님의 십자가의 구속을 아는 자라도 할 수 없는 것을 행하게 하는 능력을 줍니다.

'칼빈'은 '믿음의 열매는 기도'라고 단정했는데, 모든 믿음의 성도들은 이 말에 공감하리라고 봅니다.

주님은 당신을 따르려면 "자신을 부인하고 자기 십자가를 지고 따르라"고 말씀하셨는데, 기도는 자기 부인에 있어 첫째 요소입니다.

주님 앞에 무릎 꿇고 거룩하신 주님을 가까이 하는 일은 우리의 선택에 달려 있습니다.

주님은 모든 믿음의 형제들이 당신께 가까이 하여 당신의 거룩하심을 알기 원하고 계시나 모두가 다 주님의 거룩한 빛에 가까이 다가가지는 않습니다. 이는 우리의 선택에 달려있기 때문입니다.

주님은 당신의 거룩한 빛을 우리에게 비추기만 하시는 것이 아니라 우리가 우리의 마음의 문을 열고 우리 안에 거룩하신 당신을 모셔 들여서 우리가 당신의 생명을 소유하기를 원하십니다.

주님을 우리 안에 충만히 모실수록 우리는 우리 자신을 그만큼 부인하고, 주님께서 우리 안에 거하시도록 우리를 비우게 됩니다. 이는 우리가 그 길을 선택하고 우리의 의지가 그 선택을 향하여 나아 갈 때 가능합니다.

사람의 자유의지는 고유하여 하나님도 이 자유의지를 거슬러서 우리의 심령을 점령하실 수 없으시므로 우리는 이 점을 생각해서 자발적으로 주님께 우리 자신을 드림으로 주님께서 우리 안에서 역사하시는 역사를 따를 수 있도록 우리를 비워야 합니다.

이것은 성도들이 일평생(一平生) 배우고 따라야 하는 훈련입니다.

성도가 기도를 하는 것은 자신의 뜻을 비우고 하나님의 뜻을 따르겠다는 의지입니다. 이러한 생각 없이 하나님께 무릎을 꿇는다면 주님이 이 장에서 말씀하시는 복에 이를 수 없습니다.

기도는 자기의 뜻을 하나님께서 이루어주시도록 간구하는 것이 아니라 하나님의 뜻이 어디에 있는가를 알고, 거기에 순종하려는 것이라는 것을 우리는 익히 알고 있습니다.

주님은 우리로 하여금 자기 부인을 통해서 당신을 소유하게 하시려고 때로는 여러 가지 환경과 어려움을 통해서 당신을 의지하도록 이끄십니다.

이것이 바로 '순종'(順從)입니다.

순종은 우리의 자유의지가 강압적으로 지배를 받는 것이 아닙니다.

주님을 사랑함으로 주님께서 우리를 지배하시도록 우리의 심령을 주님께 맡기는 것입니다.

주님은 진리의 말씀이시기 때문에 주님은 그 순종을 통해서 그 순종하는 자에게 자신을 알리시고, 또한 동시에 아버지를 알리시는 것입니다.

우리가 거룩하신 주님을 우리의 심령에 깊이 모시면 모실수록 우리는 육신의 정욕과 세상 것에서 멀어지고, 주님과 교제하므로 주님의 긍휼로 세상 사람들을 바라보게 되는 것입니다.

육으로 나서 육의 본성으로는 할 수 없는 일을 하나님의 성령은 하십니다.

따라서 우리는 주님의 전능하심을 영원토록 찬양하는 것입니다.

하나님께서 지으신 우리의 심령이 어찌 그리 신묘한지 알 수 없습니다.

양파를 벗기면 똑같은 모양의 양파가 또 다시 기다리고 있듯이 우리의 심령도 우리가 주님을 영접해서 마음 중심에 모셔 들였다고 생각해도 또 다시 주님은 우리가 심령의 더 깊은 곳으로 당신을 모셔 들여서 어떠한 환경 속에서도 당신과 동행하기를 원하시며, 우리가 당신의 생명으로 살기를 원하십니다.

주님은 그 극심한 십자가의 고난 속에서도 당신 안에서 아버지가 나타나시도록 당신을 비우셨지 않습니까?

"나의 원대로 마시옵고 아버지의 원대로 하옵소서!"(마 26:39)

사도는 이에 대해 '주님께서 고난을 통해서 순종함을 배우셔서 우리의 육신을 입으시고 아버지의 영광에 들어가셨다'고 증거하고 있습니다.

성령으로 기도해보지 않은 자가 아버지의 성령으로 땀이 핏방울처럼 땅에 떨어질 정도로 뜨거운 주님의 심령 기도를 짐작할 수 있겠습니까?

성도들은 극심한 죽음의 잔을 앞에 두고 기도하시는 주님의 신령한 기도를 일평생에 걸쳐서 배워야 합니다.

주님은 자기 십자가를 지고 주님을 따르는 자들을 당신의 성령으로 기도를 알게 하시고, 그들을 향한 사랑을 보이실 것입니다.

"그러나 내가 가는 길을 그가 아시나니 그가 나를 단련하신 후에는 내가 순금 같이 되어 나오리라"(욥 23:10)

세상 것과 육신의 소욕을 포기하고 우리 자신을 부인하지 않고는 거룩하신 주님을 가까이 하여 우리 안에 모실 수 없습니다.

우리는 주님을 우리의 영혼 중심의 더 깊은 곳으로 모시기 위해서 더욱더 자기 자신을 부인하는 훈련을 계속해야 하는 것입니다.

전능하신 하나님께서는 당신의 거룩한 자녀들을 얻기 위해서 일평생이 걸리더라도 이 일을 계속하실 것입니다.

환경이 어려울수록 성도는 더욱더 기도에 매달릴 것이므로, 기도는 거룩하신 하나님을 아는 첩경(捷徑)입니다.

어린 양을 잡아서 그 피를 집 문설주와 인방에 바르고 난 후에 그 고기를 먹어야 죽음의 사자가 그 집을 넘어가듯이, 우리 성도는 주님의 흘리신 피로 죄에서 속함 받고 생명의 말씀이신 주님을 마음의 문을 열고 모셔 들여야 죄가 우리를 주장할 수 없습니다.

그 어린 양은 주님을 예표한 것이고 주님은 말씀이기 때문에 그들에게 어린 양의 고기가 육의 생명이 되었듯이 주님의 흘리신 피로 하나님과 화목 된 모든 성도는 주님의 입에서 나온 생명의 말씀을 그 영혼으로 받아먹어야 그 영이 살리심을 받고 거룩하신 하나님을 볼 수 있는 것입니다.

저는 우리들의 심령 깊은 곳에서 생명의 말씀을 체험하는 길은 기도 외에는 없다고 확신합니다.

전에 우리가 세상에 속해 있을 때 우리의 자유의지로 힘을 다해서 공중의 권세 잡은 자를 따라서 우리의 욕심대로 살았기 때문에 죄의 사람이 우리의 전 인격에 나타났듯이, 이제는 우리의 자유의지가 주님을 따르고, 우리의 영혼에 모시므로 주님의 거룩에 참여하여 하나님의 사람으로 온전하게 되어가는 것입니다.

오직 기도만이 말씀이신 주님을 우리의 심령에 모셔 들이는 첩경입니다.
성도가 믿음으로 주님 안에 거하고 주님이 그들 안에 거하시면, 주님은 당신의 영으로 우리들을 사로잡고 연합을 이루시는 것입니다.
주님은 이 연합의 관계를 다음과 같이 증거하셨습니다.

"그 날에는 내가 아버지 안에, 너희가 내 안에, 내가 너희 안에 있는 것을 너희가 알리라"(요 14:20 참조)

주님께서는 당신을 온전히 믿고 의지하며 순종하는 성도들에게 진리의 성령으로 오셔서, 그들 안에 거하십니다.
이것이 진정한 순종이고, 이것이 진정한 연합입니다.
주님은 당신의 영으로 그의 성도들을 지배하십니다.
이로써 그들은 주님의 온전한 지체가 되는 것입니다.

주님은 "너희 원수를 사랑하며 너희를 박해하는 자를 위하여 기도하라"(마 5:44)고 말씀하셨는데, 모든 진리의 말씀이신 주님이 그들의 기도를 통해서 그들 안에 오셔서, 그들의 영혼에 이 말씀을 알리시는 것입니다.
그는 그 말씀에서 온 인류의 참 아버지가 되시는 하나님을 그의 영혼으로 보게 되는 것입니다.
저는 성도들의 거룩은 기도의 길이와 깊이에 비례한다고 단정합니다.
오직 성령으로 기도에 힘쓰는 것은 거룩하신 주님을 가까이 하고 거룩하신 주님이 우리의 심령을 지배하시는 것이니, 거룩은 기도에 비례하는 것입니다.

거룩하신 하나님을 보려면 모든 것을 버리고 주님을 따라야 합니다.

사도들은 한결같이 자신들이 가진 모든 것을 버리고 주님을 따랐습니다. 주님의 다음의 말씀은 주님을 따르는 자들이 어떠한 마음의 자세가 필요한가를 잘 나타내고 있습니다.

> "아버지나 어머니를 나보다 더 사랑하는 자는 내게 합당하지 아니하고 아들이나 딸을 나보다 더 사랑하는 자도 내게 합당하지 아니하며 또 자기 십자가를 지고 나를 따르지 않는 자도 내게 합당하지 아니하니라 자기 목숨을 얻는 자는 잃을 것이요 나를 위하여 자기 목숨을 잃는 자는 얻으리라"(마 10:37-39)

사람은 자신의 가족을 위해서 재물도 축적할 것이므로 복음을 위해서 자기의 부모나 처자식을 버린다면 그는 모든 것을 버렸다고 할 것입니다.

정상적인 정서의 사람이라면 자신의 아비나 어미를 사랑하지 않을 자들이 어디 있겠습니까? 특히나 어려운 시대의 부모들은 자식들을 위해서 희생을 아끼지 아니하셨으니, 그 부모를 생각하며 공경하고 사랑하고 효도하는 것은 지극히 자연스러운 일입니다.

그런데 복음을 받아서 주님을 사랑하게 된 자가 자신의 부모보다 자신들의 자식들보다 주님을 더 사랑해야 주님께 합당한 자들이라고 증거하고 계십니다. 세상 이치에서는 말이 안 되는 것이 주님의 사랑을 아는 자들에게는 가능한 일이 됩니다.

주님께서 우리들에게 어떠한 사랑을 쏟으셨습니까?

주님의 사랑이 자신들의 부모들의 사랑보다도 더 크다는 것이 믿어지면 이러한 일이 가능하다는 것입니다.

그러므로 우리는 주님의 사랑을 알기 위해서 모든 것, 자신이 소유한 모든 것과 자기의 혈육이라도 버려야 합니다.

많은 성도들이 주님의 십자가의 사랑을 체험하고 감동받고 감격하고 죽기까지 주님을 따르리라고 다짐합니다. 그러나 우리는 주님의 십자가에 나타난 사랑을 얼마나 깊이 체험하고 있을지 모르겠습니다. 그 사랑을 사도들이 아는 만큼 안다면 교회와 세상은 지금처럼 되지는 않았을 것입니다.

우리는 그 사랑을 아주 조금 밖에 알지 못하고 있는 것이 사실입니다.

그 사랑의 깊이는 그 믿음의 행함의 깊이에 비례할 것입니다.

이 사랑의 체험은 성도가 의를 위하여 박해를 받게 되는 거기에서, 복음을 전하면서 자신에게 닥쳐오는 환난이나 고통 속에서 주님을 바라볼 때 주님을 위해서 죽어야만 하는 그곳에서, 주님의 사랑이 실제적으로 그들의 심령에 비춰질 것입니다.

저는 '스데반'이 그러한 사랑을 체험했다고 확신합니다.

그는 돌에 맞아 죽어가는 그 때에 주님을 의뢰하였고, 주님께서는 그에게 당신을 나타내 보이신 것입니다.

어느 누가 오직 성령으로만 아는 주님의 십자가의 사랑을 글로 표현할 수 있겠습니까?

> "스데반이 성령 충만하여 하늘을 우러러 주목하여 하나님의 영광과 및 예수께서 하나님 우편에 서신 것을 보고 말하되 보라 하늘이 열리고 인자가 하나님 우편에 서신 것을 보노라 한대"(행 7:55-56)

성도들은 스스로 주님을 따르는 데 많은 장애를 짊어집니다.

그 중에 하나가 바로 '재물에 대한 집착'입니다.

성도가 하나님보다 재물을 더 사랑하고 있으면 바로 그것으로 하나님의 사랑을 아는 것에 방해를 받게 됩니다.

주님은 다음의 말씀으로 이 사실을 확증하고 계십니다.

> "한 사람이 두 주인을 섬기지 못할 것이니 혹 이를 미워하고 저를 사랑하거나 혹 이를 중히 여기고 저를 경히 여김이라 너희가 하나님과 재물을 겸하여 섬기지 못하느니라"(마 6:24)

모든 성도는 하나님을 사랑하고 또 하나님의 사랑을 받아야 하며, 형제들을 사랑하고 형제의 사랑을 받아야 하고, 더 나아가 모든 사람을 사랑해야 할 존재들입니다.

주님을 따라야 할 성도들은 주변의 모든 사람들과 관계 맺지 않을 수 없는데 그가 그러한 관계 속에서 하나님보다 재물을 더 사랑하고 중히 여기고 있다면 하나님의 말씀과 계명이 그 안에서 열매 맺을 수 없는 것입니다. 그가 재물을 더 사랑하고 있으면 '모든 사람을 공경하고 사랑하라'는 말씀이 그 안에 들어갈 여지가 없을 것이고, 그가 재물을 더 중히 여기면 '한 생명이 천하보다 귀하다'는 주님의 가르침을 등한히 여길 것이 분명합니다. 그러므로 사도는 "돈을 사랑함이 일만 악의 뿌리가 된다"(딤전 6:10)고 증거하고 있습니다.

어떤 사람이 헐벗고 굶주리고 있는데 그를 도와주어야 할 처지에 있는 자가 그보다 돈을 더 사랑하고 있으면 그는 자기의 돈을 아끼기 위해서 그를 외면할 것입니다.

하나님은 당신의 복음을 전하기 위해서 성도들의 헌금이 필요한데 그가 돈을 하나님보다 더 사랑하고 있다면 그는 그 돈을 아끼기 위해서 그 일을 거절할 것이 분명한 것입니다.

'돈을 사랑함이 일만 악의 뿌리가 된다'는 말씀을 더 깊이 생각해보면 사도의 증거가 참으로 옳다고 생각하지 않을 수 없습니다.

궁핍한 자를 돌보지 않는 것이 돈을 사랑함의 소극적인 자세라면 적극적인 자세는 그 돈을 소유하기 위해서 도둑질하는 것이고, 더 나아가서는 남을 해칠 수밖에 없게 됩니다.

우리는 자기가 목적한 돈을 손에 쥘 수만 있다면 다른 사람 해치는 일을 아무렇지도 않게 결행하는 이 세대를 보면서, 돈에 대한 주님의 가르침을 따라야 함을 깨달아야겠습니다.

주님은 당신의 목숨을 다해서 당신의 하나님을 사랑하셨으니, 우리도 그 주님을 본받아야 합니다. 성도가 조금이라도 세상 것이나 돈을 더 사랑하면 자신의 목숨을 다해서 하나님을 사랑할 수는 없을 것이니, 주님을 따르는 자는 모든 것을 버려야 하는 것입니다.

주님께서는 당신을 믿는 자들을 청결하게 하기 위해서 그들에게 믿음을 요구하십니다.

성도는 믿음이 없이는 그 마음이 청결하게 될 수 없습니다.
"믿음이 없이는 하나님을 기쁘시게 하지 못하나니"(히 11:6)

그렇다면 왜 믿음이 없이는 하나님을 기쁘게 해드릴 수 없을까요?
우리가 이것을 이해하기 위해서는 이스라엘의 출애굽 여정을 살펴볼 필요가 있습니다.

하나님께서는 그들을 애굽에서 인도하여 가나안 땅에 들이실 때에 놀라운 이적들을 많이 보여주셨습니다.
애굽의 열 가지 재앙을 비롯해서 홍해가 모세의 지팡이로 인해 갈라졌습니다.
하늘에서 만나를 정기적으로 내리셨습니다.
반석에서 물이 쏟아졌습니다.

이처럼 많은 이적들을 그들의 목전에서 행하심으로써 여호와 하나님의 전능하신 능력들을 친히 보여주신 것입니다.
하나님의 이러한 능력들을 그들에게 보이신 것은 그들로 하여금 여호와 하나님을 믿고 경외하게 하시기 위함이었습니다.
"이스라엘이 여호와께서 애굽 사람들에게 행하신 그 큰 능력을 보았으므로 백성이 여호와를 경외하며 여호와와 그의 종 모세를 믿었더라"(출 14:31)

많은 성도들이 예수 그리스도를 믿고 은혜 체험을 하면서도 신앙에 있어서 정진이 없고 주님이 말씀하시는 대로 살지 못하는 것은 믿음이 없거나 부족하기 때문입니다.

만약에 실제적으로 주님이 하나님의 아들이시고 부활하셨고, 곧 심판하러 오신다는 것을 믿는다면 우리의 신앙생활은 많은 변화가 있을 것입니다.

주님의 다음의 말씀은 이를 잘 증거하고 있습니다.

"예수께서 돌이켜 그를 보시며 이르시되 딸아 안심하라 네 믿음이 너를 구원하였다 하시니 여자가 그 즉시 구원을 받으니라"(마 9:22)

성도들이 성경을 보며 가까이 하는 것도 그것을 통해서 그 글을 읽는 자들에게 믿음이 들어가기 때문입니다.

그 믿음은 곧 '성경에서 증거하는 예수가 하나님의 아들이시고, 그가 모든 죄인들을 그들의 죄에서 구원할 자이시라는 것'입니다.

예수가 죄에서 구원해서 거룩하게 하시고 영생을 주실 자라고 믿어지면 그를 의지하며 기도하고 가까이 할 것이고, 믿어지지 않으면 그에게 구할 것이 아무것도 없으므로 그의 죄가 그대로 그를 지배하고 있을 것입니다.

성도는 믿기 위해서 기도해야 하고, 기도하기 위해서는 믿어야 합니다.

믿음이 성도들을 거룩하게 하는 것은 구약의 성도들이나 신약의 우리들이 똑같습니다. 그들은 하나님께서 그들의 목전에서 그렇게 크고 놀라운 이적들을 보여주셨는데도 믿지 못해서 가나안 땅에 들어가지 못하고 하나님의 안식에도 못 들어간 것입니다.

가나안 땅을 정탐하고 돌아온 열두 명 중에 '갈렙과 여호수아'만이 하나님의 능력을 믿고 신뢰하였고, 나머지 열 명은 그들에게 보였던 하나님의 영광을 금세 잊어 버렸습니다. 하나님의 능력보다 가나안 땅에 거하는 아낙 자손들이 더 크게 보였으니 어찌하겠습니까?

이는 그들이 그들에게 선포된 율법의 말씀을 마음에 두지 못하고 가까이 하지 못하므로 육신의 생각이 그들의 심령을 둔하게 만든 까닭입니다.

육신의 생각은 하나님과 원수가 되기 때문에 그것이 그들의 생각과 마음에서 하나님께 대한 믿음도 몰아내고 말았던 것입니다.

이스라엘 족장이 모압 여인과 음행 중에 '비느하스'에게 죽임을 당한 것은 비느하스의 마음에는 하나님께 대한 믿음과 경외가 있었고, 그 족장은 육신의 소욕 때문에 있는 믿음도 잃어버리고, 자신이 하는 행위가 하나님의 미워하시는 것이며 죄라는 생각마저도 하지 못한 것입니다. 결국 그는 믿음이 없어서 믿음 있는 자에게 죽임을 당하고, 가나안 땅에 들어가지 못했습니다.

갈렙과 여호수아를 제외한 그 많은 사람들이 믿음이 없어서 약속의 땅에 들어가지 못했으니, 믿음이 얼마나 중요하고 보배로운 것입니까?

믿음이 없이는 하나님을 기쁘시게 못하고 주님의 나라에 들어가지 못하는 것은 지금의 우리들에게도 똑같이 적용됩니다.

우리가 주님의 가르침에 순종하지 못하면 있는 믿음도 잃어버리고 천국 소망도 확신하지 못하므로 현세적인 것에 매여서 거기에 정진하게 됩니다.

죄 있는 육신으로 태어난 우리 모두는 한시라도 주님께로부터 멀어지면 금세 육신의 생각이 우리들의 심령을 사로잡아 죄의 법아래 굴복시켜 주님을 바라보지 못하게 만들기 때문에 그나마 있는 믿음도 잃어버리고 마는 것이 사실입니다.

그러므로 성도는 주님의 산상수훈의 가르침을 늘 묵상하고 마음에 새겨야 믿음이 들어가고, 그 믿음으로 하나님 나라를 침노해 들어갈 수 있습니다.

'예수께서 우리를 거룩하게 하고, 아버지의 나라에 데리고 갈 것'이라는 믿음이 있으면 더욱더 주님을 가까이 하고 주님의 말씀으로 연합될 것이지만 그렇지 못하면 자기 자신을 신뢰하거나 세상 것을 바라보므로 하나님보다 그것을 더 사랑하여 주님을 멀리하고, 멸망할 것이 자명하지 않습니까?

다음의 사도의 권면은 우리 성도들이 죽을 때까지 놓지 말아야 합니다.

"믿음의 주요 또 온전하게 하시는 이인 예수를 바라보자 그는 그 앞에 있는 기쁨을 위하여 십자가를 참으사 부끄러움을 개의치 아니하시더니 하나님 보좌 우편에 앉으셨느니라"(히 12:2)

"믿음이 없이는 하나님을 기쁘시게 하지 못하나니 하나님께 나아가는 자는 반드시 그가 계신 것과 또한 그가 자기를 찾는 자들에게 상 주시는 이심을 믿어야 할지니라"(히 11:6)

믿음은 하나님의 선물이지만 믿지 못하는 것은 우리의 책임입니다.

베드로가 주님의 명령을 따라 물 위를 걷다가 물에 빠져들었을 때 주님으로부터 책망 받고, 여자들이 예수님의 부활을 전해주었을 때 그들이 믿지 못하므로 주님께 책망을 받았습니다. 주님을 믿지 못하는 그들의 마음속에는 주님을 무시하는 완악함이 숨어 있는 것입니다.

베드로가 주님만을 바라보았을 때는 물위를 걸었지만 바람과 바다를 쳐다보았을 때는 그 속에 빠졌던 것을 생각해보면 믿음이란 결국 구원자이신 주님만을 응시하는 것이라고 볼 수 있습니다.

그러므로 성도는 마음이 청결하게 되기 위해서 믿음의 주요 또 온전하게 하시는 이인 예수를 항상 바라봐야 하는 것입니다.

이것의 열매는 성도가 주님 안에 거하고 주님이 성도들 안에 거하므로 그들의 인격에 성령의 열매를 맺는 것입니다.

성령의 열매가 그들 안에 있을 때 하나님이 그들에게 알려지고, 그들은 사랑과 긍휼이 무한히 크신 하나님을 볼 수 있습니다.

마음이 청결한 자는 복이 있나니 그들이 하나님을 볼 것임이요

죄와 어두움에 갇혀 있는 자들은 도저히 볼 수 없는 하나님이 주님께 순종하여 주님의 말씀으로 거룩하게 된 자들에게만 보입니다.

아버지라는 이름이 어찌 그리 인자하신지, 그들은 모든 인류, 모든 죄인들에게 은혜 베푸시기를 기뻐하시는 하나님을 봅니다.

온 우주보다도 더 크고 넓은 아버지의 인애와 사랑을 어찌 인간의 언어로 표현할 수 있겠습니까?

"내가 측량할 수 없는 주의 공의와 구원을 내 입으로 종일 전하리이다"(시 71:15)

"주의 인자의 광대하심을 따라 이 백성의 죄악을 사하시되"(민 14:19)

"우리 구원의 하나님이여 주의 이름의 영광스러운 행사를 위하여 우리를 도우시며 주의 이름을 증거하기 위하여 우리를 건지시며 우리 죄를 사하소서"(시 79:9)

우리가 주님 안에 거하고, 주님이 우리 안에 거하시면 주님은 우리의 머리에 아버지를 알리시는 것이 아니라 우리의 심령에 아버지를 알리십니다.

주님의 이름으로 오신 성령은 아버지 자신의 영이시기 때문에 아버지와 하나이신 주님이 우리 안에 거하시면 아버지를 알게 되는 것입니다.

말할 수 없이 죄인들을 사랑하시는 아버지께서 죄인들의 죄를 덮어주시려고 사랑하는 아들을 저주의 십자가에 내어주셨으니, 그 사랑을 어찌 말로 다 표현할 수 있겠습니까?

죄와 허물을 덮어주시는 하나님이야말로 진실로 죄인들의 아버지가 틀림없습니다.

이 세상 어느 부모도 자기의 자녀들을 정죄하는 부모는 없을 것입니다.

아무리 자녀들의 죄와 허물이 클지라도 부모이기 때문에 그 죄를 덮어주려는 것 아니겠습니까?

하나님께서는 우리의 부끄러움을 덮어주시려고 십자가에 높이 매달리신 주님을 쳐다보게 하셨으니, 그 인애하심은 측량할 수 없을 것입니다.

주님께서는 우리의 거짓 면류관, 하나님께 돌아갈 영광을 가로챈 저주의 면류관의 죄를 덮어주시려고 가시 면류관을 쓰셨습니다.

우리의 허물을 덮어주시려고 찔림을 당하셨습니다.

조롱의 침 뱉음과 영원히 우리 죄인들을 향해야 할 저주받을 창끝을 받으셨으며, 인정사정없는 로마 군인의 창끝은 정죄 받은 자를 단번에 십자가에 못 박아버렸으니, 그 누가 이 대속을 알겠습니까?

예수 그리스도께 순종하지 아니하는 자는 저주를 받을 것입니다.

"허물의 사함을 받고 자신의 죄가 가려진 자는 복이 있도다"(시 32:1)

오직 당신의 성령만이 이 사랑을 죄인들의 심령에 알리실 것입니다.

주님께서 우리들에게 "일흔 번씩 일곱 번이라도 용서하라"(마 18:22)고 가르치신 아버지의 말씀 속에서 아버지의 인자하심을 엿볼 수 있습니다.

일흔 번씩 일곱 번은 '끝없이 용서하라'는 것이 아니겠습니까?

이 같이 악한 죄인들을 이 같은 방법으로 품으시는 하나님이야말로 진실로 성경에서 증거한 하나님, 곧 우리 죄인들의 아버지가 틀림없습니다.

말로만 들어왔던 하나님!

죄에 대해서 진노하시는 하나님이 진실로 인자하신 아버지로!

우리의 죄와 허물을 덮어주시는 하나님으로 인식되고 있다면 그는 주님이 이 장에서 말씀하고 계시는 마음이 청결하게 된 자입니다.

성경을 보십시오.

사도들과 선지자들의 증거를 보십시오.

"수많은 재앙이 나를 둘러싸고 나의 죄악이 나를 덮치므로 우러러볼 수도 없으며 죄가 나의 머리털보다 많으므로 내가 낙심하였음이니이다"(시 40:12)

"내가 이르기를 내 허물을 여호와께 자복하리라 하고 주께 내 죄를 아뢰고 내 죄악을 숨기지 아니하였더니 곧 주께서 내 죄악을 사하셨나이다 (셀라)"(시 32:5)

다윗은 자신의 충실한 부하인 우리아의 아내를 더럽혔고, 더 나아가 그를 간교하게 죽이기까지 했으나, 다윗이 이러한 자신의 죄를 실토하자 즉시 용서하시는 하나님이야말로 진실로 예수님이 증거하고 있는 하나님, 곧 죄인들의 아버지가 틀림없다는 것입니다.

저는 제가 본 아버지 하나님의 인자하심을 표현할 길이 없어서 이와 같은 증거들로 대신합니다.

그들은 한결같이 하나님의 인자하심을 증거하며 노래하고 있습니다.

하나님은 죄인들이 생각하는 이상으로 아니, 꿈에도 생각할 수 없을 정도로 죄인들에게 인자하십니다.

저는 진실로 아버지 같은 하나님의 인자하심을 본 자들은 우리 조상 아담이 그 좋은 동산에서 범죄할 수밖에 없었겠다고 생각합니다.

왜냐하면 그곳에서 아담은 전혀 부족함이 없었고, 하나님의 인자하심이 그와 그 머무는 곳에 충만하였기 때문입니다.

그는 죽음이나 슬픔이나 하나님의 진노에 대해서 전혀 알지 못했습니다.

'모세'가 여호와 하나님의 얼굴을 뵙기를 구하였을 때 여호와께서는 그를 바위틈 가운데 두시고 하나님의 뒷모습만 보게 하셨는데, 이때에 모세가 그 하나님으로부터 받은 말씀이 있었으니, 마음이 청결하게 된 자들은 모세가 증거한 그 여호와 하나님을 주님의 구속의 사건 속에서 볼 수 있습니다.

"여호와께서 그의 앞으로 지나시며 선포하시되 여호와라 여호와라 자비롭고 은혜롭고 노하기를 더디하고 인자와 진실이 많은 하나님이라 인자를 천대까지 베풀며 악과 과실과 죄를 용서하리라 그러나 벌을 면제하지는 아니하고 아버지의 악행을 자손 삼사 대까지 보응하리라"(출 34:6-7)

피 흘림이 없이는 죄 사함이 없기에 아들을 단번에 대속의 제물이 되게 하신 하나님의 단호한 의지와 거기에서 나타나는 아버지의 광대한 인자하심을 주님의 대속의 십자가 사건에서 볼 수 있습니다.

마음이 청결한 자는 복음에서 나타난 죄인들을 향한 하나님의 뜨거운 사랑을 봅니다. 그는 우리의 죄를 우리에게 돌리지 아니하시고 그 허물과 죄를 덮어 주시고 우리를 살리시려는 하나님의 의지를 보는 것입니다.

주님께서 탕자의 비유에서 하나님을 증거하신 것은 진실로 당신의 아버지를 가장 적절한 비유로써 드러내신 것입니다.

죄인들을 향하신 아버지의 기이한 사랑이여!

주님의 가르침으로 마음이 청결하게 된 자들은 다른 하나님을 보는 것이 아니라 주님이 탕자의 비유에서 증거하신 그 아버지를 보는 것입니다. 긍휼과 사랑으로 죄인들을 품으시는 아버지, 탕자들이 돌아오기를 기다리시는 아버지, 죄인 한 명이 회개하면 아버지가 크게 기뻐하신다는 주님의 증거, 참으로 놀랍도록 자비하시고 인애가 크신 아버지를 보게 된다는 것입니다.

오직 주님의 산상수훈의 가르침으로 깨끗하게 되고 모든 사람을 꺼리지 아니하고 원수라도 마음으로 품을 수 있을 때 주님이 증거하신 아버지가 아버지의 성령으로 말미암아 더욱더 그의 심령에 확실히 보입니다.

당신의 인애와 인자를 바라는 자에게 그 인자하심을 보이시는 하나님은 진실로 우주와 그 가운데 모든 것을 창조하신 성경의 하나님이 틀림없습니다.

"그러나 나는 하나님의 집에 있는 푸른 감람나무 같음이여 하나님의 인자하심을 영원히 의지하리로다"(시 52:8)

"우리의 죄를 따라 우리를 처벌하지는 아니하시며 우리의 죄악을 따라 우리에게 그대로 갚지는 아니하셨으니 이는 하늘이 땅에서 높음 같이 그를 경외하는 자에게 그의 인자하심이 크심이로다"(시 103:10-11)

"아버지가 자식을 긍휼히 여김 같이 여호와께서는 자기를 경외하는 자를 긍휼히 여기시나니"(시 103:13)

"여호와의 인자하심은 자기를 경외하는 자에게 영원부터 영원까지 이르며 그의 의는 자손의 자손에게 이르리니"(시 103:17)

성경 전체가 하나님의 아버지 같은 인애를 증거하고 있으니, 여기서 줄이는 것이 좋겠습니다.

마음이 청결한 자는
복음에 합당한 생활로 마음에 평강을 누립니다.

'사도 바울'은 그의 독자들에게 '복음에 합당한 생활을 해야 된다'고 권면하고 있습니다.

'복음에 합당한 생활'이 무엇입니까?

한마디로 '주 예수께 순종하는 것'입니다.

주님은 죄에 빠져서 죄악에 묶여 있는 자들에게 찾아오셔서 당신의 십자가의 피를 증거하심으로 그 죄를 씻어주시고 당신의 생명의 피로 그들을 구속하셨습니다.

따라서 순종은 믿는 자들에게 마땅한 것입니다.

모든 거짓된 것과 더러움을 피하고 복음에 합당한 생활로써 하나님을 영화롭게 해드리는 것이 마땅합니다. 그러기 위해서 성도는 주님의 계명이 자신들 안에서 열매 맺을 수 있도록 힘써야 합니다.

주님 안에서 하나님을 아버지로 부르는 자들이 그의 형제들을 뜨겁게 서로 사랑하는 것만큼 아버지를 기쁘시게 해드릴 것이 무엇이 있겠습니까?

예수님께서 복음을 전하실 때 한 청년이 찾아와 묻습니다.

"내가 무슨 선한 일을 하여야 영생을 얻으리이까?"(마 19:16)

이때 예수님께서 말씀하십니다.

"네가 생명에 들어가려면 계명들을 지키라"(마 19:17)

이에 청년이 "이 모든 것을 내가 지키었사온대 아직도 무엇이 부족하니이까?"(마 19:20)라고 대답하자 예수님께서 말씀하십니다.

"네가 온전하고자 할진대 가서 네 소유를 팔아 가난한 자들에게 주라 그리하면 하늘에서 보화가 네게 있으리라 그리고 와서 나를 따르라"(마 19:21)

이에 성경은 "그 청년이 재물이 많으므로 이 말씀을 듣고 근심하며 가니라"(마 19:22)고 했습니다.

예수님께서는 죄인들을 위하여 이 땅에 오셨습니다.
그들을 죄에서 구속하셔서 그들로 당신의 율법과 새 계명을 지키게 하시기 위해서 부활하셨습니다.

"내가 너희를 사랑한 것 같이 너희도 서로 사랑하라"(요 13:34)

사도는 "사랑은 모든 두려움을 내쫓는다"(요일 4:18)고 했습니다.
성도가 비록 하나님의 사랑과 주님의 은혜를 알고 십자가의 대속의 깊이를 알아서 늘 감사와 찬양을 드린다고 해도 주님의 계명이 그의 심령에 자리 잡지 못하면 그의 심령에는 진정한 평강이 없습니다. 왜냐하면 하나님께서는 당신에게 순종하는 자에게 평강의 기쁨을 주시기 때문입니다.
주님은 다음의 말씀에서 이를 잘 증거하고 계십니다.

"나의 계명을 지키는 자라야 나를 사랑하는 자니 나를 사랑하는 자는 내 아버지께 사랑을 받을 것이요 나도 그를 사랑하여 그에게 나를 나타내리라……평안을 너희에게 끼치노니 곧 나의 평안을 너희에게 주노라 내가 너희에게 주는 것은 세상이 주는 것과 같지 아니하니라 너희는 마음에 근심하지도 말고 두려워하지도 말라"(요 14:21, 27)

하나님께서는 당신께 감사하고 찬양하는 것을 기뻐하시지만, 성도가 당신의 계명을 지키는 것을 그보다 더 기뻐하신다는 것을 알아야 합니다.

"사무엘이 이르되 여호와께서 번제와 다른 제사를 그의 목소리를 청종하는 것을 좋아하심 같이 좋아하시겠나이까 순종이 제사보다 낫고 듣는 것이 숫양의 기름보다 나으니"(삼상 15:22)

세상에서도 형제간에 불화하거나 서로 사랑하지 못하고 있다면 그의 아버지를 볼 때에 마음에 평강이 없을 것은 당연합니다. 따라서 성도가 주님의 계명을 지킬 때 그 안에 진정한 평강이 따르는 것입니다.

우리 조상 아담이 하나님께 불순종했을 때 하나님을 두려워하여 나무 뒤에 숨었듯이, 사람이 아무리 감사와 찬양의 제사를 하나님께 올려드린다 해도 주님의 계명을 지키지 아니하면 그 안에 진정한 평강이 없는 것입니다.

그 계명은 율법의 계명과 주님의 새 계명입니다.

성도는 주님의 이름을 믿고 모든 사람을 사랑해야 하며, 믿음의 형제들을 새 계명으로 사랑해야 합니다.

주님께서는 우리를 살리시기 위해서 당신의 목숨을 아낌없이 단번에 십자가에 내어 주셨으니, 주님의 이 사랑을 실천하라는 것입니다.

'사도 요한'은 이를 다음과 같이 증거하고 있습니다.

> "그가 우리를 위하여 목숨을 버리셨으니 우리가 이로써 사랑을 알고 우리도 형제들을 위하여 목숨을 버리는 것이 마땅하니라"(요일 3:16)

성도는 주님의 이 계명에서 부활의 능력을 맛보게 됩니다.

죄의 속성은 하나님의 형상을 입은 사람을 멸시하고 파괴하고 죽이는 것이기 때문에 자신을 비롯해서 그와 관계된 모든 것들을 해치는 열매를 거두고, 결국은 사망에 이르게 되지만, 하나님 아버지에게서 나온 거룩한 계명은 다른 사람을 위하고 세워주고 심지어 자신의 모든 것을 희생하고 그들을 살리는 속성을 가졌기 때문에 그것으로 자신이 하나님의 속성에 참여할 수 있는 것입니다.

주님은 우리의 육신을 입으시고 아버지의 계명을 죽기까지 행하시므로 부활의 권능에 이르게 되신 것입니다.

아버지께서 당신 안에서 아버지가 이끄시는 대로 순종하기를 십자가에 죽기까지 하셨으니, 거기에서 영생하시는 아버지와 하나를 이루십니다.

우리는 아버지의 말씀에 죽기까지 순종하므로 우리의 육신의 생각이 삼켜지는 그곳에서 생명의 부활에 참여하게 되고, 마음이 청결하게 된 자는 오직 주님의 입에서 나온 아버지의 계명에서 아버지를 보는 것입니다.

주님께서 주님의 이름을 믿는 형제들을 당신의 생명을 주시기까지 사랑하신 것을 성령으로 보이셨으니, 오직 마음이 청결하게 된 자들만이 이 사랑을 보므로 주님의 거룩한 사랑을 행할 수 있는 것입니다.

이 사랑을 보지 않고서는 그 계명의 말씀을 행할 수 없습니다.

이는 주님의 성령께서 그 사랑을 보이시고, 보이신 그 사랑을 그의 심령에 새기시므로 행하게 하시기 때문입니다.

주님께서는 당신의 계명으로 그를 믿는 자들을 깨끗하게 하실 때 그가 대하고 있는 형제를 십자가에 당신을 내어주시기까지 사랑하신다는 것을 보여주시고, 그 계명이 그의 심령에 열매 맺게 하십니다.

성도가 주님을 사랑하는 이유가 어디에 있습니까?

바로 우리를 위해서 당신의 생명을 십자가에 대속 제물로 온전히 내어주셨기 때문이 아닙니까? 이 사랑을 아는 자는 주님을 사랑하지 않을 수 없고, 그 계명에 순종하지 않을 수 없는 것입니다.

> "예수께서 대답하여 이르시되 사람이 나를 사랑하면 내 말을 지키리니 내 아버지께서 그를 사랑하실 것이요 우리가 그에게 가서 거처를 그와 함께 하리라 나를 사랑하지 아니하는 자는 내 말을 지키지 아니하나니 너희가 듣는 말은 내 말이 아니요 나를 보내신 아버지의 말씀이니라"(요 14:23-24)

긍휼히 여기는 자가 마음이 청결하게 된 증거는 바로 주님의 이 계명을 그의 심령으로 지키는 것에 있습니다.

이 지킴은 성도들 스스로가 만들어 내는 것이 아니라 우리가 주님의 대속의 은혜를 알고 자발적으로 주님께 우리들의 몸을 드리고 주님 안에 거할 때 주님께서 우리들의 심령에 임하셔서 십자가의 기이한 사랑을 알게 하시기 때문에 나타날 수 있는 하나님의 역사입니다.

이 복도 그 다음 단계인 화평하게 하는 자가 복음을 전하므로 박해를 받게 되는 단계에서 온전해질 것이기 때문에 여기서 줄입니다.

탕자의 비유에 나오는 아버지는 유리방황하는 우리들이 그에게 돌이켰을 때 하나님이 크게 기뻐하신다는 것을 증거하셨으니, 주님은 끝까지 당신을 의지하므로 그 말씀으로 깨끗하게 된 자들에게 성경에서 증거하신 이 아버지를 보이시는 것입니다.

그는 이제 십자가에 나타난 하나님의 사랑을 더욱더 깊이 자기의 것으로 체험하고, 거기에 나타난 아버지의 인격을 생생하게 체험하게 됩니다.

진실로 성경에서 말씀하시는 하나님은 인격의 하나님이심이 그의 심령으로 믿어지는 것입니다.

그는 십자가에 나타난 하나님을 인격적으로 사랑하지 않을 수 없습니다.

그전에는 자신에게 베풀어주신 은혜 때문에 감사함으로 그 집에 들어갔다면 이제 하나님이 그에게 알려진 후로는 그의 마음에 하나님을 진실로 아버지로 인식하면서 '찬송함으로 그 궁정에 들어간다'는 시편의 말씀을 자기의 심령으로 받아들이고 인식하기에 이릅니다.

그는 나타난 하나님의 사랑이 오직 죄인에게 베푸시는 하나님의 덕에 기인한 것을 알고 그를 진심으로 사랑하고 찬양하지 않을 수 없는 것입니다.

그는 진실로 하나님의 인애를 주님의 은혜로 아는 자로서 하나님을 자기의 하나님으로 하나님을 자기의 아버지로서 알게 되는 것이니, 주님의 말씀이 자신 안에서 나타나서 믿어지는 것입니다.

> "내 아버지께서 모든 것을 내게 주셨으니 아버지 외에는 아들을 아는 자가 없고 아들과 또 아들의 소원대로 계시를 받는 자 외에는 아버지를 아는 자가 없느니라"(마 11:27)

당신의 인애의 덕이 어디까지 미칩니까?

주님을 영접하고 그 이름을 믿는 자들에게 하나님의 자녀의 권세를 주시기까지 그 인애의 덕이 크시니, 어느 누가 그 인애를 다 측량할 수 있겠습니까?

우리들의 모든 죄를 용서하시고, 깨끗하게 씻으시고, 그 모든 죄들을 당신의 등 뒤로 던져버리시고 우리들은 영접하시되 아들로서 영접하시고 인정하시니, 그 사랑을 어찌 말로 표현하고 나타낼 수 있겠습니까?

성도의 기도를 들어주시는 하나님은 진실로 우리들의 죄를 잊어버리신 것이 틀림없습니다.

마음이 청결하게 된 자들은 자신들에게 나타난 인애로 인해서 전에는 두렵게 느껴졌던 하나님을 심령으로 사랑하게 되므로 그 아버지 보좌 앞에 나아가기를 두려워하지 않으며, 오히려 아버지가 계시는 나라를 사모하고, 어서 빨리 가기를 소망하게 됩니다.

이는 주님께서 마음이 청결하게 된 자들에게 당신의 아버지를 알게 하시는 은혜로써 품을 수 있는 마음입니다.

마음이 청결한 자는 나타난 하나님의 덕을 알기 때문에 하나님의 그 긍휼함을 따라서 모든 사람을 공경하고 기꺼이 섬기기를 마다하지 않으며, 받는 것보다 주는 것을 더 기뻐하는 자라고 할 수 있습니다.

'칼빈'은 일찍이 '하나님께서 세상을 창조하신 목적은 하나님의 사랑 때문'이라고 하였습니다. 옳은 말입니다.

인간을 창조하시고 각종 좋은 것으로 누리게 하시는 하나님!

여기에 하나님의 사랑이 있고, 하나님의 속성이 있지 않겠습니까?

"그는 공의와 정의를 사랑하심이여 세상에는 여호와의 인자하심이 충만하도다"(시 33:5)

인간들을 위해 당신의 것을 아낌없이 내어 주셔서 사람으로 하여금 즐거움과 기쁨을 맛보고 누리게 하시는 거룩하신 아버지로서의 사랑!

"여호와께서는 어미의 품에 그 자식을 안겨주셔서 그로 하여금 그 자식의 기쁨을 누리게 하신다"고 하셨으니, 마음이 청결한 자는 세상에 다양하고 충만하게 나타나고 있는 아버지의 사랑을 보고 기꺼이 그분을 찬양하지 않을 수 없습니다.

마음이 청결하게 된 자들은 주님께서 "하나님께서 허락하지 아니하시면 참새 한 마리도 땅에 떨어지지 않는다"(마 10:29)고 하신 사랑의 하나님을 보는 것입니다. 또한 마음이 청결하게 된 자들은 모든 만물을 지으시고 "심히 좋았다"고 하신 하나님을 보는 것이고, 참새 한 마리도 심히 사랑하시는 하나님을 보는 것입니다.

주님이 지신 십자가 대속은 하나님의 측량할 수 없는 인애의 사건입니다.

이러한 사랑을 품을 수 있는 분은 오직 성경에서 말씀하고 계시는 세상을 창조하신 하나님, 사람을 당신의 형상대로 창조하신 분만이 품으실 수 있는 마음인 것입니다.

주님께서 이러한 성품의 아버지와 또 복음에 나타나는 죄인들을 향하신 아버지의 뜨거운 사랑을 아셨기에 당신께서도 우리를 위해 당신의 생명까지도 기꺼이 내어놓으신 것 아니겠습니까?

그러므로 진리의 말씀은 "주는 것이 받는 것보다 복이 있다"(행 20:35)고 하시고, 우리도 주님의 그 사랑을 본받아 궁핍한 형제들을 위해서 자신의 것을 내어 주며, 심지어 그 형제들을 사랑하기에 자신들의 생명도 돌아보지 아니하고 형제들의 유익을 위하여 열심을 낼 수 있는 것입니다.

더 나아가서 하나님의 복음을 위해서 자신의 생명도 아끼지 아니할 수 있는 것도 하나님의 죄인 사랑하심을 보고 알기 때문에 가능한 일입니다.

초대교회 사도들과 성도들은 이 하나님의 사랑을 실천하고 있었는데 이는 사도들이 주님께 받은 도를 그의 성도들에게 그대로 전수하여 행하게 하였기 때문에 가능한 일이었습니다.

"믿는 사람이 다 함께 있어 모든 물건을 서로 통용하고 또 재산과 소유를 팔아 각 사람의 필요를 따라 나눠 주며 날마다 마음을 같이하여 성전에 모이기를 힘쓰고 집에서 떡을 떼며 기쁨과 순전한 마음으로 음식을 먹고 하나님을 찬미하며 또 온 백성에게 칭송을 받으니 주께서 구원 받는 사람을 날마다 더하게 하시니라"(행 2:44-47)

오직 주님 안에서 주님의 은혜로써 마음이 깨끗하게 되고 성령의 보여주심으로만 가능한 일을 제가 너무 인간의 언어로 나타내려고 하는 것 같아서 여기에서 중단하는 것이 좋겠습니다.

오직 진리의 성령께서 독자들에게 주님이 말씀하시는 그 인격의 하나님 곧, 아버지를 볼 수 있게 해주시기를 바랄 뿐입니다.

처음 구약성경을 읽을 때 죄에 대하여 진노하시는 하나님을 보고 두려웠었는데 어느새 그 하나님이 시편 기자가 진술한 인자한 아버지로 내게 알려지셨으니 저는 영원토록 이 하나님을 즐거워하고, 사랑하고, 찬양하렵니다.

죄인 다윗이 사랑하고 찬양한 이 아버지를 알게 된 것이 주님의 산상수훈을 묵상하고 연구하게 된 것에 있으니 독자들도 이 은혜에 함께 동참해 주실 것을 권면합니다.

우리가
여호와를 알자,
여호와를 알기위해
전심전력하자.

호세아 6:3

화평하게 하는 자는 복이 있다

화평하게 하는 자는 복이 있나니 그들이 하나님의 아들이라
일컬음을 받을 것임이요(마태복음 5:9)

- 화평하게 하는 자는 하나님께 의롭다 함을 받아 하나님 앞에 사는 자들입니다.
- 의는 전가되지 않고 죄도 죄만 전가되지 않습니다.
- 화평하게 하는 자는
예수 그리스도를 구주로 믿을 뿐만 아니라 주님의 행위를 본받는 자들입니다.
- 복음으로 화평하게 하는 자들은 하나님의 사랑을 증거하는 자들입니다.
- 화평하게 하는 일은 평강의 왕이신 주님이 직접 하시는 일입니다.
- 화평하게 하는 자는 주님이 그들 안에서 일하시도록 늘 기도에 힘쓰는 가운데
다음의 몇 가지를 갖추어야 합니다.
- 화목하게 하는 자는 성령의 열매가 마음에 맺어져야 합니다.
- 하나님께 순종하는 자들에게 주시는 성령은
그들의 인격에서 성령의 열매를 맺게 하십니다.
- 화평하게 하는 자의 예로서 구약의 선지자 이사야
- 화평하게 하는 자는 주님이 지신 십자가에 나타난 하나님의 화평을 가지고
세상을 향하여 나아가는 자들입니다.
- 화평하게 하는 자는 복이 있나니
그들이 하나님의 아들이라 일컬음을 받을 것이요
- 쉬어가는 코너

"화평하게 하는 자는 복이 있나니 그들이 하나님의 아들이라 일컬음을 받을 것임이요"

화평하게 하는 자들은 누구입니까?

'마음이 청결한 자가 받는 복'에서 증거했지만 많이 부족하다고 느낍니다.

오직 화평하게 하는 자들은 주님의 입에서 나온 하나님의 계명이 그들의 심령에 있는 자들입니다.

그들은 심령과 진정으로 하나님을 사랑하고, 주님의 계명을 받아 진정으로 이웃을 긍휼히 여기고 사랑하기에 그들에게 화평의 복음을 전하지 않을 수 없는 것입니다.

마음이 청결하게 된 자들은 죄인들에 대한 하나님의 사랑이 얼마나 크고 놀라운 것인지를 알기 때문에 화평의 복음을 전하지 않을 수 없습니다.

그들은 죄인들을 복음으로써 하나님과 화목시키기 위해서 주님의 성령이 인도하는 대로 세상을 향하여 나아가는 자들입니다.

그들은 믿지 않는 모든 죄인들이 하나님과 원수관계에 있는 것을 압니다.

심령 깊은 곳에 하나님을 미워하는 저주의 본성만을 가진 자들의 곤고함.

'회개하고 복음을 믿으라'는 주제만큼 하나님의 사랑을 달리 표현할 것도 없습니다.

주님의 가르침으로 깨끗하게 된 자들은 거룩하신 하나님을 알기 때문에, 온 세상이 하나님을 대적하는 사탄에게 자신들의 욕심으로 매여 있는 것을 알기에, 거기에서 돌이키라는 것이 화평의 메시지의 시작인 것입니다.

'회개하고 주 예수를 믿으라'는 메시지는 자신들이 죄에 매여 있는 줄도 모르고 거기에 안주하고 파멸로 치닫고 있는 자들에게 들려주는 성령의 책망입니다.

화평하게 하는 자들은 세상에 속한 모든 사람들이 하나님께서 끔찍이 사랑하는 사람을 서로 꺼리며 더럽히며 비방하며 저주하며 미워하고 있다는 것을 알기에, 거기에서 돌이키라는 화평의 복음을 전하지 않을 수 없는 것입니다. 그들은 하나님의 은혜 안에서 모든 사람들을 공경하고 사랑하기 때문에 서로가 대적하고 미워하는 것을 견딜 수 없는 것입니다.

그들이 회개하여 복음을 받아들이고 예수를 구주로 믿어 변화되어야 하나님의 형상을 입은 사람들을 향한 훼방이 그들의 심령에서 사라질 것을 알기에 "회개하고 복음을 믿으라!"고 외치는 것입니다.

예수 그리스도를 믿음으로써 병이 낫고 생활이 윤택해지는 것은 그들의 일차적인 관심사가 아닙니다. 그들은 오직 하나님을 사랑하기에 불쌍한 자들의 영혼을 사랑하게 된 것입니다.

영원히 저주받을 진노의 대상으로 변질된 그들의 영혼!

그들이 돌이키지 아니하면 영원한 저주의 심판이 그들을 기다리고 있는 것을 알고, 또 이러한 그들의 형편과 죄에서 구원할 자는 예수 그리스도 한 분임을 알기에, 그들은 주님의 종으로서 주님의 가신 그 길을 자신의 십자가를 지고 주님이 인도하시는 대로 주님을 따르는 것입니다.

그들은 오직 죄에서 구원할 자는 영원히 주님 한 분이심을 알기에 주님이 하시는 일에 수종(隨從)드는 것으로 충성을 다합니다.

화평하게 하는 자는
하나님께 의롭다 함을 받아 하나님 앞에 사는 자들입니다.

우리의 정통교리 중에 '칭의'(稱義)가 있습니다.

이 칭의의 교리를 이해하기가 쉽지 않은 것이 사실입니다.

'하나님께서 불의한 자를 예수 그리스도를 믿는 것 때문에 의롭다고 하신다'(이신칭의; 以信稱義)는 '바울'의 증언 때문입니다.

저는 이것을 하나님과의 관계 회복을 통해서 이해하면 바울의 이 말씀이 쉽게 깨달아지리라 믿습니다.

또한 '예수 믿는다'는 의미가 무엇인지도 이해할 수 있습니다.

예수를 구원자로 믿는 자는 성령께서 필연적으로 주님의 구속의 피를 증거하셔서 그 옛 죄를 씻어 주시고 심령으로 새롭게 하십니다.

죄가 없으신 하나님의 아들이 당신을 믿는 자들을 위해서 그 저주의 십자가 위에서 자신들이 받아야 될 저주를 짊어지시고 피를 흘리셨다는 것을 사실로써 믿기에 하나님께서는 그 믿음을 가지고 있는 자들을 의롭다 하시고, '의인'(義人)이라고 일컫는 것입니다.

이제 하나님께서 그의 옛 죄를 기억하지 아니하시는 것은 그 죄를 대신 담당하신 주님께서 그 손에 그 증거를 가지고 부활하셨기 때문입니다.

주님의 흘리신 피가 옛 죄의 저주에서 하나님과의 화목을 주셨으므로, 이제 성도는 하나님 앞에 죄인으로 서지 아니하고, 하나님과의 관계가 회복되어 양심에 꺼리지 않고 당당하게 하나님께 나아가며, 섬길 수 있는 처지가 된 것입니다. 그러므로 하나님께서는 그 대속을 믿는 그들을 가리켜 '의롭다'고 일컬으시는 것입니다. 주님의 피 흘리심이 하나님과의 관계를 회복해서 의의 주체되시는 하나님 앞에 살게 하는 역사를 낳기 때문에 하나님께서는 주님을 믿는 자들을 의롭다고 칭하시는 것입니다.

288 팔복으로 들림을 준비하라

'노아'는 당대에 의인이었습니다.

우리는 노아가 이 말을 들은 것은 사람들과의 관계에서 의인이 아니라 하나님과의 관계에서 의인이었음을 알아야 합니다.

그의 순종이 그 관계를 증거하고 있습니다.

당신이 의인입니까?

그러면 당신은 하나님께 복종하는 자임을 스스로 증거해야 합니다.

그것이 '옳을 의(義)'자의 의인인 것입니다.

우리가 어떤 사람을 '불의(不義)한 자'라고 부르고 있습니까?

그는 사람들의 양심에서 꺼내서 만든 세상 법을 어기는 자이고, 또는 사람이 마땅히 순종해야 할 하나님께 순종하지 못하고 패역을 행하고 있는 사람입니다.

'의'라는 단어의 궁극적인 의미는 사람을 창조하신 하나님을 전제할 때 그 뜻을 가집니다. 저는 '의인'(義人)이란 '인간을 창조하신 하나님과의 관계에서 생각해야 된다'는 것을 말하는 것입니다.

그러므로 예수 그리스도의 피를 믿는다고 하면서 하나님과의 관계가 회복되지 못하고, 하나님 앞에 살지 않으면 그가 믿는 믿음은 가짜이거나 온전하지 못한 것이거나 아직 자라지 못하므로 그 칭의를 알지 못하는 중에 있다 할 것입니다.

하나님으로부터 의롭다 함을 받은 자들은 하나님 앞에 살아야 합니다.

이는 법적인 선포입니다.

죄인이 하나님의 심판대 앞에서 의롭다고 칭함을 받은 것은 그의 믿음, 곧 예수께서 자신의 죄를 대신해서 심판을 받았음을 믿고 있는 그에게 재판장이신 하나님이 그를 의롭다고 칭하는 것입니다.

"의롭다 하신 이는 하나님이시니 누가 정죄하리요"(롬 8:33-34)

그들은 이제 하나님 앞과 천사들 앞과 사람들 앞에서 죄인이 아니라 완전한 의인으로 서 있는 것입니다. 그들은 죄 없는 예수께서 자신들의 죄를 대신해서 저주의 죽음을 당하시고 장사되셨음을 믿기에 그들의 양심에 조금의 거리낌도 없이 이제 하나님의 보좌 앞에 당당히 나아가는 자들입니다.

그러나 잊지 말아야 할 것은 그들이 하나님 앞에 살면서 하나님을 계속적으로 섬기고 복종해야 그 칭의가 지속된다는 것입니다.

칭의는 오직 하나님이 의롭다고 일컬으시는 것임을 알아야 합니다.

혹자는 칭의의 법적인 선포는 영원하고 단회적이라고 항변할는지 모르겠습니다. 즉, 하나님께서 예수 믿는 자를 의롭다고 하셨으니 하나님과의 관계가 순종의 관계에 있지 못해도 그 칭의는 변할 수 없다고 생각하는 것입니다. 그러나 칭의를 하나님과의 관계에서 생각하면 이러한 생각에 문제가 있다는 것을 알 수 있습니다.

우리의 이성과 또한 신앙생활의 경험이 이것을 증거하리라고 봅니다.

세상에서도 '집행유예'라는 법이 있습니다.

이는 그 죄는 정죄하여 형량이 주어지지만 집행을 유예한다는 것입니다.

이 유예기간에 동일한 죄를 지으면 그 유예는 무효가 되는 것처럼, 하나님 앞에서 의롭다고 칭함을 받은 자들이 또 다시 같은 죄에 빠지면 그 칭의는 효력을 잃고 만다는 것입니다.

혹자는 "우리가 예수를 믿고 의롭다 함을 받았을지라도 범죄하지 않을 수 있겠느냐?"고 항변하고 싶을 것입니다. 이러한 항변을 마음에 품고 있는 자가 있다면 그는 육체의 소욕으로 살려는 욕심 때문에 하나님을 꺼리고 순종하지 못하는 것은 아닌지를 생각해 봐야 합니다.

이러한 이유 때문에 바울은 로마서에서 다음과 같이 증거하고 있습니다.

"그러므로 우리가 믿음으로 의롭다 하심을 받았으니 우리 주 예수 그리스도로 말미암아 하나님과 화평을 누리자"(롬 5:1)

의롭다고 칭함을 받았으면 다시 죄에 빠져서 하나님과 불화의 관계에 빠져들 것이 아니라 예수님으로 말미암아 하나님과의 화평의 관계를 지속해야 된다는 것입니다.

사도는 하나님과의 화평은 오직 죄에 대해서 진노하시는 하나님께서 그 아들을 화목제물로 내어 주셨음을 상기하고 죄에 또 다시 빠져들 수 없다는 것을 다음의 말씀에서 강력히 증거하고 있습니다.

"그러면 이제 우리가 그의 피로 말미암아 의롭다 하심을 받았으니 더욱 그로 말미암아 진노하심에서 구원을 받을 것이니 곧 우리가 원수 되었을 때에 그의 아들의 죽으심으로 말미암아 하나님과 화목하게 되었은즉 화목하게 된 자로서는 더욱 그의 살아나심으로 말미암아 구원을 받을 것이니라 그뿐 아니라 이제 우리로 화목하게 하신 우리 주 예수 그리스도로 말미암아 하나님 안에서 또한 즐거워하느니라"(롬 5:9-11)

성도가 칭의는 순종이 따른다는 것을 인정하고 간절히 원하면 주님은 틀림없이 이러한 칭의의 순종에 이르게 하실 것입니다.

왜냐하면 주님은 이 일을 위해서 우리를 부르고 계시기 때문입니다.

주님은 하나님께서 의롭다고 인정한 자들을 당신의 산상수훈의 교훈과 그의 계명으로 인도하실 것은 당연합니다. 하나님은 당신 앞에 사는 자들에게 주님을 통해서 그 계명을 말씀하시고, 명령하고 계시기 때문입니다.

주님은 분명히 말씀하셨습니다.

"그러므로 누구든지 이 계명 중의 지극히 작은 것 하나라도 버리고 또 그같이 사람을 가르치는 자는 천국에서 지극히 작다 일컬음을 받을 것이요 누구든지 이를 행하며 가르치는 자는 천국에서 크다 일컬음을 받으리라"(마 5:19)

사람으로서는 할 수 없는 것을 하나님은 다 하실 수 있습니다.

또한 우리가 믿는 주님은 전능하신 하나님이십니다.

하나님 앞에 의로운 자들은 오직 주님께 순종함으로 그 말씀을 그의 영혼으로 받게 되는 자들입니다.

이를 거역하는 것은 그 대속의 언약을 파기하는 것이기 때문입니다.

여러분은 예수 그리스도의 대속을 믿습니까?

그렇다면 당신은 주님께 순종하므로 그 입에서 나온 하나님의 말씀을 받아야 그 의가 지속된다는 것을 알아야 합니다.

하나님께서 의롭다고 하신 자는 하나님 앞에 사는 자이고, 하나님 앞에 사는 자는 그 하나님과 주종 관계에 있는 자신들이 그 하나님께서 명령하시는 것을 따라야 된다는 것을 알기 때문입니다.

하나님의 말씀은 곧 성령 자신의 말씀이십니다.

지극히 선하신 하나님께서 선하다고 판단하시는 선은 자신의 입에서 나온 말씀이 그 성령으로 행해지는 것 외에는 어떠한 것도 선이라고 여기시지 않을 것이 분명하지 않습니까?

성령의 열매로서의 양선(良善)은 이러한 선을 말씀한다고 봐야 합니다.

우리는 예수를 구원자로 믿고 은혜도 받았던 자가 그를 배반하여 또 다시 범죄하여 주님을 떠나게 되면 그의 칭의가 그에게 계속적으로 유지될 수 있을까를 생각해봐야 합니다. 그러므로 저는 앞에서도 언급했지만 '나용화 목사님'의 "칭의와 성화는 함께 간다."는 말에 깊이 공감하는 것입니다.

구약성경도 이를 잘 증거하고 있습니다.

> "만일 의인이 돌이켜 그 공의에서 떠나 범죄하고 악인이 행하는 모든 가증한 일대로 행하면 살겠느냐 그가 행한 공의로운 일은 하나도 기억함이 되지 아니하리니 그가 그 범한 허물과 그 지은 죄로 죽으리라"(겔 18:24)

그대는 예수 그리스도를 믿음으로 의롭다 함을 받았습니까?

이 칭의는 앞으로 그대에게서 나타나는 행위와 관계없이 영원한 것이라고 생각하십니까?

위의 말씀과 다음의 말씀을 가까이 하여 그대의 영혼으로 받아 보십시오.

"한 번 빛을 받고 하늘의 은사를 맛보고 성령에 참여한바 되고 하나님의 선한 말씀과 내세의 능력을 맛보고도 타락한 자들은 다시 새롭게 하여 회개하게 할 수 없나니 이는 그들이 하나님의 아들을 다시 십자가에 못 박아 드러내 놓고 욕되게 함이라 땅이 그 위에 자주 내리는 비를 흡수하여 밭가는 자들이 쓰기에 합당한 채소를 내면 하나님께 복을 받고 만일 가시와 엉겅퀴를 내면 버림을 당하고 저주함에 가까워 그 마지막은 불사름이 되리라"(히 6:4-8)

저는 칭의에는 성화가 반드시 따른다는 진리를 증거하기 위해서 아브라함의 믿음에 대해서 살펴보고자 합니다.

하나님께서는 '아브라함'을 불러서 그에게 이렇게 말씀하십니다.

"너를 축복하는 자에게는 내가 복을 내리고 너를 저주하는 자에게는 내가 저주하리니 땅의 모든 족속이 너로 말미암아 복을 얻을 것이라 하신지라"(창 12:3)

성경은 위의 약속을 받은 아브라함이 여호와를 위하여 단을 쌓고 여호와의 이름을 불렀다고 증거하고 있습니다.

여기서 중요한 것은 아브라함이 하나님께 그 약속을 받은 후에 단을 쌓고 자기를 구원하실 여호와의 이름을 불렀다는 것입니다.

"셋도 아들을 낳고 그의 이름을 에노스라 하였으며 그 때에 사람들이 비로소 여호와의 이름을 불렀더라"(창 4:26)

이를 보아서 하나님께서는 그 후손의 약속이 무엇을 의미하는지를 그 단의 제사를 통해서 더욱더 선명한 구원의 본질에 대한 인식을 그에게 심어 주셨을 것이라는 것을 알 수 있습니다.

왜냐하면 우리 조상이 범죄한 후로 그의 모든 후손은 사망의 저주 가운데 놓이게 되었고, 하나님께서는 당신의 택하신 족장들에게 구원 얻을 후사를 약속하시고, 제사를 통해서 구원의 의미를 보여주셨기 때문입니다.

하나님께서 물로 세상을 징계하신 후에 노아에게서 정결한 짐승과 정결한 새 중에서 취한 짐승의 제사를 받으신 것도 노아에게 구원 얻을 후사를 보여주심으로써 그를 위로하기 위함이었습니다.

이 역사는 이스라엘의 역사에서 반복적으로 나타납니다.

하나님께서는 패역하는 이스라엘 백성들에게 큰 징계를 경고하시고 또한 동시에 메시야를 약속하심으로 그들로 하여금 돌이켜서 하나님께 돌아올 수 있는 길을 열고 계셨습니다.

이는 '그들이 범한 모든 죄를 메시야를 통해서 용서하실 것이니 하나님께로 돌이키라'는 강력한 사랑의 메시지였던 것입니다.

그들이 그러한 경고를 듣고 돌이키면 하나님께서는 그들을 받으시고 그 죄는 먼 훗날 나타날 메시야를 통해서 해결하실 것이었습니다.

아니, 신실하신 하나님께서는 그 하신 약속으로 말미암아 하나님께로 돌이키는 그들의 죄를 이미 씻으시고, 그들을 받으시고 그들의 하나님으로 그들의 복의 근본이 되실 것이었습니다.

그러나 그들은 돌이키기를 거부하였고, 그 경고는 실행되었습니다.

그럴지라도 메시야에 대한 약속은 견고하여 그들이 징계를 받은 후에라도 하나님께로 돌이키면 그들에게 메시야에 대한 복음이 전해져서 받아들여질 것이었습니다.

이처럼 구원자에 대한 약속은 하나님께로 돌이켜 그 관계가 회복될 때 효과가 있는 것이고, 그 언약이 체결된다는 것입니다.

그들이 하나님께 돌이키는 것이 없이는 그 언약도 무효가 되므로 그 언약을 믿는 그 믿음도 형성될 수 없는 것입니다.

아브라함은 그 후손 곧, 메시야에 대한 약속을 받았고, 그 약속을 인친 것이 곧 제사입니다.

아브라함은 자기 후손으로 오실 메시야를 약속하신 하나님을 믿었고, 하나님은 그 믿음을 의롭다고 인 치신 것이니, 이것이 곧 '칭의'입니다.

이스라엘 백성들은 그들을 부르시는 하나님께로 돌이키기를 거부하였으므로 하나님과의 언약관계를 스스로 파괴하였지만 아브라함은 "너는 너의 고향과 친척과 아버지의 집을 떠나 내가 네게 보여 줄 땅으로 가라"(창 12:1)는 하나님의 부르심에 응답하였고, 하나님은 응답한 아브라함에게 그 후손을 약속해주셨고, 그는 그 약속하신 하나님을 믿었던 것입니다.

칭의의 출발점은 하나님의 부르심에 응답하는 것입니다.

하나님과의 관계 회복입니다.

그런데 하나님께서 죄인들을 불러놓고 그 죄를 씻어주지 아니하시면 죄인들이 어떻게 죄를 대적하시는 하나님과의 관계가 회복되고, 그 앞에서 즐거워할 수 있겠습니까?

그러므로 하나님께서는 당신의 백성들을 부르시고 그 부름에 응답하는 자들에게 메시야를 약속하시고, 그 제사의 대속을 계시함으로써 그들의 죄를 씻으시고 그들과 화목의 관계를 맺는 것입니다.

"그들은 내 백성이 되고 나는 그들의 하나님이 되리라"(겔 11:20)

"아브람이 여호와를 믿으니 여호와께서 이를 그의 의로 여기시고"(창 15:6)

아브라함은 자기의 후손 중에서 메시야가 오실 것을 멀리서 보고 믿었습니다. 이 믿음은 곧, 먼 훗날 자기의 후손으로 나타날 메시야가 오셔서 자기의 죄를 속량할 그 약속을 믿는 믿음인 것입니다.

아브라함은 이 사실을 믿었습니다.

하나님은 아브라함의 이 믿음을 그의 의로 여기셨습니다.

그러므로 아브라함은 자기에게 약속된 그 믿음으로 하나님과의 관계가 온전히 회복되어 하나님의 백성으로 하나님 앞에 설 수 있는 존재가 될 수 있었습니다.

그의 순종이 이 사실을 증거하고 있습니다.

하나님께서는 죄 중에 있는 아브람을 불러서 그에게 장차 나타날 죄 용서의 구속을 계시하시고 아브람은 그 계시된 복음을 믿음으로써, 그 믿음으로 그 죄가 실제적으로 용서되고 하나님 앞에 설 수 있는 존재로 거듭났다는 것입니다.

신실하신 하나님께서 약속하신 것은 이미 실행된 것이나 다름이 없기 때문에 그 약속이 실제적으로 죄의 용서와 씻음을 가져다 준 것입니다.

이는 신약의 성도들이 그 대속의 사건을 직접 눈으로 보지는 않았을지라도 그들의 귀에 들려오는 말씀을 들음으로 믿음이 나서 그 죄가 용서되고 씻기는 것과 같은 역사입니다.

이로써 아브라함의 믿음 곧, 칭의가 하나님과의 관계 회복을 낳았습니다.

아브라함은 이러한 믿음이 있었기에 그 아들 이삭을 하나님께 번제로 드릴 수 있었습니다. 이는 성경이 증거하는 대로 하나님은 그 이삭을 통해서 후사 곧, 메시야를 약속했기 때문에 '전능하신 하나님께서 능히 죽은 자를 살리실 수 있다는 믿음'으로 이삭을 드렸고, 그의 순종은 하나님과의 관계를 잘 드러내고 있는 것입니다.

그는 자기의 죄를 덮어주실 메시야를 약속하신 하나님을 믿었고, 그 믿음은 곧 하나님과의 순종의 관계를 낳은 것입니다.

아브라함은 그 믿음(창 15:6)으로 하나님과 화목 되었고, 화목 된 아브람은 순종으로써 그 화목을 증거했으며, 그는 이 화목 된 믿음의 증거로 그 아들 이삭을 하나님께 번제로 드리기에 이릅니다.

이는 우리의 정통교리가 말하는 '칭의'의 구약의 다른 표현인 것입니다.

아브라함은 오실 메시야를 믿음으로 하나님과 화목 되었고 지금의 우리는 오신 메시야를 믿음으로 하나님과 화목 되었습니다.

아브라함은 희미하게 제시된 그 약속을 믿음으로 하나님께 의롭다 함을 받아(관계가 회복되어) 그 믿음을 순종으로 증거하였다면, 지금의 우리는 모든 것에서 아브라함보다도 더한 믿음의 열매, 곧 순종을 나타내야 합니다.

그러므로 칭의, 곧 하나님께 옳다고 인정을 받는 사람은 하나님께 순종적인 관계에 있어야 하는 것입니다.

그러므로 칭의가 가리키는 목표는 '순종'입니다.

사도들은 한결같이 이러한 믿음으로 살았으니, 주여! 우리들에게도 사도들에게 주셨던 믿음을 더하사 순종으로 하나님을 영화롭게 하게 하옵소서!

우리가 지금은 비록 사도들처럼, 아브라함처럼 그 믿음으로 살지 못한다 할지라도 우리의 아버지가 되시는 하나님께서는 우리를 그 믿음으로 인도하셔서 그 순종의 열매를 맺게 하신다는 사실을 잊지 말고, 계속 우리의 믿음의 길을 걸어가야 합니다.

아브라함도 자기에게 다가오셔서 약속하신 그 약속을 믿지 못해서 인간적인 방법으로 '이스마엘'을 얻어서 하나님께 책망을 받고 그 믿음이 온전해졌지 않습니까?

"아브람이 구십구 세 때에 여호와께서 아브람에게 나타나서 그에게 이르시되 나는 전능한 하나님이라 너는 내 앞에서 행하여 완전하라"(창 17:1)

하나님은 아브람에게 나타나셔서 그의 행함을 책망하신 것이 아니라 그의 믿음 없음을 책망하셨습니다. 그는 그의 몸에서 날 자 곧 사라를 통해서 나올 자식을 통해서 얻을 후사를 약속하신 하나님의 약속을 의심했습니다. 이러한 의심이 없었다면 그가 사라의 말을 듣고 하갈을 취하여 이스마엘을 얻지 않았을 것입니다.

이스마엘로 인해서 큰 갈등 가운데 있었던 아브람에게 하나님이 나타나셔서 그의 의심하는 믿음을 책망하신 말씀이 바로 "너는 내 앞에서 행하여 완전하라"(창 17:1)고 하신 것입니다.

그는 전능하신 하나님을 의심했던 것입니다.

"너는 내 앞에서 행하여 완전하라"고 하신 말씀 앞에 "나는 전능한 하나님이라"고 하신 것은 이 때문입니다.

인애가 크신 하나님은 의심하는 아브라함을 책망하셨지만 동시에 좀 더 구체적으로 이삭을 약속하심으로 그의 믿음을 확고하게 하셨습니다.

사람으로서는 불가능한 일을 약속하시고 그 약속이 말씀대로 성취되는 것을 본 아브라함의 믿음이 후에 그 아들 이삭을 번제로 드리기에 이르렀으니, 하나님의 약속을 믿는 믿음이 그 행함을 가능하게 했던 것입니다.

하나님은 우리에게 믿음을 주시고 그 믿음의 결과로 순종의 행함의 열매를 맺게 하시는 것입니다.

"믿음도 하나님의 은혜요 행함도 하나님의 것이니 하나님을 영원히 찬양할지라!"

이러한 진리를 잘 알기에 야고보 사도는 "행함이 없는 믿음은 그 자체가 죽은 것이라"(약 2:17)고 증거하고 있는 것입니다.

참된 믿음은 반드시 행함이 따르므로 사도는 믿음이 없이는 하나님을 기쁘시게 할 수 없고, 그 믿음이 없으면 천국에도 이를 수 없다고 단언합니다.

"또 하나님이 누구에게 맹세하사 그의 안식에 들어오지 못하리라 하셨느냐 곧 순종하지 아니하던 자들에게가 아니냐 이로 보건대 그들이 믿지 아니하므로 능히 들어가지 못한 것이라"(히 3:18-19)

"그러면 거기에 들어갈 자들이 남아 있거니와 복음 전함을 먼저 받은 자들은 순종하지 아니함으로 말미암아 들어가지 못하였으므로"(히 4:6)

위의 말씀에서 사도는 구약의 하나님의 백성들에게 복음이 전해졌는데 그들이 순종하지 아니함으로 안식에 들어가지 못했다고 증거하고 있습니다.

사도는 예수를 믿게 하는 복음은 순종을 낳음을 증거하고 있는 것입니다.

하나님께서 아브라함에게 약속하신 그 약속을 아브라함이 믿었고 그 믿음, 곧 메시야를 믿은 그 믿음을 그의 의로 여겼으니, 그 약속을 믿는 자는 반드시 순종으로 그 믿음을 증거해야 되는 것입니다.

그 믿음은 사도들이 말하는 믿음이므로, 칭의의 열매는 순종입니다.

칭의 곧, 하나님께로서 의롭다 함을 받은 자는 구약의 성도나 신약의 성도나 믿음으로 하나님과 화목 된 것을 알고 하나님께 순종함으로써 그 믿음을 증거해야 되는 것입니다.

하나님께서 그 믿음, 메시야의 속죄의 믿음, 그 믿음만을 그의 의로 여겼으니 주님은 당연히 그 믿음을 갖고 있는 자에게 순종을 요구하고, 그도 그 양심에 그것이 옳다고 인정할 것이므로 순종을 거부할 수 없습니다.

순종하지 아니하는 것은 하나님 앞에 불의요, 그 믿음이 향해야 할 길을 거스르는 것입니다.

하나님께서는 아브라함을 비롯하여 우리 모두에게 다른 제사를 원하지 아니하시고 이 믿음만을 의로 여기십니다.

그러므로 예수 그리스도의 피로 하나님과 화목 되어 하나님을 섬기게 된 자들은 순종이 참된 제사라는 것을 알아야 합니다.

바울은 "주님으로 말미암아 의롭다 하심을 받았으니 더욱 그의 살아나심으로 말미암아 구원을 받으리라"(롬 5:9-10 참조)고 증거합니다.

> 주님의 피로 화목 된 자가 주님께 순종하지 못하고 어찌 죄에 대해서 진노하시는 하나님과 지속적인 화목의 관계를 유지할 수 있겠습니까?
>
> 첫 사람 아담도 죄가 없었을 때 불순종하여 사망에 이르지 않았습니까?
>
> 더욱이 그의 후손된 모든 인류는 죄의 몸으로 태어나지 않았습니까?
>
> 죄 있는 육신을 가지고 태어나 본성적으로 육에 속한 자들이 주님의 거룩하신 성령에 붙잡히지 않고 어찌 거룩에 이를 수 있겠습니까?

주님의 피로 화목 된 성도가 순종하고자 할 때 주님의 강한 팔 곧, 주님의 성령께서 내주하셔서 육신의 법을 이기고 성령의 법에 복종시켜 율법의 요구가 이루어지게 하는 것입니다.

더구나 우리 조상을 미혹한 사탄이 이미 우리 육신의 소욕을 통해 죄인들의 심령을 지배했으니 그가 얼마나 쉽게 우리의 심령을 점령하겠습니까?

사탄은 지금도 우는 사자처럼 삼킬 자를 찾고 있으니, 창조자의 영이 화목 된 자를 붙잡아 주지 않으면 하나님과의 지속적인 화목은 불가능합니다.

그러므로 사도는 "주님의 살아나심으로 말미암아 더욱더 진노하심에서 구원을 받으리라"고 증거하고 있는 것입니다.

하나님의 진노가 죄의 경중에 관계없이 그 위에 있습니다.

그러므로 십자가의 대속은 죄인들로 하여금 하나님과 화목의 관계를 회복하고 더 나아가 순종하게 하기 위한 하나의 방편입니다.

곧, 순종이 십자가의 대속을 증거하는 열매인 것입니다.

바울은 이러한 관계를 알고 믿음으로 살았기에 "우리가 사나 죽으나 주의 것이라"(롬 14:8)고 증거하였고, 죽기까지 순종했던 것입니다.

순종은 충성으로 답해야 하는 것이니, 사도들이 받은 성령을 받은 자는 아브라함처럼 행함으로 그 충성을 보여야 합니다.

그러므로 칭의는 하나님과의 관계에서 나타나는 성령의 열매인 것입니다.

성도들이 하나님께 불순종하는 것이 얼마나 큰 죄인가를 인식하지 못하는 것은 순종의 제사를 드려보지 못했기 때문입니다. 성도가 순종으로 하나님의 계명을 받으면 온 인류가 죄의 패역 속에 있음을 알게 되고, 또 하나님의 사랑이 주님의 흘리신 피로 이 패역을 덮고 있음을 보게 됩니다.

하나님은 아담의 불순종을 '패역'(悖逆)이라고 언급하셨습니다.

하나님께 의롭다고 인정을 받는 자는 아담의 이 패역을 거울로 삼고 그 불순종을 넘어서 주님의 순종을 바라보는 자들입니다.

주님은 성도들의 순종의 본보기가 되십니다.
당신의 하나님께 죽기까지 순종하신 그 위대한 의로움이여!

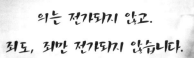

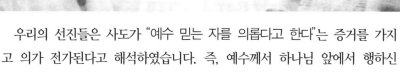

의는 전가되지 않고,
죄도, 죄만 전가되지 않습니다.

우리의 선진들은 사도가 "예수 믿는 자를 의롭다고 한다"는 증거를 가지고 의가 전가된다고 해석하였습니다. 즉, 예수께서 하나님 앞에서 행하신 그 의로운 행위가 전가되어 그 공이 우리의 것이 되게 한다는 것입니다.

그러나 이러한 해석은 잘못된 것입니다.

이러한 잘못된 해석 때문에 주님의 십자가의 복음이 죄를 지어도 괜찮다는 보증수표로 전락하고 말았습니다.

또한 칭의를 이렇게 해석하는 자들은 "구원은 이미 따 놓은 당상이다."라고 말합니다. 그러나 성도는 예수를 믿는 것이 아니라 그의 이름을 믿는다는 것을 잊지 말아야 합니다.

성도는 예수의 이름 곧 자기들의 죄에서 구원할 자로 예수를 믿기 때문에 죄에서 건짐 받아 실제적으로 점차 거룩에 이르게 될 때 그들의 구원의 확신도 커지게 됩니다.

성도들의 행위와 관계없이 주님이 행하신 그 의로움이 전가되어 우리의 것이 되고, 주님이 하나님께 받는 상급이 그들의 것이 된다고 말하고 있으니, 성도가 피 흘리기까지 죄와 싸우고 하나님의 계명을 지켜야 될 필요를 느끼지 않게 되는 것입니다. 여기에 더하여 잘못된 예정론까지 이러한 왜곡된 의를 지지하고 있으니, 실로 통탄할 일이 아닐 수 없습니다.

장로교가 이러한 성경 해석을 가지고 있으면서 구원파를 이단이라고 정죄하고 있으니, 아이러니(irony)가 아닐 수 없습니다.

주님이 하나님께 행하신 의로운 행위 곧 공로가 죄인들을 하나님과 화목하게 해서 생명의 원천이신 하나님으로부터 축복의 문이 열려졌으며, 또한 죄인들로 하여금 하나님의 보좌 앞에 당당히 나아가게 하므로 영생을 소망할 수 있게 된 것이 아닙니까?

그러므로 주님의 의가 죄인에게 전가되는 것이 아니라 세례로 주님과 연합된 자들에게 그 공로가 죄인에게 효과를 나타내서 죄인이 하나님 앞에서 의롭다 함을 받을 수 있게 된 것입니다.

주님의 피로 하나님과 화목 된 자는 이제 '힘써 하나님을 섬기느냐, 섬기지 않느냐'는 자신의 자유의지에 달려 있습니다.

앞에서도 언급하였지만 '의'라는 말은 피조 된 인간이 하나님을 전제할 때 궁극적인 뜻을 가지기 때문에 의는 전가될 수 없는 것입니다.

또한 인간을 하나님의 형상이 되게 하는 그 의는 누구에게서 전가 받을 수도 없고, 누구에게 전가시킬 수 있는 것도 아닌 것입니다.

주님은 하나님에게서 생명을 받았으므로 그 의를 따라서 당신을 하나님께 거룩한 생축으로 드리셨고, 성도는 주님의 대속으로 죄에서 건짐 받아 하나님을 섬길 수 있게 되었으므로 그 의가 성도들의 양심에 하나님과 주님의 종으로서 순종의 삶을 사는 것이 합당하다는 당위성을 제공하고 있는 것입니다. 그러므로 사람이 하나님의 형상으로서 존재하는 동안은 그 의는 절대로 남에게서 빌려올 수 없고, 빌려 줄 수도 없습니다.

사람이 하나님의 형상을 입은 것 중에 가장 중요한 요소가 바로 '자유의지의 주체자'라는 것입니다.

사람은 이것을 가지고 있기 때문에 하나님 앞에서 그가 행한 모든 것에 대하여 진술해야만 하는 때가 있는 것입니다.

자신들이 가지고 있는 의가 하나님의 심판대의 부름에 응당 응해야 하고,

형벌과 상급이 그들의 행위로 주어질 때 그의 의가 그것에 대해서 변명을 할 수 없게 하는 것입니다. 만약에 주님의 의가 성도들에게 전가되어 그의 상급이 성도들의 것이 된다면 바울이 상을 얻기 위해서 "믿음의 선한 싸움을 싸우라"(딤전 6:12)고 한 권면과 마귀를 대적하기 위해서 "하나님의 전신 갑주를 입으라"(엡 6:11)고 한 권면은 우스운 것이 되고 맙니다.

주님이 받으시는 상이 성도들의 것이 되고, 주님이 이미 사탄 마귀를 당신의 십자가로 심판하여 못을 박아버렸는데, 성도가 마귀와 싸울 일이 있겠습니까?

주님이 당신의 공로로 하나님 보좌 우편에 앉는 권세를 가지셨을진대 성도들에게 이보다 더 큰 상급이 어디 있겠습니까?

이러한 생각은 하나님의 공의에도 맞지 않고 '사도 바울'의 "너희도 상을 얻기 위해서 열심을 내라"(의역)는 가르침에도 어긋나는 것입니다.

그러므로 하나님을 위해서 아무 일도 하지 않아도 이미 주님의 의가 전가되어서 주님이 받으시는 상급이 성도들의 것이 되었다고 생각하는 것은 바른 생각이 아닙니다.

그렇다면 이렇게 생각하는 원인이 어디에 있을까요?

첫째는, 칼빈과 신학자들이 바울의 로마서 말씀을 오해한 것에서 비롯되었습니다.

바울의 '로마서의 주제'는 '사람이 율법을 지킴으로 구원에 이르는 것이 아니라 믿음으로 의롭다 함을 얻는다'는 것입니다.

따라서 우리 조상 한 사람으로부터 죄가 세상에 들어와서 모든 사람이 죄를 범해서 사망에 이르게 되었는데, 한 분 예수 그리스도로 말미암아 모든 사람이 생명 안에서 왕 노릇 하리라는 것입니다.

우리의 행함으로 구원을 얻는 것이 아니라 하나님께서 베푸시는 구원을 믿음으로 얻는다는 것입니다.

'칼빈과 신학자들의 논리'는 '하나님께서 우리의 행함과 관계없이 예수 믿는 자를 의롭다고 하시므로, 이 예수를 믿기만 하면 주님 안에서 왕 노릇 할 것이므로 예수 그리스도의 공로가 전가된다고 보는 것'입니다.

이를 하나님의 말씀으로 받기만 하면 이는 틀림없는 약속의 말씀입니다.

한 사람으로 말미암아 그의 모든 후손이 죄악 가운데 태어나서 사망으로 치닫게 되었었는데 한 분 예수께서 그 모든 죄를 십자가 위에서 담당하시므로 모든 사람이 값없이 의롭다 하심을 받았으니, 예수 그리스도로 말미암아 참된 생명 안에서 왕 노릇 하는 것은 지극히 당연한 것입니다.

저는 이에 대한 칼빈의 성경해석에 마땅히 동감합니다.

그러나 칼빈은 바울 사도의 구원의 전체적인 맥락을 놓치고 있습니다.

'칼빈'은 그의 '기독교강요'에서 '죄의 유전'에 대해서 언급하였습니다.

즉, 아담의 범죄로 인해서 죄가 들어와서 그의 모든 후손이 나면서부터 죄 성을 유전 받았다고 하는 것입니다.

누가 이를 부인할 수 있을까요?

제가 앞에서도 언급하였듯이 하나님께서 어린 아이에게 난지 팔일 만에 할례를 행하라고 명하신 것은 사람은 날 때부터 육으로 났기 때문에 그 육의 소욕을 베어야 할 것을 명하신 것입니다.

그러므로 사람은 날 때부터 육으로 나서 육의 소욕으로 하나님을 거스르면서 한평생을 사는 것입니다.

그런데 여기서 중요한 것은 '사람이 육으로 나서 그 죄를 유전 받았으니 자신들이 저지른 죄들을 그 유전 탓으로 핑계 댈 수 있느냐'는 것입니다.

즉, '자신들이 저지른 죄에 대해서 책임이 없느냐'는 것입니다.

모든 사람들은 이에 대해 동의하지 않을 것입니다.

여기서 우리는 '사망이 왕 노릇 하였다'는 말씀을 생각해보아야 합니다.

사람이 죄 가운데 태어나서 죄를 지을 수밖에 없는 처지이지만 그 책임은 본인에게 있다는 것입니다. 사람이 대략 나이 7-8세가 되면 선악을 구분할 수 있는데 하나님의 신성이 그 만드신 만물에 분명히 보임에도 불구하고 사람은 자진해서 그 하나님을 떠나서 죄에 빠집니다.

바울이 "이와 같이 모든 사람이 범죄하였다"(롬 5:12)고 한 것은 모든 사람이 아담처럼 자신의 선택에 의해서 의를 저버리고 하나님을 등진 것입니다.

하나님을 떠난 인생은 이미 불의의 길, 곧 죄의 길로 들어섰기 때문에 죄를 짓지 아니할 수 없고, 그가 죄를 지을 때는 사탄이 그의 심령을 사로잡아 죄의 종이 되는 것입니다.

> "네가 선을 행하면 어찌 낯을 들지 못하겠느냐 선을 행하지 아니하면 죄가 문에 엎드려 있느니라 죄가 너를 원하나(죄의 소원은 네게 있으나) 너는 죄를 다스릴지니라"(창 4:7)

사람이 빚을 지면 채무자로부터 자유로울 수 없듯이 모든 사람이 자의로 죄를 범했으므로 죄의 세력 곧, 사탄으로부터 자유로울 수 없게 됩니다.

우리는 '죄가 왕 노릇 하였다'는 바울의 증거에 주목해야 합니다.

바울이 '한 사람으로 말미암아 죄가 세상에 들어와서 사망이 그 한 사람으로 말미암아 왕 노릇 하였다'는 말씀과 '한 분 예수 그리스도로 말미암아 생명 안에서 왕 노릇 하리라'고 한 말씀을 제가 위에서 증거한 것과 '대비'(對比)를 통해서 이해해야 된다는 것입니다.

죄를 다스릴 책임이 모든 사람 각자에게 있듯이 주님께 복종해서 의의 열매를 맺느냐, 마느냐 하는 것도 개인의 선택에 달려있는 것입니다.

결국 바울이 증거하는 "한 분 예수 그리스도로 말미암아 왕 노릇 하리라"는 말씀은 사망이 한 사람으로 말미암아 왕 노릇 하였으니, 성도가 생명의 면류관을 받음도 한 분 예수 그리스도로 말미암는 것이기 때문에 그 왕에게 종노릇을 해야 된다는 것을 말하고 있는 것입니다.

바울은 다음의 말씀에서 의롭다 함을 받는다는 내용이 무엇인지를 구체적으로 설명하고 있습니다. 의롭다 함을 받은 것은 하나님의 은혜이니, 그 은혜가 그 받은 자들을 어디로 인도하는지 보인다는 것입니다.

> "그런즉 어찌하리요 우리가 법 아래에 있지 아니하고 은혜 아래에 있으니 죄를 지으리요 그럴 수 없느니라 너희 자신을 종으로 내주어 누구에게 순종하든지 그 순종함을 받는 자의 종이 되는 줄을 너희가 알지 못하느냐 혹은 죄의 종으로 사망에 이르고 혹은 순종의 종으로 의에 이르느니라"(롬 6:15-16)

주님은 그의 택하신 모든 백성들에게 왕 노릇 하시기 위해서 당신의 생명의 피로 그들을 사신 것이니, 이 믿음이 있는 자들은 이제 그에게 불가불 종노릇을 해야만 그에게서 생명의 면류관을 얻게 되는 것입니다.

그러므로 우리는 바울의 논점을 간단명료하게 이해할 필요가 있습니다. '사망이 왕 노릇 - 주님이 왕 노릇'이라는 압축적인 언어로 이해해야 의의 전가가 잘못된 성경해석이라는 것을 이해하게 됩니다.

세상의 모든 사람들이 그 사망의 세력을 잡은 자에게 종노릇하지만 '죄를 짓고, 안 짓고'의 선택이 본인들에게 달려있듯이, 성도가 주님께서 왕 노릇 하시도록 자신들을 쳐서 '복종하느냐, 마느냐' 하는 것도 본인들의 선택에 달려있는 것입니다.

그가 주님께 끝까지 복종하면 그로 말미암아 생명 안에서 왕 노릇 할 것이지만 불순종으로 의를 저버리면 그가 믿은 믿음이 어디 있냐는 것입니다.

바울이 로마서 5장 12절과 18절에서 '한 사람 한 범죄'로 많은 사람이 정죄에 이르렀다고 말하고 나서 21절에서는 제가 지금 다루는 본문 말씀을 선포하고, 곧이어 6장 1절-7절에서 그에 대한 내용을 언급하고 있습니다.

'그에 대한 내용'이라 함은 죄의 사람이 '죄에게 종노릇 하고, 하지 않고'가 그 사람의 선택에 달려있듯이, 주님과 함께 왕 노릇 할 성도들이 주님이 그들 위에서 왕 노릇 하실 수 있도록 자신들을 '그분께 복종하고, 하지 않고'의 선택이 본인들의 뜻에 달려 있다는 것입니다.

주님께 순종해야 그 의롭다 함이 인 쳐지는 것입니다.

독자들은 제가 지금 말하고 있는 것을 이해하기 위해서 다음의 말씀을 심도 있게 묵상할 수 있기를 바랍니다.

> "그런즉 우리가 무슨 말을 하리요 은혜를 더하게 하려고 죄에 거하겠느냐 그럴 수 없느니라 죄에 대하여 죽은 우리가 어찌 그 가운데 더 살리요 무릇 그리스도 예수와 합하여 세례를 받은 우리는 그의 죽으심과 합하여 세례를 받은 줄을 알지 못하느냐 그러므로 우리가 그의 죽으심과 합하여 세례를 받음으로 그와 함께 장사되었나니 이는 아버지의 영광으로 말미암아 그리스도를 죽은 자 가운데서 살리심과 같이 우리로 또한 새 생명 가운데서 행하게 하려 함이라 만일 우리가 그의 죽으심과 같은 모양으로 연합한 자가 되었으면 또한 그의 부활과 같은 모양으로 연합한 자도 되리라 우리가 알거니와 우리의 옛 사람이 예수와 함께 십자가에 못 박힌 것은 죄의 몸이 죽어 다시는 우리가 죄에게 종노릇 하지 아니하려 함이니 이는 죽은 자가 죄에서 벗어나 의롭다 하심을 얻었음이라"(롬 6:1-7)

위의 본문 말씀에서 바울은 '성도가 죄에게 종노릇 하지 않아야 의롭다 함을 얻는다'(죄에서 벗어나 의롭다 하심을 얻었음이라)고 증거하고 있으니, '의롭다 함을 받는다'는 단어의 의미가 무엇을 뜻하는지를 알 수 있다는 것입니다. 즉, 주님의 부르심을 받은 자들이 죄에게서 해방되어 주님께 자신을 드려 종으로서 주님을 섬겨야 그가 의롭다 함을 얻는다고 말하고 있는 것입니다.

바울이 한 사람으로 말미암아 사망이 왕 노릇 하고 한 분 예수 그리스도로 말미암아 많은 사람이 생명 안에서 왕 노릇 하리라는 것은 구원의 깃발을 높이 매단 것입니다.

이는 요한 사도가 주님을 증거하기 위해서 "태초에 말씀이 계시니라"(요 1:1)고 증거한 후에 많은 말로 주님을 상세하게 증거한 것과 같다 하겠습니다.

또한 말씀을 전하는 자들이 주제를 정해 놓고 말씀을 증거할 때 그 주제에 대한 내용을 설명하는 것이 보통의 설교방식이듯이, 바울도 '한 분 예수 그리스도를 믿음으로 의롭다 함을 받는다'는 주제에 그 내용을 설명한 것이 바로 로마서 전체라는 것입니다.

사도행전 2장 21절에는 다음의 말씀이 있습니다.

"누구든지 주의 이름을 부르는 자는 구원을 받으리라 하였느니라"

위의 말씀처럼 어떤 사람이 "사도의 전하는 이 말씀을 듣고 주님의 이름을 불렀을 때 당신이 주님의 이름을 불렀으니 당신은 이제 구원을 받았다."고 한다면 우리는 그의 믿음과 구원에 대해서 확인해보고 싶을 것이 아니겠습니까?

이처럼 칼빈은 바울 사도의 '한 분으로 말미암아 왕 노릇 하리라'는 주제에만 머물고 그 내용은 간과했기 때문에 의가 전가된다고 생각한 것입니다.

앞에서도 언급하였지만 바울이 로마서를 쓴 목적은 '예수 그리스도를 믿어 순종하게 하려는 것'에 있으므로 우리는 이 목적에 유의하면서 로마서를 읽으면 그 의도한 바를 이해할 수 있습니다.

의가 전가된다고 생각하면서 주님께 순종의 제사를 드릴 자들이 얼마나 될지 모르겠으나 바울이 주님의 십자가를 증거한 것은 그의 대속을 믿을 뿐만 아니라 주님께 순종하게 할 목적이 있었던 것입니다.

주님께서는 당신께서 부르신 자들에게 그들의 죄를 씻기 위해서 십자가의 대속을 성령으로 알리시고, 또한 그들로 하여금 순종하게 하기 위해서 십자가 위에서 그 참혹한 피를 흘리셨음을 보이시는 것입니다.

우리를 살리기 위해서 그 참혹한 십자가에서 흘리신 피를 보이시는데 어느 누가 떨림과 두려움으로 순종하지 않겠습니까?

저는 주님께 순종하는 모든 성도들은 이 증거를 그들의 심중에 밝히 갖고 있다고 확신합니다.

둘째는, 주님께서 그를 믿는 자들에게 당신의 대속을 보여주시는 때에 그들의 심령에는 사망을 이기신 주님이 믿어지므로 사망의 저주에서 해방되고, 죄를 이기는 힘이 성령을 통해서 그들에게 나타나므로 의가 전가된다고 믿게 된 것입니다.

주님께서 당신의 몸으로 십자가에서 사망을 삼키신 것이 믿어지기 때문에 주님 안에서 자신들도 사망을 이길 것이 확신으로 다가오므로 주님의 의 곧 승리가 전가된다고 믿게 된 것입니다.

그러나 엄밀한 의미에서 이는 그 믿음의 의가 전가된 것이 아니라 성령께서 주님의 대속을 알고 믿게 하시므로 그들의 심령에 죄에서 벗어나고 순종하는 자들에게 성령을 통해서 죄를 이길 능력을 주시는 것입니다.

사망에 매여 죽음의 두려움 가운데 있었던 자들이 주님께서 십자가에서 사망을 삼키고 승리하셨으므로 믿음으로 그 두려움에서 벗어나 승리의 개가를 부르게 되었으며, 그들의 심령은 주님을 믿고 의지하므로 주님 안에서 사망을 이길 수 있다는 믿음이 그들의 심령에 들어오게 된 것입니다.

칼빈과 신학자들은 이 승리가 그들의 심령에 믿어지므로 주님의 의가 전가된다고 오해했으나, 진정한 승리는 그들이 주님을 믿고 순종하는 자들에게 주시는 성령을 받아 공중의 권세 잡은 사탄을 이길 때 나타납니다.

이러한 승리를 의가 전가된다고 오해한 것은 하나님의 말씀을 자신들의 심령으로 받지 못하고 자신들의 이성으로 이해하여 신학적인 체계를 세우려고 하다 보니 억지 해석이 나오게 된 것입니다.

본인들이 예수를 구원자로 믿고 있는 것은 사실인데, 그들 자신을 돌아볼 때 하나님 앞에서 의인으로 살지는 못하고 있고, 진리의 말씀은 예수를 믿으면 의인이라고 칭하기 때문에 진리의 말씀을 자신들의 처지에 맞추려고 하다 보니 이런 해석이 나오게 된 것입니다.

그러나 제가 화평하게 하는 자가 받는 복의 맨 앞에서 언급한 것처럼 하나님과의 관계 회복에서 칭의를 이해하면, 의의 전가라는 것이 이치에 합당하지 않다는 것을 알 수 있습니다.

그렇다면 '죄의 전가'란 무엇입니까?

레위기에서 하나님은 사람이 죄를 범하면 자기가 기른 짐승을 성전에 끌고 와서 그 머리에 안수하고 난 후에 그것을 죽여서 피를 받아 제사장에게 주고, 제사장이 그 피를 가지고 성소에 들어가서 하나님이 명하신 대로 하면 그가 범한 죄가 사해진다고 증거하고 있습니다. 그런데 하나님께서는 사도의 입을 통해서 그들의 그 제사는 그들의 죄만 증거할 뿐, 죄가 실제적으로 씻기지는 않는다고 말씀하고 있습니다.

이러한 구약의 예를 제시하면서 죄가 전가되지 않는다고 말하는 저를 독자들은 의아하게 생각하는지 모르겠습니다. 또한 독자들은 "짐승의 제사가 주님의 대속을 예표하기 때문에 죄가 실제적으로 씻기지는 않아도 죄가 전가된다는 것을 보여주고 있지 않느냐?"고 항변할 것입니다.

그러나 저는 여기에 문제가 있다는 것을 지적합니다.

주님께서 2,000여 년 전에 십자가 위에서 죄인들의 죄를 대속하신 일이 우리들에게 죄 용서와 죄 씻음의 믿음을 가져다주는 것은 기록된 진리의 말씀을 진리의 성령께서 죄인들에게 증거하기 때문에 나타날 수 있는 일입니다. 지금 태어나서 지금 죄를 범한 자들의 죄가 어떻게 예수 그리스도께 전가되어서 그 죄가 씻길 수 있습니까?

독자들은 "주님의 이름으로 받은 세례를 통해서 우리의 죄가 주님께 전가되었다."고 말할 것입니다.

그러나 저는 이러한 생각에 문제가 있다는 것을 지적하고 싶습니다.

주님은 "아버지와 아들과 성령의 이름으로 세례를 베풀라"(마 28:19)고 명령하셨습니다.

이는 아버지 하나님께서 죄인들을 구원하시기 위해서 당신의 독생자를 보내셨고, 아들은 아버지의 뜻을 따라 십자가에서 죽임을 당하셨고, 성령께서는 이루어진 일을 죄인들에게 증거하셔서 믿게 하십니다.

그러므로 아버지와 아들과 진리의 성령께서 그 구원하는 일의 직접 당사자이시기 때문에 세 분의 이름으로 세례가 베풀어지는 것입니다.

그런데 제가 앞에서도 언급하였지만 죄는 외부에서 들어온 것이기 때문에 죄인들의 죄만 전가되어서 그 죄만 씻기고 구원을 받는 것이라면 죄가 전가된다는 말도 맞을 것입니다.

그러나 주님이 죄인을 대신해서 죽으신 죽음은 죄인들의 전 존재가 하나님 앞에서 심판을 받은 것이라는 사실을 간과해서는 안 됩니다.

하나님 앞에 죄인은 그들의 전 존재가 인격적으로 죄를 범했기 때문에 죄만 전가되어서 씻기기만 하면 구원이 이루어지는 것이 아니라는 것입니다.

이스라엘 백성이 죄를 범하고 자기들의 짐승을 잡아와서 그 머리에 안수를 하는 것은 그들의 죄만 그 짐승에게 전가되는 것이 아니라 죄를 지은 전 존재의 심판을 그 짐승이 대신 짊어지는 것을 나타내고 있는 것입니다.

그러므로 성도가 예수 그리스도의 이름으로 세례를 받은 것은 그의 전 존재가 죄인의 심판을 받으실 주님과 연합되었음을 나타내는 것입니다.

따라서 주님의 이름으로 세례를 받는 것은 죄에서 구원하실 자와의 언약이 체결된 것입니다.

그 언약으로 말미암아 저주의 심판 가운데 있는 우리들을 대신해서 주님이 십자가의 심판을 당하셨고, 그 세례가 연합의 언약이기 때문에 주님의 심판으로 우리의 옛 사람이 주님과 함께 심판을 받고 멸해진 것입니다.

주님은 당신의 전 존재 곧, 생명의 피로 우리들을 사셨기 때문에 우리에 대해서 소유권을 주장하십니다.

이 관계가 주님의 이름으로 세례를 받은 자들과의 관계인 것입니다.

이 연합의 언약 때문에 주님의 부활과 함께 성도들의 부활도 있게 된 것입니다. 창조의 하나님이 우리의 육과 뼈를 취하신 것은 죄인들과의 연합을 갖기 위함입니다.

구약의 제사 제도를 읽는 사람들이 자의로 성경을 잘못 해석하여 죄만 전가된다고 믿기 때문에 어떤 사람들은 죽기 바로 직전에 세례를 받아야 된다고 생각하였습니다.

그러나 '사도 베드로'는 '세례는 물로 죄를 씻어버리는 것이 아니라 선한 양심이 하나님을 향해 가는 것'이라고 바르게 해석하였습니다.

베드로가 세례의 의미를 제대로 해석하였다면 세례는 죄의 전가가 아니라 하나님 앞에서 살아야 하는 당위성의 근거이고, 주님을 머리로 인정하도록 종용하는 것이고, 죄 없으신 주님과의 연합인 것입니다.

주님은 하늘나라로 가는 유일한 길이기 때문에 주님과의 연합이 없으면 죄에 익숙해진 성도들의 영혼이 언제 아담의 패역을 행하게 될지 모릅니다.

그러므로 성도는 일평생 주님과의 연합을 도모해야 하는 것입니다.

연합의 깊이는 우리가 주님 안에 주님이 우리 안에 거하시므로 당신의 거룩이 우리 안에서 열매 맺는 곳까지 이르러야 합니다.

성도들의 구원을 거룩하신 주님과의 연합으로 이해하지 않으면 다음의 말씀은 그 뜻을 상실하게 됩니다.

> "내 안에 거하라 나도 너희 안에 거하리라 가지가 포도나무에 붙어 있지 아니하면 스스로 열매를 맺을 수 없음 같이 너희도 내 안에 있지 아니하면 그러하리라"(요 15:4)

성도가 위의 말씀을 따라서 주님 안에 거하려면 자신의 모든 것을 포기하고 주님의 뜻을 따라서 살겠다는 각오가 없이는 불가능합니다.

왜냐하면 주님은 주님 안에 거하는 자에게 오셔서 그와 거처를 함께 하시기 때문입니다. 주님은 그 안에서 당신의 거룩을 나타내실 것이고, 또한 그 거룩이 그들의 모든 육적인 생각을 제어할 것이기 때문입니다.

사람이 죄를 범할 때에는 그의 전 인격이 그 죄를 따르기 때문에 죄의 전가는 곧 그의 전 인격의 전가인 것입니다.

주님은 우리의 전 존재를 대신해 십자가 위에서 죽임을 당하셨으니 "우리의 옛 사람이 주님과 함께 십자가 위에서 멸해짐을 받았다"는 사도의 증언은 참된 것입니다. 그러므로 주님의 십자가로 하나님과 화목 된 성도는 자신의 의를 하나님께 드릴 것이 아무것도 없습니다.

주님의 다음의 말씀은 우리의 전 존재가 하나님 앞에서 심판을 받으신 것을 나타냅니다.

> "예수께서 신 포도주를 받으신 후에 이르시되 다 이루었다 하시고 머리를 숙이니 영혼이 떠나가시니라"(요 19:30)

주님께서 우리의 구원을 위해서 다 이루셨으므로 성도는 하나님께 드릴 다른 제사가 남아 있지 않는 것입니다(허드슨 테일러).

이 믿음을 하나님께서 의로 여기시니 그 의가 지향하는 곳은 의롭다 하시는 하나님을 섬기는 것이요, 주님께 순종이요, 죽기까지 충성인 것입니다.

성도가 죄만 전가된다고 생각하고, 예수를 구원자로 믿으면서도 자기의 의를 내세우려는 경향 때문에 주님께 순종하지 못하는 것입니다.

주님이 지신 저주의 십자가를 바라보십시오.

주님의 몸으로 우리의 옛 사람이 완전히 멸해진 것이 보이지 않습니까?

오직 두려움과 떨림으로 하나님께 순종할 것이 우리의 심령에 각인되지 않습니까?

이 증거를 모르는 자는 진실로 십자가의 도를 모르는 자입니다.

제7복 | 화평하게 하는 자는 복이 있다 **313**

'바울'은 이를 가리켜 "나의 옛 사람이 주님의 십자가와 함께 멸해지고 장사지낸바 되었다"고 증거하였습니다.

영원히 저주받을 옛 사람의 완전한 심판, 하나님께서는 우리 죄인들로 하여금 영생을 얻게 하시려고 당신의 사랑하는 아들을 십자가에 완전히 깨뜨리시고, 짓밟으셔서(crash), 멸하신 것입니다(문성 선교사).

우리의 이성이나 처지로는 도저히 감당이 안 되는 하나님의 은혜입니다.

그러나 하나님께서 창세전부터 경건한 자들을 얻으시려고(바울) 즉, 당신의 아들들을 얻기 위하여 예정하셨다는 증거를 받아들이면, 하나님의 놀라운 사랑과 예정이 분명히 보입니다.

하나님께서는 이 믿음을 의로 여기시니 '믿는 사람들이 어떤 자세로 하나님 앞에 살아야 하는지' 두렵고 떨림이 임하지 않을 수 없습니다.

두렵고 떨림 가운데 순종을 피할 수 없는 것입니다.

하나님께서는 우리의 옛 사람을 당신의 아들의 십자가와 함께 멸하시고 이 믿음으로 순종하는 자들을 당신의 진리의 말씀과 생명의 성령으로 주님 안에서 하나님이 거하실 처소로 새로 지으시는 것입니다.

성도는 진리의 말씀이신 생명의 성령으로 다시 태어나는 하나님의 사람들입니다. 주님은 성령으로 잉태되셔서 죄 없으신 온전한 사람이 되셨습니다.

성도가 주님을 본받으려면 죄의 옛 사람은 주님의 십자가와 함께 온전히 멸해지고, 주님의 능력과 진리의 말씀과 생명으로 다시 태어나야 합니다.

주님은 하나님의 본체의 영광을 비우시고 성령으로 잉태되어 우리의 체질을 입으셨고, 성도는 주님 안에서 진리의 성령으로 잉태되고 자람으로 주님의 낮아지심의 같은 체질로서 주님의 형상을 덧입을 자들인 것입니다.

필자가 '성도는 주님 안에서 진리의 성령으로 잉태되어'라는 단어를 쓰는 것은 주님이 우리와 같은 육신을 입으시고 한 형제가 되신 것을 강조하기 위함임을 독자들은 이해해 주시기 바랍니다.

그러므로 주님은 낮아지심으로, 성도는 성령으로 다시 태어남으로 동질성 안에서 진리의 성령으로 주님의 영광의 형상을 소망으로 갖게 됩니다.

우리는 우리의 의로 하나님의 부요하신 영광을 축소하지 말아야 합니다.

주님은 하나님 아버지에게서 나셨고, 성도 또한 주님으로 말미암아 같은 아버지에게서 난 자들입니다. 우리 성도는 주님의 생명의 피 흘리심으로 주님께로 난 자들이니, 진실로 주님께서 당신을 믿는 믿음의 사람들을 당신의 진정한 형제로 인식하실 것은 확실합니다.

성도는 주님의 나라에 주님과 같은 신령한 몸을 입고 주님의 아버지를 자신들의 아버지로 인식할 영광의 소망을 가진 자들입니다.

이 부요한 은혜를 조롱하는 자들은 아버지의 하나님의 속성과 은혜의 영광을 모르는 자들입니다.

우리 성도는 결코 아버지가 계시는 천국에 외인으로 구경하러 가는 자들이 아니라 아들로 말미암아 아버지의 생명으로 아버지를 아는 자들로 있게 될 자들입니다. 그러므로 성도들은 성령으로 다시 태어나서 주님의 가신 길을 같은 아들의 영으로 인도받아 가는 자들인 것을 잊지 말아야 합니다.

우리가 주님과 다른 체질이라면, 주님께서 어떻게 이미 가셨던 그 길을 같은 성령으로 인도하실 수 있겠습니까? 우리가 주님과 다른 체질이라면, 주님께서 어떻게 우리의 시험을 도우실 수 있겠습니까?

"우리에게 있는 대제사장은 우리의 연약함을 동정하지 못하실 이가 아니요 모든 일에 우리와 똑같이 시험을 받으신 이로되 죄는 없으시니라"(히 4:15)

"거룩하게 하시는 이와 거룩하게 함을 입은 자들이 다 한 근원에서 난지라 그러므로 형제라 부르시기를 부끄러워하지 아니하시고"(히 2:11)

우리가 주님과 다른 체질이라면, 어떻게 주님의 신부로서 신랑의 사랑을 독차지할 수 있겠습니까? 주님은 진실로 당신을 믿는 자들을 당신의 참 신부로서 사랑을 쏟으시되 당신의 생명을 아낌없이 주시기까지 하셨습니다.

우리 성도가 하나님의 본체이신 주님과 같은 형제로서 하나님의 부요한 영광에 참여할 자라는 것이 믿어지지 않거든 히브리서를 읽고 깊이 묵상해 보시기를 권면합니다.

성경은 주님과 그의 지체들을 신랑과 신부에 비교하였습니다.

신부는 신랑과 일심동체이어야 마땅한 것, 창조주의 주요 영광의 주님이 성도들의 신랑이십니다. 아버지께서는 성도가 아들과 교제하는 것을 미쁘게 보신다 하셨으니 이 부요한 소망을 우리 안에서 축소시키지 말아야 합니다.

우리의 신랑 되시는 예수는 우리를 당신의 생명의 피 값으로 사셨다는 것을 기억하고, 우리 스스로를 평가절하해서는 안 되는 것입니다.

주님께서는 '아버지께서 당신을 사랑하신 것 같이 우리를 사랑하신다'(요 17:23 참조)고 말씀하셨습니다.

아버지께서는 독생자를 사랑하셔서 당신의 생명을 아들에게 주시고, 그를 창조의 주로 세우셨고, 사람도 그 아들로 말미암아 지으셨습니다.

우리 성도들은 아들로 말미암아 아버지의 생명과 유업을 함께 받는 자들이 된 것인데, 이 부요한 구속을 모르는 자는 참으로 십자가의 대속과 주님의 피 값에 대해서 모르고 있습니다.

화평하게 하는 자는 예수 그리스도를 구주로 믿을 뿐만 아니라 주님의 행위를 본받는 자들입니다.

자기희생으로써 죄인들을 하나님으로 화목하게 하시고 하나님을 영화롭게 해드리신 예수 그리스도, 그는 진실로 하나님의 아들이시고 화평하게 하는 자의 원천이시고 사도이십니다.

뿐만 아니라 이 팔복에서 말씀하신 각 복의 근본이시고 원형이시며 사도이십니다.

그러므로 각 복에서 나타난 말씀과 주님의 관계에서 몇 가지만 먼저 살펴보고자 합니다.

이는 '화평하게 하는 자가 받는 복'을 더욱더 드러내기 위함입니다.

예수 그리스도는 사람들의 죄를 사하시는 전능하신 하나님이시므로 성도들의 믿음의 대상이시지만 우리와 같은 육체를 입고 오셔서 아버지의 성령으로 일하셨기 때문에 성도들의 믿음의 본보기가 되십니다. 즉, 주님이 아버지 하나님을 경외하신 것과 하나님께 순종하신 것과 아버지의 계명에 순종하여 사람을 사랑하신 것 등등을 본받아야 한다는 것입니다.

'바울'의 다음의 말이 이를 잘 드러내고 있습니다.

"내가 그리스도를 본받는 자가 된 것 같이 너희는 나를 본받는 자가 되라"(고전 11:1)

"그리스도의 장성한 분량이 충만한 데까지 이르라"(엡 4:13)

화평하게 하는 자는 주님의 복음을 가지고 죄인들을 하나님과 화평하게 하시는 그 길을 주님과 함께 걸어가기 때문에 주님께서 목적하신 일이 그들을 통해서 나타나게 되어 있습니다.

화평하게 하는 자는 주님이 당신의 몸을 하나님께 생축으로 드려 하나님을 영화롭게 해 드리신 일을 주님을 대신해서 하나님께 같은 제사를 드리고 있는 것입니다. 예수 그리스도를 믿고 따르는 그의 제자 된 모든 사람들은 결국 십자가를 지신 주님을 모범으로 삼아 자기 부인을 통해서 주님의 형상을 닮아갑니다. 하나님께서 우리 각자를 부르신 목적이 여기에 있으므로, 우리는 주님이 말씀하신 이 복에 더욱더 끌리지 않을 수 없습니다.

많은 신실한 성도들이 주님을 믿음의 대상으로만 생각하고, 그 행위를 본받아야 할 분이라고는 생각하지 못하고 있습니다.

주님은 하나님의 본체이시고, 전능하신 하나님이시기 때문입니다.

그러나 주님은 당신을 비우시고 우리와 같은 육체를 취하시므로 우리의 형제가 되신 것 또한 사실입니다.

또한 주님은 죄 있는 우리의 육체를 취하시고 아버지 하나님의 성령을 충만히 받아서 아버지의 뜻이 당신 안에서 이루어지도록 당신을 비우셨습니다. 그러므로 주님은 두 번 당신을 비우신 것입니다.

첫째는, 창조의 주로서 하나님의 본체의 영광을 비우신 것이요,

둘째는, 둘째 아담으로서 이 땅에 오셔서 아버지의 성령을 받아서 아버지께 죽기까지 순종하신 것입니다.

우리 성도는 땅에서 육체로 나서 하나님의 본질상 진노의 자녀들이었지만 주님의 십자가의 구속과 진리의 말씀과 진리의 성령으로 거듭나서 진리의 성령이 이끄시는 대로 순종함으로 이제 주님이 가신 그 길을 주님이 동행해 주시므로 걷게 된 자들입니다. 그러므로 화평하게 하는 자는 주님의 신앙행위와 그 길을 본받는 자들입니다.

성도가 복의 원천이신 주님을 어떻게 본받을 수 있습니까?

복의 원천이신 생명의 성령이 함께 하시면 가능하지 않겠습니까?

사도들은 한결같이 주님을 믿었을 뿐만 아니라 주님이 가신 길을 주님과 동행했고, 본받았습니다.

주님께 순종하는 자들에게 주시는 성령은 아버지의 성령이시기 때문에 주님의 형상이 그 받은 자들에게 나타납니다.

주님은 당신의 몸을 하나님께 거룩한 생축으로 드려 자기 자신이 십자가 위에서 희생제물이 되셨고, 그 주님의 영이 이끄시는 대로 따르는 그의 제자 된 자들은 복음을 위해서 자신의 것과 생명도 희생하므로 주님을 본받게 된 자들인 것입니다.

그러므로 저는 주님은 각 복의 원천이실 뿐만 아니라, 성도가 주님을 본받기 위함이라는 것을 증거하기 위해서 다음의 복을 열거합니다.

여기서 주님은 아버지와의 관계 속에서 성도들의 신앙의 본이 되십니다.

▪ 심령이 가난한 자

주님께서는 아버지는 당신보다 크다 하시므로 우리는 아버지 하나님 앞에서 당신의 심령의 가난을 발견한 주님을 볼 수 있습니다.

또한 "아버지께서 자기 속에 생명이 있음 같이 아들에게도 생명을 주어 그 속에 있게 하셨고"(요 5:26)라는 말씀에서 아들의 아버지와의 절대적인 의존관계를 알 수 있습니다.

우리 죄인들은 아버지의 생명으로 충만하신(골 1:19) 주님을 바라볼 때 우리들의 심령의 가난을 발견하지만 주님은 당신에게 생명을 주신 하나님을 경외하시고 당신의 전 존재로 하나님께 충성을 다하셨으므로 상대적으로 당신의 심령의 가난을 발견하신다는 것입니다.

주님의 다음의 말씀은 주님께서 얼마나 경건하게 아버지 하나님을 가까이 하시고 충성을 다하셨는지를 알 수 있습니다.

> "나를 보내신 이가 나와 함께 하시도다 나는 항상 그가 기뻐하시는 일을
> 행하므로 나를 혼자 두지 아니하셨느니라"(요 8:29)

우리는 위의 말씀에서 주님의 지혜와 당신의 하나님을 향한 경외를 봅니다.

우리는 또한 주님은 창세전부터 아버지 품속에 계셨고 항상 아버지의 생명 안에서 아버지의 생명으로 충만하시다는 사실을 간과해서는 안 됩니다.

우리는 주님께서 겸손히 당신이 누리는 생명이 아버지께 받으셨다는 것을 아시고 하나님을 경외하시고 절대적으로 순종하심으로 아버지 안에서 아버지의 모든 것을 당신의 것으로 누리시는 주님을 보는 것입니다.

> "주여! 창조의 말씀이신 주님! 참 하나님이신 주님을 이렇게 표현하려는
> 저를 용서하소서!"

이를 깨닫는 것은 우리가 주님을 주로 모시고 섬길 때 우리 자신을 비우는 깊이만큼 비례하여 그 빈자리에 주님을 모실 수 있기 때문입니다.

주님은 아버지 안에서 당신의 심령의 가난을 보심으로 아버지의 충만하신 생명 안에 거하시는 것이 아니겠습니까?

우리가 주님을 바라보므로 우리의 심령의 가난을 발견하고 그 부요함을 사모함으로 자신을 부인하고 주님 안에 거하는 것처럼 주님도 아버지께서 당신에게 생명을 주신 것을 아시고, 당신보다 크신 것을 아시기에, 당신을 부인하고 겸손히 아버지 안에 거하심으로 아버지의 충만하심을 당신 것으로 누리신다는 것입니다.

"각 남자의 머리는 그리스도요 여자의 머리는 남자요 그리스도의 머리는 하나님이시라"(고전 11:3)

칼빈은 그의 삼위일체를 증거할 때 위의 말씀을 일부러 뺀 것을 알 수 있습니다. 그의 삼위일체론은 예수 그리스도께서 오직 하나님의 본체이시며 본질과 능력과 모든 것에서 아버지 하나님과 동등 되심을 증거하는 데 초점을 맞추었기 때문입니다.

그러나 사도는 주님의 머리는 분명히 하나님이시라고 증거함으로써 주님과 하나님의 절대적인 의존관계를 나타냈습니다.

주님의 아버지께 대한 절대적인 의존관계에서 저주의 십자가 위에서 죽기까지 복종하심으로 아버지와 온전히 일체를 이루시고, 아버지의 영광이 그를 온전히 사로잡으시고, 아버지의 영광에 우리의 육신을 입으시고 들어가신 주님이 보이지 않습니까?

그러므로 사도는 주님께서 부활하심으로 하나님의 아들로 확증되셨다고 증거하였습니다.

"아버지께서는 모든 충만으로 예수 안에 거하게 하시고"(골 1:19)

사도는 주님의 그리스도의 직분도 주님 스스로가 취하신 것이 아니라 아버지께서 멜기세덱의 반차로 세우심을 입었다고 증거하고 있습니다.

우리 성도는 주님의 이러한 자기 부인을 통해서 아버지를 당신 안에 모시는 겸손을 배워야 합니다. 주님은 아버지께 순종하시기를 당신의 십자가를 지시고 죽기까지 하셨으니 모든 성도는 주님을 본받아 자기를 부인하고 자기 십자가를 지고 주님 가신 순종의 길을 가는 것입니다.

순종의 정점에서 주님의 부활의 영광이 나타나서 그 영광에 참예함을 입을 것입니다.

주님께서 아버지께 죽기까지 복종하심으로 부활하셔서 아버지 보좌 우편에 앉으심으로 교회의 머리로 세우심을 입으신 것입니다.

그러므로 교회에 나타나는 모든 직분과 은사도 주님이 세우시고 주님이 붙잡아 주심으로 있는 것입니다.

주님은 성도들의 머리이시니 성도는 주님과 절대적인 의존관계에 있음을 알고 온전히 주님 안에 거하기를 힘써서 주님의 생명의 충만함을 덧입어야 합니다.

주님께서는 영원히 아버지의 이름으로 계시니 그 원하는 자들에게 한량없이 은혜 베푸시기를 기뻐하실 것입니다.

· 애통하는 자

우리 죄인들은 먼저는 자신 안에 있는 죄로 인해서 애통해 하지 않을 수 없지만 주님께서는 당신이 사랑하는 택한 백성들의 죄로 인해서 크게 애통해 하셨습니다. 또한 우리들도 주님의 은혜로 점점 거룩해지고 사람 사랑이 커져갈 때 죄로 인해 고통 받는 자들뿐 아니라 하나님을 알지 못하고 예수 그리스도를 믿지 않는 자들에 대해서 주님처럼 애통해 하지 않을 수 없게 됩니다.

"이에 예수께서 다시 속으로 비통히 여기시며 무덤에 가시니 무덤이 굴이라 돌로 막았거늘"(요 11:38)

"이에 예수께서 이르시되 아버지 저들을 사하여 주옵소서 자기들이 하는 것을 알지 못함이니이다 하시더라 그들이 그의 옷을 나눠 제비 뽑을새"(눅 23:34)

우리는 여기서 당신을 조롱하고 비웃고 십자가에 못 박는 자들을 향해서 애통한 심령으로 그들을 위해 기도하시는 주님의 모습을 볼 수 있습니다. 이는 온전히 죄가 없으신 자만이 품을 수 있는 마음인 것입니다.

아름답게 빛날 하나님의 형상이 죄라는 독을 품고 당신을 저주하고 찌르고 있으니, 그러한 자들을 바라보시는 주님의 심령이 애통으로 가득하신 것입니다.

"예루살렘아 예루살렘아 선지자들을 죽이고 네게 파송된 자들을 돌로 치는 자여 암탉이 그 새끼를 날개 아래에 모음 같이 내가 네 자녀를 모으려 한 일이 몇 번이더냐 그러나 너희가 원하지 아니하였도다"(마 23:37)

주님은 자신을 십자가에 못을 박는 자들을 향해서 아버지의 긍휼의 사랑으로써 그들을 바라보셨기에 그들을 위해서 기도할 수 있으셨던 것입니다. 주님은 당신의 증거처럼 진실로 아버지와 하나이십니다.

당신을 조롱하고 능욕하고 십자가에 못을 박은 자들을 위해서 기도할 수 있는 마음은 오직 아버지의 깊은 것이라도 아시는 아버지의 성령께서 주님의 심령과 온전히 연합되었기에 가능한 것입니다.

사도는 모세는 종으로서 하나님께 충성하였고, 주님은 아들로서 충성하셨다고 증거하고 있습니다.

"나와 아버지는 하나이니라 하신대"(요 10:30)

성령으로 기도해보십시오!
아버지의 죄인들을 향한 애통을 그의 심령으로 알게 될 것입니다.

· 의에 주리고 목마른 자

자신을 비우시고 아버지께 죽기까지 복종하신 주님이야말로 의에 주리고 목마른 자의 원천이십니다.

당신에게 생명을 주셔서 누리게 하신 당신의 하나님께 자신의 전 존재를 바쳐 충성으로 그 의로움을 증명하셨으니 무슨 말을 더할 수 있겠습니까? 더구나 그 죽음의 충성이 보통의 죽음이 아닌 십자가의 저주의 죽음, 철저하게 능욕당하고 조롱을 감내해야 하는 십자가 위의 피 흘림의 깊이까지 순종하셨으니, 아버지께 대한 아들로서의 순종의 의는 측량할 수 없는 하늘보다도 더 넓고 크다 할 것입니다.

주님은 당신의 이 의로움으로 모든 순종하지 아니하는 불의한 자들의 죄를 불의로써 정죄하시고 하나님 우편에 서셔서 모든 순종하지 아니하는 자들을 심판하실 권세를 얻으신 것입니다.

삼위일체론은 사람의 이성으로는 감당이 안 되는 논리입니다.

주님의 참 신성만 강조하면 저의 이러한 주장이 마음에 걸릴 것이라고 봅니다. 그러나 주님이 성도의 모범이시고 믿는 도리의 사도이시기 때문에 바울은 자신이 주님을 본받는다고 담대히 증거하고 있습니다.

성도는 주님처럼 자신을 부인하고 자기 십자가를 지고 주님의 인도하심을 받아 그 길을 가야만 하는 것이니, 누가 이 사실을 부인할 수 있습니까? 성도들이 자신들의 시선을 주님께서 창조의 주만 되심에 고정하고 자신들의 신앙노정에서 본받아야 할 분으로 따르지 못하기 때문에 주님과 온전한 연합을 이루지 못하고 있습니다.

주님께서 당신의 영광을 온전히 비우시고 우리의 육신을 입고 우리와 연합을 이루셨기 때문에 성도는 이러한 주님의 충성과 순종을 본받아야 할 처지에 있는 것입니다. 주님께서 우리와 다른 몸을 입으셨다면 성도가 주님의 가신 길을 따라간다는 것은 가당치도 않을 것입니다.

그러나 주님은 성도들을 죄에서 구속하시고 하나님의 사람으로 거듭나게 하셔서 당신의 영으로 함께 하시어 당신이 가신 그 길, 곧 하나님께 충성과 순종의 길로 인도하여 아버지의 영광에 이르게 하시는 것입니다.

얼마나 의에 주리고 목마르셨으면 자기를 삼키는 죄의 사망을 그 의로움의 순종으로써 삼킬 수 있었겠습니까? (칼빈)

주님은 그 의로움으로 아버지께 순종할 자들의 불의를 소멸하시고 본래의 아버지의 영광에 다시 들어가신 것입니다.

더구나 우리의 육신을 입고 죽기까지 순종하셔서 아버지의 영광에 들어가신 것이니, 그가 그 순종을 통해서 많은 아들들을 낳으신 것입니다.

주님은 창세전에 아버지의 생명으로 충만하셨습니다.

그러한 주님이 우리와 한 형제로 오셔서 아버지의 영광에 다시 들어가셨으니, 주님께서는 그 십자가의 고난을 통해서 믿음의 형제들을 낳으셨습니다. 주님이 우리의 육신을 입고 그 순종을 통해서 비우셨던 아버지의 영광에 다시 들어가셨듯이 그를 믿는 자들도 아버지의 영광을 알게 하시려고 우리들을 당신이 가셨던 그 순종의 길로 인도하고 계시는 것입니다.

우리는 바울 사도의 다음의 증거가 무엇을 의미하는지를 깊이 묵상해 봐야 합니다.

"능히 모든 성도와 함께 지식에 넘치는 그리스도의 사랑을 알고 그 너비와 길이와 높이와 깊이가 어떠함을 깨달아 하나님의 모든 충만하신 것으로 너희에게 충만하게 하시기를 구하노라"(엡 3:18-19)

당신이 아버지 안에서 누리시는 생명의 충만함을 그의 성도들도 누리게 하시기 위해서 십자가를 지셨으니, 그 의로움이야말로 영원히 찬양해도 부족할 것입니다.

주님은 의에 주리고 목마른 자의 원천이시고 성도들의 본이 되십니다.

성도들은 주님의 의에 주리고 목마름을 본받아야 하는 것입니다.

우리는 순종에 머뭇머뭇하고 주저하지만 주님은 당신의 생명을 단번에 드리셨으니, 우리는 그 의로움의 순종을 본받아야 합니다.

▪ 긍휼히 여기는 자

주님은 당신의 제자들을 자신의 권능으로 불러서 그들을 먹이시고 아버지의 말씀, 곧 진리의 말씀을 그들에게 아낌없이 선포하고 그들을 형제애로 사랑하였는데 그들은 이러한 주님을 쉽게 배반하고 등을 돌렸습니다.

그들을 위해서 목숨까지도 내어줄 정도로 그들을 사랑하였는데 그들에게서 돌아온 것은 배신이었습니다.

"베드로가 맹세하고 또 부인하여 이르되 나는 그 사람을 알지 못하노라 하더라……그가 저주하며 맹세하여 이르되 나는 그 사람을 알지 못하노라 하니 곧 닭이 울더라"(마 26:72, 74)

이러한 그들을 위해서 처음 계획했던 대로 그들을 위해서 당신의 목숨을 버리셨으니, 이러한 거룩한 희생의 사랑이 어디에서 나왔다는 말입니까! 이것은 주님 안에 아버지의 크신 긍휼의 사랑을 품고 계시지 아니하였으면 불가능한 일입니다. 아버지만이 당신의 자녀들에게 긍휼의 마음을 품으실 것인데 주님께서는 아버지와 하나이시고 아버지의 이름으로 오셔서 아버지의 이름을 나타내셨기 때문에 그러한 사랑이 그에게서 나타나서 빛을 발하게 되었다는 것입니다.

주님의 이러한 사랑은 오늘도 변함없이 당신의 지체들에게 계속됩니다.

성도들은 마음으로 원하지 않을지라도 육체를 입고 있는 동안은 끊임없이 육체의 소욕에 이끌려 주님의 영을 근심하게 하는 것이 사실입니다.

그럴지라도 주님의 긍휼의 사랑은 이를 극복하고 죄인들을 품으시고 함께 하십니다.

이 사랑은 바로 호세아서에서 말씀하신 그 불타는 하나님의 긍휼이십니다. 호세아서에서 말씀하신 그 긍휼로 하나님의 자녀들을 품으시는 주님이야 말로 영원한 긍휼의 원천이십니다. 당신의 말씀과 행실에서 드러난 모든 것이 이분이야말로 진실로 이스라엘의 하나님이심을 증거하고 있습니다.

그들이 수도 없이 하나님께 패역을 일삼아도 계속적으로 인애를 베푸시는 하나님의 긍휼, 이 긍휼은 참으로 창조의 주님만이 품으실 수 있는 마음 인 것입니다. 그러므로 당신을 배신하고 저주까지 한 그들에게 다시 찾아 오신 주님이야말로 진실로 이스라엘의 하나님이십니다.

주님은 이사야 선지자가 증거한 바로 그 하나님, 영존하시는 아버지로서 항상 존재하시는 여호와 하나님이신 것입니다.

성도들도 긍휼의 원천이신 주님을 믿고 믿음의 형제들을 비롯해서 모든 사람에 대해서 마음을 넓히고 주님의 긍휼로 품어야 합니다.

▪ 마음이 청결한 자

여자의 후손으로 오셔서 죄가 없으신 분, 가까이 하지 못할 빛에 거하시 는 거룩하신 하나님을 유일하게 아시는 분, 처음부터 하나님의 말씀이신 분, 하나님의 영광의 광채이시고 그 본체의 형상이신 분, 사람들의 심령 깊은 곳이라도 아시는 분, 유일하게 죄인들의 죄를 사하실 수 있는 분, 사 람들의 속을 친히 아시므로 당신을 사람들에게 의탁하지 아니하신 분!

"빌립이 너를 부르기 전에 네가 무화과나무 아래에 있을 때에 보았노라"
(요 1:48)

"내 아버지께서 모든 것을 내게 주셨으니 아버지 외에는 아들을 아는 자 가 없고 아들과 또 아들의 소원대로 계시를 받는 자 외에는 아버지를 아 는 자가 없느니라"(마 11:27)

이러한 하나님의 아들이 죄인들을 불러서 죄로 더러워진 그들의 마음을 깨끗하게 하여 거룩하신 하나님을 알고 보게 하시니, 주 예수 그리스도야 말로 진실로 마음이 청결한 자의 원천이십니다.

땅에 속한 자가 하늘에 속하신 주님의 형상을 입으려면 주님의 모든 것을 본받아야 합니다.

이 본받음은 주님의 본질에의 참여라고 하지 않을 수 없습니다.

왜냐하면 주님은 지금 하나님의 우편에서 하나님의 본체로 영원히 계시면서 당신을 믿고 순종하는 자들에게 그의 본질이신 아버지의 성령으로 내주하셔서 당신이 거하시는 성전으로 거룩하게 하고 계시기 때문입니다.

성도들은 이를 이상하게 생각해서는 안 됩니다.

사도 베드로는 "너희가 신의 성품에 참여하게 하기 위하여 피차 뜨겁게 사랑하라"고 권면하므로 이를 충분히 증거하지만 우리가 하나님의 속성을 생각해보면 충분히 가능한 일이라고 아니할 수 없습니다.

하나님은 당신께 죽기까지 순종하신 아들을 당신의 우편에 앉히셨습니다.

당신의 우편에 앉히심은 당신보다 아들을 더 높이고 자랑스러워하셨다고 볼 수 있습니다.

세상에서도 부모들이 자기들의 자녀들을 자기보다 더 자랑스러워하고 높이는 마음이 있지 않습니까?

이처럼 하나님의 거룩하신 속성은 당신의 형상을 입은 사람을 당신의 본질의 생명에 참여하게 하고 지극한 거룩하심으로 그의 지체들을 한없이 거룩하게 하고 높여주시는 속성인 것입니다.

주님께서 "인자가 온 것은 섬김을 받으려 함이 아니라 도리어 섬기려 하고 자기 목숨을 많은 사람의 대속물로 주려 함이니라"(막 10:45)고 말씀하신 것은 아버지 하나님의 거룩하신 속성을 나타내신 것입니다.

당신의 생명을 희생하시기까지 당신의 지체들을 섬기고 귀히 여기시는 주님의 거룩하신 사랑은 아버지의 본질적 속성입니다.

사람의 심령이 얼마나 오묘하고 신적인 것입니까?

주님께서 은혜를 주시므로 거룩하시고 긍휼이 풍성하신 이러한 하나님을 볼 수도 있는 심령이니, 성경의 증거대로 사람은 틀림없이 하나님의 형상으로 창조함을 받은 것입니다.

주님은 사람의 존귀함을 달리 표현하셨습니다.

"너희는 아래(땅)에서 났고 나는 위(하늘)에서 났으며 너희는 이 세상에 속하였고 나는 이 세상에 속하지 아니하였느니라"(요 8:23)

하늘에서 나신 자가 땅에서 난 자와 하나를 이루셨으니, 하나님께서는 처음부터 사람을 당신과 교제할 수 있는 존재로 지으신 것입니다.

그러므로 성경은 하나님에게서만 쓸 수 있는 언어를 사람에게 쓰는 것을 볼 수 있습니다.

"하나님의 말씀을 받은 사람들을 신이라 하셨거든"(요 10:35)

'경외'(敬畏)라는 단어를 감히 사람에게 쓸 수 있겠습니까?

"아내도 그 남편을 경외하라"(엡 5:33)

하나님의 형상을 입은 사람에게 행해지는 모든 경건하지 아니한 죄는 틀림없이 심판을 피하지 못할 것입니다.

사람에게 나타나는 모든 죄는 공경 받아야 할 하나님의 형상을 헤치고 파멸하는 것이니 얼마나 저주스러운 것입니까?

지옥의 유황불은 괜히 겁주려고 기록한 것이 아니라 사실입니다.

주님께서 "형제에게 노하는(미련한 놈이라 하는) 자마다…지옥 불에 들어가게 되리라"(마 5:22)고 하신 말씀은 참으로 진리인 것입니다.

▪ 화평하게 하는 자

당신의 생명으로 죄인들을 하나님과 화목하게 하신 예수 그리스도!

우리 같은 죄인들을 받아서 당신이 가지고 계신 아버지의 이름을 영화롭게 해드리신 분, 죄와 사망을 당신의 생명의 피로써 삼키시고 우리 안에 새 마음, 곧 하나님의 사람으로 재창조하셔서 하나님과 화평한 관계를 지속하게 하시는 분!

예수 그리스도는 화평하게 하는 자들이 영원히 따라야 할 모범이시고 원천이십니다.

말씀을 가르치는 자는 성도들로 하여금 하나님과의 화평의 관계가 되도록 기도하고 권면하고 징계하고 말씀을 가르쳐야 될 사명이 있습니다.

사람들에게 복음을 전하는 목적은 죄인들이 하나님과 화목하게 되고 그 관계를 지속하여 하나님을 영화롭게 해드리는 데 있기 때문입니다.

말씀을 가르치는 자들이 그 가르침을 받은 자들로 하여금 죄에서 떠나 거룩하신 주님과 연합을 이루도록 가르치지 않으면 그는 헛된 것에 목적을 두고 있다고 봐도 무방할 것입니다. 성도가 죄를 범하면 하나님과의 불화 가운데 있게 되는 것이니, 사도가 "하나님이 거룩하니 너희도 거룩하라"(벧전 1:16 참조)고 가르친 것은 참된 가르침입니다.

복음으로 화평하게 하는 자들은 하나님의 사랑을 증거하는 자들입니다.

하나님과 화목의 관계에 있는 자들은 하나님, 곧 주님이 말씀하시는 아버지 하나님의 죄인들을 향하신 거룩하신 사랑을 알므로 그 복음을 전하지 않을 수 없습니다.

사람들이 사람을 내 몸처럼 사랑하지 못하고 악을 행하는 것은 하나님을 알지 못하기 때문입니다. 또한 사람들이 세상에서 비난 받은 죄인들을 정죄하는 것은 그들이 하나님의 복음의 능력을 모르기 때문입니다.

세상에 아무리 큰 죄인들, 세상이 정죄하는 죄인들이라도 화평의 복음은 전해져야 합니다. 주님은 그들을 위해서도 십자가 위에서 화목하게 하는 피를 흘리셨기 때문입니다.

"죄가 더한 곳에 은혜가 더욱 넘친다"(롬 5:20)는 말씀은 하나님의 인애가 얼마나 큰가를 나타내고 있고, "나중 된 자가 먼저 된다"(마 19:30)는 말씀도 영원한 진리이기 때문입니다.

화목하게 하는 자들은 그들을 정죄하는 자들이 아니라 주님의 흘리신 피가 그들의 허물과 죄악 위에 있음을 보는 자들입니다.

하나님께서는 죄인들을 향하여 아버지로서의 긍휼을 품고 계시며, 그들이 구원받기를 바라는 마음은 오직 아버지의 성령으로서 거룩하신 아버지를 아는 자들만이 알게 됩니다.

비유가 아버지의 거룩하신 사랑을 나타내기에는 턱없이 부족하지만 주님의 은혜로 거룩하신 아버지를 알게 된 자들은 제가 나타내고자 하는 아버지의 사랑을 주님의 은혜의 성령으로 이미 알고 있고, 또 알게 될 것이기 때문에 주님께 맡기고 표현하고자 합니다.

주님이 탕자의 비유에서 나타내신 그 비유가 아버지의 지극히 거룩한 사랑을 기가 막히게 잘 나타내고 있는데 여기에 무엇을 더할 수 있겠습니까?

그렇지만 제가 받은 은혜대로 나타내고자 하는 것이니, 독자들은 이해해 주시기 바랍니다.

하나님은 세상에서 아무리 큰 죄인이라도 그들의 하나님이 되십니다.

그들에게 남아 있는 하나님의 형상은 어느 누구도 감히 정죄하거나 손가락질 할 수 없는 것은 오직 하나님만이 그들의 주인이고, 그들에게 남아 있는 하나님의 형상은 오직 경외와 존경과 공경의 대상이기 때문입니다.

그들에게 있는 그 형상이 심하게 훼손되어 거의 자취가 사라졌다고 할지라도 거기에 남아 있는 그 형상은 존엄하여 어느 누구라도 그의 그것을 멸시한다면 하나님은 그 멸시를 당신을 향한 것이라고 판단하실 것이라는 것입니다. 그들의 입에서 저주와 험악한 말과 폭력과 살인적인 본성만 뿜어 나올지라도, 그것 때문에 더욱더 하나님의 긍휼이 그들 위에 있다는 것입니다.

우리는 사람들의 영혼이 육신에 병이 든 것처럼 병이 들었다는 것을 알아야 합니다.

그러므로 주님은 "내가 의인을 부르러 온 것이 아니요 죄인을 불러 회개시키러 왔노라"(눅 5:32)고 증거하셨습니다.

세상의 부모도 병든 자식에게 더 측은한 마음을 품는데 하물며 당신의 형상대로 창조함을 받은 자들의 영혼이 병이 들어 그 형상이 일그러지고 파괴되었으니, 그 모습을 바라보시는 하나님의 긍휼이 어떠하시겠습니까?

죄가 없으시고 사람을 창조하신 주님도 죄인들을 정죄하거나 판단하지 아니하셨는데, 아담의 후손 중에 어느 누가 다른 사람을 판단하거나 정죄한 다는 말입니까?

그러므로 주님의 다음의 말씀은 오직 아버지께서 주님 안에서 당신의 입을 여신 하나님의 말씀이십니다. 이 말씀 속에서도 아버지 하나님의 죄인들을 향하신 거룩한 사랑의 열망이 깃들어 있는 것입니다.

> "비판을 받지 아니하려거든 비판하지 말라 너희가 비판하는 그 비판으로 너희가 비판을 받을 것이요 너희가 헤아리는 그 헤아림으로 너희가 헤아림을 받을 것이니라"(마 7:1-2)

세상의 부모들도 비록 그 자녀가 세상의 비방을 받을 만한 죄를 저질렀을지라도 다른 사람이 자기 자녀를 비방하거나 판단한다면 심히 불쾌할 것이고, 자녀를 불쌍히 여길 것이므로 비방하는 그들을 대적할 것입니다.

그런데 지극히 인자하시고 인애와 사랑이 크신 하나님께서 당신의 형상을 갖고 있는 죄인들을 향한 애정과 긍휼이 얼마나 크시겠습니까?

아버지 집을 떠나 비참한 가운데 있는 탕자를 어느 누가 핍박하거나 멸시하거나 비방하거나 욕한다면 그 탕자의 아버지의 진노를 사지 않겠습니까?

모든 죄인은 다 탕자와 같이 아버지를 떠나 죄 가운데 방황하고 있는 것이니, 이러한 탕자들을 향해 아버지의 긍휼로 그들을 품지 않는 것은 구원의 문제와 상관없이 거룩하지 못한 죄라고 여길 것입니다.

> "형제들아 서로 비방하지 말라 형제를 비방하는 자나 형제를 판단하는 자는 곧 율법을 비방하고 율법을 판단하는 것이라 네가 만일 율법을 판단하면 율법의 준행자가 아니요 재판관이로다"(약 4:11)

"너희가 한 입으로 하나님을 찬송하고 또 같은 입으로 하나님의 형상을 입은 사람을 저주하는도다 형제들아 이것이 옳지 않도다"(약 3:9-10 참조)

하나님의 긍휼의 대상인 사람을 향해서 저질러지는 세상에 만연해 있는 악(惡), 하나님의 형상을 입은 사람을 향하여 행하는 악은 그들이 하나님을 알지 못하기 때문에 저질러지므로 그들을 향해 하나님께 돌이키고 하나님과 화목하게 하는 복음을 전하는 일은 하나님께서 간절히 바라는 하나님의 일입니다. 그러므로 이 일에 시중을 드는 자들이 하나님의 아들이라 일컬음을 받는 것은 지극히 합당하다 할 것입니다.

이들은 하나님의 기뻐하시는 일에 자신들의 생명까지도 아끼지 아니하신 것이니 그들의 그 순종에서 빛나는 의가 주님이 가셨던 그 길이고, 하나님께서는 그들을 그 길로 인도하시고, 그들도 하나님의 아들이라 칭함을 받게 하십니다. 하나님에게서 나신 주님이 그들의 머리가 되시니, 그 칭의는 참으로 아버지에게서 인치는 아들들의 권세인 것입니다.

"영접하는 자 곧 그 이름을 믿는 자들에게는 하나님의 자녀가 되는 권세를 주셨으니"(요 1:12)

십자가의 복음, 우리의 죄를 우리에게 돌리지 아니하시고 그 허물과 죄악을 아들의 피로 덮어주시고 죄인들을 품으시는 하나님은 죄인들의 진정한 아버지이십니다.

하나님이 사랑이신 것을 아는 자들, 죄인들을 사랑하시는 아버지를 아는 자들, 세상에서 정죄하는 어떠한 독재자나 흉악한 자라도 아버지 하나님의 인애가 그들의 악보다도 더 큰 것을 알기에 그들도 복음의 대상임을 아는 자들, 그들은 진실로 하나님을 사랑하는 자들이고, 하나님이 그들의 아신 바가 된 자들입니다.

그들은 이 아버지가 너무 좋고 사랑하기 때문에 그 아버지의 사랑을 세상에 속한 자들에게 알리고 나타내기를 열망하는 것입니다.

"… 나를 사랑하였더라면 내가 아버지께로 감을 기뻐하였으리라 아버지는 나보다 크심이라"(요 14:28)는 주님의 말씀 속에 주님의 아버지에 대한 사랑과 아버지의 주님에 대한 사랑이 그대로 나타나고 있으니, 주님은 당신을 향한 아버지의 사랑을 아시기에 아버지께 가시기를 열망하셨던 것입니다.

참으로 심령이 깨끗하게 된 자들은 세상을 향한 아버지의 거룩하신 사랑을 알기에 그 아버지의 사랑 안에 머물기를 열망하는 자들입니다.

화평하게 하는 일은 평강의 왕이신 주님이 직접 하시는 일입니다.

철저하게 육으로 나서 하나님을 알지 못하고 하나님과 원수 된 자들에게 하나님의 놀라운 은혜의 복음이 전파된다는 것, 이는 사람의 의지나 생각으로는 감당할 수 없는 일이며, 하나님만이 하실 수 있는 일입니다.

처음부터 살인자에게 속하여 철저하게 하나님을 대적하고 있는 세상 사람들에게 하나님의 사랑을 증거하는 일을 우리 자신들에게 맡길 수는 없습니다.

세상 사람들이 어떠한 큰 덕을 쌓는다 해도 바로 그것으로 하나님께 순종하지 못하고 그 주인 되는 하나님을 대적하고 있으니, 이 대적을 이길 수 있는 힘은 오직 하나님에게만 있는 것입니다.

"원수를 사랑하라"는 말씀은 아버지만이 품을 수 있는 말씀입니다.

세상은 하나님을 대적하고 있는 하나님의 원수들입니다.

당신의 원수들을 살리시기 위해서 당신의 아들을 십자가에 내어 줄 수 있는 사랑은 그 인애가 우주보다도 더 커야만 가능한 일이기 때문에 복음을 전하는 사람들은 자신들의 의나 덕을 선전하는 자들이 아니라 오직 하나님의 인애의 덕을 선전하기 위해서 부름을 받은 것입니다.

성경은 하나님께서 측량이 불가능한 이 우주를 창조하셨다고 증거합니다.

그러므로 죄인에게 복음을 전파해서 구원하는 일은 사람을 창조하신 하나님만이 하실 수 있는 것입니다.

무슬림이든지, 불교도든지, 힌두교도이든지, 유대교이든지, 천주교인이든지, 이 세상의 어떤 종교를 가지고 있을지라도 그들은 예수 그리스도의 복음에 귀를 기울여야만 합니다. 어떠한 죄의 상태에 있든지 복음이 받아들여지는 곳에서는 죄인들이 아들의 피로 새로 태어나는 역사가 나타나서 아들 안에서 하나님의 사람으로 재창조함을 받는 것입니다.

사람 자신이나 타인이나 이 세상 어떤 도덕도 죄라는 속성으로 태어난 사람의 본성을 바꿀 수는 없습니다. 사자가 그 본성으로 살고, 소가 그 본성으로 살고, 개와 고양이가 그 본성으로 자기들의 배설물에 행하는 것처럼 타고난 사람의 본성은 그 무엇으로도 바꿀 수 없는 것입니다.

그러므로 죄악의 종자를 하나님의 사람으로 거듭나게 하시는 구원은 사람을 지으신 창조의 주님만이 가능하십니다.

> "천지를 창조하시고 사람을 지으신 예수 그리스도, 하나님의 독생자를 영원히 찬송할지라"(롬 1:25; 고후 11:31)

죄라는 것은 하나님을 멀리하고 하나님을 꺼리고 하나님을 대적하고 창조의 질서에 따라 주인에게 순종함이 마땅한 것을 거슬러 자신의 길을 고집하고, 자신이 하나님 노릇하는 것이므로 먼저는 '그러한 길에서 돌이켜 복음에 귀를 기울이라'는 것이 복음이 그들에게 다가가는 목적입니다.

그런데 복음을 전하는 자들은 하나님을 사랑하고 하나님께 순종하는 하나님의 사자로서 하나님께 속한 자들이므로 세상에 속한 자들이 그들을 대적할 것은 너무도 자명한 일이라 할 것입니다.

> "너희가 세상에 속하였으면 세상이 자기의 것을 사랑할 것이나 너희는 세상에 속한 자가 아니요 도리어 내가 너희를 세상에서 택하였기 때문에 세상이 너희를 미워하느니라"(요 15:19)

그러나 사도의 증언대로 우리들도 다 세상에 속하였었다가 주님을 영접하게 되었으니, 뜨거운 긍휼의 사랑으로 그들을 품지 않을 수 없습니다.

> "내가 너희에게 종이 주인보다 더 크지 못하다 한 말을 기억하라 사람들이 나를 박해하였은즉 너희도 박해할 것이요 내 말을 지켰은즉 너희 말도 지킬 것이라"(요 15:20)

복음을 전하는 자들은 오직 세상에 속한 자들에게 복음을 전하는 것이므로 주님은 그들에게 특별한 권능으로 그들을 무장시키시고 친히 그들과 함께 하셔서 당신의 일을 하지 않으면 그들은 한시도 제대로 서 있을 수 없습니다. 그런데 주님께서는 지금 하나님 우편에 계셔서 그 이전보다 더 좋은 방법으로 그의 제자들과 함께 하십니다.

이는 아버지께서 당신의 영으로 주님과 함께 하셔서 주님 안에서 당신의 일을 하셨던 것처럼 지금 주님께서는 우리의 육신을 입으시고 아버지의 영광에 들어가셔서 그 영으로 그의 제자들과 함께 하시고, 그들 안에서 당신의 유일한 이름, 곧 죄인을 구원하는 일을 직접 하시는 것입니다.

천지에 충만하신 아버지의 영광에 우리의 육신을 입고 들어가셨으니, 아들 또한 천지에 충만하실 것은 틀림없습니다.

그러므로 죄인들에게 유일한 구세주이신 '예수'라는 이름은 영원히 동일하셔서, 당신이 죄인들을 구원하는 일을 직접 하시는 것입니다.

제자들의 도움 없이도 능히 그 일이 가능하지만 그들을 사용하시는 것은 그들도 이제는 하나님의 기쁘신 일에 참여하게 하여 하나님 앞에 섰을 때 부끄러움이 없게 하시고, 하나님과 교제하고 하나님의 기쁨심이 되기 위함입니다. 이는 아담이 범죄하기 전의 상태보다도 하나님을 가까이 하는 일이며, 주님의 지체로서의 연합을 이루어가는 일입니다.

하나님이라는 말만 들어도 본성적으로 하나님을 대적하는 사람들에게 들려지는 복음이 사람들 자신에게만 맡겨진다면 얼마나 불완전하겠습니까?

또한 거듭나서 하나님을 사랑하는 자들이라도 성령으로써 육신의 생각을 이기지 못하면 육신의 생각에 사로잡혀 하나님의 일은 고사하고 자기 자신도 추스르지 못하는 것이 죄 있는 육신의 몸을 입은 성도들의 현실일진대, 전능하신 주님께서 그 일을 직접 수행하지 않고 어떻게 그 일이 가능하겠습니까?

그러므로 주님은 제자들이 "어떻게 하여야 하나님의 일을 할 수 있나이까?" 물었을 때 "당신을 믿는 것이 하나님의 일을 하는 것이라"하고 말씀하셨습니다.

살리는 영이 되시는 주님께서도 겸손히 아버지와 함께 하셔서 당신 안에서 아버지가 일하시도록 자신을 비우셨는데, 하물며 죄에 빠졌다가 건짐 받아 주님의 은혜로 복음의 사역자가 된 자들이 얼마나 더 자신을 비워야 하는가를 생각해봐야 한다는 것입니다.

저는 자신을 비우는 정도(程度)에 비례하여 주님이 그들 안에서 역사하는 능력도 따르게 될 것이라 확신합니다.

예수님을 믿는 것이 하나님의 일을 하는 것이라는 것을 알 때 그들은 오직 예수만 증거하고, 주의 영이 인도하시는 대로만 이끌림을 받게 되는 것입니다.

앞에서도 언급하였지만 다시 한 번 강조하면, 자신을 비우는 방법은 오직 기도밖에 없다고 봅니다.

그러므로 화평하게 하는 자들은 기도로써 자신을 비우고 주님과 동행해야 그 열매를 기대할 수 있습니다. 특히 세상에 속한 모든 사람들이 철저하게 공중의 권세 잡은 마귀에게 속해 있다는 사실을 믿는다면 복음을 전해서 하나님과 화평하게 하는 일은 그 마귀의 권세보다 더 큰 힘과 능력으로 무장하지 아니하면 될 수 없는 일입니다.

주님께서는 제자들이 "우리는 어찌하여 능히 그 귀신을 쫓아내지 못하였나이까"(막 9:28)라고 물었을 때 "기도 외에 다른 것으로는 이런 종류가 나갈 수 없느니라"(막 9:29)고 말씀하지 않으셨습니까?

즉, 기도는 자신들의 한계를 벗어나 하나님의 하시는 일이 자신들 안에서 나타나도록 자신을 비우는 방편입니다.

'바울 사도'의 "내게 능력 주시는 자 안에서 내가 모든 것을 할 수 있느니라"(빌 4:13)는 고백은 이를 잘 증거하고 있습니다.

화평하게 하는 자는 주님이 그들 안에서 일하시도록 늘 기도에 힘쓰는 가운데 다음의 몇 가지를 갖추어야 합니다.

첫째는, 믿음입니다.

예수께서 이 땅에 오셔서 아버지 일을 하실 때 당신의 제자들에게 당신에 대한 믿음 없음을 책망하시고, 당신을 믿을 것을 자주 요구하셨습니다.

"우리가 어떻게 하여야 하나님의 일을 하오리이까?"(요 6:28)

"하나님께서 보내신 이를 믿는 것이 하나님의 일이니라"(요 6:29)

복음을 전하는 자는 그 생이 다할 때까지 이 말씀 안에 있어야 합니다. 그러므로 사도들은 일평생에 예수님만 증거 했습니다.

그렇다면 주님을 믿는 것이 왜 하나님의 일을 하는 것이 될까요?

이는 구원은 오직 하나님이 하시는 일이기 때문입니다.

주님이 진실로 구원자이시고 하나님의 아들(능력 있는 창조주)이라고 믿는다면 그는 그 주님을 구원자로서 세상에 전파할 것이지만, 만약에 그가 참으로 구원자인지 아닌지 의심이 든다면 그를 그들의 죄에서 구원할 자로 전파하는 일에 주저할 것이 분명하지 않겠습니까?

하나님이 세상에 뜻하신 목적은 오직 그들이 죄에서 건짐 받아 거룩하게 되어 하나님을 아는 것에 있습니다.

그러므로 예수가 바로 이 일을 위해서 세상에 오신 그분이라는 것을 믿는 것이 하나님의 일을 하는 것입니다.

또한 주님이 창세기에서 '이것이 있으라, 저것이 있으라' 말씀하신 그 하나님이심을 믿지 못한다면 그는 하나님을 대적하는 세상에 나가기도 전에 벌써부터 세상으로부터 도망가거나 아니면 세상과 타협하여 복음을 변질시킬 것입니다.

모든 것을 복음을 위해 힘쓰고 자신들의 생명까지도 아끼지 아니할 일에 그 일의 열매에 대해서 상주시고 또 주님이 자신들을 다시 살리리라는 믿음이 없다면 그들은 그 일에 전력을 다 쏟을 수 없는 것입니다.

복음은 온 인류를 향하여 전해져야 합니다.

그런데 복음의 주체이신 주님이 참으로 사람을 창조하신 창조의 주이시고 역사가 시작된 이래 모든 인류 전부를 능히 구원하셔서 새 생명을 주실 수 있는 능력을 갖고 있음을 믿지 못하면 어찌하겠습니까?

주님은 능히 모든 사람, 곧 셀 수 없이 많은 사람들을 당신의 능력으로 그들의 죄에서 구원해서 신령한 몸으로 변화시킬 수 있는 분이십니다.

복음을 전해서 죄인들을 하나님과 화평하게 하는 일을 하는 자들은 주님에 대한 이러한 믿음이 필수적이라는 것입니다.

그러므로 믿음은 들음에서 나므로 주님의 입에서 나온 말씀, 곧 성경을 늘 가까이 하고 묵상하기에 힘써야 합니다.

둘째는, 주님이 누누이 말씀하시고 요한계시록에서 말씀하고 계시는 뜨거운 지옥의 심판을 믿기에, 그들에게 평화의 복음을 전하지 않을 수 없는 것입니다.

우리도 전에 다 그 가운데 있지 않았습니까?

"바깥 어두운 데에 내던지라 거기서 슬피 울며 이를 갈게 되리라"(마 22:13; 마 25:30)

"바다가 그 가운데에서 죽은 자들을 내주고 또 사망과 음부도 그 가운데에서 죽은 자들을 내주매 각 사람이 자기의 행위대로 심판을 받고 사망과 음부도 불 못에 던져지니 이것은 둘째 사망 곧 불 못이라 누구든지 생명책에 기록되지 못한 자는 불 못에 던져지더라"(계 20:13-15)

"그러나 두려워하는 자들과 믿지 아니하는 자들과 흉악한 자들과 살인자들과 음행하는 자들과 점술가들과 우상 숭배자들과 거짓말하는 모든 자들은 불과 유황으로 타는 못에 던져지리니 이것이 둘째 사망이라"(계 21:8)

화평하게 하는 자들은 주님의 십자가의 피의 복음을 들고 세상에 속한 사람들에게 다가가기 때문에 그들이 복음을 받아들이지 아니하면 영원한 저주의 심판이 그들을 기다리고 있다는 것을 아는 자들입니다.

주님의 대속의 심판을 믿지 아니하면 그 심판을 자신들이 받아야 할 것은 불 보듯 뻔합니다.

기도와 진리의 말씀과 진리의 성령으로 거룩하신 하나님을 알면 알수록 지옥에 대한 심판이 있음도 더욱더 확연하게 나타나는 것이 사실입니다.

우리는 "원수를 사랑하라"고 말씀하신 주님께서 지옥의 심판에 대해서 수없이 말씀하신 것을 잊지 말아야 합니다.

영원한 저주의 심판을 받을 처지에 있는 모든 사람들에게 주님의 복음이 전해져서 하나님과 화목의 관계를 만들어 내는 주님의 십자가의 복음, 의와 공의가 그 보좌의 기초(시 89:14)가 되신 하나님께서는 전능하시기 때문에 당신의 절대적인 권한으로 주님께서 그 저주의 십자가를 지시지 않고도 능히 우리들의 죄를 용서하실 수 있으셨겠지만 그렇게 하지 않으신 이유가 어디에 있겠습니까?

우리는 첫 사람 아담이 범죄한 후에 하나님께서 그를 부르시자 하나님의 낯을 피하여 나무 뒤에 숨었던 것을 기억합니다.

하나님께서 죄인들을 향해서 "내가 너희 죄를 용서하니 돌아오라!"고 아무리 소리쳐도 죄인들은 자기들의 양심과 또 자기들 안에 있는 죄의 속성들 때문에 하나님께 돌이키지 않고 오히려 도망가고 숨어버릴 것입니다.

이러한 죄인들을 부르시기 위해서 십자가 위에 매달리신 주님, 이는 과거 이스라엘 민족들이 불순종하여 불 뱀에 물려 죽어가던 순간에 모세의 중재의 기도로 "놋 뱀을 쳐다보는 자는 다 살리라"는 약속으로 그들이 그것을 쳐다 볼 때 그 독에서 건짐 받아 구원을 받았던 것처럼 지금 주님의 십자가 복음은 온 족속들이 세대를 불문하고 다 쳐다볼 수 있게 하셨으니, 이는 하나님 아버지의 긍휼의 사랑이 극치(極致)에 다다른 것입니다.

한편 이 복음이 전파되지 아니하면 그 놀라운 십자가의 사랑이 어떻게 죄인들의 귀에 들릴 수 있겠습니까?

탕자를 기다리는 아버지의 사랑, 높이 들린 십자가의 대속으로 죄인들이 당신을 보고 도망가지 아니하도록 부르시는 아버지, 이 복음이 전파되는 곳마다 죄인들과 하나님 사이에 화평이 이루어집니다.

이는 하나님께서 우리 죄인들을 위하여 화목제물을 준비하신 것으로서 참으로 아브라함이 그 아들 이삭을 제물로 드릴 때에 "하나님이 그 제물을 준비하시리라"는 믿음의 말씀의 성취인 것입니다.

그러므로 화평하게 하는 자들은 누가복음에서 주님이 가르치신 비유가 참으로 진리인 것을 인식하는 것입니다. 하나님과 죄인들 사이에 화평의 복음잔치를 여시고 모든 사람들을 초대하시는 하나님의 사랑, 십자가의 복음을 거절하면 그들 위에 영원한 심판이 기다리고 있으니, 복음 전하는 자들은 세상 모든 사람들에게 강권적으로 복음에 귀를 기울이도록 해야 합니다.

주님께서는 당신을 믿지 아니하는 자들은 "빛보다 어둠을 더 사랑하기 때문이라"(요 3:19)고 증거하셨습니다.

그러나 어떤 사람들이 믿기로 작정된 자인지 모르기 때문에 복음을 전하는 자들은 복음을 받아들이지 아니하면 그들에게 영원한 지옥의 심판이 있다는 것을 알리고, 주님의 십자가의 복음을 제시해야만 하는 것입니다.

아! 죄가 얼마나 끔찍하고 무서운 것입니까?

하나님의 형상을 입은 사람을 멸시하고 더럽히고 욕하고 저주하고 미워하고 죽이는 것이니

하나님의 형상을 향한 이 저주스러운 죄에서 돌이키지 아니하고 끝까지 고집하는 것이 예수를 거절하는 것이니

지옥의 심판이 왜 없겠습니까?

주님이 누누이 지옥에 대해서 말씀하신 것은 진실로 사실입니다.

그들은 주님의 대속의 은혜를 거절하기 때문에 주님의 그 저주의 심판을 받아야 하는 것입니다. 주님을 십자가 위에서 처형하는 그 심판에는 어떠한 인애나 자비도 없습니다. 채찍과 조롱과 침 뱉음과 능욕과 팔을 벌려 십자가에 못을 박아버리고, 궁극에는 단번에 창으로 옆구리를 찔러 그 창끝이 심장에 다다르기까지 처참하게 죽이지 않았습니까?

그분은 저주의 죽음을 당하신 것입니다. 복음을 거절하는 자들에게 이 저주의 심판이 기다리고 있으니, 그 끝은 지옥의 심판입니다.

사람들의 죄는 그 영혼의 본질에 속한 것이므로 그들이 그들의 죄에서 돌이키지 아니하면 그 영혼이 심판과 형벌을 받아야만 합니다.

물질이 아닌 영혼의 형벌을 받을 곳은 하나님의 인애의 빛이 전혀 없는 곳, 그 영혼이 고통 받을 곳, 어두운 곳, 지옥, 유황불의 불 못인 것입니다.

그 영혼을 평안한 곳에 머무르게 한다면 그것은 하나님의 공의에 맞지 않습니다. 이는 그들이 그 저주스런 죄를 버리지 못하기 때문입니다.

셋째는, 화평하게 하는 자들은 항상 주님만을 의지하고 기도로써 자신을 비워야 합니다.

마음이 청결한 자에 대해서 기도에 대해서 언급하였지만 다시 덧붙이는 이유는, 오직 주님과 동행하려면 기도 외에는 다른 길이 없고, 그 기도의 대상을 분명하게 해야 하기 때문입니다.

　　기도에는 대상이 있기 마련입니다.

　　믿는 자들의 기도의 대상은 '아버지'와 아들 '예수 그리스도'이십니다.

　　어떤 사람들은 성령님도 기도의 대상이라고 생각하고 성령께 기도하지만 이는 잘못된 생각입니다.

　　성령께서는 사도의 증언대로 '하나님께 마땅히 빌 바를 알지 못할 때 그 빌어야 될 것을 알려주시고, 또 그 마음에 더러운 죄를 보게 하시고, 감동을 주셔서 마음으로 새롭게 하시므로 진리를 알게 하시는 분인데 성령을 기도의 대상으로 주시면 성령과 그 심령이 연합을 이루지 못하고 간격을 만들게 된다'는 것입니다.

　　성령께서는 성도들의 심령에 아버지와 아들의 하신 일을 알게 하셔서 그들로 하여금 감동하게 하여 자발적으로 아버지와 아들의 입에서 나온 당신 자신(성령)의 말씀에 순종하게 하시는 분이십니다.

　　당신의 말씀에 순종해야 하나님을 그 심령에 모실 수 있는데 성도들의 영혼이 성령님께 기도하면 어떻게 그 영과 연합을 이룰 수 있겠습니까?

　　또한 성령께서는 진리의 말씀을 생각나게 하시고 그 진리의 말씀을 성도들의 심령에 새기시고 그 진리의 말씀이 성도들의 영혼 깊은 곳에서 빛나게 하시므로 하나님의 아들의 형상으로 닮게 하시는 주체이십니다.

　　성령은 성도들의 생명의 근본이시지 않습니까?

　　오직 아버지와 아들을 의지하고 그분만을 바라보게 될 때 순종을 통해서 우리에게서 자기 부인이 이루어지고, 자기 자신을 신뢰하지 아니하고 자신을 비울 수 있게 됩니다. 즉, 성령께서는 우리들로 하여금 하나님의 하신 일과 주님의 하신 일을 알게 하셔서 주님께 순종하게 하시므로 성령으로 오시는 주님을 심령 중심에 모시게 하시는 것입니다.

우리를 위해서 십자가를 지신 분도 아들이시고, 그 아들의 입에서 나온 말씀만이 아버지의 진리의 말씀이기 때문에 죄인은 아들만 바라보고 의지해야 된다는 것입니다. 그러므로 성령님을 예배의 대상으로 삼게 되면 그는 그 누구의 도움도 기대할 수 없이 홀로 모든 것을 생각하고 결정해야 되는 단독자(單獨者)가 될 것입니다.

첫 사람 아담도 창조함을 받아서 홀로 단독자로 사는 존재가 아니라 하나님의 축복의 말씀 속에서 그 생의 근본기초가 주어졌었는데, 하물며 죄에 빠져서 건짐 받아 주님의 전능하신 손이 붙잡아 주지 아니하시면 곧바로 육신의 생각에 사로잡히는 우리는 어떠하겠습니까?

한마디로 기도를 도우시고 진리이신 주님을 바라보도록 도우시는 분을 예배의 대상으로 섬기게 되면 누가 기도를 도와준다는 말입니까?

성도가 예배의 대상으로 섬길 분은 아버지와 아들 예수 그리스도이십니다.

우리는 종종 "성령님! 오시옵소서!"라는 간구 아닌 간구를 듣게 됩니다.

성령은 주님이 그를 믿고 의지하는 자들에게 보내주시는 주님의 영이신데 그 보내주신 분에게 기도하지 아니하고 '성령님 오시라'고 기도하는 것은 아버지께서 아들의 이름으로 보내시는 그 아들과의 관계의 밀접성을 깨뜨린다는 것을 알아야 합니다. 왜냐하면 성령께서는 항상 진리이신 주님의 영광을 증거하셔서 성도로 하여금 주님과의 연합을 도모하시기 때문입니다.

그러나 그 성령을 받은 자는 성령께서 자기에게 임하셔서 아들과는 다른 위격으로 성도들에게 직접 말씀하시는 것을 경험하고 알게 됩니다.

그러므로 성령께서는 주님의 이름으로 오시기 때문에 주님이 성도 안에 거하십니다. 이처럼 성령께서는 당신이 우리의 심령에 거하시기 위해서 우리를 구속하신 주님을 바라보고 의지하고 순종하게 하시는 것입니다.

아들은 그 성령과 하나이시고, 그 성령은 아버지의 성령이기 때문에 성령을 받으면 그들이 하나님의 성전으로서 구별되는 것입니다.

성령은 아버지의 영이시기 때문에 아버지 자신이십니다.

성령께서는 진리를 알게 하셔서 아버지와 아버지 안에 항상 거하시는 아들이 성도들 안에 거하시도록 그들에게 십자가 구속을 알리시는 분입니다.

예수께서 착한 일을 시작하신 일도 성령님으로, 십자가를 지심도 아버지의 성령께서 그 일을 아들 안에 보이심으로 하지 않으셨습니까?

성령님은 오직 십자가에 높이 매달리신 예수를 바라보게 하시므로 성도들로 하여금 주님께 순종할 마음을 갖게 하시는 것입니다.

그분은 우리로 하여금 진리에 복종하게 하여 아버지와 아들로 교제하게 하시고, 예배를 도우시고 진리에 감동하게 하시고, 무엇을 말할 것인지도 생각나게 하시는데, 우리는 '그분을 예배의 대상으로 경배하면 성령께서 하시는 그 일이 어떻게 지속될 수 있겠는가'를 생각해봐야 하는 것입니다.

우리 성도는 우리 자신 안에서 나는 것으로 하나님을 예배하고 찬양하는 것이 아니라 성령의 도우심과 성령의 감동으로 오직 아버지를 "아바 아버지!"라고 소리 높여 외치며, 오직 성령으로 우리 구주 예수 그리스도를 온 영혼으로 사랑하는 것입니다.

성도들 안에 아버지의 성령이 거하지만 성도가 예배하고 찬양을 드릴 때에는 자기 안에 내주하신 하나님을 예배하는 것이 아니라 자기 밖의 하나님을 예배하고 찬양을 드리는 것입니다.

요한계시록에는 구원 받은 성도들과 천사들의 찬송에서 성령님은 빠져있는 것을 볼 수 있습니다.

거기에서는 아버지 자신이 이미 당신의 성령의 역사를 통해서 그의 지체들 안에 거하셔서 그들로 하여금 당신의 생명을 누리도록 하시는 일이 완결되어 아버지께서 그 성령으로 항상 그들 안에 거하고 계시기 때문입니다.

여기에 아버지께서 아들로 말미암아 당신의 생명을 주시는 하나님의 거룩한 사랑이 있지 않습니까?

그들은 거기에서 아버지와 아들만을 영원히 찬송하고 즐거워합니다.

거기에서는 아버지와 아들만이 그들의 빛이 되셔서 영원히 그들을 비추고 계십니다. 이는 아버지 하나님과 그 영은 구별하여 인식은 할 수 있어도 분리는 할 수 없기 때문입니다.

"사람의 일을 사람의 속에 있는 영 외에 누가 알리요"(고전 2:11)

사람도 자신을 나타낼 때 그 '영과 혼 전체'를 '자기'(自己)라고 말합니다.

하나님도 하나님의 영과 하나님을 우리는 따로 구분해서 호칭하지 아니하고, '하나님'이라고 부르고 있는 것입니다.

사람이 하나님의 형상을 닮은 것은 이처럼 그 안에 항상 있는 그 영과 전체로 한 인격을 이루고 있기 때문입니다.

이와 같이 하나님과 하나님의 성령은 호칭으로 구별은 할 수 있어도 우리는 항상 한 분 하나님이라고 부르고 있는 것입니다.

우리 사람은 우리의 한계 안에서 우리의 영을 보내서 내 자신의 일을 할 수 없지만, 하나님은 그 일이 가능하셔서 처음부터 당신의 영으로 세상과 하늘과 그 모든 만물을 창조하셨습니다.

사람도 사람의 한계 안에서 그 안에 있는 영의 하는 일이 그의 정신과 육체에 나타난다고 볼 수 있습니다. 즉, 사람은 자기의 영으로 그 한계 안에서 그의 일이 외부로 나타나서 열매를 거두는 것입니다.

그러므로 어떤 사람이 혹자에게 어떤 부탁을 할 때 "당신 자신의 영에게 부탁합니다."라고 하지 않는 것처럼 하나님께 기도를 할 때에도 하나님 안에 거하시는 하나님의 영에게 기도할 이유가 없다는 것입니다.

어떤 사람이 나에게 문안 인사를 할 때 나에게 하면 되는 것이지, 나와 나의 영에게 할 이유가 어디 있겠습니까?

그러므로 구원이 완성된 천국에서는 아버지와 아들만이 경배와 찬양을 받고 계십니다.

성도가 하나님께 기도하면 하나님은 당신의 영으로 그 기도의 응답의 열매를 맺게 하시는 것입니다.

기도를 아버지 하나님과 아들에게 하지 않고 성령님께 기도하면 그 기도에 응해서 오시는 영이 아들의 영인지 미혹의 영인지 어떻게 구별할 수 있겠습니까?

기도를 하나님께 하는 것은 성경이 증거하는 한 분 하나님 곧 천지를 창조하시고, 계명을 말씀하시고 죄를 심판하시고 아들을 보내신 분께 하는 것이고, 아들에게 기도하는 것은 성경에서 증거하는 유일한 구세주께 기도하는 것이기 때문에 그 기도에 응답으로 오시는 영은 예수의 영이 틀림없는 것입니다.

성경에 없는 이 말을 하는 이유는 화평의 복음을 전하는 일을 감당하려면 우리는 항상 자신을 부인하고 주님을 바라보고 그 주님과 동행해야 됨을 강조하기 위해서입니다.

우리가 성령을 예배하는 것은 다른 것이 아니라 우리가 하나님께 기도하고 주님과 교제하면 바로 거기에서 성령의 하시는 일이 우리 안에서 열매를 맺고 있기 때문에 그 성령께 인도함을 받고 있는 것입니다.

우리가 하나님을 하나님으로 인정하는 것이 하나님을 예배하는 것처럼, 성령님의 하시는 일을 인정하는 것이 바로 성령님을 성령님으로 예배하는 것입니다.

성경에서 선지자나 사도가 성령께 기도하고 성령을 예배한 증거가 있으면 저에게 제시해보십시오. 저는 성령을 부인하는 것이 아니라 성령께서 하시는 일을 말하고 있는 것입니다.

"그 성은 해나 달의 비침이 쓸 데 없으니 이는 하나님의 영광이 비치고 어린 양이 그 등불이 되심이라"(계 21:23)

성령은 진리의 참 빛이신데 위의 말씀에서 왜 성령님은 빠져있습니까?

그곳에서 성령께서는 성도 안에 영원히 충만히 거하셔서 그들로 하여금 해와 같이 빛나게 하실 당사자이시기 때문이 아니겠습니까?

그곳에서 그들은 성령의 신령한 생명으로 해와 같이 빛나게 하시는 성령을 주신 아버지와 아들을 영원히 즐거워하고 찬송하는 것입니다.

'사무엘'은 "기도를 쉬는 죄를 범하지 않겠다"(삼상 12:23)고 하였습니다.

사무엘은 왜 기도를 쉬면 죄가 된다고 생각했을까요?

하나님께 생명과 모든 것을 받아 누리는 사람은 그 생명을 주신 분께 순종하고 충성을 다해야 할 의무가 있습니다.

이 진리는 하나님께서 사람의 양심에 본래적으로 심어 놓으신 것입니다.

그러므로 자신의 하나님께 충성을 다하지 아니하는 경우가 있다면 그는 의를 저버리는 것이고, 그것은 곧 불의입니다.

그렇다면 '기도'(祈禱)란 무엇입니까?

기도는 자신의 하나님을 바라보고 그 하나님의 뜻에 귀를 기울여서 그 뜻에 순종하여 의를 행하고자 하는 것이 아닙니까?

물론 하나님의 인자하심을 사모함으로 자신의 소원을 간구하는 것을 빼놓을 수는 없을 것입니다. 이 간구도 물론 성령 안에서 하나님이 기뻐하시는 간구여야 할 것이므로, 이도 하나님의 뜻에 순종하는 것이라고 볼 수 있습니다. 그러므로 기도를 게을리 하는 것은 곧 하나님께 충성을 다하지 아니하는 불충이 됩니다.

그러므로 '사무엘'은 기도를 쉬는 것을 죄라고 여긴 것입니다.

주님은 "시험에 들지 않게 깨어 기도하라"(마 26:41)고 하셨고, 사도는 "쉬지 말고 기도하라"(살전 5:17)고 권면하여 기도가 신앙생활에 있어서 얼마나 중요한 것인지를 증거하고 있습니다.

기도는 자신을 부인하고 주님을 심령 깊은 곳에 모셔 들이는 시발점이고, 기도는 아버지 하나님 앞에 나아가므로 그분의 은총을 받는 길이고, 기도는 주님과 동행하는 시발점이고, 기도는 주님과 연합을 이루어 주님이 우리 안에서 일하시도록 자신을 비우는 겸손의 자리입니다.

기도는 사도들이 그 날에 받은 성령의 임재가 나타나게 하는 통로입니다. 기도가 없이는 결코 성령의 임재를 경험할 수 없습니다.

그러므로 복음을 전하는 자는 자신을 주님께 온전히 의탁하는 가운데 겸손히 자신을 부인하고 자신 안에서 주님이 그 일을 행하시록 기도에 힘써야 합니다.

주님은 십자가를 앞에 두고 땀이 핏방울처럼 땅에 떨어질 정도로 기도에 힘쓰셨습니다. 이는 주님 자신의 뜻을 아버지의 뜻에 복종시키는 겸손과 의로움입니다. 이를 통해서 주님은 하나님을 영화롭게 해드리시고 자신 안에서 기도의 열매인 의의 아름다운 열매를 맺으신 것입니다.

기도를 통해서 아버지의 뜻에 순종하는 주님을 보는 천사들과 모든 사람들이 그 의의 아름다움에 기쁨의 찬송을 아끼지 아니하는 것입니다. 기도야말로 주님과의 관계에서 가장 중요한 믿음의 열매(칼빈)라고 할 수 있습니다.

주님의 다음의 말씀을 누가 감당할 수 있을까요?

"무릇 내게 오는 자가 자기 부모와 처자와 형제와 자매와 더욱이 자기 목숨까지 미워하지 아니하면 능히 내 제자가 되지 못하고"(눅 14:26)

주님이 십자가를 앞에 두고 기도로써 당신 자신을 비우셨던 것처럼, 성도들도 온전한 순종을 위해서 기도로서 자신을 비우는 연단을 계속해야 합니다.

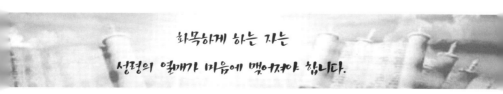

화목하게 하는 자는
성령의 열매가 마음에 맺어져야 합니다.

우리는 성령을 받는 문제에 있어서 두 가지 주장이 있다는 것을 압니다.

저는 화평하게 하는 자는 마음의 문을 열고 주님의 성령을 받아야 된다는 것을 말하기 위해서 이 문제를 다루고자 합니다.

왜냐하면 주님의 성령께서 성도들의 심령 중심에 거하셔서 그들을 진리의 말씀으로 계속적으로 붙잡아 주지 않으시면 그들은 하나님과의 지속적인 화평을 유지할 수 없기 때문입니다.

첫째는, 정통주의자(正統主義者)들입니다.

저는 이들을 하나님의 말씀을 신실하게 따르고 의지하는 믿음의 형제로서 인정하고 존경하지만 지금 제가 논하고자 하는 문제에 있어서는 이들의 생각이 잘못되었다고 생각합니다.

이들은 자신들이 하나님의 은혜로써 죄인임을 알게 되고, 또 주님의 피 흘리심의 죄 사함의 비밀과 주님을 영접하는 것이 다 하나님의 은혜임으로 이러한 은혜가 다 성령을 받았기 때문이라고 생각하고 성령을 새롭게 받는다는 생각을 배제합니다.

그들은 성령을 받는 것은 단회적이라고 합니다.

둘째는, 순복음주의자(純福音主義者)들입니다.

이들은 사도들이 주님이 부활하시고 승천하신 후에 주님이 약속하신 성령 충만을 받았기 때문에 제2의 축복은 사도들처럼 두 번째 성령을 받아야 한다고 주장합니다. 그들은 주님이 이 땅에 계실 때 "그들에게 성령이 계시지 아니하셨다"라는 말씀을 그 근거로 제시합니다.

그러나 저는 두 가지 주장 모두 성경의 진리를 오해하고 있다고 봅니다.

첫 번째 주장은 말씀과 사도들의 예를 들어서 그들의 주장에 문제가 있음을 지적할 수 있습니다.

또한 이러한 주장은 우리들의 신앙 경험에 의해서도 설득력이 약합니다.

사도들은 주님의 부름을 받고 주님을 따르면서 주님의 입에서 나오는 진리의 말씀을 들음으로 그들의 심령이 깨끗함을 입을 수 있었습니다.

　　주님의 입에서 나온 이 거룩한 말씀은 또한 진리의 성령께서 그들에게 감화 · 감동 · 역사하셔서 그들로 믿게 하시고 거룩하게 하셨던 것입니다.

　　진리의 말씀은 곧 성령의 말씀이기도 합니다.

　　"성령이 교회에 하시는 말씀을 들을지어다!"

　　그들은 주님의 입에서 나온 진리의 말씀을 들음으로 그 말씀이 참으로 유일하신 하나님으로부터 오신 말씀이신 것을 알았던 것입니다.

　　"나는 아버지께서 내게 주신 말씀들을 그들에게 주었사오며 그들은 이것을 받고 내가 아버지께로부터 나온 줄을 참으로 아오며 아버지께서 나를 보내신 줄도 믿었사옵나이다"(요 17:8)

　　그들은 이처럼 주님께 향하여 주님이 구약에서 약속하신 바로 그 메시야이심을 믿는 믿음은 있었지만, 주님이 말씀하시고 약속하신 그 성령은 아직 그들에게 오시지 않았습니다.

　　이는 우리가 사도들의 역사를 있는 그대로 정직하게 보는 바의 해석입니다.

　　그러나 지금의 이 세대는 육신을 입으신 주님을 보지 못했고, 오직 들려지는 말씀을 성령께서 역사하시므로 믿어지는 것입니다.

　　사도들의 귀에 들려졌던 그 말씀도 그 당시에 동일한 성령께서 역사하셨습니다. 왜냐하면 주님께서 성령으로 말씀하셨기 때문입니다.

　　주님이 부활하신 후에도 같은 성령께서 그 선포된 말씀을 가지고 믿음을 일으키시고 그 말씀을 깨닫게 하시는 것입니다. 또한 주님께서는 당신이 이 땅에 계시지 않을 시에 죄인들을 구원하시기 위해서 반드시 그 성령으로 오셔서 육신을 입고 복음을 증거하신 일을 계속하셔야만 했습니다. 왜냐하면 죄인을 구원할 구원자는 오직 주님 한 분 뿐이시기 때문입니다.

주님께서 육신을 입고 있었을 당시에도 당신 안에 거하시는 아버지의 성령으로 말씀하셨고, 하늘로 승천하신 후의 지금도 같은 성령으로 진리를 증거하고 계시기 때문에 성령을 받는 것은 단회적이라고 해석하는 정통주의자들의 해석도 일리가 있습니다.

그러나 사도가 예수 그리스도를 구주와 주로 믿고 있는 그의 형제들에게 "오직 성령으로 충만함을 받으라"(엡 5:18)고 권면한 것을 생각해봐야 합니다.

성령으로 예수가 그리스도이심을 믿고, 성령으로 십자가의 대속을 깨달아 주님께 순종할 마음을 갖지만 성령 충만함을 받은 것은 신앙생활의 또 다른 획기적인 변화입니다. 다른 말로 표현하면 성령 충만은 믿음의 순종의 실행이라고 할 수도 있습니다.

주님은 하나님의 아들로서 하나님의 보내심을 받으셨지만 세례 요한으로부터 세례를 받고 아버지의 성령을 받으시지 않았습니까?

'칼빈'은 이를 '성령을 받으실 필요가 없으신 주님께서 성령을 받으신 것은 주님께서 성령의 공급자이심을 알게 하려 하심'이라고 해석했지만, 그 생각은 재고해봐야 합니다. 왜냐하면 주님께서는 창조의 주시지만, 당신의 그 영광과 능력을 실제적으로 비우시고 우리와 같은 육신을 취하셨기 때문입니다.

'실제적으로 비우셨다'는 말씀은 '당신의 신성의 능력을 당신 안에서 잠시 숨기신 것이 아니라 아버지의 성령을 받지 않으시면 신성의 능력을 행사하실 능력이 실제적으로 당신 안에서 나타날 수 없는 상태를 일컫습니다.

당신을 '비우셨다'는 말씀은 실제적으로 죄 없는 사람 즉, 순수하게 아담처럼 '낮아지셨다'는 의미입니다.

그러므로 '바울'은 주님을 '제2의 아담'이라고 증거하였습니다.

제2의 아담이 되신 주님은 오직 아버지의 성령의 이끌림을 받아 아버지의 뜻이 당신 안에서 이루어지도록 자신의 뜻을 그 성령께 맡기셨습니다.

당신의 전 존재를 십자가의 대속의 제물로 내어놓으시기까지 순종하신 그 순종은 오직 성령의 인도하심에 따른 것입니다.

제가 이 말을 하는 것은 주님이 순수하게 100% 죄 없으신 사람이 되셔서 아버지의 성령으로 아버지 일을 수행하셨다는 것을 말하려는 것입니다.

주님께서 성령을 받으신 것이 곧 그가 실제적으로 참 사람이 되셨다는 증거입니다. 하나님의 본체이셨던 분이 그 신성을 비우시고 참 사람이 되심으로, 오직 아버지의 성령으로 그 신성의 능력을 행하셨기에 그가 진실로 아버지의 아들이신 것입니다.

우리는 주님께서 육신을 입으시고 이 땅에 오셨을 당시의 나타난 모습에서 참 신과 참 사람이신 것이 아니라 즉, 하나님과 사람의 혼합체가 아닌 참 하나님이셨던 분이 그 신성을 비우시고 사람이 되심으로 우리의 형제가 되셨다는 사실을 간과해서는 안 됩니다.

우리는 우리 안에 남아 있는 죄 성의 한계 안에서 주님을 생각하므로 주님께서 당신의 신성의 영광을 비우시고 사람 되심을 낮게 평가하는 경향이 있지만, 죄 없는 온전하신 주님은 죄가 없으신 완전하신 사람이신 것을 생각하면 그렇게 생각할 것도 아닙니다.

> 죄 성이 남아 있는 사람도 성령의 역사로 방언하며 방언을 통역하며 예언을 하며, 그 영이 주님의 영과 함께 먼 훗날 일을 보기도 하지 않습니까?
>
> 죄가 없으신 주님 안에 아버지의 성령께서 역사하셨으니, 그 능력에 한계가 있겠습니까?
>
> 처음 사람이 하나님의 형상으로 창조함을 받은 것은 주님께서 그 안에서 당신의 본래의 영광, 하나님의 영광에 들어갈 것이 예정되지 않았겠습니까?

그러한 영광의 참여가 가능하지 않았다면 주님께서 우리의 육신을 입고 부활하실 일도 없을 것이고, 주님은 우리와 다른 몸을 입고 오셨어야 했을 것입니다.

'칼빈'의 말대로 '주님은 우리의 낮은 몸을 당신의 영화로운 신령한 몸을 덧입게 하기 위해서 실제적으로 우리와 같은 육신을 입고 오신 것'입니다.

우리는 주님의 이러한 낮아지심과 겸손을 알기에 더욱더 주님을 사랑하고, 그분의 겸손에 경탄을 감출 수 없습니다. 주님은 실제적으로 유대인과 조금도 다를 바가 없는 유대인의 형제로서 오신 것입니다.

주님은 이처럼 실제적으로 우리의 형제로 오셔서 우리를 우리의 죄에서 구속하셔서 당신의 지체로 삼으시고, 대제사장으로서 아버지의 영광이 계시는 그곳에 다시 들어가셨습니다. 그리고 그를 따르는 그의 지체들을 당신의 영광으로까지 높여주십니다(칼빈).

그러므로 성도가 주님의 이 영광을 바라보기 위해서 그 성령을 심령으로 모셔 들여서 주님을 따르면, 주님을 본받을 수 있는 것입니다.

죄가 전혀 없으신 주님께서도 아버지의 성령을 받아서 아버지의 뜻에 순종하셨는데 그의 제자 된 우리들은 아들의 이름으로 오시는 성령을 얼마나 받아야 하겠습니까?

사도들의 신앙여정도 이를 잘 증거하고 있습니다.

사도들은 주님의 말씀으로 깨끗함을 받아서 주님이 메시야이심을 알았지만 아버지의 뜻, 곧 죄인들을 하나님과 화목하게 하는 그 복음을 전하기 위해서는 주님이 약속하신 그 성령을 받아야 했던 것입니다.

그들은 이미 진리의 성령의 역사를 통해서 거듭나 있었습니다.

예수 그리스도의 말씀을, 들음을 통해서 주님께 대한 믿음이 생긴 후에는 그 복음을 위해서 봉사하고 희생하는 단계에까지 이르게 될 터인데 주님이 약속하신 그 성령을 받기 전까지는 누구나 사도들처럼 그 복음을 위해 자신의 전 존재를 바쳐서 희생의 길을 갈 수 없는 것입니다.

사도들이나 사도들이 전해 준 복음을 들음으로 후에 믿게 된 우리들은 한결같이 주님의 말씀을 받은 후에 그 믿음과 신앙이 자라기 전까지 늘 넘어지고 방황하면서 생을 마감한다 해도 과언이 아닙니다.

사도는 "너희 몸을 하나님이 기뻐하시는 거룩한 산 제물로 드리라"(롬 12:1)고 권면함으로써 주님의 대속의 은혜를 아는 자라면 마땅히 우리의 몸이 우리의 것이 아니고 주님의 것이기 때문에 주님께 드려서 주님의 쓰임에 합당한 그릇으로 존재해야 함을 말하고 있는 것입니다.

기도하며, 성령의 역사로 주님의 십자가의 구속을 알게 된 자가 어찌 자신의 몸을 자발적으로 주님께 드리지 않을 수 있겠습니까?

저는 무릎 꿇고 기도할 때마다 수없이 저의 전 존재가 주님 것임을 자각하고, 제 몸을 주님께 드리기를 계속했던 것을 기억하며, 지금도 그 일은 더욱더 기쁨으로 계속하고 있습니다.

주님은 이러한 우리들에게 더욱더 은혜를 주시는데 우리들이 말씀을 사모하고 주님을 더욱더 바라보고 의지할 때 말씀이신 주님은 당신의 진리의 말씀으로 우리들을 더욱더 거룩하게 하십니다.

이 거룩은 아버지의 사랑과 주님의 그 구속의 사랑을 더 깊이 있게 알게 하셔서 우리들로 하여금 자발적인 순종을 하도록 인도하시는 것입니다.

성령께서 증거하시는 주님의 십자가의 대속을 깨닫고 마음의 문을 열고 그 성령을 영혼 중심에 모셔 들인다면 굳이 이것을 구별할 필요 없습니다. 왜냐하면 대부분의 성도들이 주님의 십자가의 대속의 은혜를 믿고 마음에 평안을 얻지만 그 성령을 마음 중심에 모셔 들이지는 않기 때문입니다.

'마틴 로이드 존스'(Martyn Lloyd Jones)는 '바울의 로마서 7장의 이중적 탄식을 자연인의 상태에 있을 때에 하는 것으로 생각하고 칼빈의 생각을 반박'하였지만 그의 생각은 잘못된 것입니다.

저는 성도가 주님이 약속하신 그 성령을 마음에 모셔 들이기 전까지는 그러한 탄식은 일평생 계속된다고 확신합니다.

그 성령을 받은 사도들도 자기들의 몸의 구속을 탄식함으로 기다렸었는데 하물며 그들의 교훈을 온전히 따르지 못하는 우리들은 어떠하겠습니까? 이러한 상태에 있는 성도는 기도를 드릴 때에는 하나님의 은혜가 임하여 하나님을 위해서 목숨이라도 바칠 각오를 다지지만, 우리는 그 은혜의 자리를 벗어나면 금세 육신에 정해진 죄의 생각이 그를 사로잡아 로마서 7장의 탄식을 하지 않을 수 없다는 것을 경험을 통해서 익히 아는 바입니다.

우리는 사도들도 주님과 함께 동행했을 때 주님의 보호와 은혜 안에서 주님을 위해서 목숨이라도 내놓겠다고 했지만 그들에게 환난이 찾아 왔을 때 그들의 각오는 너무도 쉽게 무너졌다는 것을 알고 있습니다.

즉, 그들의 상태는 하나님을 사랑하는 마음보다도 육신의 생각이 더 커서 그 육신의 생각에 사로잡히지 않을 수 없었던 것입니다.

그들에게 그 성령이 임하기 전에는 주님의 십자가의 대속의 사건도 그들의 마음과 눈에 모호하고 이해할 수 없었던 것입니다.

"주는 그리스도시요 살아 계신 하나님의 아들이시니이다"(마 16:16)라는 '베드로'의 고백이 아버지의 성령께서 알게 하신 일이었지만, 같은 그 성령께서 그에게 십자가의 구속에 대해서는 감추고 계셨기 때문에 그가 십자가를 지시는 주님의 그 길을 막으려고 나섰던 것입니다.

물론 첫 번째의 주장을 굽히지 않는 사람들이 제가 앞에서 언급한 대로 사도들의 신앙여정, 곧 부름 받을 때부터 성령 충만함을 받기까지를 하나의 연장선으로 본다면 그들의 주장도 설득력이 있다 할 것입니다.

그러나 우리는 주님께서 약속하신 그 "성령을 받으라"고 말씀하셨고, 또 사도들도 한결같이 "성령 충만을 받으라"고 권면하는 것을 봐서 그 일을 구분하는 것이 훨씬 더 우리들의 신앙생활에 도움이 된다고 보는 것입니다.

성령은 주님의 십자가의 구속을 증거하시고 그 믿는 자들의 심령에 내주하시기를 원하십니다. 성도가 하나님의 성전으로서 구별되는 것은 오직 그 성령이 그의 심령에 내주할 때 나타날 수 있는 일입니다.

믿음의 사람들에게 굳은 마음이 제거되고 하나님의 계명이 그들의 심령에 새겨질 수 있는 것은 오직 성령으로 오시는 주님이 그들의 심령을 지배하실 때입니다.

'사도 요한'은 생명이신 성령이 거하면 죄를 지을 수도 없다고 증거하고, 또한 이미 예수 그리스도를 믿고 있는 형제들에게 "그 안에 거하라"고 권면하고 있습니다.

> "하나님께로부터 난 자마다 죄를 짓지 아니하나니 이는 하나님의 씨가 그의 속에 거함이요 그도 범죄하지 못하는 것은 하나님께로부터 났음이라"(요일 3:9; 2:28)

> "자녀들아 이제 그의 안에 거하라 이는 주께서 나타내신바 되면 그가 강림하실 때에 우리로 담대함을 얻어 그 앞에서 부끄럽지 않게 하려 함이라"(요일 2:28)

또한 '사도 베드로'는 다음과 같이 증거하고 있습니다.

> "베드로가 이르되 너희가 회개하여 각각 예수 그리스도의 이름으로 세례를 받고 죄 사함을 받으라 그리하면 성령의 선물을 받으리니"(행 2:38)

첫 번째의 사람들이 주장하는 대로 죄 사함을 받는 것은 오직 예수 그리스도의 성령의 역사와 성령을 받음으로써만 가능한 일인데, 위의 말씀에서 사도는 '예수를 구주로 믿어서 죄 사함을 받으면 성령을 선물로 받는다'고 증거하고 있지 않습니까?

우리는 '사도 바울'이 예수의 이름을 믿고 있는 무리들에게 "너희가 믿을 때에 성령을 받았느냐?"(행 19:2)고 물으면서 그들에게 성령 받기를 기도했던 것을 기억합니다.

그들이 주님을 이미 믿고 있었으므로 그들이 성령을 받은 것은 틀림없다 하겠습니다. 그러나 이렇게 되면 사도 바울이 쓸데없는 일로 그들을 괴롭힌 것이라는 결과에 이르고 맙니다.

그러나 성경은 그들이 그의 기도로 성령을 받았을 때 그들에게 신앙의 획기적인 변화가 있었던 것을 기록하고 있습니다.

주님이 약속하신 성령을 받는다는 것은 자신의 육신의 생각과 정욕을 포기하면서 영이신 하나님께 속하는 결단이 없이는 불가능합니다. 왜냐하면 육은 성령을 거스르고 성령은 육신을 거슬러 서로 대적하기 때문입니다.
성도가 거듭나서 하나님을 사랑한다 해도 육으로 나서 육신의 생각으로 한평생을 산 자가 그 육신의 생각에 사로잡힘에 얼마나 약합니까?
또한 육신의 즐거움으로 한평생을 산 자들이 그 즐거움을 포기한다는 것이 얼마나 힘든 일입니까?
저는 명예, 쾌락, 탐욕, 돈, 학문, 등등의 세상 모든 것들을 다 포기하지 않고는 성령을 마음에 모시지 못한다고 생각합니다.
성령은 세상에 속한 이 모든 것을 대적하기 때문입니다.

대부분의 성도들이 성령의 역사와 증거로 주님의 십자가의 대속은 믿으면서도 그 성령을 마음 중심에 모시지 못하고 신앙생활을 영위하는 것은 이 때문입니다. 성령을 마음에 모시는 것은 완전히 자신의 뜻과 육신의 생각을 포기하고 하나님께 순종할 각오가 없이는 안 되는 것입니다.
그러므로 저는 성령으로 죄를 깨닫는 것과 성령을 받는 것을 구분하고자 하는 것입니다.

주님이 약속하신 성령을 받는다는 것은 육신의 생각을 포기하고 영이신 주님과 동행하는 새로운 삶이라고 확신합니다.
또한 성령을 충만히 받는 것은 성령께서 성도들 안에 거하셔서 온전히 그를 지배하는 것을 뜻하는 것입니다.
주님은 "그들의 열매로 그들을 알리라"(마 7:20)고 말씀하셨습니다.
사도들이 약속하신 성령을 받기 위해서 힘써 기도할 때 그들에게 임하신 성령으로 말미암아 그들의 신앙생활이 180도 바뀌었던 것입니다.

그들이 마가의 다락방에서 힘써 기도할 때 성령의 도움이 없이 어찌 가능했겠습니까? 그러나 그들은 성령의 도움으로 기도에 힘써서 그 성령을 그들의 심령에 받아서 큰 권능을 행했던 것입니다.

그들은 예수님을 메시야로 믿고 따르면서도 한결같이 "누가 더 크냐?"(눅 9:46)고 서로 다투었지만, 그 일 후에 그들은 참된 진리 곧 주님이 가르치신 그 진리를 깨달았습니다.

"너희 모든 사람 중에 가장 작은 그가 큰 자니라"(눅 9:48)

그들은 주님께서 아버지의 이름으로 오셔서 그들을 아버지의 거룩으로 섬기신 것을 그 성령으로 말미암아 알게 되었고, 또한 그들은 진심으로 주님의 계명을 따라서 형제들을 서로 사랑했던 것입니다.

전에는 유대교의 권세 앞에 벌벌 떨며 도망하던 그들이 그 일 후에는 오히려 그들을 책망하면서 복음을 전했지 않습니까?

그들은 그 일 후에 하나님의 사람으로 완전히 변화되었던 것입니다.

그들은 주님의 완전한 제자로서 주님이 산상수훈에서 가르치신 그 진리대로 행하였고, 또한 충실하게 다른 제자들에게 가르쳤습니다.

그들은 원수를 사랑하고 자신들을 핍박하는 자들을 위해서 기도하는 일은 인간의 본성으로는 불가능하고, 로마서 7장의 탄식하는 신앙인들로서도 어림도 없는 일을 그 성령으로 말미암아 행하게 됨으로써 하나님을 영화롭게 해 드린 것입니다.

그들은 아들의 이름으로 보내시는 아버지의 성령을 충만히 받음으로 아버지를 알았고, 그분의 거룩하신 뜻을 따르지 않을 수 없었던 것입니다.

그들은 죄인들을 사랑하셔서 사랑하는 아들을 십자가에 내어 놓으신 그 사랑의 아버지를 보았습니다. 오직 아버지의 성령을 통해서 말입니다.

"사람의 일을 사람의 속에 있는 영 외에 누가 알리요 이와 같이 하나님의 일도 하나님의 영 외에는 아무도 알지 못하느니라"(고전 2:11)

제7복 | 화평하게 하는 자는 복이 있다 357

"만일 복음을 전하지 아니하면 내게 화가 있을 것이로다"(고전 9:16)

그들은 그 성령으로 말미암아 아버지의 죄인 사랑하심을 심령 깊은 곳에서 뜨겁게 체험했고, 그 성령과 동행함으로 열매를 거둘 수 있었습니다.

다음의 두 번째의 주장을 반박하는 문제에서도 첫 번째의 주장이 성경의 진리에서 벗어나 있다는 것이 드러나게 될 것입니다.

두 번째 주장에 대한 반박은 매우 까다롭고 조심스럽고 비밀스럽습니다.
그들이 성경과 사도들의 예를 들어서 그것을 주장하고 있기 때문입니다.
저는 먼저, 주님이 말씀하신 그 성령을 받는 것이 무엇을 뜻하는지를 생각해보고자 합니다.
사도는 '성령은 하나님께 순종하는 자들에게 부어 주신다'고 분명하게 증거하고 있습니다.

"우리는 이 일에 증인이요 하나님이 자기에게 순종하는 사람들에게 주신 성령도 그러하니라 하더라"(행 5:32)

하나님께서 성령을 부어 주시는 목적은 하나님의 선하신 뜻을 알게 하셔서 하나님의 일을 하시기 위한 것입니다.
또한 그들로 하여금 말씀의 열매를 맺게 하기 위한 목적이 있기 때문에 하나님께 순종하기보다는 자신의 정욕이나 육신의 뜻을 따라 사는 자들은 그 성령을 받을 수 없는 것입니다.

주님께서는 아버지의 성령으로 충만하신 후에 그 능력으로 복음을 전하심으로 아버지의 거룩하신 이름을 증거하셨습니다.
사도들도 같은 성령을 받아서 하나님을 대적하는 세상을 이기며 착한 행실로써 하나님을 증거하였습니다.

이와 같이 성령을 받은 자들은 그 성령이 아버지의 성령이기 때문에 지극히 선하신 아버지의 영광이 그들을 통해서 나타나게 되어 있는 것입니다.

그런데 이와는 반대로 그 성령을 받아서 방언도 하며 병을 고치며 여러 가지 능력과 기사를 나타낸다는 자들이 그들의 전체의 삶에서 행위로써 지극히 선하신 하나님을 증거하고 있지 못하면, 그가 받았다고 하는 성령이 그 성령인지 아닌지를 점검해 봐야 합니다.

또는 제가 앞에서 증거한 것처럼 십자가의 대속은 믿고 있는데 성령을 내면에 받아들이지 못하고 있지는 않는지 점검 받아야 한다는 것입니다.

요한 사도의 권면처럼 예수 안에 거하지 못하면, 첫 번째의 사람들이나 두 번째의 사람들에게서 성령의 열매는 맺어질 수 없습니다.

첫 번째의 사람들은 그 믿음의 능력은 없고, 신 바리새인의 형태와 지식 쪽으로, 두 번째의 사람들은 은사주의 쪽으로 기울어서 기독교의 신앙이 왜곡되고 맙니다.

이는 필연적인 것입니다.

물론 주님께서 그들이 비록 성령을 내면에 모시지 못하더라도 복음을 듣는 자들을 구원하시기 위해서 그 성령의 능력은 행하게 하십니다.

왜냐하면 성령께서는 나귀에게도 사람의 말을 하게 하실 수 있고, 하나님께 순종하지 아니하는 사울도 라마나욧에서 성령의 은사인 예언을 하게 하셨기 때문입니다.

또한 모세도 하나님의 말씀을 거슬러 혈기를 부려 반석을 지팡이로 두드렸지만, 하나님께서는 그곳에서 물이 나오게 하셨지 않습니까?

주님께서 "바리새인들의 말은 듣고 그 행위는 본받지 말라"(마 23:2-3)고 하신 말씀은 영원한 진리여서 지금도 전하는 자들의 행위와 관계없이 선포된 진리의 말씀을 성령께서 역사하셔서 죄인들의 귀에 들리게 하십니다.

2,000여 년 전에 이루어진 그 대속의 역사를 지금 죄인들에게 알게 하셔서 당신의 구속의 사랑을 알게 하시는 하나님, 그러므로 구원은 처음부터 끝까지 하나님께서 계획하시고 부르시고 알게 하시고 의롭다고 인치시고 그 하나님의 영광의 부요함, 곧 그 풍성하신 은혜의 영광을 알게 하셔서 그들로 하여금 당신을 찬양하게 하시는 것입니다.

성도들의 구원의 궁극적인 목적은 부르신 죄인들을 아들의 나라로 옮겨서 그들이 그 부요하신 하나님의 인애를 알게 하셔서 그들의 입에서 자발적인 감사와 찬양을 하나님께 드리는 것입니다. 그 나라는 우리가 잘 아는 대로 아들의 피로 거룩함을 얻은 자들만이 갈 수 있는 나라이고, 주 예수 그리스도로 옷 입은 자들이고, 육의 소욕을 따르지 아니하고 진리의 말씀을 따르는 자들이고, 하나님의 계명을 지키는 자들이 들어가게 될 나라입니다.
아들의 피로 하나님과 화목 된 자들은 이 목적으로 그 화목을 알게 하신 것이니, 그 화목의 구속이 이 목적을 향하여 이끌림을 받지 못하고 있으면 주님이 말씀하시는 열매를 맺지 못한 쭉정이요, 예복을 입지 않은 청함 받은 자라고 해도 무방할 것입니다.

아들의 피로 화목 된 자들

많은 사람들이 예수 그리스도의 피와 그 구속을 노래하면서 하나님의 원수로 사는 자들이 많지 않았다면 이 글은 쓰일 필요가 없었을 것입니다.
더구나 하나님의 사랑과 예수 그리스도의 십자가를 찬양하며 전하는 자들이 세상에서도 정죄하는 죄를 통회할 줄 모르고 뻔뻔한 얼굴로 십자가의 비밀한 은혜를 왜곡하지 않았다면, 하나님의 말씀이 방해를 받지 않고 순수하게 전파되어 훨씬 더 풍성하게 그 열매를 수확하게 되었을 것입니다.
그러나 많은 목회자들과 그들의 가르침을 따르는 자들이 십자가의 도를 왜곡하여 그 도를 자기들의 정욕의 수단으로 악용하므로 신실한 성도들에게는 그 십자가의 도를 부끄러워하게 하고, 세상 사람들에게는 신자나 비신자나 다 똑같다는 구실을 만들어 주어 그들이 복음에 귀를 기울일 당위성을 배제하게 합니다.

주님께서 당신이 지신 그 저주의 십자가의 구속을 알게 하시는 목적이 무엇입니까?

이에 대하여 사도는 다음과 같이 분명하게 증거합니다.

"우리로 죄에 대하여 죽고 의에 대하여 살게 하려 하심이라"(벧전 2:24)

"죄에 대하여 죽은 우리가 어찌 그 가운데 더 살리요"(롬 6:2)

"누구에게 순종하든지 그 순종함을 받는 자의 종이 되는 줄을 너희가 알지 못하느냐?"(롬 6:16)

우리는 죄의 종이 아니고 의의 종으로서 하나님의 종이요, 예수 그리스도의 피로 사신 바 된 예수 그리스도의 종들이 아닙니까?

하나님의 성령께서는 예수 그리스도의 십자가의 구속을 알게 하심으로 하나님께서 우리의 모든 죄를 완전하게 용서하셨다는 것을 알게 하시고, 그 피를 믿는 믿음을 보시고 우리를 의롭다 하십니다.

'완전한 제사', "다 이루었다"고 하시는 주님의 절규에 그 대속이 완전하여 그 대속을 믿는 자들의 모든 죄가 완전하게 대속되어 이제 하나님 앞에서 의롭다 함을 받는 것이니, 그 은혜를 아는 자들은 하나님의 측량할 수 없는 사랑과 주님의 그 은혜를 찬양하지 않을 수 없습니다.

오직 하나님의 은혜에 감사하는 찬송은 그들의 심령 깊은 곳에서 나와 하늘에 상달하여 하나님을 기쁘시게 하고, 주님께서는 당신이 하신 수고를 만족하게 여기시는 것입니다.

그들은 말할 수 없는 하나님의 사랑과 주님의 은혜를 가슴 깊이 간직하여 영원까지 가지고 갈 것입니다. 그들의 심령에는 이제 하나님이 주시는 평안이 자리 잡았고, 하나님의 원수였던 죄인이 하나님과 화목 되었다는 사실이 믿음으로 믿어지고, 사실이 되어 그 심령에 자리 잡은 것입니다.

진리의 성령께서는 화평의 복음을 전하는 자들에게 주님의 십자가의 피의 복음을 들려서 세상에 속한 죄인들을 하나님과 화목 시키십니다.

"너희에게 평강이 있을지어다!"(요 20:19)

어느 누가 그 평안을 빼앗아 가겠습니까?

저는 주님이 부르신 자들에게 베푸시는 이 평강, 이 평강은 성령께서 주님의 은혜를 증거하심으로 얻게 되는 평강이니, 이 평강을 아는 자들만이 그 비밀한 평강과 그로 말미암는 기쁨을 알고 있으리라 확신합니다.

또한 이 복음의 비밀을 알게 된 자들은 이제 하나님께 순종할 것에 목말라 하며 이 순종하고자 하는 자들에게 주님이 약속하신 성령이 임하시는 것입니다.

이제 그들은 아버지의 거룩하신 사랑을 아는 자들이요, 주님의 그 은혜를 심령으로 아는 자들입니다. 그들은 그들에게 나타난 그 사랑의 하나님을 더욱더 사랑하지 않을 수 없고, 주님의 은혜를 알므로 자기들의 목숨보다도 주님을 더 사랑한다고 심령 깊은 곳에서 외치는 자들입니다.

오직 나를 사랑하사 나를 위해서 십자가를 지신 주님!

이 주님을 어떻게 사랑하지 않을 수 있겠습니까?

이 사랑을 아는 자들은 주님이 말씀하신 그 구절이 마음으로 와 닿는 것입니다.

"아버지나 어머니를 나보다 더 사랑하는 자는 내게 합당하지 아니하고 아들이나 딸을 나보다 더 사랑하는 자도 내게 합당하지 아니하며"(마 10:37)

그들은 요한계시록에서 천천과 만만의 천사들과 흰 옷을 입은 무리들이 하나님과 그 어린 양을 소리 높여 찬양하는 그 찬송의 무리에 자신들도 함께 할 것을 기대하며 확신합니다.

그들이 믿은 주님의 그 화목의 은혜는 놀라워서 하나님의 보좌 앞에 담대히 나아갈 수 있는 믿음을 줍니다.

그들은 전에 자신들의 육신 안에서 자신들을 사로잡았던 그 죄들을 심령으로 멀리하고 싫어합니다. 오직 자신들을 향한 주님의 사랑이 그 무엇보다도 귀하고 자신들의 생명보다도 소중하다는 것을 알기에 그 주님과 교제하는 기도의 시간이 가장 귀하고 즐거운 것입니다.

하나님께서는 고대 이스라엘 백성들에게 할례를 베풀었는데, '칼빈'은 '이 할례는 육신의 소욕을 제거하는 것을 뜻하는 표식'이라고 하였습니다.

저는 이 해석이 옳다고 봅니다.

그런데 사도는 "할례는 마음에 있고 육신에 있지 않다"(롬 2:28-29)고 하였고, 구약에서도 하나님께서는 "모든 민족은 할례를 받지 못하였고 이스라엘은 마음에 할례를 받지 못하였느니라"(렘 9:26)고 탄식하셨습니다.

마음의 할례가 무엇이겠습니까? 곧, 육신에 죄를 정하신 그 육의 소욕을 마음으로부터 베어버리는 것이 아닙니까?

성령께서는 주님의 은혜로 하나님과 화목 된 자들의 심령에 이제 더 이상 육체의 소욕을 따르지 않는 할례를 행하시는 것입니다.

> "내가 그들에게 한 마음을 주고 그 속에 새 영을 주며 그 몸에서 돌 같은 마음을 제거하고 살처럼 부드러운 마음을 주어 내 율례를 따르며 내 규례를 지켜 행하게 하리니 그들은 내 백성이 되고 나는 그들의 하나님이 되리라"(겔 11:19-20)

제2의 축복을 말하면서 사도들이 받은 성령을 받았다고 말하는 자는 위의 언약이 이루어져서 지극히 온유함으로 하나님의 율법의 계명이 그들의 심령에서 지켜졌을 때 그들의 말이 참이라는 것이 증명되지 않겠습니까?

그러므로 그 성령을 받았다 하는 자들에게 위의 열매가 나타나지 않으면 그 받은 영이 그 성령인지 아닌지를 점검해 봐야 하는 것입니다.

오직 그 성령을 받는 문제는 성도들의 내면의 심령의 문제입니다.

> "그리스도 예수의 사람들은 육체와 함께 그 정욕과 탐심을 십자가에 못 박았느니라"(갈 5:24)

하나님과 화목 된 믿음의 사람들은 이제 시집도 아니 가고 장가도 아니 가는 그 천국을 소망하고 그렇게 말씀하시는 주님을 기뻐하는 자들이니, 그 할례가 어떤 할례이겠습니까?

합당한 이성의 원리로만 생각한다면 죄 없는 주님께서 우리 죄인들의 죄를 대신해서 피를 흘리시고 죽으셨으니, 그 피를 믿는 자들은 이제 그 죄가 다 용서되고 하나님 앞에서 의로운 자로서 설 수 있게 된 것입니다.

이는 그 피의 대속의 능력만 생각하게 되면 주님께서 부활하지 않으셨어도 죄인들이 하나님 앞에 설 수 있다는 논리입니다.

그런데 사도는 그 피로 화목 된 자들은 더욱더 그의 살아나심을 인하여 구원을 얻을 것이라고 분명하게 선포하고 있습니다. 이는 '주님께서 부활하지 못하셨으면 죄인들의 구원이 있을 수 없다'는 이야기입니다.

주님께서는 제자들에게 "너희는 내가 일러준 말로 이미 깨끗하여졌으니 내 안에 거하라"(요 15:3-4)고 명령하십니다. 이는 주님을 구원자로 믿은 그들의 죄는 오직 주님의 피 흘리심으로 깨끗하게 될 터인데 그로 인하여 깨끗하게 된 자들에게 당신 안에 거하라고 하시는 것입니다.

주님의 다음 말씀 곧 "가지가 나무에 붙어 있지 아니하면 스스로 열매를 맺을 수 없다"(요 15:4)는 말씀에서 알 수 있듯이 성도가 주님의 피로 화목 되었으면 부활하신 주님 안에 거해서 주님의 영이 자신들 안에 내주하실 수 있도록 자신을 비워야 된다는 이야기입니다.

이것이 순종이고, 바로 거기에 하나님의 구원의 목적이 있는 것입니다.

주님께서 성도들의 죄를 씻으신 후에 그들 안에 거하지 못하면 어떻게 그들이 하나님이 거하시는 하나님의 성전이 될 수 있겠습니까?
'아담'은 하나님의 성전으로서의 은혜는 맛보지 못했다고 봐야 합니다.
주님의 구속을 입은 자들은 그 성령을 마음 중심에 모심으로 살아계신 하나님의 성전이 되어 가는 것입니다.

우리는 구원을 아담의 타락의 회복이라는 좁은 의미에서 이해하면 안 됩니다.
저는 여기에 성도들의 구원의 성격과 목적이 있다고 확신합니다.
주님의 대속의 십자가는 구원의 완성이 아니라 죄인들을 거룩하게 해서 주님 안에서 하나님을 모시는 성전으로서 하나님과 하나 되는 목표를 지향하는 것이라고 이해해야 되는 것입니다.

> "그 날에는 내가 아버지 안에, 너희가 내 안에, 내가 너희 안에 있는 것을 너희가 알리라"(요 14:20)

'바울'은 다음의 말씀에서 이 사실을 나타내고 있습니다.

> "너희도 성령 안에서 하나님이 거하실 처소가 되기 위하여 그리스도 예수 안에서 함께 지어져 가느니라"(엡 2:22)

성도가 주님께 순종할 때 주님은 당신의 영으로 성도 안에 거하십니다.
이 일의 나타남은 살아계신 주님이 실제적으로 당신의 성령으로 순종하는 자들에게 오심을 말합니다. 성경의 죽은 문자가 이제 실제적인 영의 말씀으로 순종하는 자들에게 오는 것을 보는 것입니다.

거룩하신 주님이 그들의 받은 성령으로 그 심령을 지배하시는데 어떻게 그들의 행실에서 거룩이 나타나지 않겠습니까?

그러므로 제2의 축복을 말하는 자들이 '그 성령을 받았느냐, 받지 못하였느냐'의 기준점은 그들의 말과 행실에서 사도들이 말하는 '거룩이 나타나느냐, 아니냐'에 달려 있는 것입니다.

주님의 십자가의 피 흘리심은 죄를 지어도 괜찮다는 보증수표가 아니라 죄를 못 짓게 하는 구속이고, 우리들의 자아를 포기하고 주님이 우리 안에 거하시도록 우리 자신을 비워야 하는 종의 관계로 나아가게 하는 것입니다.

주님의 성령을 심령에 모시므로 주님의 십자가의 구속이 그 심령에서 확증된 것이므로 이제 그들은 하나님의 보좌 앞에 담대히 나아가며 하나님과 교제를 갖습니다.

"우리의 옛 사람이 예수와 함께 십자가에 못 박힌 것은…"(롬 6:6)

주님의 십자가의 피를 이야기하면서도 하나님의 말씀을 두려워하지 아니하고 죄짓는 것을 두려워하지 않는 자들은 진정으로 하나님과 화목 되지 못한 자이고, 주님의 십자가의 구속이 무엇을 의미하는지를 깨닫지도 못한 자들입니다. 이러한 자들은 주님의 십자가를 가지고 자기 정욕을 삼는 기회로 변질시킵니다. 십자가의 구속을 깨닫고 하나님께 마땅한 순종의 길로 들어서는 것이 아니라 그 구속을 가지고 자기 정욕의 기회로 삼는 것이니, 결국은 하나님의 심판을 피할 수 없을 것입니다.

"선한 일을 행한 자는 생명의 부활로, 악한 일을 행한 자는 심판의 부활로 나오리라"(요 5:29)

"참고 선을 행하여 영광과 존귀와 썩지 아니함을 구하는 자에게는 영생으로 하시고 오직 당을 지어 진리를 따르지 아니하고 불의를 따르는 자에게는 진노와 분노로 하시리라"(롬 2:7-8)

바울 사도는 그의 독자들에게 하나님과 화목하게 하는 복음을 전해서 하나님이 기뻐하시는 선을 행하게 하여 그들로 하여금 구원을 얻게 하려는데 목적이 있었다고 저는 믿습니다.

저는 앞에서 성령은 오직 하나님께 순종하는 자들에게 주시는 것임을 증거하였지만, 이 문제는 오늘날 굉장히 중요하기 때문에 더 많은 증거를 덧붙이고자 합니다.

이는 제가 말하는 두 번째 부류의 사람들, 곧 제2의 축복을 말하면서 성령을 받으면 방언을 꼭 해야 되는 것처럼 여기는 자들이 하나님의 계명은 던져버리고 주님의 십자가의 대속을 믿기만 하면 구원이 다 이루어진 것처럼 여기고 있고, 이들이 성경의 진리에서 벗어나 있다는 것을 밝히기에는 아직도 많이 부족하다고 느끼기 때문입니다.

성도들의 형제인 바울 사도는 다음 같이 단언적으로 선포하고 있습니다.

"만일 너희 속에 하나님의 영이 거하시면 너희가 육신에 있지 아니하고 영에 있나니 누구든지 그리스도의 영이 없으면 그리스도의 사람이 아니라"(롬 8:9)

저는 이 구절의 말씀이 성령을 받았다는 것이 무엇을 의미하는지를 잘 나타내주고 있다고 생각합니다.

아담의 모든 후손 곧, 범죄한 모든 사람은 다 자신의 욕심으로 진리를 떠났으므로 그들 안에 진리가 없습니다.

그들은 욕심의 열매로 사탄이 된 공중의 권세 잡은 자에게 잡혀서 죄를 범하는 존재로 그 본질이 바뀌어버린 것입니다.

만약 사탄의 유혹으로 범죄하지 아니하였고 아담과 하와 스스로가 하나님께 반역하여 죄를 저질렀다면, 그 죄의 책임을 하나님께 돌렸을 수도 있었을 것입니다.

"하나님! 나를 왜 이같이 만들었습니까?"

그러나 주께서는 사람의 영혼을 정직하고 순수하게 창조하셨으므로 그 죄의 책임에 대해서 변명할 수 없습니다.

다만 제가 이를 말하는 것은 죄가 본래부터 창조함을 받은 사람에게 있었던 것이 아니라 외부에서 들어왔다는 것입니다.

　"한 사람으로 말미암아 죄가 세상에 들어오고…"(롬 5:12)

저는 죄에 대해서 명확한 명제를 말할 수는 없지만 주님의 증거에서 알 수 있는 것은 사탄은 처음부터 살인한 자요 거짓의 아비라는 것과 누구든지 죄를 범하면 죄의 종이라는 말씀 속에서, 우리는 죄라는 것이 곧 죄 자체인 사탄에게 종속되는 관계 속에서 악하게 활동하는 실체적인 영이라는 것입니다.

"죄를 범하는 자마다 죄의 종이라"(요 8:34)는 주님의 말씀은 곧 그 악한 영 자체인 그 사탄에게 종노릇 하므로 그 인격이 악한 자의 영에게 종속되어 그 사탄의 열매인 악을 생산해 낸다는 것입니다. 이는 하나님의 형상으로 순수하게 창조함을 받은 자의 영혼이 그 악한 자에게 사로잡힌바 되는 것으로서 그 종속 관계는 스스로의 힘으로는 벗어날 수 없습니다.

사탄보다도 더 큰 능력을 가진 어떤 존재가 그 사로잡힘에서 꺼내주지 않으면 자신 스스로의 힘으로 그 사슬에서 벗어나는 것은 불가능합니다.

그런데 범죄한 사람들은 그들 스스로 하나님을 떠나 교만의 길로 들어섰기 때문에 대담하게도 그 악한 길을 계속 걷고, 심지어 즐기기까지 합니다.

그들은 대담하게도 사탄의 악을 동조하고 그와 인격적으로 연합을 이루고 있는 것입니다.

이처럼 사람은 누군가를 따르고, 그 영이 누군가에게 종속되게 되어 있습니다. 사람은 스스로 존재할 수 있는 존재가 아닙니다.

하나님의 말씀을 따라서 하나님께 종속되든지, 아니면 마땅히 따라야 될 하나님을 거부하므로 사탄에게 종속되든지 그 둘 중에 하나인 것입니다.

진리를 순종하지 아니하는 모든 무리들은 자기의 정욕을 따라 그 사탄의 길을 한 가지로 걷고 있는 것이니, 그들은 사탄에게 사로잡힌 것입니다.

"너희는 그 가운데서 행하여 이 세상 풍조를 따르고 공중의 권세 잡은 자를 따랐으니 곧 지금 불순종의 아들들 가운데서 역사하는 영이라"(엡 2:2)

"누구에게 순종하든지 그 순종함을 받는 자의 종이 되는 줄을 너희가 알지 못하느냐"(롬 6:16)

이처럼 주님은 사탄에게 종속된 자들을 복음으로 부르시고 당신의 피로 구속하셨으니, 곧 사탄에게 종속되어 저주와 사망으로 끌려가는 우리들을 당신의 피로 사신 것입니다.

"너희는 값으로 산 것이 되었으니…"(롬 6:20)

"사로잡혔던 자들을 사로잡으시고…"(엡 4:8)

주님의 피로 사신 바 된 주님의 백성들은 마땅히 자신들을 그 죄에서 구속하시고 그 피 값을 지불하시고 사신 주님을 따라야 될 의무를 낳습니다.

"너희는 그의 말을 들으라!"

주님은 당신의 성령으로 이 구속을 보여주시고, 당신의 이름으로 보내시는 아버지의 성령을 받으라고 명령하시는 것입니다.

"성령을 받으라!"

그러므로 성령은 주님의 십자가의 구속을 아는 자가 이제는 하나님께 순종할 것을 결심하는 자들에게 보내시는 구속의 증표인 것입니다.

"우리는 이 일에 증인이요 하나님이 자기를 순종하는 사람들에게 주시는 성령도 그러하니라 하더라"(행 5:32)

우리의 옛 사람이 공중의 권세 잡은 사탄에게 사로잡혀 그의 악이 우리들의 인격을 통해서 열매를 맺었던 것처럼 이제는 주께서 우리의 구속주가 되셔서 그보다 더한 능력으로 우리를 사로잡으시는 것이 곧 성령을 그 마음에 모시는 것이 됩니다.

사탄의 영이 우리를 사로잡음으로 우리 안에서 악한 열매가 맺혔었는데 하물며 주님께서 당신의 성령으로 우리를 사로잡으시면 우리 안에서 성령의 열매가 맺어져야 마땅하지 않겠습니까?

이는 우리의 옛 사람이 자신들의 욕심으로 그의 내면에서 사탄에게 종속되어 악한 열매를 그들의 인격에서 열매 맺었듯이 성령을 받는 자는 그의 영혼이 주님께 순종함으로 자신들의 심령에 성령을 받아들이는 것입니다.

'사도 요한'은 그의 서신에서 이 사실을 강력히 증거하고 있습니다.

> "죄를 짓는 자는 마귀에게 속하나니 마귀는 처음부터 범죄함이라 하나님의 아들이 나타나신 것은 마귀의 일을 멸하려 하심이라 하나님께로부터 난 자마다 죄를 짓지 아니하나니 이는 하나님의 씨가 그의 속에 거함이요 그도 범죄하지 못하는 것은 하나님께로부터 났음이라"(요일 3:8-9)

사도는 하나님께 순종하는 자들이 받는 성령은 그가 이제 하나님께 속하였다는 증표가 된다고 그 다음 절에서 증거합니다.

> "이러므로 하나님의 자녀들과 마귀의 자녀들이 드러나나니 무릇 의를 행하지 아니하는 자나 또는 그 형제를 사랑하지 아니하는 자는 하나님께 속하지 아니하니라"(요일 3:10)

그러므로 그들이 사도들이 받았다 하는 성령을 받았다고 말하려면 사도들에게 맺어졌던 성령의 열매가 그들의 인격에서 맺어져야 하고, 요한 사도의 권면처럼 주님의 계명이 그들 가운데서 지켜져야 하는 것입니다.

> "그의 성령을 우리에게 주시므로 우리가 그 안에 거하고 그가 우리 안에 거

하시는 줄을 아느니라……그의 계명을 지키는 자는 주 안에 거하고 주는 그
의 안에 거하시나니 우리에게 주신 성령으로 말미암아 그가 우리 안에 거하
시는 줄을 우리가 아느니라"(요일 4:13; 3:24)

사도는 주님의 성령을 받은 것은 곧 주님이 우리 안에 거하신다고 증거
하고 있으니, 만약 그들 안에 주님이 거하신다면 주님은 그들 안에서 그들
의 인격을 통해서 당신의 거룩을 틀림없이 나타내신다는 것이 합리적인 결
론이 아니겠습니까?

이러한 열매가 없이 성령을 받았다고 말하는 자들은 그들에게 성령께서
진리의 말씀을 가지고 그들의 죄를 보여주심으로 그들의 구속주에게로 이
끌림을 받고 있는 중이거나 또는 그들이 받은 것은 성령이 아니라 광명의
천사로 가장한 미혹의 악한 영이라는 것입니다.

독자들은 여기서 제가 앞에서 증거한 것을 다시 한 번 상고하시기를 부
탁합니다.

성령으로 지난날의 삶 곧 죄악 된 삶을 애통해 하고 성령으로 의에 주리
고 목마르고, 성령으로 주님의 십자가의 구속을 아는 것과 성령을 받은 것
을 구분하기를 바라는 마음입니다.

이러한 역사는 성도가 성령을 받은 것이 아니라 성령을 받기 위해서 주
님께서 그들의 마음을 변화시키고 깨끗하게 하시는 과정이라는 것입니다.

우리는 하나님께서 이스라엘 백성들에게 그들이 장차 나타날 대속의 은
혜만 믿으면 구원을 얻으리라는 약속보다는 선지자들을 통해서 '죄에서 돌
이켜 의를 행하고 하나님의 율법을 지켜야 구원을 받으리라'고 열심히 말씀
하신 것을 기억해야 합니다. 이들에게 구원자를 약속하신 것은 지난날의 그
들의 모든 죄를 용서하실 것이니, 그들이 하나님께로 돌아와서 그 죄를 용
서받고, 그 죄를 씻음 받아서 하나님의 백성으로 살라는 것이었습니다.

"예루살렘아 네 마음의 악을 씻어 버리라 그리하면 구원을 얻으리라 네 악한
생각이 네 속에 얼마나 오래 머물겠느냐"(렘 4:14)

"주 여호와의 말씀이니라 이스라엘 족속아 내가 너희 각 사람이 행한 대로 심판할지라 너희는 돌이켜 회개하고 모든 죄에서 떠날지어다 그리한즉 그것이 너희에게 죄악의 걸림돌이 되지 아니하리라 너희는 너희가 범한 모든 죄악을 버리고 마음과 영을 새롭게 할지어다 이스라엘 족속아 너희가 어찌하여 죽고자 하느냐"(겔 18:30-31)

"그러나 보라 내가 이 성읍을 치료하며 고쳐 낫게 하고 평안과 진실이 풍성함을 그들에게 나타낼 것이며 내가 유다의 포로와 이스라엘의 포로를 돌아오게 하여 그들을 처음과 같이 세울 것이며 내가 그들을 내게 범한 그 모든 죄악에서 정하게 하며 그들이 내게 범하며 행한 모든 죄악을 사할 것이라"(렘 33:6-8)

"그 날 그 때에 내가 다윗에게서 한 공의로운 가지가 나게 하리니 그가 이 땅에 정의와 공의를 실행할 것이라"(렘 33:15)

> 사도들이 말하는 그 성령을 받았다고 하는 자들은 공중의 권세 잡은 자를 대적하는 능력을 받고, 사도들이 증거하는 성령의 9가지 열매가 그들의 인격을 통해서 나타나야 합니다.

성령의 열매가 그들의 인격에서 나타나지 않으면 그들은 하나님과 불화 가운데 있습니다.

"우리의 씨름은 혈과 육을 상대하는 것이 아니요 통치자들과 권세들과 이 어둠의 세상 주관자들과 하늘에 있는 악의 영들을 상대함이라"(엡 6:12)

성령의 9가지 열매는 하나님과의 온전한 화평입니다.

사람들에게 나타나는 모든 죄는 공중의 권세 잡은 자와의 관계 속에서 나타나는 것이고, 성도들 또한 주님의 말씀에서 벗어난 모든 죄들 역시 이 관계 하에 놓여 있는 것입니다.

사도들이 받은 성령을 받았다 하는 자들은 그와의 관계의 사슬에서 해방되고, 주님의 구속의 관계 속에서 나타나는 성령의 열매가 그의 인격 속에서 열매로 나타나야 합니다. 화평의 복음을 다른 사람들에게 전하기 앞서 그들이 먼저 하나님과의 화평 속에 있어야만 하기 때문입니다.

주님이 약속하신 성령은 주님이 말씀하신 것처럼 주님을 굳게 믿고 의지하는 자들에게 오셔서 주님의 영광을 증거하실 뿐 아니라, 창조주 하나님으로서 하나님의 본체이셨던 분이 육신을 입고 오신 주님을 증거하십니다.

주님이 창조의 말씀이시고 전능하신 하나님이시라는 지식이 머리에만 머무는 지식이 아니라 그 성령께서 임하셔서 주님의 참된 실존을 증거해 주시므로 그 지식이 그 믿는 자의 심령으로 믿어진다는 것입니다.

천지 창조의 말씀이 육신이 되신 주님의 겸손을 어찌 글로써 다 표현할 수 있겠습니까?

그 겸손의 아름다움이 주님께서 우리의 육신을 취하심으로 실제적으로 이루어졌으니, 그 미덕의 찬송은 영원토록 모든 천사들과 구속 받은 모든 성도들의 입에서 끊어질 수 없는 것입니다.

"예수를 너희가 보지 못하였으나 사랑하는도다…"(벧전 1:8)

이처럼 그 성령은 주님의 영광을 증거하시고, 또한 믿고 순종하는 자들에게 주님의 말씀의 계명으로 열매를 맺게 하셔서 그 인격에서 주님의 형상으로 빚어 가십니다. 그들은 진실로 그의 안에서 아버지와 아들을 그 성령의 열매로서 인격적으로 알아가는 것입니다.

첫째는, 사랑의 열매입니다.

'사도 바울'이 고린도전서 13장에서 '사랑의 열매'에 대해서 상세하게 나열하고 있으니, 여기에 무엇을 더할 수 있겠습니까?

다만 바울 사도가 이해하는 사랑을 독자들과 같이 공유해보고자 합니다.

앞에서도 언급하였지만 형제 바울은 사람의 본성으로는 감당이 안 되는 사랑을 증거하였습니다.

하나님의 아들을 심히 박해했던 바울, 하나님의 의를 모르고 자신의 의를 앞세워 하나님의 뜻을 심히 거슬렀던 바울, 그는 자신이 로마서에서 증거한 대로 하나님께서 미워하시는 하나님의 원수였습니다.

그러한 그가 "하나님을 사랑하는 자 곧 그의 뜻대로 부르심을 입은 자들에게는 모든 것이 합력하여 선을 이루느니라"(롬 8:28)고 증거함으로써 자신이 이제 하나님을 사랑하는 자임을 천명하고 있습니다. 그는 하나님의 측량할 수 없는 긍휼의 사랑을 알고 하나님을 사랑하게 된 변화된 존재, 곧 새로운 피조물로서 하나님께 종속된 하나님의 사람으로서 거듭난 것입니다.

그는 자신이 그랬었던 것처럼 하나님과 원수 된 세상 사람들을 끔찍이 사랑하시는 하나님을 사랑하고, 그의 사자로서 그분께 충성을 다하고 있는 것입니다. 그는 예수님을 핍박하는 그를 오래 참으시고 사랑하사 품으시는 주님의 사랑을 알므로 이제 그 주님을 본받아 자신을 핍박하는 자들을 향해서 기도하는 사람으로 어느덧 바뀌어 있었습니다.

앞에서도 언급하였었지만 우리가 미워하는 원수라도 하나님께서는 그에게 아버지로서의 긍휼을 품고 계시므로 진실로 하나님을 사랑하게 된 자는 자신을 핍박하고 미워하는 원수라도 아버지의 긍휼로써 그를 위해서 기도하고 오래 참음으로 사랑의 마음을 가지고 그에게 하나님의 복음을 증거할 수 있는 것입니다.

바울이 증거하는 사랑은 참으로 이와 같은 사랑입니다.

'바울'은 세상에서는 찾아 볼 수 없는 하나님의 사랑을 입고 그 하나님을 알게 된 자들, 주님의 입에서 나온 진리의 말씀으로 거룩하게 되고 진리의 성령을 그 마음 중심에 모시므로 주님과 동행하는 자만이 주님 안에서만 발견되는 하나님 아버지의 사랑, 그러한 사랑을 '사랑'이라고 증거합니다.

그러므로 그 성령을 받았다고 말하는 자들은 바울이 말하는 이러한 사랑을 그의 행실에서 그 열매로써 나타내 보여야 합니다.

바울은 아버지에게서 흘러나와 아들 안에 영원히 거하시는 아버지의 사랑, 그분을 바라보므로 위에서부터 흘러나와 그의 지체들에게 공급되므로 나타나는 그 사랑을 '사랑'이라고 증거하고 있는 것입니다.

그러므로 세상에 나타나는 사랑, 곧 부모와 자식, 연인이나 친구들 간의 사랑도 사랑이라고 말할 수 있겠지만 그러한 사랑은 사람 자신들에게 한정된 것이므로 보편적이지 못하고 언제든지 변할 수 있는 일시적인 것이므로, 변하지 않는 진리의 사랑이라고 볼 수 없습니다.

> "너희가 너희를 사랑하는 자를 사랑하면 무슨 상이 있으리요 세리도 이같이 아니하느냐 또 너희가 너희 형제에게만 문안하면 남보다 더하는 것이 무엇이냐 이방인들도 이같이 아니하느냐 그러므로 하늘에 계신 너희 아버지의 온전하심과 같이 너희도 온전하라"(마 5:46-48)

주님은 하나님의 보편적인 사랑을 말씀하셨고, 바울은 그러한 주님을 본받는다고 말하고, 그 사랑을 그의 전 인격에서 증거하였다는 것입니다.

'플라톤'은 세상에 잠깐 잠깐 나타나는 아름다운 사랑을 통해서 '이데아의 사랑' 곧 '완전한 사랑'을 꿈꾸었는지 모르지만, 하나님에게서 나오는 이 사랑은 그의 은혜를 받은 자만이 아는 것이어서 진리이신 주님께 적극적으로 순종하지 않는 자들은 이러한 사랑을 꿈속에서도 결코 맛볼 수 없다는 것을 우리는 알아야 합니다.

왜냐하면 진리는 진리이신 주님께로부터 흘러나와서 그에게 순종하는 자들에게만 머물 수 있기 때문입니다. 주님께 순종하지 않는 것은 그에게 저항하는 것이므로 진리의 성령을 그의 인격으로 받아들일 수 없습니다.

진리의 성령은 주님의 구속을 믿게 하시고, 더 나아가서 주님께 순종하게 하심으로 그 순종하는 자의 심령에 거하시는 것입니다.

그러므로 바울이 말하는 사랑을 알려면 하나님에게서 나오는 진리의 말씀으로 깨끗함을 받아야 할 뿐만 아니라, 주님의 입에서 나오는 그 계명에 순종함으로 계명의 말씀이 그의 심비에 새겨져야 합니다.

세상 사람들은 자기들의 연장으로 돌에 글을 새기지만 주님께서 심비에 새기는 말씀은 주님 자신이기 때문에 주님께서 당신의 영으로 그들 심비 안에 거하시는 것입니다.

이는 거룩하신 주님과의 인격적인 연합을 이루는 것입니다.

"그 날에는 내가 아버지 안에, 너희가 내 안에, 내가 너희 안에 있는 것을 너희가 알리라"(요 14:20)

강조하여 말하지만, 사도들이 말하는 성령을 받았다고 말하는 자들은 다음의 말씀을 주목하고 그 증거를 보여야 할 것입니다.

"그의 성령을 우리에게 주시므로 우리가 그 안에 거하고 그가 우리 안에 거하시는 줄을 아느니라"(요일 4:13)

"그의 안에 산다고 하는 자는 그가 행하시는 대로 자기도 행할지니라"(요일 2:6)

구약의 율법의 계명에는 없는 새 계명

"내가 너희를 사랑하는 것 같이 너희도 서로 사랑하라"(요 13:34)

앞에서도 언급하였지만 여기서 덧붙이면, 구약의 계명은 인류에게 보편적인 계명이지만 새 계명은 주님께 구속함을 입은 자들이 주님을 사랑하므로 주님께 순종할 때 받아들일 수 있는 계명이므로 주님과의 관계가 없이는 이루어질 수 없는 말씀입니다.

주님께서는 아버지에게서 받은 말씀을 그의 제자들에게 감춰짐 없이 다 전해 주셨는데, 이 계명을 받음으로써 그가 진실로 주님의 종으로서 주님께 순종하는 자임을 증명하는 것입니다.

사도들은 이 계명을 알고 있었습니다.

아버지에게서 나온 계명의 말씀이 주님 안에 충만히 거하시고 그 말씀이 그의 지체에까지 미칠 때 비로소 한 하나님 안에서 그 말씀으로 하나를 이루시므로 주님과 형제 관계로 연합을 이루어진다는 것을 알았기에 '시편 기자와 히브리서 기자'는 다음과 같이 증거할 수 있었던 것입니다.

> "보라 형제가 연합하여 동거함이 어찌 그리 선하고 아름다운고 머리에 있는 보배로운 기름이 수염 곧 아론의 수염에 흘러서 그의 옷깃까지 내림 같고 헐몬의 이슬이 시온의 산들에 내림 같도다 거기서 여호와께서 복을 명령하셨나니 곧 영생이로다"(시 133:1-3)

> "거룩하게 하시는 이와 거룩하게 함을 입은 자들이 다 한 근원에서 난지라 그러므로 형제라 부르시기를 부끄러워하지 아니하시고"(히 2:11)

사도들은 하나님에게서 보냄을 받은 진리의 예수 그리스도를 믿고 그에게 순종함으로 진리의 사랑이 주님을 통해서 그에게 흘러들어 그의 인격에 열매를 맺음으로써 위의 말씀이 자기들 안에서 증거가 된 것입니다.

사도들은 그들의 서신 전체에서 이 사랑을 증거하고 있습니다.

바울은 하나님께서 주님을 성도들의 맏형으로 예정하셨다고 담대히 증거하고 있는데 이는 그가 주님의 새 계명을 받아서 그의 인격의 열매로 나타났기에 가능한 증거인 것입니다.

그는 주님이 행하셨던 그 사랑을 그도 행했습니다.

성령은 하나님의 생명의 성령이시고, 또한 말씀이십니다.

하나님에게서 나온 말씀이 말씀을 받은 자들의 심령에 인 쳐지지 않으면 그 말씀의 당사자이신 하나님을 어떻게 알 수 있겠습니까?

하나님께서 말씀만 하시고 그 성령으로 그 말씀을 받는 자들에게 오시지 않으면 하나님은 그들에게 '항상 낯선 분'으로 남게 될 것입니다(칼 바르트).

그러므로 성도는 주님의 이름으로 오시는 성령을 그 마음 중심에 모시므로 주님을 알고 하나님의 생명에 참여하는 것입니다.

사도들이 받았다고 증거하는 그 성령을 자랑하는 자들은 이와 같은 생명의 성령의 열매를 증거해야 그의 증거가 참되다는 것으로 인정받을 것입니다.

또한 더 나아가 하나님의 보편적인 사랑, 곧 율법의 계명 – "네 마음을 다하고 목숨을 다하고 뜻을 다하고 힘을 다하여 주 너의 하나님을 사랑하라…네 이웃을 네 자신과 같이 사랑하라"(막 12:30-31)는 주님의 율법해석의 말씀을 그의 심령에서 지킴으로써 그가 진실로 하나님을 사랑하고 있다는 것을 증거해야 합니다.

성도는 주님이 '산상수훈'에서 가르치신 교훈으로 죄의 지적을 받고 그 죄를 씻기 위해서 피 흘리신 주님의 공로로 산상수훈에서 지적하는 죄를 대적하시는 하나님과 화목 되었다는 것을 잊지 말아야 합니다.

그러므로 그 성령을 받은 자는 그와 같은 화목의 증거로 주님의 입에서 나온 하나님의 계명이 그의 심령에서 지켜져야 마땅한 것입니다.

둘째는, 화평입니다.

하나님과 화목하게 되고 그 화목을 유지시켜 주시는 주님과 동행하는 자들에게는 그 심령에 화평이 따르기 마련입니다.

첫째는, 하나님과의 화평이고 둘째는, 주님과의 화평이고 셋째는, 형제들 간의 화평이고 넷째는, 세상 사람들과의 화평입니다.

하나님과의 화평

사도는 주님을 구주로 믿으면서도 또 다시 하나님과 원수 된 세상을 바라보고 거룩하신 하나님을 떠나 참된 믿음에서 이탈하여 교회를 어지럽히는 그들에게 "너희는 하나님과 화평하라"고 촉구합니다.

이 시대 믿음의 사람들은 구세대 이스라엘 민족들처럼 은혜를 주시자마자 금세 하나님을 떠나 죄악으로 달려가므로 하나님과의 화평을 깨뜨리는 자들이 아니라 그 일을 거울로 삼아 계속적으로 하나님의 은혜 안에 머물면서 하나님과의 화평을 유지하는 자들입니다.

주님의 보배로운 피로 하나님과 화목 된 자들은 그 피의 구속으로 하나님께 얽매이게 된 종 된 위치를 알고, 싫든지 좋든지 간에 그 하나님을 섬기는 자들입니다. 그 구속의 멍에를 던져버리는 자들은 하나님과의 화평을 깨뜨리므로 그의 심령 안에 참된 희락이 사라지고 금세 세상이 주는 육체적인 즐거움만이 그를 사로잡을 것이므로 그가 갖는 기쁨은 성령이 주시는 기쁨이 아니라 세상이 주는 쾌락인 것입니다.
그는 옛 죄에 또다시 매이게 되므로 거룩하신 하나님을 가까이 하지 못하고, 기도한다 할지라도 자기 정욕으로 하는 기도밖에 드릴 줄 모릅니다.

참된 성도는 주님의 십자가의 구속을 믿음으로 시간이 지날수록 하나님을 더욱더 가까이 하여 하나님과의 화평을 계속적으로 유지하는 것입니다.
이러한 우리의 체질을 잘 아시기에 진리의 성령께서는 사도들을 통해서 다음과 같이 말씀하십니다.

"한 번 빛을 받고 하늘의 은사를 맛보고 성령에 참여한바 되고 하나님의 선한 말씀과 내세의 능력을 맛보고도 타락한 자들은 다시 새롭게 하여 회개하게 할 수 없나니 이는 그들이 하나님의 아들을 다시 십자가에 못 박아 드러내 놓고 욕되게 함이라"(히 6:4-6)

인자하신 주님께서는 사도를 통해서 믿음의 형제들에게 그러한 죄에 빠지지 않고 성령의 거룩한 열매를 맺도록 하기 위해서 미리 경계로 이 말씀을 주신 것입니다.
저는 믿음의 형제들 가운데 위의 말씀대로 타락하여 주님의 십자가를 욕되게 하는 자들이 있을까 두렵습니다. 하나님의 말씀은 반드시 그 진리대로 이루어질 것이 자명하기 때문입니다.

성도는 주님의 십자가의 피로 하나님과 화목 된 자들이니 그 화목의 피가 헛되지 않도록 세상과 죄를 멀리하고, 거룩하신 주님과 동행해서 주님이 우리들을 아버지의 나라로 인도하여 들이실 때까지 주님을 의지하고 따르도록 해야 합니다.

이 길이 실로 하나님과의 화평을 지속적으로 유지하는 길이 아니겠습니까? 주님은 화평의 왕이십니다.

> "이는 한 아기가 우리에게 났고 한 아들을 우리에게 주신 바 되었는데 그의 어깨에는 정사를 메었고 그의 이름은 기묘자라, 모사라, 전능하신 하나님이라, 영존하시는 아버지라, 평강의 왕이라 할 것임이라"(사 9:6)

사람들의 가장 큰 불안은 생명의 근본 되시는 한 분 하나님을 떠나 그 하나님과의 관계가 끊어졌다는 데에 있습니다.

그런데 위의 본문은 주님은 하나님의 아들로서 당신의 하나님과의 관계에 있어서 온전한 연합을 이루고 계신다는 것을 증거해 주고 있습니다.

당신에게 생명 주신 분을 조금이라도 거스르고, 온전히 순종하지 않는 것은 심히 패역한 것입니다. 주님은 당신의 지신 십자가를 통해서 순종이 무엇인지를 하늘과 땅 가운데 있는 모든 자들에게 확실히 드러내셨습니다.

그러므로 주님께서는 "…자기 목숨까지 미워하지 아니하면 능히 내 제자가 되지 못하리라"(눅 14:26)고 말씀하신 것입니다.

당신에게 생명을 주셔서 누리게 하신 하나님께 그 생명을 다해서 충성하지 아니하는 것은 온전한 순종이 아니고, 불의인 것입니다.

십자가에 죽기까지 순종하심으로 온전히 아버지와 연합을 이루시고 화평의 관계가 그 죽음의 깊이에까지 이르신 그 위대하신 겸손과 온유를 어떻게 글로 표현할 수 있겠습니까?

우리는 제자들에게 선포하신 말씀 속에서도 이 깊은 연합의 사실을 알 수 있습니다.

"나와 아버지는 하나이니라 하신대"(요 10:30)

주님께서는 당신과 아버지와의 하나 됨의 비밀을 다음 구절에서 밝히고 계십니다.

"내가 행하거든 나를 믿지 아니할지라도 그 일은 믿으라 그러면 너희가 아버지께서 내 안에 계시고 내가 아버지 안에 있음을 깨달아 알리라 하시니"(요 10:38)

주님께서는 창세전부터 아버지 품속에 계셔서 아버지와 하나이셨고, 우리의 육신을 입고 이 땅에 오셔서 때가 되어 아버지의 복음을 전파하고자 세례 요한에게 세례를 받으시고 아버지의 성령을 충만히 받으셨을 때 주님은 당신의 하나님 곧 아버지께서 아버지의 성령으로 주님 안에서 일하시도록 온전히 당신을 비우심으로써 아버지와 일체를 이루신 것입니다.

주님은 하나님께 조금도 거스르지 아니하시고 오히려 당신의 온 영혼으로 그 아버지께 충성을 다하시기 위해서 자신을 비우셨습니다.

아버지의 성령께서 이끄시는 대로 충성을 다하심으로써 아버지의 이름이 그 아들을 통해서 영화롭게 되시는 것, 이 일이 주님의 죽으심의 순종까지 이르러 마지막에 부활로써 주님이 하나님의 참 독생자이심이 증명되셨고, 또한 이사야 선지자의 증거 곧 그가 평강의 왕이심이 드러나셨습니다.

진정한 평강은 생명의 주인 되시는 주를 거스르지 아니할 뿐만 아니라 그 주인에게 충성을 다함으로써 그 주인의 신뢰하는 바가 되어 끝까지, 십자가 죽음의 깊이까지 그의 기쁨이 되는 존재로 남아 있어야 하지 않겠습니까?

이러한 이유로 주님은 그 하나님과의 관계에서 평강의 왕이신 것입니다.

주님은 아버지께서 이 땅에 육신을 입고 보내시는 일에도 순종하시고, 뿐만 아니라 아버지의 뜻을 이루시고자 그 아버지의 성령을 충만히 받으심으로써 그 아버지의 기쁨이 되셨다는 것이 성경의 증거입니다.

여기에 진정한 평강이 있는 것입니다.

> "예수께서 세례를 받으시고 곧 물에서 올라오실 새 하늘이 열리고 하나님의 성
> 령이 비둘기 같이 내려 자기 위에 임하심을 보시더니 하늘로부터 소리가 있어
> 말씀하시되 이는 내 사랑하는 아들이요 내 기뻐하는 자라 하시니라"(마 3:16-17)

진리의 말씀과 진리의 성령으로 깨끗하게 된 자들이 하나님과의 관계가 회
복되어 그 하나님을 사랑하므로, 성령은 자발적으로 순종하기를 열망하는
자들 안에 내주하시는 것입니다. 이 사실을 좀 더 구체적으로 이해하기 위
해서 우리는 우리 자신들과 우리 조상 아담을 비교해 보아야 합니다.

우리가 죄악 가운데 있을 때 진리의 성령께서는 선포되어 기록된 진리의
말씀을 가지고 죄악에 물든 우리의 심령을 주님의 피로써 깨끗하게 하십
니다.

그렇게 깨끗함을 받은 자들을 첫 사람 아담과 한 번 비교해보십시다.

아담이 불순종함으로 불안 가운데서 하나님의 낯을 피하여 숨었다면 이
제 주님의 피로 구속된 성도들이 진리에 순종해야 될 터인데 그 순종이
곧 그 성령을 받음으로써 나타나야 된다는 것입니다.

그러므로 주님의 이름으로 보내시는 아버지의 성령을 받는 것은 자신의
삶 전체를 그 성령께서 인도하신 대로 따르는 것이 되므로 그의 심령에
는 이제 하나님과의 관계에 있어서 화평이 이루어지는 것입니다.

여기에 진정한 평강이 있는 것입니다.

이 일은 그로 하여금 성령께서 행하시는 마음의 할례 곧, 육체의 욕심을
버려야 하는 결단이 없으면 안 됩니다.

성도가 말씀으로 깨끗하게 되었다 해도 육신을 입고 있는 동안은 육의
생각이 성령을 거스르기 때문에 자신의 전 존재를 하나님이 기뻐하시는
산 제물로 드리지 않으면 그 성령을 받을 수 없는 것입니다.

그들은 이제 자기 십자가를 지고, 주님이 성령으로 가신 그 길을 주님의 성령의 동행으로 갈 수 있게 됩니다. 또한 이미 그 길로 가서서 아버지의 영광 가운데 들어가신 주님의 이끌리심을 받음으로, 동시에 주님과의 관계에서도 화평이 이루어지는 것입니다.

주님은 이 일을 위해서 창세전부터 예정하심을 입은 자들의 맏형이 되셔서 그의 형제들을 아버지의 나라로 인도할 사명이 그에게 있는 것입니다. 이러한 주님의 인도하심을 거스르고 그 길을 따르지 아니하는 자들은 주님을 거역할 것이므로, 주님과의 관계에 있어서도 불화 가운데 있게 되는 것입니다.

> "주님의 대속은 주님과 죄인들과의 관계에 있어서 절대적인 종속관계를 형성한다."(김남준)

하나님께서는 주님의 가신 그 길을 가고자 자발적으로 결심하는 자들에게 주님의 이름으로 그 영을 부어 주십니다.
사도가 성령의 열매로써 화평을 증거하는 것은 참된 것입니다.
이것만이 진정으로 하나님이 기뻐하시는 일이니, 그 성령을 받아 주님이 인도하시는 대로 따르는 자들에게는 그 마음에 하나님과의 진정한 화평이 이루어지는 것입니다.
우리는 이 길을 가기 위해서 사도의 권면을 받아들여 매일 우리의 몸을 하나님이 기뻐하시는 산 제물로 드리기를 힘써야 합니다.

주님과의 화평
이는 첫째의 증거에서 나타났으므로, 더 이상 증거가 불필요하다고 봅니다.

믿음의 형제들과의 화평
하나님께 순종하는 자들에게 주시는 성령은 아버지의 성령이시기 때문에 아버지의 뜻하신 바를 성취하십니다.

성령께서는 이 일을 위해서 보내심을 받으셨습니다.

주님께서 그 성령으로 아버지께서 당신에게 주신 형제들을 사랑하시되 당신의 몸을 십자가에 내어 주시기까지 하셨으니, 사도는 이 주님의 사랑을 본받아서 우리가 우리의 형제를 위해서 목숨을 버리는 것이 합당하다고 증거합니다.

우리가 대면하는 믿음의 형제들은 주님께서 당신의 전부를 십자가에 내어 주실 정도로 가치가 있고, 아버지께서 그만큼 사랑하신 까닭에 주님께서 그 아버지의 깊은 것이라도 다 아시는 성령으로 그 사랑을 실천하셨으니, 그 성령을 받은 자들은 이러한 주님의 사랑을 본받아 그 계명대로 믿음의 형제들을 사랑해야 합니다.

이 계명을 받으면 아버지께서 우리들을 당신의 아들들로 택하신 것이 보이고, 주님께서 아버지의 계명을 따라 우리를 위해 당신의 목숨을 희생하신 사랑이 보이는 것입니다.

우리는 주님께서 우리들 중에 거룩함으로 임하시는 것을 체험합니다.

당신의 지체들에게 당신의 거룩한 옷으로 장막을 치시는 주님을 어떻게 표현할 것입니까?

성전에 거룩함으로 임하셨다는 '이사야'의 증거가 믿어질 뿐입니다.

이 계명이 진정으로 하나님 아버지의 기쁘신 뜻이 아니겠습니까?

성도는 이 계명이 믿음의 성도들 가운데 나타나게 하기 위해서 하나님의 부름을 받은 것입니다. 이는 창세전부터 그 아들 안에서 예정하신 바요, 주님께서는 바로 이 일의 수장이 되셔서 당신의 지체들을 그 계명으로 인도하십니다.

아버지의 뜻은 창세전부터 아들 안에서 많은 아들들을 얻는 것입니다.

'바울'은 이를 이렇게 표현하였습니다.

"율법 없는 자(경건한 자)들을 얻고자 함이라"(고전 9:21)

경건의 최고의 지향점은 바로 아버지의 입에서 나온 계명대로 우리의 형
제들이 주님을 본받아서 실천하는 것이 아니겠습니까?
이러한 하나님의 뜻을 거스르는 것은 곧 하나님의 말씀을 거역하는 행위요,
형제들 간의 화평을 깨뜨리는 행위이니, 사도들이 받았다고 말하는 그 성령
을 받은 자들은 이러한 주님의 계명을 그의 행위로써 증거해야 합니다.

우리가 형제들을 사랑하지 못하는 첫 번째의 장애물은 바로 '교만'입니다.
제자들이 서로 '누가 크냐'는 다툼 가운데 있을 때 주님께서는 "너희는
다 같은 형제라"고 말씀하심으로써 우리들의 처지를 알게 하셨었습니다.
우리 믿음의 형제들은 주님을 머리로 하는 한 하나님의 아들들로서 서로
높고 낮음이 없이 동등한 형제인 것입니다.
주님께서도 하나님께 속한 믿음의 형제들을 가리켜 형제라 일컬었는데
어느 누가 감히 형제들을 무시하고 높아진다는 말입니까?
교회의 수장이라고 감히 말하는 자가 있다면 그는 틀림없이 저 교만의
아비인 사탄에게 속한 것이 틀림없다 하겠습니다.

교만은 형제들 간의 화평을 깨뜨리는 첫 번째의 죄악이고, 하나님께서도
당신의 미워하시는 것 육칠 가지 중에 가장 첫 번째로 바로 교만을 말씀
하셨습니다.
"사람의 마음의 교만은 멸망의 선봉이요 겸손은 존귀의 길잡이니라"(잠
18:12)는 진리의 말씀은 인류 역사가 시작된 이래 줄곧 증명된 진리의
말씀인 것입니다.

세상 사람들과의 화평
주님은 이 땅에 계셨을 당시에 어느 누구도 꺼리시는 일이 없었습니다.

이러한 주님의 행위에서도 그가 아버지의 이름으로 보냄을 받으셨다는 충분한 증거가 나타났다고 할 수 있을 것입니다.

세상의 부모들도 그들을 거역하는 자녀들을 불쌍히 여기고 인애를 베푸시는데, 하물며 온전하시고 인자와 인애가 측량할 수 없이 크신 하나님은 어떠하시겠습니까?

성경은 '그는 이 세상 어느 누구라도 꺼리시는 일이 없이 그들에게 계속적으로 인애를 베푸신다'고 증거하고 있습니다.

주님께서는 이러한 아버지의 성령으로 그 당시 복음을 전하셨던 것이니, 그가 아버지의 이름으로 오신 것을 증명하신 것 중에 한 가지가 바로 아무라도 꺼리지 아니하셨던 그 일인 것입니다.

사도들은 이러한 아버지를 아셨기에 "하나님은 모든 사람이 구원을 받으며 진리를 아는 데에 이르기를 원하시느니라"(딤전 2:4)고 증거했습니다.

세상에 속한 사람들과 하나님의 사람들이 화평의 관계를 유지하려면 그들이 하나님의 복음을 받아들여야만 가능합니다. 왜냐하면 관계의 본질은 인간적인 것이 아니라 영적인 것이기 때문입니다.

이러한 관계 때문에 하나님께서는 하나님의 종들을 통해서 사람들에게 나타나는 여러 가지 악을 시정하고 또 징계하셔서 그들로 하여금 구원에 이르도록 하시기 위해서 하나님의 복음을 전하게 했던 것입니다.

우리는 아무라도 꺼리지 아니하셨던 주님께서도 성전이 유대인들로 더럽혀졌을 때 그들을 크게 꾸짖으셨고, 당신께서 여러 가지 이적으로 하나님의 보내심을 받은 자임을 증명하였음에도 불구하고 그들이 회개하지 아니하자 '그들에게 화가 임할 것'이라고 경고하셨던 것을 기억해야 합니다.

이러한 주님의 열심은 그가 받으신 성령으로 말미암은 것이니, 같은 성령을 주님의 이름으로 받은 자들은 똑같은 화평의 열매가 나타나야 합니다.

주님과 사도들은 죄악에 매여 하나님을 대적하는 세상 사람들이 회개하여 복음에 귀를 기울이도록 하기 위해서 그들에게 화평의 복음을 전했던 것입니다.

> "하나님께서 우리 죄인들의 죄를 용서하시기 위해서 그 아들을 십자가의 대속의 제물로 내어 주셨다. 너희도 회개하고 돌이키면 그 은혜를 받을 수 있다. 너희들의 죄를 짊어지신 하나님의 보내신 자, 예수를 믿어라!"

이것이 그들을 향한 화평의 메시지입니다.

그들은 죄인과 하나님 사이의 화평과 또 하나님께 속한 사람들과의 화평은 사람들을 죄에서 구원할 자로 오신 예수를 영접하는 일이라는 것을 잘 알기에 그 성령을 받은 후에 담대하게 그 일에 매진하였던 것입니다.

사도는 "모든 사람을 공경하라"는 말씀으로 그들이 하나님의 보냄을 받은 사람이라는 것을 증명하였고, 이러한 증명은 바로 성령께서 그들의 심령에 인 치신 진리인 것입니다. 또 주님의 이름으로 사도들이 받은 성령은 결코 죄악에 매여 있는 세상과 타협하게 하지 않는다는 것을 알아야 합니다.

죄는 사탄에게 속한 사탄의 열매이고, 성령은 하나님께 속한 하나님의 속성 곧, 이 세상의 빛입니다.

그 성령을 받은 자들은 죄악에 매인 사람들을 그 죄에서 돌이켜 구원에 이르도록 힘써야 하기 때문에 결코 죄와 타협할 수 없습니다.

그들은 그들의 죄에 같이 끌려들어가는 것이 아니라 그들에게 남아 있는 하나님의 형상 때문에 또는 한 사람의 후손의 형제로서의 동질감이 있기 때문에 그들에게 애정과 긍휼의 마음을 품고 그들에게 다가서는 것입니다.

그러므로 '크리스천(Christian)이라 자처하고 WCC를 통해서 교회의 연합을 도모하는 자들은 이 점을 고려해야 합니다. 주님의 이름으로 세례도 받지 않은 그들이 '세상에 속하였는지, 아닌지'를 먼저 분간해야 하는 것입니다.

조금이라도 은혜를 아는 사람이라면 죄악으로 하나님과 원수 된 자들과의 화평은 오직 그들이 하나님께 돌이켜 화평의 복음을 받아들이는 데 있다는 것은 모두 다 아는 사실 아닙니까?

그 성령을 받은 자들은 하나님을 사랑하므로 하나님께 순종하는 하나님의 자녀들이고 세상에 속한 그들은 하나님을 미워하는 자들이니, 어떻게 그들과 복음 밖에서 화평을 이룰 수 있겠습니까?

그들이 우리가 사랑하는 하나님을 사랑하려면 하나님의 그 사랑을 받아들여서 자기들의 자리에서 돌이켜 그 아들의 이름을 믿고 그의 거저 주시는 은혜를 받아들여야만 가능합니다.

그 은혜는 곧 그들의 죄가 진리의 말씀과 진리의 성령의 증거로 씻겨서 하나님의 사람으로 거듭나는 것입니다. 이러한 거듭남이 없이는 그들은 영원히 하나님과 원수이고, 또한 그에게 속한 우리들의 원수인 것입니다.

우리가 주님이 주시는 그 성령을 받았으면 그들은 진실로 우리들을 미워할 것이 틀림없습니다. 왜냐하면 그 성령은 우리가 하나님께 속하였다는 것을 알게 하시고, 세상은 마귀에게 속하였으므로 성령께서 책망하신다고 주님께서 직접 증거하셨기 때문입니다.

성령을 받았다고 말하면서 주님을 구주로 믿지 아니하는 그들을 책망하지 못하고 그들을 받아들여 교제하는 것은 그 성령이 사도들이 받은 성령이 아니라 사도들이 증거한 바로 그 '미혹의 영'인 것입니다.

> "그가 와서 죄에 대하여, 의에 대하여, 심판에 대하여 세상을 책망하시리라 죄에 대하여라 함은 그들이 나를 믿지 아니함이요"(요 16:8-9)

> "세상이 너희를 미워하면 너희보다 먼저 나를 미워한 줄을 알라 너희가 세상에 속하였으면 세상이 자기의 것을 사랑할 것이나 너희는 세상에 속한 자가 아니요 도리어 내가 너희를 세상에서 택하였기 때문에 세상이 너희를 미워하느니라"(요 15:18-19)

성령은 세상에 속한 사람들은 성경을 진리의 말씀으로 받아들이지도, 믿지도 않는다고 증거하고 있습니다.

> "우리는 하나님께 속하였으니 하나님을 아는 자는 우리의 말을 듣고 하나님께 속하지 아니한 자는 우리의 말을 듣지 아니하나니 진리의 영과 미혹의 영을 이로써 아느니라"(요일 4:6)

하나님과의 화목은 우리가 우리의 죄를 자백하고 그 죄를 던져버리고 하나님의 입에서 나온 말씀을 받는 것에 있는 것이니, 세상에 속한 그들과 우리가 화평을 이루려면 구원자의 머리가 되시는 주님을 그들의 머리로, 우리가 사랑하는 하나님을 그들도 사랑하는 것이 먼저 이루어져야 합니다.

또한 우리는 성령께서 증거한 죄는 예수 그리스도를 구원자로 믿지 아니하는 것이니, 그들이 만약 예수를 거부하고 그의 복음을 받아들이기를 거부한다면 어떻게 그들과 화평이 이루어질 수 있겠는가를 생각해 봐야 합니다.

그 성령을 받은 자는 진리의 말씀 곧 하나님을 사랑하는 자들이고, 예수를 구원자로 믿지 않는 자들은 어두움, 곧 죄악을 사랑하는 자들이니, 사도의 증거처럼 빛과 어두움이 어찌 일치를 이루겠습니까?

사람들과의 화평은 오직 모든 사람들이 한 머리를 중심으로, 한 지체로 연합될 때 다툼이 없을 것이며, 그 연합이 가장 아름답게 유지되는 것 역시한 진리 안에서 한 진리의 말씀이 그들의 심령을 통일해야만 가장 이상적인 것이 될 것입니다.

그 성령은 바로 이 일을 성취하시는 것이니, 진리의 말씀으로 통일되게하는 역사 없이 연합을 도모하는 것이 있으면 그 영이 미혹의 영이 아닌지를 점검해봐야 하는 것입니다.

화평 다음의 성령의 열매는 '오래 참음'입니다.

> "너희는 여호와를 만날 만한 때에 찾으라 가까이 계실 때에 그를 부르라 악

인은 그의 길을, 불의한 자는 그의 생각을 버리고 여호와께로 돌아오라 그리하면 그가 긍휼히 여기시리라 우리 하나님께로 돌아오라 그가 너그럽게 용서하시리라"(사 55:6-7)

북쪽 이스라엘의 멸망을 보고서도 남쪽 유다가 회개하지 아니하자 이사야와 예레미야와 같은 여러 선지자들을 부지런히 보내셔서 그들로 하여금 '악에서 돌이켜 자기들의 하나님께로 돌아오라'고 권면하지만 그들은 끝내 돌이키지 아니하였습니다. 이사야가 유다의 멸망하기 전 근 100여 년 전에 이처럼 경계의 말씀을 전하였으니, 하나님의 오래 참으시고 기다리심이 어떠한지를 가히 짐작할 수 있습니다.

"그런즉 너희는 너희 길과 행위를 고치고 너희 하나님 여호와의 목소리를 청종하라 그리하면 여호와께서 너희에게 선언하신 재앙에 대하여 뜻을 돌이키시리라"(렘 26:13)

재앙을 선포하시고도 그 선포된 말씀을 철회하시겠다고 말씀하시는 하나님은 참으로 우리의 구원을 위해서 오래 참으시는 하나님이시며, 자비와 인애를 한없이 품고 계시는 하나님으로서 성경에서 모세와 다른 선지자들이 증거하는 그 하나님이신 것입니다.

사랑을 많이 품으시는 자만이 자기를 멸시하고 자기의 형상을 더럽히고 파멸하는 여러 가지 악에 대하여 오래 참으실 수 있을 것입니다.

사도와 선지자들은 그 하나님이 보내시는 성령을 받음으로써 그 사랑의 하나님을 알게 되어 그들도 그 성령의 역사와 은혜로써 자기들을 멸시하고 비방하고 해하려는 자들에 대하여 오래 참을 수 있었던 것입니다.

이는 오직 위에 계신 이를 바라봄으로 가능한 일입니다.

우리는 세상에서도 자기의 형제에 대하여 악감을 품었다가도 자기의 부모를 생각해서 그 목적을 단념하거나 미루는 예를 볼 수 있습니다.

"그의 아버지가 야곱에게 축복한 그 축복으로 말미암아 에서가 야곱을 미워하여 심중에 이르기를 아버지를 곡할 때가 가까웠은즉 내가 내 아우 야곱을 죽이리라 하였더니"(창 27:41)

우리들 자신들에게서 나오는 덕과 인애로는 참을 수 없었을 일도 위에 계신 하나님을 생각함으로 여러 가지를 참을 수 있는 능력이 생기게 되는데, 이는 하나님께서 그를 바라보는 자를 당신의 성령으로써 하나님의 사람 사랑하심을 알게 하셔서 그 심령을 사로잡기 때문에 가능한 것입니다.

"부당하게 고난을 받아도 하나님을 생각함으로 슬픔을 참으면 이는 아름다우나"

이처럼 성령을 받은 자는 하나님의 오래 참으심의 열매가 그의 인격을 통해 나타나야 합니다. 주님이 자기를 대적하고 거스르는 '바울'에 대하여 이와 같이 오래 참으심으로 하나님을 영화롭게 하셨으며, 그 사랑을 받은 바울 역시 그 하나님의 오래 참음에 대하여 알기 때문에 자기를 핍박하고 해하려는 자들에 대하여 오래 참고 복음을 전파하고 가르칠 수 있었습니다.

이는 오직 그 성령으로 말미암음입니다.

오래 참음 이후 성령의 열매는 '자비와 양선과 충성과 온유와 절제'입니다.

'다윗'은 자신의 죄를 씻기 위해서 구원자를 보내시는 하나님의 크신 긍휼과 인애를 성령으로 알고, 헤아릴 수 없이 많은 말로 하나님의 선하심을 노래하였습니다.

"새 노래로 여호와께 찬송하라 그는 기이한 일을 행하사 그의 오른손과 거룩한 팔로 자기를 위하여 구원을 베푸셨음이로다"(시 98:1)

그는 오직 우리들의 구원이 하나님의 지극히 선하심의 발로임을 노래하였으니, '그는 선지자라' 그 성령을 그에게 주심으로 그가 이 일을 알고 찬송으로 응답하였다 할 것입니다.

"감사함으로 그의 문에 들어가며 찬송함으로 그의 궁정에 들어가서 그에게 감사하며 그의 이름을 송축할지어다. 여호와는 선하시니 그의 인자하심이 영원하고 그의 성실하심이 대대에 이르리로다."(시 100:4-5)

지극히 선하신 하나님께서 죄인들에게 베푸신 크신 덕을 아는 자들은 이제 그의 성령으로 말미암아 하나님이 기뻐하시는 선한 일 행하기를 기뻐합니다. 사도는 우리가 선한 일을 위하여 지음을 받았다고 증거하고 있습니다.

"모든 사람들에게 선을 행하되 믿음의 형제들에게 더할지니라."(갈 9-10)

앞에서도 언급하였지만 형제 '바울'의 다음의 선언은 구원의 목적이 무엇인지를 능히 짐작하게 합니다.

"하나님께서 각 사람에게 그 행한 대로 보응하시되 참고 선을 행하여 영광과 존귀와 썩지 아니함을 구하는 자에게는 영생으로 하시고 오직 당을 지어 진리를 따르지 아니하고 불의를 따르는 자에게는 진노와 분노로 하시리라"(롬 2:6-8)

예수 그리스도의 십자가의 피, 곧 그 죄 사함의 비밀을 알게 된 자들은 이미 하나님의 성령께서 그의 심령을 깨끗하게 하사 그의 은혜를 알게 하셨으니, 이미 시작하신 그 구원의 역사로써 그가 이 땅에 사는 동안에 하나님을 섬기는 가운데 선을 행하도록 이끄실 것은 당연한 것입니다.

우리는 하나님께서 죄인들을 심판하실 때 '그가 예수를 구원자로 믿느냐, 아니냐'로 심판의 기준을 삼으시는 것이 아니라 율법의 잣대로써 심판하신다는 것을 알아야 합니다.

"우리가 알거니와 무릇 율법이 말하는 바는 율법 아래에 있는 자들에게 말하는 것이니 이는 모든 입을 막고 온 세상으로 하나님의 심판 아래에 있게 하려 함이라"(롬 3:19)

"율법은 진노를 이루게 하나니 율법이 없는 곳에는 범법도 없느니라"(롬 4:15)

사람들 각자는 그의 양심에 그 성문화된 율법을 가지고 있습니다.

"(율법 없는 이방인이 본성으로 율법의 일을 행할 때에는 이 사람은 율법이 없어도 자기가 자기에게 율법이 되나니 이런 이들은 그 양심이 증거가 되어 그 생각들이 서로 혹은 고발하며 혹은 변명하여 그 마음에 새긴 율법의 행위를 나타내느니라) 곧 나의 복음에 이른 바와 같이 하나님이 예수 그리스도로 말미암아 사람들의 은밀한 것을 심판하시는 그 날이라"(롬 2:14-16)

그러므로 모든 사람들의 양심에도 성문화된 율법을 가지고 있으므로 아무도 변명할 수 없습니다.

사람들의 심령 깊은 곳에 숨어 있어서 사람들 눈에는 보이지 않는 것일지라도 그 날에 그 말씀과 율법의 계명이 그것들을 낱낱이 들추어내서 변명할 수 없게 할 것입니다. 성도들은 예수를 믿어서 율법에 거치는 자들이 아니라 그 율법이 주님의 영 안에서 지켜진다는 것입니다.
이는 제가 앞에서 수없이 반복하여 논증한 바이므로 더 이상 말을 하는 것은 지나친 것이 될 것입니다.

사도들이 받은 성령! 이 성령을 받은 자는 이와 같이 지극히 선하신 하나님을 뜻을 행하기에 기뻐하는 자들인 것입니다.

"용이 여자에게 분노하여 돌아가서 그 여자의 남은 자손 곧 하나님의 계명을 지키며 예수의 증거를 가진 자들과 더불어 싸우려고 바다 모래 위에 서 있더라"(계 12:17)

"성도들의 인내가 여기 있나니 그들은 하나님의 계명과 예수에 대한 믿음을 지키는 자니라"(계 14:12)

예수의 이름을 믿고 거룩으로 인도함을 받는 길은 좁은 길이고, 율법의 계명이 주님의 성령으로 그 심령에 새겨지는 길이기 때문에 빛보다 어두움을 더 사랑하는 세상으로부터 미움을 받는 길입니다. 그러나 거기에 생명이 있으니 성도는 율법에 거치는 자가 되어서는 안 됩니다.

하나님의 계명을 지키는 자들이야말로 지극히 선하신 하나님을 알고 그 선을 행함으로 하나님을 영화롭게 해드릴 수 있습니다.

이는 선하신 하나님의 입에서 나온 계명은 지극히 선하기 때문입니다.

사람들 각자는 그 성문화된 율법을 그의 마음에 가지고 있기 때문에 선악을 분별하는 것이니, 자기들 안에 가지고 있는 그 양심의 율법에서 자유함을 얻으려면 주님만을 바라보는 가운데 주님의 은혜로써 그 마음에 그 율법이 지켜질 때 비로소 그 율법의 거치는 것에서 자유함을 누립니다.
주님께서는 우리로 하여금 당신의 성령 안에서 이 자유함을 누리게 하시려고 구원자로서 우리의 육체를 입고 오셨습니다.

우리의 형제 '베드로'는 "하나님께서 성령을 주님께 물같이 쏟아 부으시매 그가 지극히 착한 일로 하나님을 영화롭게 하였다"고 증거하였습니다.
사도들이 받은 성령을 받은 자는 이와 같이 지극히 선하신 하나님의 뜻을 행하기에 기뻐하는 자들인 것입니다.

우리는 성령의 열매로써 선을 행하도록 부름을 받은 것을 이해하기 위해서 구원의 본질을 이해해야 합니다.
성도들의 구원의 귀착점은 하나님과의 관계 회복입니다.
그 성령을 받아서 하나님의 은혜를 아는 자들은 주님의 피로써 구속된 그 관계에서 하나님과 예수 그리스도에 대해서 스스로를 그분들의 종이라고 말하기를 주저하지 않습니다. 그들은 주인과 종의 관계, 생명을 주신 분과 그에게 생명을 받아 누리는 자, 이러한 사실을 그 성령으로 알기에 그분들께 충성함으로써 그 관계를 증명하는 것입니다.

그런데 주님께서는 당신에게 생명을 주신 하나님께 죽기까지 복종함으로 그 충성을 증명하여 그가 하나님의 참 아들임을 확증하였습니다.
그 성령을 받은 자들은 이와 같은 주님의 의로우심을 알기에 주님을 더욱더 존경하고 사랑하며, 기꺼이 그에게 모든 것을 맡기고 따르기를 주저하지 않는 것입니다.

오직 주님을 향한 충성은 이 관계를 주님의 성령으로 알기에 나타나는 실제입니다.

성경은 '죽음의 깊이까지 복종하며 모든 것을 다해서 충성을 해야 하는 하나님과의 의로운 관계, 이 관계를 알고 온 마음으로 충성하는 자'를 가리켜 '의인'이라고 칭합니다.

"총독이 재판석에 앉았을 때에"(마 27:19)

"저 옳은 사람에게 아무 상관도 하지 마옵소서"(마 27:19)

"노아는 의인이요 당대에 완전한 자라"(창 6:9)

성령을 받은 자는 주님의 이 충성을 알기에 주님의 충성을 본받아서 믿음으로 자신의 모든 것으로 주님께 충성하기를 힘쓰는 것입니다(빌 2:5-11).

우리는 주님이 성령으로 인도함을 받아서 3가지의 시험에서 주님의 온유와 절제가 그 빛을 발하고, 또한 주님께서 사마리아 여인에게 복음을 전하셨던 일에서 주님의 온유와 절제를 배울 수 있습니다.

온유와 절제도 하나님과의 관계에서 나타납니다.

왜냐하면 주님께서 40일을 굶주리시고 마귀에게 시험을 받으실 때 주님께서 당신의 배고픔보다도 더 하나님을 사랑하는 것이 없이는 그 시험을 통과하실 수 없었을 것이기 때문입니다.

또한 주님은 그 시험을 통과하실 때 성령을 충만히 받으신 상태이셨고, 그 성령에게 이끌리어 마귀에게 시험을 당하셨던 것입니다.

이처럼 그 성령을 받은 자는 자신의 육신의 소욕보다도 하나님을 더 사랑하여 그 육신의 소욕을 이기므로 하나님께 속한 사람임을 증거합니다.

이는 선지자 '모세'에게 임하셨던 "사람이 떡으로만 살 것이 아니요 하나님의 입으로부터 나오는 모든 말씀으로 살 것이라"(신 8:3; 마 4:4)는 동일한 말씀이 성령으로 주님 안에 거하셔서 성령께서 극한의 육신의 소욕을 극복하게 하신 것이 아니겠습니까?

주님의 이름으로 주신 성령은 이처럼 받은 자에게 육신의 소욕을 능히 극복할 수 있는 힘과 능력을 주십니다.

사도들은 이 성령을 받아 모든 일에 절제하므로 당시의 세상에서 칭찬과 덕을 세웠고, 형제를 주님의 계명으로 사랑할 수 있었던 것입니다.

> 육신의 소욕보다 하나님의 말씀을 더 사랑한 자들, 생래적인 본성을 거슬러 받으신 성령으로 말미암아 절제하고 그 말씀을 따르므로 자신들이 하나님께 속하였음을 증명한 자들!

이 일은 오직 주님께 순종하므로 받은 성령 때문에 가능한 일입니다.

육신의 소욕은 동물적이고 거칠고 사납지만 하나님의 말씀은 진리이고 하나님께 속한 것이기 때문에 하나님께 속한 온유한 자들이 이 말씀을 받으면 환경에 관계없이 그 진리가 그의 심령에서 나타나고 그 진리로 세상을 이길 수 있는 것입니다.

육신의 소욕을 절제하지 못해서 사람들의 마음이 얼마나 동물적으로 둔해지고 거칠어지는지 알 수 없습니다.

하나님을 경외하는 그 영을 받은 자들은 항상 하나님의 말씀을 자신보다도 더 사랑하기 때문에 그 육의 안일함과 소욕을 극복하고 자신들을 그 말씀 앞에 세우는 자들입니다.

하나님의 말씀을 떠나서 교회나 세상에 나타나는 모든 덕이나 가치나 사랑은 다 그 성령과는 관계없는 것으로서 진리가 아니며, 따라서 부패한 것으로 그 성령을 대적하는 것입니다. 왜냐하면 그 말씀은 진리의 말씀이기 때문에 진리의 성령과 근본적으로 일치하고 있기 때문입니다.

'바울 사도'는 이를 잘 알기 때문에 마귀를 대적하기 위해서 "성령의 검 곧 하나님의 말씀을 가지라"(엡 6:17)고 권면하고 있는 것입니다.

성도가 공중의 권세 잡은 자를 이기고 성령 충만한 삶을 살기 위해서는 그 성령으로 육신의 소욕을 절제해야 합니다.

이 싸움은 우리의 생을 다 할 때까지 계속될 것입니다. 왜냐하면 우리는 비록 말씀과 진리의 성령으로 거듭나서 하나님의 사람으로 인침을 받았을 지라도 하나님께서는 이 육신에 죄를 정하셨기 때문입니다.

이 육신을 입고 있는 동안은 그 소욕이 우리를 늘 시험할 것이지만 주님께서 그의 지체들을 그의 오른손으로 붙잡으셔서 하나님 앞에 부끄러움 없이 서게 하시고, 결국 사도 바울처럼 승리의 개가를 부르게 하실 것입니다.

저는 이러한 주님의 사랑과 그 능력을 믿기에 오늘도 주님 앞에 저의 몸을 산 제물로 드리기에 힘씁니다.

화평하게 하는 자의 예로서 구약의 선지자 이사야

복음을 전해서 사람들을 하나님과 화평하게 하는 자가 어떠한 사람인지를 이사야 선지서가 잘 나타내주고 있습니다.

"서로 불러 이르되 거룩하다 거룩하다 거룩하다 만군의 여호와여 그의 영광이 온 땅에 충만하도다 하더라 이같이 화답하는 자의 소리로 말미암아 문지방의 터가 요동하며 성전에 연기가 충만한지라 그 때에 내가 말하되 화로다 나여 망하게 되었도다 나는 입술이 부정한 사람이요 나는 입술이 부정한 백성 중에 거주하면서 만군의 여호와이신 왕을 뵈었음이로다 하였더라 그 때에 그 스랍 중의 하나가 부젓가락으로 제단에서 집은 바 핀 숯을 손에 가지고 내게로 날아와서 그것을 내 입술에 대며 이르되 보라 이것이 네 입에 닿았으니 네 악이 제하여졌고 네 죄가 사하여졌느니라 하더라"(사 6:3-7)

단 핀 숯은 두말할 것도 없이 예수 그리스도의 속죄의 거룩한 피를 예표한다고 봐야 합니다. 구약의 제사는 예수 그리스도의 제사를 예표하고, 그 제물을 태운 숯은 그 제물의 번제물을 태운 것으로서 그 재를 가지고 부정한 것을 거룩하게 하였었기 때문입니다.

이처럼 화평하게 하는 자들은 예수 그리스도의 십자가의 흘리신 피로써 그들의 죄가 깨끗하게 되어 하나님과 화평이 이루어진 자들이고, 그 화평의 증거로 주님께 순종하므로 주님이 그 입에 넣어 주신 말씀을 예언하고 또 주님이 가라는 대로 가고 모든 일에 주님께 순종하므로 하나님의 사자로서의 역할을 감당한 것입니다.

"내가 또 주의 목소리를 들으니 주께서 이르시되 내가 누구를 보내며 누가 우리를 위하여 갈꼬 하시니 그 때에 내가 이르되 내가 여기 있나이다 나를 보내소서"(사 6:8)

죄라는 것은 그 본질이 그 주인 되시는 하나님을 거스르고 불순종하는 것이고, 이사야의 죄가 단에서 핀 숯으로 실제적으로 깨끗해졌기 때문에 그는 주님께 순종의 제사를 드릴 수 있었다고 봐야 합니다.

이처럼 하나님은 순종의 관계에 있는 자들을 당신의 아들들이라고 인 쳐 주십니다. 그들은 하나님과의 관계에 있어서 화평하고 그 후에 화평의 복음을 전할 사명을 따를 수 있는 것입니다.

화평하게 하는 자는 주님이 지신 십자가에 나타난 하나님의 화평을 가지고 세상을 향하여 나아가는 자들입니다.

순종하여 그 성령을 받은 자는 주님께서 완벽한 제사를 드리셔서 우리를 하나님과 화목시키시고(오직 주의 대속에 대한 믿음이 하나님과의 화평을 가능하게 합니다), 하나님께서 우리를 의롭다 하심으로 우리의 옛 죄는 당신의 등 뒤로 던져버리신다는 것을 알고, 또 우리의 기도를 들어주실 정도로 우리와 친근히 하시고 진실로 아버지로서의 사랑을 우리에게 쏟으심을 알기 때문에 그 하나님을 기꺼움으로 섬기게 됩니다.

또한 그는 주님의 십자가에 나타난 하나님의 사랑에 전율하도록 탄복하고 기뻐하는 가운데 아버지의 보좌 앞에 당당히 나아가 자신의 소원을 아뢰게 됩니다. 그들은 살아계신 하나님의 보좌 앞에 담대히 나아가므로 자신의 믿음을 증거하고 아버지 하나님과 교제하는 것입니다.

당신이 지신 십자가로써 세상을 완벽하게 이기신 주님, 주님께서 성도들을 위해서 싸우신 그 싸움의 승리의 결과를 보면서 성도는 이제 세상을 두려워하지 않으며, 그 주님으로 말미암아 세상을 이기는 자들인 것입니다. 이는 그 성령으로 말미암아 주님의 승리가 곧 그의 성도의 승리이기 때문입니다.

그는 심령 깊은 곳에서 주님의 승리를 자신의 승리로 인식하며, 자신만이 아는 승리의 찬가를 소리 높여 부릅니다.

그는 복음을 전혀 부끄러워하지 않는 것입니다.

그에게는 이제 세상을 대적하는 성령의 내주하심이 실제적으로 그의 안에서 이루어지고, 전 인격에서 외부로 나타나기 때문에 하나님을 대적하는 세상에 대하여 담대히 "회개하라!"고 외칠 수 있게 됩니다.

그는 이제 혈과 육에 대한 싸움이 아니라 공중의 권세 잡은 마귀와의 싸움에 임하게 됩니다. 그가 이 싸움에 두려움을 느끼지 않는 것은 주님이 이미 그 싸움에서 완벽하게 승리하셨기 때문에 주님 안에 있는 그들은 이미 주님의 승리가 자기들의 승리로 믿어지는 것입니다.

"우리의 씨름은 혈과 육을 상대하는 것이 아니요 통치자들과 권세들과 이 어둠의 세상 주관자들과 하늘에 있는 악의 영들을 상대함이라"(엡 6:12)

성령의 내주를 얻지 못하고 어떻게 마귀를 대적하여 이길 수 있겠으며, 주님의 십자가를 믿기는 하지만 육신에 사로잡히는 갈등 속에 있다면 어떻게 마귀를 대적하여 이길 수 있겠습니까?

주님은 당신의 제자들을 세상에 보내실 때 성령을 부어주셔서 이 세상 권세 잡은 마귀를 이기게 하신 것입니다.

죄 없는 당신의 몸으로 옛 뱀을 완벽하게 십자가에서 심판하고 정죄하신 주님을 영원무궁토록 찬양할지라!

화평의 복음을 들고 세상에 나아가는 자들은 세상과 타협하고 굴복하는 마귀에게 속한 자들이 아니라, 오히려 자신 안에 거하시는 성령으로 말미암아 마귀에게 속해 있는 세상을 이기고 물리치며 책망하면서 하나님의 복음을 전하기 때문에 그 복음을 대적하는 자들로부터 핍박이 따르는 것은 당연한 것입니다.

화평하게 하는 자는 복이 있나니
그들이 하나님의 아들이라 일컬음을 받을 것임이요

주님께서는 오늘도 주님의 이름을 믿고 있는 자들에게 그들의 마음의 문을 두드리고 계십니다.

"볼지어다. 내가 문 밖에 서서 두드리노니 누구든지 내 음성을 듣고 문을 열면 내가 그에게로 들어가 그와 더불어 먹고 그는 나와 더불어 먹으리라"(계 3:20)

주님을 구주로 믿은 자가 아니면 누가 주님의 음성을 듣고 마음의 문을 열 수 있겠습니까?

위의 말씀은 예수를 구주로 믿고 은혜를 아는 자들에게 주시는 말씀이지 주님을 알지 못하는 자에게 하시는 말씀이 아니라는 것을 알아야 합니다.

우리 조상 아담은 죄가 없을 때 하나님께 불순종했었는데 주님의 말씀의 능력과 성령의 증거 곧 십자가의 대속을 믿지 아니하는 자가 어찌 그 마음 문을 열고 그 중심에 주님을 모실 수 있겠습니까?

이는 주님의 그 희생적인 사랑을 아는 자만이 그를 진심으로 사랑해서 마음의 문을 열고 주님을 마음 중심에 모셔 들일 것 아니겠습니까?

우리의 영혼이 주님의 음성을 듣고 그 문을 열면 우리가 주님의 생명을 나누어 먹게 되는 것입니다. 주님의 율법의 계명과 새 계명은 이 음성의 전체 곧 생명의 성령이십니다.

> "내가 곧 생명의 떡이니라 너희 조상들은 광야에서 만나를 먹었어도 죽었거니와 이는 하늘에서 내려오는 떡이니 사람으로 하여금 먹고 죽지 아니하게 하는 것이니라 나는 하늘에서 내려온 살아 있는 떡이니 사람이 이 떡을 먹으면 영생하리라 내가 줄 떡은 곧 세상의 생명을 위한 내 살이니라 하시니라……살리는 것은 영이니 육은 무익하니라 내가 너희에게 이른 말은 영이요 생명이라"(요 6:48-51, 63)

이스라엘 백성들이 유월절을 지킬 때 그 피를 받아서 문설주와 인방에 바르고 그 고기를 구워서 쓴 나물과 함께 먹어야 죽음의 사자가 그 피를 보고 그 집을 넘어갔던 것처럼 주님의 피로 하나님과 화목 된 성도는 마음의 문을 활짝 열고 생명의 말씀이신 주님의 영을 받아들여야 합니다.

그 말씀을 마음속 깊은 곳으로 모셔 들이는 만큼 그 안에서 참된 생명이 되어 주실 것입니다.

하나님께서는 창세전부터 아들 안에서 이러한 연합을 계획하시고 실행하시고, 그의 택하신 백성들을 이러한 생명 샘으로 인도하고 계십니다.

로마서 7장과 8장에서 '바울'은 이해하기 힘든 말씀으로 자기의 신앙을 증거하고 있습니다.

7장에서 그는 죄에 팔려서 육신에 정해진 죄에 갇혀서 탄식하는 자신을 자세히 서술하고 있는데, 7장 마지막에서 그처럼 죄에 매여서 탄식하고 있는 자신이 주님 안에서 감사를 나타내고 있음은 어찌된 일입니까?

> "오호라 나는 곤고한 사람이로다 이 사망의 몸에서 누가 나를 건져내랴 우리 주 예수 그리스도로 말미암아 하나님께 감사하리로다 그런즉 내 자신이 마음으로는 하나님의 법을 육신으로는 죄의 법을 섬기노라……그러므로 이제 그리스도 예수 안에 있는 자에게는 결코 정죄함이 없나니 이는 그리스도 예수 안에 있는 생명의 성령의 법이 죄와 사망의 법에서 너를 해방하였음이라"(롬 7:24-25; 8:1-2)

그는 죄와 사망의 법 곧, 육신의 죄에 갇혀서 자신의 의지로나 경건으로는 그 육신의 법에서 빠져나올 수 없지만, 오직 성령의 내주로써만이 가능하기 때문에 육신에 갇혀 있는 자신까지도 감사의 조건으로 바뀐 것을 알 수 있습니다. 그가 육신의 죄의 법에 갇히지 않았다면 성령의 내주의 필연이 그에게는 필요하지 않았을 것입니다.

그러나 육신의 죄에 갇혀 있는 상황이 성령의 내주를 필연으로 만들기 때문에 그 갇힌 것이 오히려 감사의 조건으로 변한 것입니다.

그는 이를 다른 표현으로 "하나님께서 은혜를 주시려고 모든 사람을 죄 가운데 가두었다"고 증거하고 있습니다.

그 성령은 죄의 법에서 우리를 해방시키실 뿐만 아니라 율법의 요구를 성취시키시려면 성도 안에 영원히 거하셔야 합니다.

바울은 그 나타나는 일 곧, 성령의 영원한 내주가 자신이 육신에 갇힌 것으로 인하여 나타나고 있으므로 감사하고 있는 것입니다.

그가 성령의 영원한 내주 없이 자신의 힘이나 경건으로 그 육신의 법에서 해방될 수 있었다면 그 일로 인해서 감사할 일이 없었을 것입니다.

그러나 그가 갇힌 것 때문에 주님을 의지하고 순종하지 않을 수 없고, 주님은 순종하고자 하는 그를 당신의 성령으로써 그 영혼 중심에 내주하셔서 그들의 생명의 근본이 되어주시기 때문에 감사하고 있는 것입니다.

"육신을 따르지 않고 그 영을 따라 행하는 우리에게 율법의 요구가 이루어지게 하려 하심이니라"(롬 8:4)

아! 사람이 얼마나 하나님의 간섭 없이 자기중심적으로 살려고 합니까!

그런데 육신에 정해진 죄의 법 때문에 그 죄에서 구원 받기 위해서 주님만을 바라보는데 주님께서 그 죄의 법에서 구원해주시기 위한 방법이 당신의 이름으로 오신 성령을 통해서 그 영혼 중심을 사로잡는 것이니, 그는 그 일로 내모는 육신의 법이 감사한 것입니다.

저는 이 일은 진정으로 성령의 내주의 은혜를 받아서 아버지의 인자하신 사랑을 알게 된 자들은 익히 경험하는 일이라고 믿습니다.

주님께 순종하고자 하는 자들에게 주시는 주님의 성령을 받아보십시오.

그는 그 영을 통해서 사랑의 하나님을 보게 될 것입니다.

말할 수 없이 사람을 사랑하시는 사랑의 하나님, 그 속성이 사랑이신 하나님은 오직 주님의 이름으로 보내시는 아버지의 성령을 받아 본 자만이 알 수 있습니다.

율법의 요구가 무엇입니까?

바로 하나님을 생명을 다해서 사랑하고, 내 이웃을 자신의 몸처럼 사랑하고, 믿음의 형제들을 주님께서 사랑하신 것처럼 사랑하는 것이 아닙니까?

그런데 그 성령을 마음 중심에 모시게 되면 그 율법의 계명을 흉내만 내는 것이 아니라 그 계명 자체이신 성령께서 그 계명이 그의 영혼, 곧 그 전체의 인격으로 나타나게 하셔서 자신 안에서 하나님의 참 형상이 이루어지게 하기 때문에 바울은 감사하고 있는 것입니다.

이 일은 오직 그리스도 예수 안에서만 나타납니다.

그는 이 사실을 그의 영혼이 체험하고 잘 알기에 "우리가 이 보배를 질그릇에 가졌다"(고후 4:7)고 증거하고 있습니다.

바울은 '우리'가 예수 그리스도를 마음 중심에 모시는 것 때문에 하나님의 성령이 거하시는 '하나님의 성전'이라고 증거하고, 다음의 말씀에서 이 사실만이 성도가 참된 생명에 참여함을 나타내고 있습니다.

> "만일 너희 속에 하나님의 영이 거하시면 너희가 육신에 있지 아니하고 영에 있나니 누구든지 그리스도의 영이 없으면 그리스도의 사람이 아니라"(롬 8:9)

우리 성도는 주님의 말씀과 성령으로 모든 죄에서 깨끗함을 받을 뿐만 아니라 아담이 그 말씀을 그의 영혼에 모시지 못했던 것을 지나쳐서 진리의 말씀에 순종함으로 그 영혼이 하나님의 성령을 모시어 하나님의 생명에 참여할 자들인 것입니다.

예수 그리스도로 말미암아 아버지의 성령을 마음 중심에 모셔 들인 자들, 그들이 바로 하나님과 화평한 자들이고, 하나님의 아들이라 일컬음을 받습니다. 육신의 일을 따르지 아니하고 성령을 따라 육신의 소욕을 이기고 그 영을 마음 중심에 모셔 들인 자들, 그들이 곧 진정으로 하나님과 화평하게 된 자들이고, 하나님의 아들들입니다. '바울'은 이를 이렇게 표현하였습니다.

> "무릇 하나님의 영으로 인도함을 받는 사람은 곧 하나님의 아들이라"(롬 8:14)

우리가 육신을 입고 있는 동안에는 나타나는 그 생명이 지속적이지 못함으로 때로는 넘어지고 의심도 할 수 있겠지만, 그 소망이 있기 때문에 모든 일에 인내로써 경주할 수 있다고 믿습니다.

성경은 '엘리사가 죽어서 무덤에 뉘어졌는데 죽은 자가 죽은 엘리사의 뼈에 닿자 살아났다'고 증거하고 있는데, 이를 어떻게 설명해야 합니까?

그가 성령의 사람으로 온전해졌다는 증거가 아니겠습니까?

범죄하기 전의 아담 안에서도 나타날 수 없었을 일이 성령의 내주로써 나타난 실제가 된 것입니다.

주님이 죽기까지 아버지께 복종하셔서 그 영광에 다시 들어가셨듯이, 성도들 역시 주님과 같은 순종 없이 어찌 그 영광을 바라볼 수 있겠습니까?

저는 '이정현 교수님이 증거한 성령의 체험'을 그 성령이라고 확신합니다.
주님의 성령에 사로잡혀 보십시오!
하나님의 형상을 입은 사람이 어찌나 아름다운지!
하나님이 창조하신 모든 것들이 어찌 그리 선하고 아름다운지!

이 성령을 받은 자는 지극히 선하신 사랑의 하나님을 아는 자들입니다.
이는 받아본 자만이 아는 비밀한 은혜입니다.
성도는 주님이 오실 때까지 계속 이 기름을 심령 안에 모셔야 합니다.
주님은 열 처녀의 비유를 통해서 우리가 주님의 성령을 끝까지 심령에 모셔야 할 것을 알리고 계십니다.

범죄한 아담의 후손, 육신으로 태어난 자들이 육신의 법을 이길 수 있는 길은 오직 성령입니다. 우리의 의지로도 안 되고 40일에 40을 열 번을 더 하는 금식으로도 안 되었지만, 거저 주시는 성령의 은혜로는 가능합니다.
그들은 하나님의 계명이 자신들의 의지가 아니라 아버지의 성령으로 말미암아 그의 심령에 새겨진 자들입니다.
이로써 그 약속의 실현을 그들 안에서 보는 것입니다.

> "그러나 그 날 후에 내가 이스라엘 집과 맺을 언약은 이러하니 곧 내가 나의 법을 그들의 속에 두며 그들의 마음에 기록하여 나는 그들의 하나님이 되고 그들은 내 백성이 될 것이라 여호와의 말씀이니라"(렘 31:33)

이로써 그들은 하나님의 형상을 가지고 있는 모든 사람을 공경하게 되므로 모든 사람 앞에서 어린 아이 같은 겸손이 나타납니다.

> "이르시되 진실로 너희에게 이르노니 너희가 돌이켜 어린 아이들과 같이 되지 아니하면 결단코 천국에 들어가지 못하리라"(마 18:3)

| 제8복 |

의를 위하여 박해를 받는 자는 복이 있다

의를 위하여 박해를 받은 자는 복이 있나니 천국이 그들의 것임이라
(마태복음 5:10)

- 의를 위하여 박해를 받은 자는 어떤 자들입니까?

- 의를 위하여 박해를 받은 자들은 하나님의 교회를 사모하는 열심 때문에 박해를 받습니다.

- 의를 위하여 박해를 받은 자들은 믿는다는 자들로부터 박해를 받습니다.

- 의를 위하여 박해를 받은 자들은 하나님의 사람 사랑하심을 알기 때문에 박해를 받습니다.

- 주님께서는 겸손하셨기에 교만한 자들로부터 박해를 받으셨습니다.

- 의를 위하여 박해를 받은 자는 복이 있나니 천국이 그들의 것임이라.

- 쉬어가는 코너

"의를 위하여 박해를 받은 자는 복이 있나니 천국이 그들의 것임이라"

의를 위하여 박해를 받은 자는 어떤 자들입니까?

'의를 위하여 박해를 받은 자들'은 자신의 의를 가지고 복음을 전하는 자들이 아니라 '하나님께 의롭다 하심을 받아 하나님의 의를 전하는 자들'입니다.

'허드슨 테일러'는 이에 대하여 다음과 같이 말합니다.

"의를 전하는 자들은 주님께서 십자가 위에서 죄인들을 위해서 완전한 대속을 이루셨기 때문에 자신이 세상의 구원을 위해서 더 이상 하나님께 무엇을 보탤 것이 남아 있지 않다는 것을 아는 자들이다."

따라서 그들은 오직 하나님의 의를 전하는 자들입니다.

'사도 바울'의 다음과 같은 말씀은 의를 전하는 자들이 무엇을 전해야 하는지를 잘 보여주고 있습니다.

"복음에는 하나님의 의가 나타나서 믿음으로 믿음에 이르게 하나니 기록된바 오직 의인은 믿음으로 말미암아 살리라 함과 같으니라"(롬 1:17)

의를 전하는 자들은 오직 십자가 위에서 다 이루시고 성령으로 내주하시는 주님을 영접해서 그분의 종으로서 순종하면 주님께서 그들 안에서 당신의 일을 하시는 것입니다.

그들은 하나님의 의를 이루도록 부름을 받았습니다.

그들은 하나님 안에 있는 '하나님의 자비, 인애, 긍휼, 용서, 덕, 사랑의 전달자'로 부름을 받은 것입니다.

그러므로 의를 위하여 박해를 받은 자들은 오직 아버지께서 주님의 이름으로 보내시는 성령을 받아 하나님의 덕을 전파하기 때문에 어두움을 사랑하는 자들로부터는 거리낌을 당할 수밖에 없습니다.

하나님을 대적하는 공중의 권세 잡은 사탄에게 속한 세상 사람들은 하나님의 특별한 은혜가 없으면 본성적으로 복음을 꺼리게 되어 있습니다.

하나님의 택함을 받은 자들은 그들을 영접하여 하나님께 영광을 돌릴 것이고, 그렇지 않은 자들은 배척하거나 박해를 가할 것입니다.

예수를 믿음으로 하나님과의 관계가 회복되어 하나님께 순종함으로 그 믿음의 의를 증거하는 자들은 하나님의 사람 사랑하심을 알기 때문에 그들에게서 나타나는 죄에 대해서 책망하므로 핍박이 나타나지 않을 수 없는 것입니다.

의를 위하여 박해를 받은 자들은 자신 안에 있는 죄와 싸우는 자들이 아닙니다. 왜냐하면 그들은 공중의 권세 잡은 사탄과의 싸움 가운데 있기 때문에 자신과의 싸움 중에 있다면 그는 저들을 대적하여 이길 수 없습니다.

그러므로 사도는 "하나님의 전신 갑주를 입으라"(엡 6:10)고 권면합니다.

하나님의 의를 전하는 자들에게 죽음의 위협도 있을 것인데 그가 사망의 세력을 잡은 그를 이기려면 그는 온 영혼으로 저들을 대적해야만 가능하지 않겠습니까?

그가 자신 안에 있는 죄 성과 싸우는 중에 있다면 그는 신앙이 더 자란 후에 순종하여 주님의 성령을 그 마음 중심에 모시게 될 때 그 싸움에 임할 수 있습니다.

이는 마치 세상의 군사가 훈련을 잘 받으면 받을수록 적과의 전쟁에서 승리가 더 보장되는 것과 같습니다.

의를 위하여 박해를 받은 자들은 주님 안에서 불의한 가운데 있는 자들에게 하나님의 의를 가지고 그들의 불의를 드러내는 자들입니다.

의를 위하여 박해를 받은 자들은 주인 되시는 하나님께 감사하지도 아니하고, 영화롭게도 아니하는 자들의 불의를 책망하는 자들입니다.

의를 위하여 박해를 받은 자들은 불의 가운데 있는 그들로 하여금 그 길에서 돌이키라고 외치는 자들이기 때문에 그 길을 고집하는 자들로부터 거리낌을 받는 자들입니다.

겸손한 자들에게는 하나님의 한없는 인애를 제공하며 강퍅한 자들에게는 태산 같은 믿음으로 믿음의 칼, 곧 말씀의 칼로 그들의 완악함을 찌르는 자들입니다.

"독사의 자식들아 누가 너희를 가르쳐 임박한 진노를 피하라 하더냐"(마 3:7)

의를 위하여 박해를 받은 자들은 하나님을 떠나 유리하고 방황하는 자들에게 하나님의 긍휼을 전하는 자들입니다.

의를 위하여 박해를 받은 자들은 하나님의 교회를 사모하는 열심 때문에 박해를 받습니다.

"성전 안에서 소와 양과 비둘기파는 사람들과 돈 바꾸는 사람들이 앉아 있는 것을 보시고 노끈으로 채찍을 만드사 양이나 소를 다 성전에서 내쫓으시고 돈 바꾸는 사람들의 돈을 쏟으시며 상을 엎으시고 비둘기파는 사람들에게 이르시되 이것을 여기서 가져가라 내 아버지의 집으로 장사하는 집을 만들지 말라 하시니 제자들이 성경 말씀에 주의 전을 사모하는 열심이 나를 삼키리라 한 것을 기억하더라"(요 2:14-17)

주님께서는 후에 이 열심 때문에 제사장들과 서기관들로부터 죽음을 당하셨습니다.

> "이르되 이 사람의 말이 내가 하나님의 성전을 헐고 사흘 동안에 지을 수 있다 하더라 하니"(마 26:61)

그들은 자기 종교의 중심지인 성전을 헐겠다는 증인의 말과 "인자가 권능의 우편에 앉아 있는 것과 하늘 구름을 타고 오는 것을 너희가 보리라"(마 26:64)는 말씀에 주님을 오해하여 십자가에 매달았던 것입니다.

그들은 주님의 입에서 나오는 말씀을 받지 않았기 때문에 주님을 단지 자기들과 조금도 다를 바 없는 사람으로만 생각하여 주님이 그들의 하나님을 모독한다고 생각했던 것입니다.

주님께서는 아버지를 사랑하심으로 아버지의 임재가 있는 성전이 더럽혀지는 것을 보면서 참을 수 없으신 것이 당연할진대, 그 열심 때문에 그들로부터 박해를 받으셨습니다. 주님께서 당신의 십자가를 지고 이 길을 가셨고, 모든 신실한 주님의 성도들은 주님이 가신 길을 자신들의 십자가를 지고 주님을 따라가는 주님의 양들입니다.

주님께서는 아버지께 보내심을 받아 아버지 안에서 아버지가 당신 안에서 주시는 말씀을 가감 없이 선포하셨습니다. 이와 같이 주님께 순종하는 자들은 주님께서 주시는 진리의 말씀을 주저 없이 선포하므로 세상에 속한 자들로부터 핍박이 따르지 않을 수 없는 것입니다.

> "도둑질하지 말라. …하나님의 형상을 입은 사람을 미워하거나 비판하지 말라. …거짓말하지 말라. …여자를 보고 음욕을 품지 말라 등……"

이와 같은 주님의 말씀을 가감 없이 선포해보십시오!

이 시대에 주님을 믿는다고 하는 자들도 이와 같이 가르치는 교회에 얼마나 남아 있을지 의문이 듭니다.

하물며 죄와 짝하고 죄와 뒹구는 세상에 속한 사람은 어떠하겠습니까?

의를 위하여 박해를 받은 자들은 예수의 향기를 드러내므로 공중의 권세 잡은 자에게 속한 자들로는 사망의 냄새를, 의를 사모하는 자들에게는 진리의 참 맛을, 말씀을 왜곡하는 자들에게는 그들의 비뚤어진 양심으로 견딜 수 없게 합니다.

스데반을 돌로 쳐 죽인 자들이 여기에 속한 자들입니다.

그들은 하나님의 말씀을 가지고 있었으면서도 진리의 말씀을 따르지 아니하므로 스데반이 선포하는 진리의 말씀을 견딜 수 없었던 것입니다.

바울과 바나바가 당시에 안디옥 교회에서 진리를 가르치므로 진리에 속하게 된 자들을 많이 얻을 수 있었습니다. 그런데 믿는 유대인들이 그들에게 다가와서 "너희가 구원을 받으려면 모세의 율법도 지켜야 된다."고 하며 진리를 왜곡하므로 두 사도와 그들 사이에 적지 않은 다툼이 있었습니다.

더 나아가 성경은 그러한 비 진리에 극단으로 치닫게 된 자들이 바울을 죽이고자 모의했던 것을 기록하고 있습니다.

이처럼 그 때나 이 시대나 진리를 바르게 전하고 가르치는 자들에게는 그런 류의 핍박이 따르게 되어 있다는 것을 알아야 합니다.

진리에 속한 자들이 말씀을 왜곡하는 무리들을 기쁘게 하여 그들의 잘못을 지적하지 않는다면 박해를 피할 수 있을 것입니다.

그러나 주님의 가르침을 참되게 행하는 자들은 진리에 속하여 하나님을 사랑하고 하나님의 형상을 입은 사람을 사랑하기에 그들의 잘못된 것을 지적하지 않을 수 없는 것입니다.

그들은 '그렇게 할 때 핍박이 반드시 따르리라는 것'을 너무도 잘 압니다.

그러나 진리의 성령께서 그들 안에 거하셔서 그들의 심령으로 뜨겁게 하시므로 견딜 수 없게 하시는 것입니다.

주님께서 서기관들과 바리새인의 불의와 외식과 완악함의 죄악을 책망하지 아니하였으면 그들로부터 핍박도 없었을 것이요, 십자가의 죽음도 당하지 아니하셨을 것입니다.

> "뱀들아 독사의 새끼들아 너희가 어떻게 지옥의 판결을 피하겠느냐"(마 23:33)

그들은 하나님께서 모세를 통해서 주신 율법과 율례를 가지고서 자기들의 종교를 만들어 자신들을 높였던 것입니다.

예수님 당시의 유대교는 하나님의 말씀을 경건히 따르는 것이 아니라 하나님의 말씀으로 자기들의 종교를 만들어 하나님의 뜻을 거스르고 하나님을 그들의 생각과 마음에서 내쫓고 있었습니다.

그들은 모세의 자리에 앉아 사람들을 판단만 하고 있었던 것입니다.

이 시대에도 예수 이름으로 자신들을 높이는 자들이 얼마나 많습니까?

주님의 다음의 말씀은 그들의 본질을 잘 드러내고 있습니다.

> "서기관들과 바리새인들이 모세의 자리에 앉았으니 그러므로 무엇이든지 그들이 말하는 바는 행하고 지키되 그들이 하는 행위는 본받지 말라 그들은 말만 하고 행하지 아니하며 또 무거운 짐을 묶어 사람의 어깨에 지우되 자기는 이것을 한 손가락으로도 움직이려 하지 아니하며 그들의 모든 행위를 사람에게 보이고자 하나니 곧 그 경문 띠를 넓게 하며 옷 술을 길게 하고"(마 23:2-5)

그들이 모세가 그들에게 전한 말씀과 율법을 진심으로 따랐었다면 거기에서 그리스도를 발견하고 자기네 땅에 오신 주님을 영접하였을 것입니다.

그러나 그들은 모세가 전한 하나님의 말씀에 마음을 두는 것이 아니라 모세의 자리만을 탐했던 것입니다.

'주님께서는 그들을 책망하지 아니하고 내버려 두셨을 수도 있으셨을 텐데 왜 그들의 죄악을 책망하셨을까?'라는 의문을 가져 봅니다.

우리는 주님의 사명과 당신의 백성 사랑하심을 다음의 말씀에서 엿볼 수 있습니다.

> "화 있을진저 외식하는 서기관들과 바리새인들이여 너희는 천국 문을 사람들

앞에서 닫고 너희도 들어가지 않고 들어가려 하는 자도 들어가지 못하게 하
는도다"(마 23:13)

"화 있을진저 외식하는 서기관들과 바리새인들이여 너희는 교인 한 사람을
얻기 위하여 바다와 육지를 두루 다니다가 생기면 너희보다 배나 더 지옥
자식이 되게 하는도다"(마 23:15)

　주님의 하나님 사랑하심과 아버지의 성전을 향한 열의가 그들을 책망하
지 않을 수 없으셨던 것입니다.
　외식하는 서기관들과 바리새인들이 자기들만 지옥 불에 뛰어드는 것이
아니라 사방을 돌아다니면서 자기의 종교에 들어오게 해서 한 가지로 지옥
자식을 만들고 있었으니, 주님의 심정이 어떠하셨겠습니까?
　주님 안에서 주님의 열심과 사람 사랑하심을 가지고 복음을 전하는 자들
은 주님의 심정으로 이 시대를 바라볼 수밖에 없습니다.

　이 시대에 복음을 전하고 말씀을 가르치는 자들이 자기들은 주님의 가르
침을 한 손가락으로도 짊어지려 하지 아니하고 교회의 성도들에게만 그 짐
을 지우고 있습니다.
　주님께서는 옛적부터 "도둑질하지 말라"(출 20:15)고 말씀하셨고 또 "진실
로 네게 이르노니 네가 한 푼이라도 남김이 없이 다 갚기 전에는 결코 거
기서 나오지 못하리라"(마 5:26)고 가르치셨는데, 교회의 목사들은 십일조만
정확히 드리면 구원을 받은 것처럼 가르치고, 정작 자기들은 하나님의 재물
을 도둑질하고 있습니다.
　교회의 재정을 투명하게 공개하지 아니하고 공동회의라는 명분으로 하나
님께서 기뻐하시는 뜻대로 쓰지 아니하면 성도들을 기만하는 것이고, 그 일
은 곧 하나님께 불의이고 죄악입니다.

　'조용기 목사님'은 세상 법정에서 횡령으로 유죄판결을 받았으니 그 숨겨

진 죄는 얼마나 크겠으며, '김삼환 목사님'은 해외로 외화를 빼돌린 것이 세상 방송사에서 증거되었으니, 그것이 도둑질이 아니고 무엇이겠습니까?

많은 교회들이 목사들의 주관으로 주님의 말씀을 두려워할 줄 모르고 교회에 드려진 헌금을 하나님의 뜻에 반하여 쓰고 있습니다.

이들은 실로 주님이 말씀하셨던 독사의 자식들이 틀림없습니다.

예수의 십자가만 믿으면 구원을 받았으니 도둑질하지 말라는 말씀은 지킬 것이 없다고 누가 가르쳤습니까?

예수께서 십자가의 위에서 우리의 모든 죄를 다 사했으니 세상에서 드러나는 음행을 해도 괜찮다고 누가 가르쳤습니까?

주님께서는 마음속의 음욕도 간음이라고 단죄하셨는데 세상에 드러나는 음행이야말로 얼마나 더 큰 죄악입니까?

이런 죄를 저지르고도 교회에서 말씀을 전하고 있는 '전병욱 목사님'은 속히 회개하십시오! 그렇지 않으면 본인만 지옥 불에 들어가는 것이 아니라 그대의 지도를 받고 따르는 많은 무리들도 그대와 함께 거기에 들어갈 것이 불 보듯 뻔합니다. "나는 그래도 예수 그리스도의 십자가의 피를 믿는다."고 애써 변명하지 마십시오!

전에 저질러진 그 죄와 지금 그대 안에서 꿈틀대고 있는 음욕의 죄가 깨끗하게 되지 아니하면 천국문은 그대에게 열리지 않을 것입니다.

예수 십자가의 피를 믿는다고 말하면서 세상에서 정죄하는 죄를 짓는 자는 그 나타나는 죄에 더해서 예수의 이름을 모독하는 죄를 범하고 있는 것입니다.

그러므로 그들의 심판은 더 중할 수밖에 없습니다.

> "헛된 제물을 다시 가져오지 말라 분향은 내가 기증히 여기는 바요 월삭과 안식일과 대회로 모이는 것도 그러하니 성회와 아울러 악을 행하는 것을 내가 견디지 못하겠노라"(사 1:13)

세상에서도 간음과 도둑질을 정죄하고 있습니다.

그런데 주님의 이름을 믿는다 하면서 같은 죄를 지으면 그는 그 죄에 더해서 주님의 이름을 모독하는 죄를 더하고 있는 것입니다.

주님께서 심판하러 오실 때에는 사람들이 예수를 믿는다는 것으로 심판을 행하시는 것이 아니라 사람들의 행위를 따라서 하신다는 것을 알아야 합니다.

> "이방들이 분노하매 주의 진노가 내려 죽은 자를 심판하시며 종 선지자들과 성도들과 또 작은 자든지 큰 자든지 주의 이름을 경외하는 자들에게 상주시며 또 땅을 망하게 하는 자들을 멸망시키실 때로소이다 하더라 이에 하늘에 있는 하나님의 성전이 열리니 성전 안에 하나님의 언약궤가 보이며 또 번개와 음성들과 우레와 지진과 큰 우박이 있더라"(계 11:18-19)

행위는 사람들의 마음의 본질에서 나오는 것이기 때문에 우리가 예수를 믿는다고 말하면서 하나님이 정죄하는 죄악을 행하면 그 믿음은 죽은 믿음이요, 그 때에 그 믿음이 주님의 불꽃같은 눈의 심판을 피할 수 있게 할 것이라 착각하지 말아야 합니다.

제가 앞서 수없이 말하였으나 다시 한 번 언급하면, 하나님이 정죄하는 죄를 저지르는 것은 하나님을 대적하는 것이요, 하나님의 형상을 파괴하는 것인데 이런 죄를 마음속에 품고 있으면서 어떻게 그 죄를 대적하시는 하나님 나라에 들어가기를 기대한다는 말입니까?

> "회개하라 천국이 가까이 왔느니라 하였으니"(마 3:2)

> "이미 도끼가 나무뿌리에 놓였으니 좋은 열매를 맺지 아니하는 나무마다 찍혀 불에 던져지리라"(마 3:10)

주님께서는 당신의 산상수훈의 가르침에서 지적하는 어떠한 죄도 다 깨끗하게 하실 수 있는 구원자이시니, 우리가 그 가르침으로 깨끗함을 받지 못하는 것은 우리가 그 죄를 품고 실토하지 아니하고 버릴 마음이 없기 때문임을 알아야 합니다.

저의 이 경고를 듣고도 그 죄에서 돌이켜 깨끗함을 받지 아니하면 그 죄에 대한 책임은 온전히 자신들에게 달려 있습니다.

이로써 그가 택함 받은 하나님의 백성인지 아닌지를 알게 될 것입니다.

"만일 우리가 우리 죄를 자백하면 그는 미쁘시고 의로우사 우리 죄를 사하시며 우리를 모든 불의에서 깨끗하게 하실 것이요"(요일 1:9)

의를 위하여 박해를 받은 자들은
믿는다는 자들로부터 박해를 받습니다.

주님이 거저 주시는 은혜로 하나님과 화목 된 자들은 자신 안에서 성령의 내주하심으로 율법의 계명이 자신들 안에서 지켜지기 때문에 하나님과 화목 된 자들입니다.

그들은 주님의 산상수훈의 가르침에 걸림이 되지 않고 그 말씀이 자기들 안에 거하기 때문에 그렇지 못하는 자들로부터 미움을 받는 것입니다.

그들은 예수의 이름을 믿는다는 것이 무엇인지를 알기 때문에 그렇지 못한 자들로부터 거리낌을 당하는 것입니다.

성도라 일컬음을 받는 자들이 교회생활을 하며 하나님의 교회에서 직분을 가지고 봉사도 하지만 주님의 산상수훈을 그 마음으로부터 지키지 아니하는 사람이면 주님의 산상수훈의 교훈을 받은 자들을 꺼린다는 것입니다.

앞에서도 언급하였지만 다시 말하면, 예수의 이름은 당신의 백성을 그들의 죄에서 구원할 자이시기 때문에 산상수훈의 가르침에 거치는 자들을 그 죄에서 깨끗하게 하셔서 당신의 성령의 내주를 통해서 당신의 가르침을 따르도록 인도하기 때문에 그렇지 못하는 자들로부터 미움을 받는 것입니다.

이 진리는 옛적부터 있어 왔습니다.

"율법을 버린 자는 악인을 칭찬하나 율법을 지키는 자는 악인을 대적하느니라"(잠 28:4)

이러한 일이 왜 나타날까요?

많은 사람들이 교회에 다니는 것도 좋고, 예수를 믿는 것도 좋은데, 주님의 가르침은 싫어하는 것이 사실입니다.

많은 목사들이 예수를 전파하며 말씀을 가르치며 주일을 지키라고 말하지만 정작 자신들은 주님의 산상수훈의 교훈은 받지 않는 것이 사실입니다.

이들이 주님의 교훈을 받지 않는 것은 자신들의 욕망을 충족시킬 수 없기 때문입니다.

그들은 예수 이름으로 선지자 노릇하며 사람들로부터 목사라고 칭함 받는 것을 좋아하지만 주님의 가르침은 마음에 두지 않습니다.

주님의 가르침과 말씀과 거룩하신 주님의 성령께서는 섬기는 것이 무엇인지를 보이시며, 거룩이 무엇인지를 알게 하시며, 성도를 사랑하는 것이 무엇인지를 그들의 심령에 나타내기를 기뻐하시는데 그들은 그 성령의 지배를 싫어하는 것입니다.

그 성령의 지배를 받으면 자기들의 정욕을 충족시킬 수 없기 때문에 자기들의 심령으로 그 영을 받아들일 수 없는 것입니다.

아버지의 성령으로 말씀하신 주님의 산상수훈을 받으면 모든 믿음의 형제들이 다 같이 동등함을 알게 하는데 그들의 높아지고자 하는 마음과 지배하고 싶은 마음이 그 가르침을 견딜 수 없게 하는 것입니다.

'바울'은 사도로서 많은 교회들을 세우고 제자들을 양육하였습니다.

그런데 그는 자기가 세운 교회가 자신의 소유가 아니며 자신이 다스리는 것이 아니고, 주님이 그 교회의 머리이시며 주님의 성령의 주관 아래 있음을 알기에 스스로 겸손할 수 있었습니다.

그가 안디옥 교회에서 바나바와 함께 일 년을 가르쳐서 그들이 비로소 '그리스도인'이라는 이름을 얻게 되었지만, 그는 그 교회에서 결코 군림하지 않았습니다. 오히려 그들은 성령의 명령을 따라 그 교회의 리더들로부터 안수를 받고 그 교회의 보냄을 받아 선교지로 갔던 것입니다.

그들은 그 교회의 가장 영향력 있는 리더였습니다.

그럴지라도 그들이 그 교회로부터 안수를 받고 파송을 받은 것은 교회의 머리는 오직 그리스도이시고, 그 교회를 주관할 자는 바로 주님의 성령이시기 때문에 그 권위에 복종한 것입니다.

이 시대에 어떤 교회의 목사가 자기가 개척하고 자기가 양육한 제자들로부터 안수 받고 선교지에 파송을 받는다면 아마 의아하게 생각할 것입니다.

그러나 주님께 순종하는 자들은 교회의 머리가 오직 주님이시고, 그 교회의 직분자들을 세우시는 이도 오직 주님이시기 때문에 그들의 안수를 받은 것을 주님께 순종하는 것이라 생각하였던 것입니다.

그들은 사람의 권위에 복종한 것이 아니라 하나님의 권위를 인정했으며, 주님께서 세례 요한에게 세례를 받은 겸손을 알고 있었던 것입니다.

> "안디옥 교회에 선지자들과 교사들이 있으니 곧 바나바와 니게르라 하는 시므온과 구레네 사람 루기오와 분봉 왕 헤롯의 젖동생 마나엔과 및 사울이라 주를 섬겨 금식할 때에 성령이 이르시되 내가 불러 시키는 일을 위하여 바나바와 사울을 따로 세우라 하시니 이에 금식하며 기도하고 두 사람에게 안수하여 보내니라"(행 13:1-3)

주님께서 어찌하여 세례 요한으로부터 세례를 받으셨습니까?

세례 요한의 말처럼 우리는 "그가 주님으로부터 세례를 받아야 마땅하다."고 생각하지 않습니까?

그러나 주님은 아버지 하나님의 권위에 복종하는 하나님의 종으로서 보냄을 받으셨기에 겸손히 세례 요한으로부터 세례를 받으신 것입니다.

주님은 세례 요한 앞에 있는 것이 아니라 하나님의 보냄을 받은 사람, 곧 하나님 앞에서 하나님이 베푸시는 세례를 받으신 것입니다.

아! 얼마나 위대한 겸손입니까?

하나님을 하나님으로 인정하시는 주님! 이러한 모든 것을 볼 때 주님은 진실로 하나님을 경외하신 것이 틀림없습니다.

주님의 산상수훈의 교훈을 받고 주님의 성령을 내면에 모셔 보십시오.

교회에서 교인들을 지배한다는 생각이 얼마나 완악한 마음인지를 알 것입니다.

주님의 계명을 받아 보십시오. 주님을 믿고 영접한 자들은 진실로 주님의 지체임을 알기에 그 앞에서 얼마든지 겸비해질 수 있는 것입니다.

비록 사역자들의 수고로 말미암아 직분자들이 세워질지라도 그 세우신이는 하나님이시기에 그 앞에 높은 마음을 가질 수 없는 것입니다.

주님을 머리로 모시고 순종해 보십시오.

주님께서 당신의 생명의 피 값으로 사신 바 된 주님의 지체들 앞에 어떻게 높아질 수 있으며, 어떻게 지배하려는 마음을 가질 수 있겠습니까?

참으로 바울 사도의 다음의 말씀은 진리의 말씀이 틀림없습니다.

    "너희가 사랑으로 서로 종노릇 하라"(갈 5:13)

당회장! 이 얼마나 권위 있는 명칭입니까?

그러나 저는 이 명칭 뒤에 숨어 있는 사람들의 완악한 마음을 봅니다.

제가 '당회장'이라는 명칭이 권위와 지배개념만을 나타낸다고 생각하는 것은 저만의 생각입니까?

저는 이 나라 교회의 목사들이 당회장이라는 직책을 가지고 장로들과의 관계에서 서로 종노릇, 성도들과 서로 서로 종노릇 하고 있을 자들이 얼마나 될지 의문이 듭니다.

이 나라 교회에서 당회를 없애 보십시오.

저는 모든 교회의 행정과 하는 일들이 더 민주적이고, 더 합리적이고, 더 주님의 은혜 가운데서 행하여졌으리라 확신합니다.

그 시대 예루살렘 교회에 당회가 있었습니까?
안디옥 교회에 바울과 바나바가 당회장으로 있었습니까?
당회를 인정한다 해도 많은 불합리한 것이 있음을 봅니다.
왜 당회장은 교회의 담임 목사가 종신직으로 있습니까?
당회원인 장로가 당회장이 되면 안 됩니까?
당회장을 서로 서로 돌아가면서 맡으면 '당회장'이라는 명칭의 권위가 훼손됩니까?

혹자는 "하나님의 은혜 가운데 있는 자가 당회원이 되고 당회장이 되어야 한다."고 말하고 싶을 것입니다.
'신앙 연륜이 짧은 목사보다 경건한 장로님 중에 은혜 가운데 있는 분들이 얼마나 많은가'는 생각해보지 못합니까? 목사의 직분은 '성도를 온전하게 하며 봉사의 일을 하게 함에 있는 것을 알지 못합니까?
그들이 성도들을 온전하게 되도록 가르칠 마음이 있었다면 그들에게 산상수훈의 말씀을 가르쳤을 것입니다.

주님의 가르침을 따라서 진리의 말씀을 심령에 받아들이고 그 성령을 따라서 행하는 자들을 누가 지배한다는 말입니까?
주님을 머리로 모시고 충성하는 그들을 거룩하신 주님 외에 누가 지배한다는 것입니까?

주님의 성령을 모신 그들은 진실로 하나님의 아들들인 것입니다.
'당회장'이라는 명칭은 오직 세속적인 지배개념이기 때문에 교회에서 사라져야 합니다.

주님의 말씀처럼 모든 믿음의 사람들은 동등한 한 형제입니다.

당회라는 리더 그룹을 만들고 그곳의 수장이 되는 것은 진실로 헛된 것이고 망령된 것입니다.

교회의 높아지고자 하는 마음이 어디에서 왔겠습니까?

이는 그들의 처지와 본분을 망각하게 하고 자꾸 높아지려는 마음과 지배하려는 마음을 불어 넣고 있는 '사탄'에게서 온 것입니다.

이 시대에 세상 법정에서 정죄함을 받은 독재자들과 친구처럼 지내는 대형 교회 목사들이 있는 것을 봅니다.

그들이 예수의 이름을 신실하게 믿었다면 자기 안에서 하나님의 계명이 지켜졌을 것인데, 그들은 그 이름만을 가지고 자기 정욕을 삼고 그 가르침에는 관심이 없기 때문에 악인을 칭찬하고 있는 것입니다.

그 악인들은 법과 공의를 무시하고 오직 짐승처럼 자기 정욕을 위해서 살인도 서슴지 않는 자들입니다.

이러한 자들의 죄악을 책망하지 못하고 그들과 가까이 하고 있으니, 그들 안에 진정 하나님의 성령이 거하고 계시겠습니까?

세례 요한은 헤롯의 죄를 지적했다가 옥에 갇히고, 결국은 목 베임을 당하였으니, 그가 지적한 헤롯의 죄는 이 나라를 피로 물들게 한 독재자들의 죄악에 비하면 죄라고 할 것도 없다 하겠습니다.

헤롯이 동생의 아내 헤로디아를 아내로 취했다고 요한으로부터 책망을 들었으니, 그들은 얼마나 큰 책망을 들어야 하겠습니까?

통치자금이라는 명목으로 기업인들로부터 돈을 받은 행위는 명백한 뇌물입니다.

그들은 이러한 행위로써 나라를 파국으로 치닫게 했던 것입니다.

1997년도의 IMF는 이들의 불의에 대한 마땅한 대가였습니다.

"왕은 정의로 나라를 견고하게 하나 뇌물을 억지로 내게 하는 자는 나라를 멸망시키느니라"(잠 29:4)

"내가 또 이르노니 야곱의 우두머리들과 이스라엘 족속의 통치자들아 들으라 정의를 아는 것이 너희의 본분이 아니냐"(미 3:1)

법과 공의와 정의를 굳게 세워야 할 위치에 앉은 자들이 오히려 법을 무시하고 정의와 공의를 땅에 던져버렸으니, 그 나라의 결말이 어떻게 되겠습니까?

"정의를 쓴 쑥으로 바꾸며 공의를 땅에 던지는 자들아"(암 5:7)

"오직 정의를 물 같이, 공의를 마르지 않는 강 같이 흐르게 할지어다"(암 5:24)

"너희는 악을 미워하고 선을 사랑하며 성문에서 정의를 세울지어다 만군의 하나님 여호와께서 혹시 요셉의 남은 자를 불쌍히 여기시리라"(암 5:15)

"사람아 주께서 선한 것이 무엇임을 네게 보이셨나니 여호와께서 네게 구하시는 것은 오직 정의를 행하며 인자를 사랑하며 겸손하게 네 하나님과 함께 행하는 것이 아니냐"(미 6:8)

하나님의 종이라는 목사의 직책을 가지고 이들을 책망하지 못하고, 오히려 그들의 피 묻은 손을 굳게 하였으니, 그 죄가 얼마나 크겠습니까?

'나단 선지자'는 그 당시 그 나라의 왕으로서 막강한 권력을 쥐고 있었던 다윗을 책망하므로 하나님의 사명을 다했기 때문에 자신도 살고, 범죄한 다윗도 살린 것을 모릅니까?

하나님을 사랑하는 자들이 하나님의 미워하시는 죄를 미워하는 것은 당연한 것인데 그들은 하나님의 미워하는 죄를 짓고도 회개할 줄 모르는 자들의 마음을 굳게 하고 있는 것입니다.

그들이 주님의 입에서 나온 하나님의 말씀을 두려워할 줄 안다면 얼마나 다행한 일이겠습니까?

"나더러 주여 주여 하는 자마다 다 천국에 들어갈 것이 아니요…"(마 7:21)

"…불법을 행하는 자들아 내게서 떠나가라 하리라"(마 7:23)

십자가에 나타난 하나님의 기이한 사랑, 주님은 아버지께서 당신에게 주신 죄인들을 살리시기 위하여 당신의 생명을 십자가의 희생으로 드리셨으니 그 사랑을 받은 자만이 그 사랑을 알 것이요. 오직 주님께 순종하는 자들만이 주님께서 받은 그 성령을 받기 때문에 희생의 사랑을 알 것입니다.

하나님께서는 죄인들의 속성과는 정반대의 속성을 주님의 십자가에서 나타내 보이셨습니다. 주님의 아버지께서는 아들에게 당신의 생명을 드려서 아들로 하여금 당신의 생명을 누리게 하셨고, 이 사랑을 아시는 주님은 아버지의 그 속성으로 당신의 생명을 죄인들을 위해 아낌없이 드리셨으니, 이 거룩한 사랑을 누가 알겠습니까?

오! 놀랍고 거룩하신 사랑이여!

하나님께서 얼마나 놀라운 사랑으로 죄인들을 사랑하십니까?

그러므로 진리의 성령께서는 "받는 자보다 주는 자가 더 복이 있다"고 일찍부터 증거하십니다.

하나님의 거룩한 속성, 당신의 생명을 당신의 아들에게 주시기를 기뻐하시는 거룩한 속성, 복음을 전하는 자들은 사람을 향한 주님의 십자가의 거룩한 사랑을 알기에 사람들을 사랑하지 않을 수 없고, 자기의 것을 주고 나누기를 기뻐하며, 자기의 생명을 희생해서라도 다른 이들이 세움 받는 것을 기뻐하며 아낌없이 복을 비는 자들입니다.

주님의 십자가의 복음을 전하는 자들은 이처럼 하나님의 거룩한 사랑을 알기에 교회에 만연해 있는 악에 대해서 견딜 수 없는 심정으로 회개를 촉구하므로 박해를 받는 것입니다.

하나님의 거룩한 사랑을 아는 선지자 중 한 사람이 세례 요한입니다.

'세례 요한'의 다음의 말씀은 그의 거룩한 사랑을 여과 없이 나타냅니다.

> "신부를 취하는 자는 신랑이나 서서 신랑의 음성을 듣는 친구가 크게 기뻐하
> 나니 나는 이러한 기쁨으로 충만하였노라 그는 흥하여야 하겠고 나는 쇠하
> 여야 하리라 하니라"(요 3:29-30)

그는 자신을 희생하면서 죄인들로 하여금 예수 그리스도를 영접하게 해
서 구원 얻기를 갈망했던 것입니다.

복음을 전하므로 박해를 받는 자들은 한 가지로 요한의 심정을 갖고 있
는 자들이라 할 수 있습니다.

요한은 하나님의 거룩하신 사람 사랑하심을 알았기에 그러한 심정으로
충만했습니다. 이는 아버지의 거룩한 성령이 그 위에 임하였기에 나타난 일
이었던 것입니다.

육신을 입고 나타나신 예수 그리스도를 믿으라고 크게 외친 역사상 첫
번째의 사람 세례 요한, 하나님의 의로 충만했기에 불의에 대해서 견딜 수
없는 심정으로 불타올랐던 그였습니다.

이 시대에 세상에서도 지탄 받고 있는 목회자들의 불의와 죄에 대해서
누가 세례 요한처럼 책망할 수 있을까요?

누가 이 시대에 세례 요한처럼 지옥의 심판에 대해서 담대히 증거 할 수
있을까요?

그가 그 당시 책망했던 자들은 하나님을 잘 믿는다고 자부했었던 바리새
인과 사두개인들이었습니다.

> "요한이 많은 바리새인들과 사두개인들이 세례 베푸는 데로 오는 것을 보고
> 이르되 독사의 자식들아 누가 너희를 가르쳐 임박한 진노를 피하라 하더냐
> 그러므로 회개에 합당한 열매를 맺고 속으로 아브라함이 우리 조상이라고
> 생각하지 말라 내가 너희에게 이르노니 하나님이 능히 이 돌들로도 아브라
> 함의 자손이 되게 하시리라 이미 도끼가 나무뿌리에 놓였으니 좋은 열매를
> 맺지 아니하는 나무마다 찍혀 불에 던져지리라"(마 3:7-10)

요한의 위의 말씀을 현대의 교회에 적용해 보면 다음과 같습니다.

"많은 목사들과 장로들과 교인들이 예수를 믿는다고 고백하며 교회생활 하는 것을 보고 이르되 독사의 자식들아! 누가 너희를 가르쳐 예수 십자가의 보혈을 믿기만 하면 구원을 받았다고 가르치더냐? 그러므로 십자가 구속의 합당한 열매를 맺고 속으로 예수가 나의 주시라고 말하지 말라! 성령의 선한 열매 맺지 아니하는 가지마다 찍혀 지옥 불에 던져지리라!"

'누가 너희를 가르쳐 아버지의 온전하신 뜻인 계명을 버려도 된다고 하더냐? 모세를 통해서 아버지의 뜻을 분명하게 그의 백성들에게 선포하였으니 하늘에 계신 아버지의 뜻대로 행하는 자라야 영생을 상속한다.'는 것입니다.

예수의 이름을 믿는다고 말하면서 죄에 대해서 둔감한 자들은 다음의 말씀으로 경고를 받아야 할 것입니다.

"가령 내가 의인에게 말하기를 너는 살리라 하였다 하자 그가 그 공의를 스스로 믿고 죄악을 행하면 그 모든 의로운 행위가 하나도 기억되지 아니하리니 그가 그 지은 죄악으로 말미암아 곧 그 안에서 죽으리라"(겔 33:13)

"너희가 도둑질하며 살인하며 간음하며 거짓 맹세하며 바알에게 분향하며 너희가 알지 못하는 다른 신들을 따르면서 내 이름으로 일컬음을 받는 이 집에 들어와서 내 앞에 서서 말하기를 우리가 구원을 얻었나이다 하느냐 이는 이 모든 가증한 일을 행하려 함이로다"(렘 7:9-10)

많은 목회자들이 성도들에게 예수의 이름을 믿으라고 말하면서 그 이름에 합당한 죄의 정결하게 됨에 대해서는 외면하므로 그들에게 거짓된 평강을 심어 주고 있습니다.

"그들이 내 백성의 상처를 가볍게 여기면서 말하기를 평강하다 평강하다 하나 평강이 없도다"(렘 6:14)

주님의 '산상수훈의 말씀'이야말로 성도들의 내면에 깊이 숨어 있는 죄도 능히 정결하게 할 것입니다.

의를 위하여 박해를 받은 자들은 불의를 책망하는 자들이기 때문에 하나님과의 화목관계를 지탱해주는 계명이 성령으로 말미암아 그의 심령에 있어야만 가능한 일입니다. 불의를 책망하지 아니하면 핍박도 없을 것입니다.

예수가 전파되고 예수가 믿어지고 예수께 순종함으로 주시는 성령은 거짓과 불의를 미워하고 책망하게 되어 있으니, 핍박은 당연히 따라 오게 되어 있는 것입니다.

'스데반'이 성령으로 말하는 것을 저를 핍박한 자들이 견딜 수 없었고, 바울이 성령의 나타남으로 복음을 전하며 진리에 대해서 양보하지 않으니 모세의 옛 율법과 절기를 지키면서 예수를 믿은 자들이 저를 핍박했었던 것처럼, 이 시대에도 온전히 진리를 따르는 자들이 성령의 나타남으로 의를 전파하면 핍박은 당연히 따라오게 되어 있는 것입니다. 이는 옛 시대에나 사도 시대에나 종교개혁 시대에나 한결같이 있어온 일입니다.

우리가 알아야 할 것은 성령의 나타남으로 하는 책망은 그들이 책망 받는 그들의 영혼을 사랑하지 않으면 나타날 수 없다는 것입니다.

우리가 잘 아는 대로 사랑이 없으면 굳이 박해를 감수하면서까지 그들에게 바른 길을 제시할 필요가 없습니다.

그들 위에는 아버지의 성령이 계시고, 하나님의 뜨거운 긍휼과 사랑이 그들 안에서 역사하기 때문에 나타날 수밖에 없는 것입니다. 그들을 향한 뜨거운 사랑이 닥쳐올 핍박과 생명의 위협도 능히 이길 수 있는 것입니다.

그러므로 "사랑은 모든 것을 이긴다"는 말씀은 영원히 진리입니다.

주님께서는 겸손하셨기에
교만한 자들로부터 박해를 받으셨습니다.

세상에 속한 자들이 아버지 하나님의 말씀과 성령으로 말미암은 병 고침과 가난한 자들에게 복음이 선포되는 선한 역사의 나타남을 견딜 수 없어서 주님을 핍박했으니 어찌된 일입니까?

그들은 왜 그러한 착한 일들이 나타남을 싫어하였을까요?

그들은 외관과 지식의 교만함으로 자기들을 자랑하였기에 가난하고 병든 자들을 멸시하였으나 주님께서 그들을 섬기고 사랑을 쏟으시자 시기가 가득했던 것입니다. 그들은 더러워서 옆에 있기도 싫어하였던 나병환자들을 주님께서는 꺼리지 아니하고 가까이 하셨기에 견딜 수 없었던 것입니다.

제사장들과 서기관들, 그들은 백성의 지도자들로서 그들 위에 군림하기를 기뻐하였으나 주님은 아버지의 이름으로 오히려 낮아지셔서 천한 사람들의 친구가 되어 주셨기에, 그들을 멸시했던 그 눈으로 주님도 같은 대접을 하였던 것입니다.

그러나 그들이 아버지 하나님의 긍휼을 알았다면 주님을 참으로 영접하였을 것입니다.

주님께서는 아버지를 떠나 탕자가 되어 목자 없는 양처럼 방황하는 그들을 오직 아버지의 이름이 그 위에 있기에 아버지의 심정으로 품으신 것을 그들은 몰랐던 것입니다.

세상에서도 흔히 사람 구실 못하는 어떤 아이를 보면 "저런 아이가 어쩌다 태어났을까?" 하고 그 아이를 멸시할 수도 있겠지만, 그 부모는 오히려 아이의 장애로 인해서 그 아이에 대한 애정이 더욱더 깊어지게 됩니다.

하나님께서도 죄인들이 하나님을 떠나 길을 잃고 방황하기에 더더욱 당신의 긍휼이 더 크지 않겠습니까?

오직 주님은 이러한 아버지의 긍휼과 사랑으로 죄인들을 가까이 하셨기에 마음이 높은 자들로부터 멸시와 박해를 받으셨던 것입니다.

주님께서는 아버지의 보냄을 받아 그들을 품으시는 것이 아버지를 향한 당신의 의(義)이기에 의를 위해서 박해를 받은 자의 본이 되시는 것입니다.

주님께서는 "부한 자들을 명하여 마음을 높이지 말고…나누어 주기를 좋아하며 너그러운 자가 되게 하라"(딤전 6:17-18)고 권고하고 있습니다.

하나님의 복음을 전하는 자들이 이러한 자세로 복음을 전한다면 세상으로 더불어 마음이 높아진 믿음의 사람들로부터 멸시받은 것은 당연합니다.

현대문명의 혜택을 전혀 받지 못하고 사는 원시부족 마을에 들어가서 그들과 한 가지로 생활하면서 복음을 전하고 있는 '문성 선교사와 그의 부인'의 겸손과 낮아지심의 섬김을 세상으로 더불어 높아진 자들의 마음은 감당하기 힘든 시험일 것입니다. 그러나 그들 안에는 하나님의 사람 사랑하심을 알기에 사랑이 이 모든 것을 견디게 하는 것입니다.

그들은 우리도 그들과 같은 처지에 있다가 구원에 이르게 된 것을 알지 못하고 있는 것입니다.

"본질상 진노의 자녀가 하나님의 사람 사랑하심을 알게 되었으니 하나님께 모든 영광을 돌릴지라" 아멘.

의를 위하여 박해를 받은 자는 복이 있나니 천국이 그들의 것임이라.

'야고보'의 다음의 말씀은 해석하기가 상당히 애매합니다.

"사람이 시험을 받을 때에 내가 하나님께 시험을 받는다 하지 말지니 하나님은 악에게 시험을 받지도 아니하시고 친히 아무도 시험하지 아니하시느니라"(약 1:13)

위의 말씀을 그 다음의 말씀과 연계해서 해석하지 않으면 우리는 성경의 말씀이 모순된다고 오해할 것입니다.

왜냐하면 성경은 하나님께서 믿는 자들의 믿음을 시험하기 때문입니다.

"그 일 후에 하나님이 아브라함을 시험하시려고 그를 부르시되 아브라함아 하시니 그가 이르되 내가 여기 있나이다"(창 22:1)

우리는 우리 주님께서 성령을 받으신 후에 시험하는 자에게 시험을 받은 것을 잘 알고 있습니다.

'야고보 사도'는 "하나님은 악에게 시험을 받지도 아니하시고 친히 아무도 시험하지 아니하시느니라"(약 1:13)고 하면서 그 다음 절에는 "오직 각 사람이 시험을 받는 것은 자기 욕심에 끌려 미혹됨이나"라고 증거합니다.

즉, 야고보가 말하는 시험은 사람들 자신의 욕심으로 말미암는 시험이고, 하나님께서 아브라함을 시험하신 것은 그의 욕심과는 관계없이 그의 하나님을 향한 믿음을 시험하신 것이기 때문에 본질적으로 다른 것입니다.

그는 욕심에 이끌려서 갖가지 죄악의 시험을 당하면서 자신들이 하나님께 시험을 받는다고 말하지 말라는 것이며, 욕심으로 잉태되는 죄를 강조하였던 것입니다.

그러므로 하나님은 믿는 자들의 믿음을 시험하시는 것은 성경이 증거하고 있는 것이며, 모든 성도들은 시시때때로 자유의지 속에서 자신들의 믿음이 시험을 받습니다.

그 시험의 내용은 '하나님, 즉 진리의 말씀을 따를 것인가? 자신의 욕심을 따라 하나님을 거역할 것인가?'입니다.

하나님께서는 그의 사랑하시는 자들을 당신의 부요한 영광에 참여시키기 위해서 극한의 상황으로까지 그 시험대를 제시하십니다.

주님의 십자가의 대속이 바로 그 상황이라고 할 수 있습니다.

인간이 만든 가장 잔혹한 형벌 속에서 주님의 선택은 하나님을 사랑하신 것입니다.

'다니엘의 세 친구'가 '극렬한 풀무불의 시험을 피할 것인가? 하나님의 말씀을 따를 것인가?'의 기로에 놓였을 때, 그들은 자신들의 자유의지 속에서 그 시험을 통과함으로써 자신들의 생명보다도, 그 극한의 고통보다도 하나님을 더 사랑한 것을 증명 받았습니다.

자신들의 목숨이 보통의 죽음이 아닌 극한 핍박 가운데서도 하나님을 사랑하는 것이 증명되었으니, '하나님 나라가 그들의 것'이라는 주님의 말씀은 참으로 진리가 틀림없습니다.

주님께서는 심령이 가난한 자들에게 '천국이 그들의 것'이라고 하셨는데, 의를 위하여 박해를 받은 자들 역시 천국이 그들의 것이라고 하십니다.

이것의 차이는 심령이 가난한 자에게 말씀하시는 천국은 그들의 심령에서 시작되는 천국이고, 맨 마지막의 천국은 심령에서 완성된 천국이며, 또한 장소적인 천국 곧 아버지 나라라고 할 수 있습니다.

하나님께서는 당신의 택하신 자들을 사랑하셔서 당신의 영광의 부요함을 알게 하고자 하시어 그들로 징계와 고난을 통과하게 하시는 것입니다.

> "주께서 그 사랑하시는 자를 징계하시고 그가 받아들이시는 아들마다 채찍질하심이라 하였으니 너희가 참음은 징계를 받기 위함이라 하나님이 아들과 같이 너희를 대우하시나니 어찌 아버지가 징계하지 않는 아들이 있으리요 징계는 다 받는 것이거늘 너희에게 없으면 사생자요 친아들이 아니니라"(히 12:6-8)

아버지께서는 창세전부터 당신의 아들 안에서 많은 아들들을 얻고자 하시어 당신의 독생자에게 사람의 육체를 입혀 보내시고, 그 아들로 하여금 그 육체의 극한 상황에서 아버지께 순종하게 하심으로 우리의 육체 안에서 아버지와 하나를 이루시고 아버지의 영광에 들어가셨습니다.

주님께서 우리와 똑같은 육신으로 아버지와 하나를 이루시고 그의 영광에 들어가셨기 때문에 아버지께서는 그 아들의 형상을 덧입게 하시기 위해서 아들이 가신 그 고난의 풀무 불을 우리도 통과하게 하십니다.

성도들은 고난의 극한점에서 온전히 주님만 바라보고 의지할 것이기 때문에 바로 거기에서 그들은 주님과 한 영을 이루게 되는 것입니다.

그들의 영이 주님의 영으로 온전히 사로잡히게 될 때, 그들은 바로 거기에서 주님과 온전한 연합을 이루게 되는 것입니다.

천국, 곧 아버지의 나라는 주님의 것이고, 주님께 온전히 연합된 자들만이 주님 안에서 그 나라를 소유하게 되는 것입니다.

독자들은 앞에서 제가 많이 언급한 것을 되풀이하는 것을 이해해 주시기 바랍니다.

성도들은 이 영광의 소망이 있기에 모든 일에 인내할 수 있습니다.

우리로 하여금 이 영광에 참여하게 하시려고 다시 오시는 주 예수께 모든 영광을 다 돌려드립니다.

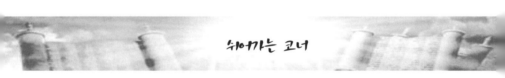

쉬어가는 코너

저자가 독자에게 드리는 마지막 전언

죄와 육체 가운데 태어나서 하나님을 알지 못하고 사망의 두려움 가운데 있는 저에게 복음이 전해져서 예수님을 믿게 되었으니, 오직 하나님의 은혜가 아닐 수 없습니다.

저는 '나를 위해서, 나를 살리시기 위해서 저주의 십자가를 지신 예수 그리스도'를 사랑합니다.

남은 세월 동안 저의 이 사랑이 시험을 받겠지만 제가 말할 수 있는 것은 제가 하나님을 사랑하고 예수님을 사랑한다는 것입니다.

하나님의 말씀이 어찌 그리 달콤하고 좋은지…
하나님의 율법의 계명이 어찌 그리 정의로운지…
어찌 그리 내 영혼을 기쁨으로 충만하게 하는지!
일방적인 사랑은 교만한 것입니다.
우리는 형제의 사랑을 또한 받고 교제의 기쁨을 나누어야 합니다.

저는 이렇게 말씀하시는 하나님을 사랑합니다.

"내가 너희를 사랑하는 것처럼 너희도 서로 사랑하라"(요 13:34)

이 말씀이 어찌 그리 내 영혼을 기쁨으로 충만하게 하는지!
저는 이렇게 말씀하시고 이 계명을 지키라고 분부하시는 주님을 존경하고 사랑합니다.
저는 저를 구원하시기 위해서 십자가를 지신 예수 그리스도를 사랑하고, 그 사랑을 더욱더 알기 원하고, 그 사랑을 제 심령으로 실천하기를 원합니다.

욥으로 하여금 극렬한 풀무 불같은 시험을 통과하게 하시고 그를 연단하신 후에 그에게 더욱더 당신을 알리시는 주님의 거룩을 알기에 저는 그 안에서 주님을 신뢰하고 끝까지 믿음의 길을 가려고 작정합니다.
독자들은 이 글을 읽고 오직 기도함으로 주님께서 당신의 성령을 주셔서 하나님의 속성인 사랑을 알게 하시리라 믿습니다.
그 때 즈음이면 이 책은 그저 아무것도 아니며, 주님께서 이 글을 쓰게 하셨을 것을 알게 되리라 믿습니다.

제가 '칼빈'의 '기독교강요'를 통해서 성경의 진리에 눈을 뜬 것처럼, 저의 이 글이 성경의 진리를 파악하는 데 도움이 될 것을 확신합니다.
아무쪼록 독자들은 이 시대를 본받지 말고 주님의 은혜를 항상 사모하며, 주님만을 의지하고 바라보며 온전하게 되기를 열망하시기 부탁드립니다.

온전하게 되기를 간절히 기도해 보십시오.

주님께서는 틀림없이 독자들의 심령에 주님의 새 계명을 넣어주실 것입니다.

주님께서 필자에게 은혜를 주셔서 쓰게 된 이 글은 지식에 속하는 은사입니다.

그런데 지식은 교만하게 하는 것이므로 독자들은 이 지식을 얻은 후에 교만해지지 않기 위해서 주님만 바라보며 의지하며 기도에 힘써야 할 것입니다.

주님의 은혜와 하나님의 사랑과 성령의 증거와 교통하심이 독자들 위에 주님이 오실 때까지 항상 함께하시기를 축원 드립니다.